Vorgrimler
Geschichte des Paradieses und des Himmels

Herbert Vorgrimler

Geschichte des Paradieses und des Himmels

Mit einem Exkurs über Utopie

Wilhelm Fink

Bibliografische Information der Deutschen Nationalbibliothek

Die Deutsche Nationalbibliothek verzeichnet diese Publikation in der Deutschen
Nationalbibliografie; detaillierte bibliografische Daten sind im Internet über
http://dnb.d-nb.de abrufbar.

© 2008 Wilhelm Fink Verlag, München
Wilhelm Fink GmbH & Co. Verlags-KG, Jühenplatz 1, D-33098 Paderborn

Internet: www.fink.de

Einbandgestaltung: Evelyn Ziegler, München
Herstellung: Ferdinand Schöningh GmbH & Co KG, Paderborn

ISBN 978-3-7705-4163-8

DEM ANDENKEN AN FRAU DR. SIGRID LOERSCH

1936-1995

INHALT

Vorwort

Das vorliegende Buch hat eine längere Geschichte. Vorangegangen war ihm meine „Geschichte der Hölle" (Wilhelm Fink Verlag 1993, ²1994). Danach entstand die Idee zu einer „Geschichte des Himmels". Eine „Geschichte des Fegefeuers" schien nach dem monumentalen Werk von J. Le Goff überflüssig zu sein. Es sollte sich natürlich um die Geschichte der Himmels*vorstellungen* handeln. Wie die französische Geschichtsschreibung (Georges Minois zum Beispiel) gezeigt hat, war es überflüssig, den Begriff „Vorstellungen" eigens hinzuzunehmen. Eine andere Geschichte des Himmels als die Geschichte menschlicher Vorstellungen gibt es ja nicht.

Die Präsentation sollte vor den kritischen Augen der Fachwissenschaft bestehen können, aber auch nützlich für die Praxis zum Beispiel im Unterricht sein. Die ausgewählten Texte könnten ebenfalls zur Meditation dienen. Bei der „Geschichte der Hölle" war es mir wichtig gewesen, nicht nur zu referieren, sondern auch die „Trägerinnen und Träger" der Entwicklung authentisch zu Wort kommen zu lassen. Dieses Prinzip hat sich meines Erachtens bewährt, so dass ich es bei der „Geschichte des Himmels" beibehalten wollte. Ich hoffe, dass die getroffene Textauswahl repräsentativ für die Geschichte der Vorstellungen ist. Es gäbe im Umkreis des Himmelsthemas manches Interessante aus der Kultur- und Mentalitätsgeschichte zu berichten. Bei meiner Begegnung mit Menschen in der Pfarrseelsorge hörte ich manchmal die Frage: „Was kostet der Himmel?" Vor allem mittelalterliche Zeugnisse zeigen, welcher Aufwand an Zeit und Vermögen den Weg zum Himmel bahnen sollte. Aber ich wollte entschieden bei der Darstellung der *Theologie-* und *Glaubens*geschichte bleiben.

Die geistesgeschichtliche Entwicklung zumindest im bescheidenen mitteleuropäischen Radius meines Lebens bestätigte immer mehr die Vermutung, dass die Geschichte der Hölle weitaus mehr Neugier erweckt als die des Himmels, dass aber die Hölle als seriöses Thema immer mehr ad acta gelegt wird. Anders beim Himmel, der noch immer als charakteristische Signatur gläubiger Christen angesehen wird. Nach dem schon frühen Vorwurf der Diesseitsvergessenheit und Weltflüchtigkeit an die Adresse der Christen schienen sie als Himmelsanhänger immer mehr dem Verdacht purer utopischer Illusionen ausgesetzt zu sein. Das Thema Utopie musste daher, wenn auch in gebotener Kürze, einbezogen werden.

Zur Sprache kommen musste auch das Paradies, weil schon vom Neuen Testament an „Himmel" und „Paradies" zu Synonymen wurden. Indes hatte sich die Bibelwissenschaft seit den 80er Jahren vermehrt mit der Eigenart der bibli-

schen Paradieserzählungen beschäftigt. Ihre Befunde waren zu berücksichtigen.
Am Ende zeigte sich eine große Gemeinsamkeit von „Paradies" und „Himmel"
als religiöse Metaphern und nicht als geographische oder kosmographische Orte.
Dann aber wird auch deutlich, dass es für beide keine gültigen Darstellungen in
der Kunst gibt.

Zur Verzögerung des Buches trug auch eine berufliche Veränderung bei, da
ich seit rund 10 Jahren als Krankenhausseelsorger nur noch reduzierte Stunden
zur Niederschrift und so gut wie keine Zeit zum Bibliotheksbesuch aufbringen
konnte. Meinem Verleger, Herrn Prof. Dr. Raimar Zons, gebührt großer Dank
für seine verständnisvolle Geduld, und Dank schulde ich Sr. Marianne Candels
für die Bereitung der Texte und für manche Hilfe am Computer.

Zur Widmung des Buches: Frau Sigrid Loersch hat ihr ganzes Leben als enga-
gierte Bibelwissenschaftlerin dem Dienst am Wort Gottes in der Heiligen Schrift
und als „anima candida" der Versöhnung gegnerischer Menschen gewidmet. Ihr
evangelischer Kollege, Pfarrer Frank Matheus, hat in sein Buch „Einführung in
das Biblische Hebräisch", Münster 1997, eindrucken lassen: „Dem Andenken an
Frau Dr. Sigrid Loersch gewidmet". Ich habe versucht, ihrem Leben und Wirken
in meinen Erinnerungen (Theologie ist Biographie 2006) ein Denkmal zu setzen,
dabei habe ich von Schülern und Freunden ein überwältigend positives Echo erhalten. Allerdings habe ich eine Warnung des Herrn Jesus (in Matthäus Kapitel
7, Vers 6a) nicht berücksichtigt. Die Nicht-Freunde haben sich dementsprechend
in Printmedien und Internet betätigt. Ihnen zum Trotz widme ich dem dankbaren Andenken an Sigrid Loersch dieses Buch, so wie ich es ihr auf ihrem Sterbe-
bett versprochen habe.

Münster, in meinem achtzigsten Lebensjahr   *Herbert Vorgrimler*

ERSTER TEIL:
GESCHICHTE DES PARADIESES

1. Das Paradies in der jüdischen und christlichen Bibel

Hermeneutische Voraussetzungen

Die beiden Metaphern „Himmel" und „Paradies" werden in einem weit verbreiteten Sprachgebrauch gleichsinnig verwendet, aber damit sind sie noch nicht verstanden. Ein möglicher Verstehenszugang ist die Geschichte dieser Metaphern. Da es sich hier um ein wesentliches Kapitel der christlichen und jüdischen Kulturgeschichte handelt, liegt es nahe, zu Beginn die Christen und Juden gemeinsame Bibel zu befragen, deren erste Worte lauten: „Im Anfang". Aber welcher Anfang ist genau gemeint? Und kann die Auskunft der Bibel zu diesem Anfang vor dem Forum der Naturwissenschaftler und Historiker bestehen? Vielfach wird ja die Meinung vertreten, die Bibel erzähle in ihren ersten Kapiteln die „Urgeschichte" der Schöpfung und der Menschheit, den „allerersten Anfang von allem". Aber diese Meinung lässt sich nach den Erkenntnissen der Bibelwissenschaften nicht länger aufrecht erhalten. Ihnen soll zunächst die Aufmerksamkeit gelten.

a) Zur biblischen „Urgeschichte" (oder zu den „Ur-Geschichten") im ganzen

Bis weit ins 20. Jahrhundert hinein war man in den christlichen Theologien der Auffassung, die Kapitel 1-3 der Genesis seien tatsächlich unter der Bezeichnung „Biblische Urgeschichte" als historische Berichte zu verstehen, und zwar nahm man eine Entstehung weit vor der Zeit der Könige David und Salomo an. Heute geht man davon aus, dass mit großer Wahrscheinlichkeit die „Schöpfungsgeschichte" Genesis 1,1 – 2,3 im Babylonischen Exil Israels entstanden ist, das auf die Zerstörung Jerusalems im Jahr 586 v. Chr. folgte, und zwar ist eine ihrer Textschichten stark von „priesterlicher" Sprache und Theologie bestimmt. Eine ältere Fassung, traditionell als „zweiter Schöpfungsbericht" bezeichnet, wird als vor-exilisch aufgefasst (s. unten c). Eine Redaktion der Kapitel 1-9 im ganzen könne dann um 500/400 v. Chr. vorgenommen worden sein[1].

In der deutschen Einheitsübersetzung beginnt der Text so:

---

1 E. Zenger, Stuttgarter Altes Testament, Stuttgart 2004, 14f.

„Im Anfang schuf Gott Himmel und Erde; die Erde aber war wüst und wirr, Finsternis lag über der Urflut, und Gottes Geist schwebte über dem Wasser. Gott sprach: Es werde Licht. Und es wurde Licht" (Gen 1,1-2).

Erich Zenger übersetzt[2]:

„Als Anfang schuf Gott den Himmel und die Erde. Aber die Erde war noch Tohuwabohu, und Finsternis war über dem Urmeer, und Gottes Atem / Windhauch war in Bewegung über den Wassern. Da sprach Gott: Es werde Licht! Und es wurde Licht."

Die hermeneutischen Erkenntnisse der wissenschaftlichen Diskussion lassen sich dahingehend zusammenfassen, dass geklärt werden musste, was hier theologisch mit „Anfang" gemeint ist: „Hier wird zwar in der literarischen Form über Vergangenheit erzählt, aber dies geschieht so und mit der Absicht, dass diese Vergangenheit nicht als ,vergangen', sondern als ,je gegenwärtig' dargestellt und von den Hörenden bzw. Lesenden so erlebt werden soll. Dass hinter Gen 1-9 keine Ereignisse der historischen Zeit stehen und dass hier keine biblische Theorie über die Entstehung der Welt, gar im Wettstreit mit der Naturwissenschaft, vorliegt, haben wir allmählich gelernt. Es geht nicht um die Welt, wie sie ,am Anfang' entstanden ist, sondern um das Geheimnis, dass sie ,von Anfang an' (bzw. ihrem ,Wesen' nach) eine von Gott belebte und geliebte Welt ist"[3].

Die „Botschaft" des Textes will besagen, dass trotz aller je gegenwärtig erfahrbaren Bedrohungen und Zerstörungen die „Welt" – der vor Jahrtausenden wie auch heute erfahrbare Kosmos mit seinen Bewohnern – von einem „Anfang" lebt, der von Gott bewirkt ist, aber diesen Anfang kann die Naturwissenschaft nicht erforschen oder im Experiment darstellen.

Es ist ein Anfang, der im Glauben wahrgenommen und in der Theologie reflektiert wird: Die Welt und ihre Lebewesen „leben ,von Anfang an' aus der Lebensmacht und der Zuwendung des die Welt liebenden Gottes"[4]. Es ist der Anfang einer Beziehung zwischen Gott und der Welt[5].

Die Erzählungen der ersten Kapitel der Genesis erzählen nicht von historischer Zeit und nicht von historischen Ereignissen, die jetzt zur Vergangenheit gehörten. „Sie reden nicht über eine historische Ereignis-Zeit, sondern über die mythische Ur-Zeit, das heißt über die die historische Zeit ,von Anfang an' bestimmenden Grundgegebenheiten und Grundstrukturen", über das, „was immer gilt, weil und insofern es sich schon am / im Anfang zeigte". Die fundamentale Einsicht lässt sich auch so formulieren: „Die Ur-Geschichten erzählen nicht Einmaliges, sondern Allmaliges als Erstmaliges. Der ursprüngliche Sitz im Leben dieser Geschichten über die Anfänge der Welt und ihrer Lebewesen ist die zwiespältige Wahrnehmung der Welt, wie sie ist. Sie ist einerseits schön und lebensförderlich,

---

2 K. Löning – E. Zenger, Als Anfang schuf Gott. Biblische Schöpfungstheologien, Düsseldorf 1997, 30.
3 E. Zenger 2004, 15.
4 Ebd. 16.
5 E. Zenger 1997, 18.

aber sie ist andererseits vielfältig bedroht und rätselhaft. Beide Aspekte kommen in den Ur-Geschichten zur Sprache. So sind sie Geschichten des Staunens und der Zustimmung zum guten Schöpfergott, aber auch Geschichten gegen die Angst, der Schöpfergott könne sich angesichts des Bösen von seiner Welt abwenden"[6].

Nimmt man diese Eigenart der „Ur-Geschichten" ernst, dann ist es unausweichlich, ihre Abgrenzung im Buch der Genesis neu zu bestimmen. Erich Zenger empfiehlt[7], für diese „Kapitel" ihre Zusammengehörigkeit von Genesis 1,1 bis 9,29 anzunehmen, und zwar mit folgender Inhaltlichkeit: „1,1-2,3 entwirft das Bild von der Welt, wie sie von Gott her ist und sein sollte. 5,1-9,29 erzählt, wie die Welt wirklich ist, nämlich bedroht von der faktischen und, wie es scheint, unvermeidbaren Gewalttätigkeit ihrer Lebewesen, insbesondere der Menschen, aber gleichwohl unter dem Segen Gottes (5,1-32; 9,1-7) und unter der (im ‚Bogen in den Wolken' symbolisierten; vgl. 9,8-27) Herrschaft Gottes stehend, der den Menschen feierlich zusagt, dass er sie in ihrer Schwäche und Sündhaftigkeit ertragen will. Mehr noch: Dass er mit ihnen zusammen die in 1,1 – 2,3 entworfene Utopie der Erde als Lebenshaus und als Gotteshaus verwirklichen will"[8].

Schon lange Zeit vor den Einsichten in die Notwendigkeit einer neuen Abgrenzung der biblischen „Ur-Geschichten" hat die Bibelwissenschaft als Urheber der Bedrohung der Schöpfung Gottes die „Chaosmächte" wahrgenommen. Sie sind in Gen 1,2 benannt. Man kann die Bibel beider Testamente im Hinblick auf den von Anfang an ablaufenden Kampf des lebens- und menschenfreundlichen Gottes gegen die lebensbedrohenden Chaosmächte lesen. Wohl ihre folgenreichste, verhängnisvollste Einbruchstelle in die Welt Gottes ist der Tod. Im alttestamentlichen Buch der Weisheit[9] heißt es: „Gott hat den Tod nicht gemacht und hat keine Freude am Untergang der Lebenden" (1,13). Die Ur-Geschichten erzählen davon, dass das Chaos die bedrohliche Gegenwelt zur Welt Gottes bis zu dem Ende bleibt, an dem Gott einen neuen Himmel und eine neue Erde schaffen wird (Jes 65,17; 66,22 – Offb 21,1). Erst dann wird der Tod besiegt und beseitigt sein (1 Kor 15,26; Offb 21,4).

Neueren Datums ist dagegen die Einsicht, dass in der Sicht der Ur-Geschichten die Chaosmächte schon *vor* dem schöpferischen Wirken Gottes existieren mussten. Das ergibt sich aus der Art und Weise, wie Gen 1,2 von ihnen erzählt. Erich Zenger spricht darum von einem „vorkosmogonischen Chaos", das von den Erzählenden als Gegensatz zu der als Kosmos wahrgenommenen Welt konzipiert wird[10]. „Nicht, dass die Welt aus dem Nichts erschaffen wurde, wird hier erzählt,

---

6 E. Zenger 2004, 16.
7 In der Veröffentlichung von 1997 listet Zenger S. 135-171 die exegetische Literatur auf, die sich mit dieser Abgrenzung befasst. Die wissenschaftliche Diskussion ist dokumentiert bei E. Zenger, Gottes Bogen in den Wolken. Untersuchungen zu Komposition und Theologie der priesterschriftlichen Urgeschichte (SBS 112), Stuttgart ²1987.
8 E. Zenger 2004, 17.
9 Es gehört nicht zum evangelischen Schriftkanon.
10 E. Zenger 1997, 21. Zum „vorschöpflichen Chaos" auch eingehend E. Zenger 2004, 18.

sondern dass die Welt ein geordnetes Ganzes ist, das der Schöpfergott aus dem in V. 2 geschilderten Chaos heraus bzw. in dieses hinein als Umformung und Begrenzung der Todesmächte Wüste, Finsternis und Chaoswasser schafft"[11]. Mit einer Bekräftigung der Kompromissfähigkeit und des Liebeswillens Gottes nach der großen Sintflut schließen die Ur-Geschichten ihre Schilderung der Dramatik zwischen Gott und den Chaosmächten. Ohne Zweifel handelt es sich dabei um den Standort des Erzählers, der in einem Rückblick auf den „Anfang" zu verstehen gibt, wie es mit Kosmos und Menschen *hätte bestellt sein können*.

b) Das Paradies, das „Lebenshaus"

Die Ur-Geschichten der Genesis verwenden das Wort „Paradies" nicht; erst die Septuaginta gebraucht „paradeisos" zur Übersetzung des „gan", des Gartens, von dem Gen 2 und 3 die Rede ist[12]. Als Begriff stammt „Paradies" von dem avestischen „pairidaeza", das Umwallung bedeutet; das griechische „paradeisos" findet sich bei Xenophon als Bezeichnung für persische Königsgärten[13].

Erich Zenger bevorzugt den Begriff „Lebenshaus", wobei der „Garten" nur einen bestimmten Aspekt bezeichnet. „Lebenshaus" soll in den Ur-Geschichten der (damals bekannte) Kosmos sein, dessen Erschaffung so gezeichnet wird, als entwerfe Gott einen Hausbau: „Zunächst schafft Gott inmitten der chaotischen Wassermassen einen kosmischen Hohlraum, dem er dann durch das Himmelsgewölbe und durch den Erdboden die Gestalt eines Hauses gibt. Dieses teilt er dann in einzelne Lebensräume auf, die er mit entsprechenden Gegenständen und Lebewesen ausfüllt. An die Decke des Hauses gibt er die Leuchtkörper, auf dem Boden des Hauses lässt er die Pflanzen wachsen und weist die einzelnen Räume den Tieren und Menschen zu; in das Wasser, das das Haus wie ein (westfälisches) Wasserschloss umgibt, setzt er die Fische. Und den Leuchtkörpern gibt er zugleich die Funktion, dem Haus und seinen Bewohnern als großes ‚Weltuhrwerk' zu dienen, das Tag und Nacht, Monate und Jahre, Jahreszeiten und Festzeiten anzeigen soll"[14].

Das Lebenshaus ist für Menschen, Landtiere und Vögel bestimmt; darin ist ein fundamentaler Unterschied zu jenen altorientalischen Schöpfungsgeschichten zu sehen, die mehrfach als Vorbilder und Parallelen zu den biblischen Ur-Geschichten gezeichnet werden; außerbiblisch dient dort die Schöpfung zum Nutzen und zur Ergötzung der Götter.

---

11 E. Zenger 2004, 17.
12 Ch. Dohmen, Paradies biblisch-theologisch, in: LThK³ VII (1998) 1360ff.; ders., Natürliche Künstlichkeit in Gottes Garten, in: ders., Schöpfung und Tod. Die Entfaltung theologischer und anthropologischer Konzeptionen in Gen 2/3, Stuttgart 1996, 328-359. Vgl. auch P. Morris – D. Sawyer (Hrsg.), A Walk in the Garden. Biblical Iconographical and Literary Images of Eden, Sheffield 1992; C. R. A. Morray-Jones, Paradise Revisited, in: HThR 86 (1993) 265-292.
13 A. Paus, Paradies religionsgeschichtlich, in LThK³ VII (1998) 1359f.
14 E. Zenger 2004, 18.

Die Lebensräume von Menschen und Tieren sind unterschiedlich, so dass der Schöpfer ihnen ein jeweils gelingendes Leben sichern wollte. „Dass der Erzähler die grundlegende Unterscheidung menschlicher und tierischer Lebensbereiche für ihre Lebensutopie wählt, hängt mit der Welterfahrung damaliger Menschen zusammen, für die sich in der Relation Mensch – Tier viel grundlegender Spannungen verdichteten als für uns moderne Menschen"; sie sind Partner und Rivalen zugleich[15]. Menschen und Tiere sollen ausschließlich von pflanzlicher Nahrung leben. Die „klare Metaphorik" besagt: „Im Lebenshaus des Schöpfergottes soll kein Lebewesen auf Kosten anderer Lebewesen leben…Das Haus des Friedens soll nicht zu einem Platz von Kampf und Krieg um die besten Fleischstücke werden", eine „Utopie kosmischen Friedens"[16].

Im Lebenshaus der Schöpfung ist der Mensch „das einzige Lebewesen, das Verantwortung übernehmen kann und soll" (Gen 1,26-28)[17]. Im Unterschied zu vielen unbegründeten Spekulationen über die „Gottebenbildlichkeit" des Menschen besagen die biblischen Ur-Geschichten, wie heute von der Bibelwissenschaft allgemein angenommen wird: Das hebräische Wort „säläm", „Bild", besagt, dass „die Menschen wie eine Art lebendiges Götterbild oder lebendige Götterstatue in der Welt wirken" sollen. Das Bild ist der „Ort, von dem aus die Gottheit wirkt"; die Menschen sollen „Medien göttlicher Lebenskraft auf der Erde sein"[18]. Das „Untertanmachen" der Erde bedeutet keine Ermächtigung zu Ausbeutung und Zerstörung. Die Menschen sollen das Lebenshaus besitzen, schützen und verteidigen „als Haus des Lebens gegenüber allen Mächten des Chaos – und zwar zum Wohl *aller* Lebewesen, für die die Erde als Lebensraum bestimmt ist"[19].

Die biblischen Ur-Geschichten, die von der Erschaffung der Menschen erzählen, zielen darauf hin ab, dass Mann und Frau zusammen das Mensch-Sein verwirklichen, in gelingendem Miteinander, wobei in diesem Zusammenhang die Erzeugung von Kindern nicht erwähnt wird[20]. Weitere Aspekte der Anthropologie der Genesis können hier nicht zur Sprache gebracht werden. Die positiv gelingende Beziehung von Natur und Kultur gehört zu der Besonderheit jenes „Gartens", jener „Wunderoase des Königsgartens" (Zenger). Sie wird folgendermaßen beschrieben: „Dann legte Gott, der Herr, in Eden, im Osten, einen Garten an und setzte dorthin den Menschen, den er geformt hatte. Gott, der Herr, ließ aus dem Ackerboden allerlei Bäume wachsen, verlockend anzusehen und mit köstlichen Früchten, in der Mitte des Gartens aber den Baum des Lebens und den Baum der Erkenntnis von Gut und Böse. Ein Strom entspringt in Eden, der den Garten bewässert; dort teilt er sich und wird zu vier Hauptflüssen. Der eine

---

15 E. Zenger 1997, 156f.
16 Ebd. 157.
17 Ebd. 146.
18 Ebd. 147. Vgl. ebd. 148 die Argumente gegen eine „metaphysische Interpretation der Gottebenbildlichkeit".
19 Ebd. 150. Vgl. die weiteren Ausführungen 151ff.
20 E. Zenger 2004, 20ff.

heißt Pischon; er ist es, der das ganze Land Hawila umfließt, wo es Gold gibt. Das Gold jenes Landes ist gut; dort gibt es auch Bdelliumharz und Karneolsteine. Der zweite Strom heißt Gihon; er ist es, der das ganze Land Kusch umfließt. Der dritte Strom heißt Tigris; er ist es, der östlich an Assur vorbeifließt. Der vierte Strom ist der Eufrat" (Gen 1,8-14)[21]. „In der Genesis geht es nicht um Orte seligen Genießens, sondern um Beschreibung von Gegenwelten, um mit defizitären Erfahrungen der realen Welt umgehen zu können", sagt Christoph Dohmen[22].

c) Noch zum „zweiten Schöpfungsbericht" (Gen 2,4b-3,24)[23]

Diese Erzählung, die insgesamt Gen 2,4b bis 8,22 umfasst, wird heute als vorexilisch, also vor 586 v. Chr. entstanden, aufgefasst. Zunächst wird erzählt, was es nach der Erschaffung des Himmels und der Erde auf der Erde alles noch nicht gab. Feldsträucher und Feldpflanzen wuchsen noch nicht, weil Gott noch nicht hatte regnen lassen und weil es noch keinen Menschen gab, der den Ackerboden bestellt hätte (Gen 2,4b-5). Dann wird der Mensch aus Lehm vom Ackerboden gebildet und in den vorher angelegten Garten gesetzt, der Mensch ist männlich und weiblich, das heißt, Mann und Frau sind gleichen „Wesens" (ihre Rechte einbegriffen)[24]. Danach erfolgt das Verbot, von einem bestimmten Baum zu speisen. Das Verbot wird missachtet (Gen 3,1-13). Gott ergreift Strafmaßnahmen (Gen 3,14-19). Er beugt weiteren menschlichen Übergriffen vor durch Vertreibung von Adam und Eva aus dem Paradies „und stellte östlich des Gartens von Eden die Kerubim auf und das lodernde Flammenschwert, damit sie den Weg zum Baum des Lebens bewachten" (Gen 3,22). Die „Gartengeschichte" und damit die biblische Geschichte des Paradieses beginnt und endet also außerhalb des Gartens[25]. Die weiteren Inhalte der Erzählung bis Gen 9 gehören nicht mehr zum Thema dieses Buches.

d) Schlussüberlegungen

Es handelt sich bei den Erzählungen der biblischen Ur-Geschichten nicht um antike Fabulierkunst in unkritischer Naivität, denn es ist ernsthaft in Betracht zu ziehen, dass diese Erzählungen in großen Bedrängnissen und im Exil des 6. vorchristlichen Jahrhunderts, nach erlittener Katastrophe, formuliert wurden. Von der Be-

---

21 E. Zenger 2004, 22 ist der Meinung, zwei dieser Namen seien Kunstnamen zur Bezeichnung für entfernte Regionen der damaligen Welt, während Eufrat und Tigris die Flusskulturen Mesopotamiens bezeichnen.
22 Ch. Dohmen 1998, 1360.
23 Dazu Ch. Dohmen 1996; ders. 1994.
24 Außer Zengers Kommentar z. St. auch Ch. Dohmen 1994, 215 Anm. 14.
25 Ch. Dohmen 1994, 217f.; außerdem ders., Schöpfer des Himmels und der Erde, in: M. Lutz-Bachmann-A. Hölscher (Hrsg.), Gottesnamen. Gott im Bekenntnis der Christen. Berlin 1992, 32-54.

schäftigung mit der Überlieferung von der großen menschenvernichtenden Flut aus möchte eine einzigartige Schöpfungstheologie in Erinnerung rufen, was die Absichten Gottes mit der Erschaffung des Lebenshauses für Gott und Menschen gewesen waren. Die Erde – und nicht erst der Himmel – sollte der Ort der Gotteserfahrung und der Gottesgemeinschaft werden, der Erfahrung der Zuwendung des barmherzigen Gottes; sie sollte der Ort der rettenden Gottesherrschaft sein[26]. Die späteren Erschütterungen und Krisen im 5., 4. Jahrhundert und erst recht vom 2. Jahrhundert ab haben in Israel die Meinung aufkommen lassen, Gott und Menschenwelt seien einander so entfremdet, dass Hilfe nur noch von einem Kommen Gottes selber und von einem neuen schöpferischen Eingreifen Gottes erwartet werden konnte. Die Paradiesvorstellungen wurden „eschatologisiert" mit den Metaphern vom himmlischen Jerusalem[27] und vom Himmel. Aber auch in den prophetischen Utopien, die sich die Errichtung der neuen heiligen Stadt durch Gott erhofften, sollte die Rettung im „Diesseits", auf der erneuerten Erde geschehen[28].

Im Neuen Testament finden sich Zeugnisse für eine in Krisenzeiten vorgenommene „Verjenseitigung" des Paradieses. Es wurde Bildwort für einen Ort und Zustand geretteter Menschen in der Zeit zwischen ihrem Tod und der allgemeinen Auferstehung. Drei Textstellen zeigen, wie im Neuen Testament ausdrücklich vom Paradies die Rede ist. Einer der mit Jesus gekreuzigten Kriminellen habe zu dem gekreuzigten Jesus gesagt: „Jesus, denk an mich, wenn du in dein Reich kommst". Jesus habe ihm geantwortet: „Amen, ich sage dir: Heute noch wirst du mit mir im Paradies sein" (Lk 23,42f.). Der 2. Brief an die Korinther spricht von der sog. Himmelsreise des Paulus: „Ich kenne jemand, einen Diener Christi, der vor vierzehn Jahren in den dritten Himmel entrückt wurde; ich weiß allerdings nicht, ob es mit dem Leib oder ohne den Leib geschah, nur Gott weiß es. Und ich weiß, dass dieser Mensch in das Paradies entrückt wurde; ob es mit dem Leib oder ohne den Leib geschah, weiß ich nicht, nur Gott weiß es. Er hörte unsagbare Worte, die ein Mensch nicht aussprechen kann" (2 Kor 12,2-4). In der Apokalypse des Johannes heißt es: „Wer Ohren hat, der höre, was der Geist den Gemeinden sagt: Wer siegt, dem werde ich zu essen geben vom Baum des Lebens, der im Paradies Gottes steht" (Offb 2,7). Hier wäre nun danach zu fragen, wie Jesus von Nazaret trotz der „Verjenseitigung" der Hoffnung am ursprünglichen Glauben an die mögliche Gottesherrschaft auf Erden festgehalten hat. Aber das kann nicht Thema dieses Buches sein.

Aus der Besinnung auf die biblischen Ur-Geschichten sollte sich eine Revision früherer Auffassungen in der christlichen Unterweisung ergeben. Das „Paradies" als historischen, geographisch fassbaren Ort hat es nie gegeben, aber bleibend gültig ist die Erforschung des Gewissens, was die Menschheit mit dem göttlichen Gedanken vom „Lebenshaus" und seinem kosmischen Frieden gemacht hat.

---

26 E. Zenger 1997, 251ff.

27 Vgl. hierzu die gründliche Untersuchung von D. Stoltmann, Jerusalem – Mutter – Stadt. Zur Theologiegeschichte der Heiligen Stadt (MThA 57), Altenberge 1999.

28 Siehe zum Beispiel die schöpfungstheologischen Utopien beim Propheten Jesaja (11,1-10; 32,15-20 u. ö.).

Adam und Eva gehören zur Ausstattung der Geschichten mit Metaphern; es kann sich nicht um historische Gestalten handeln. Das ändert nichts an der Einsicht in eine universale Schuldverstrickung der Menschheit. Es lässt sich nicht mehr unbefangen und unsensibel sagen, das Sterbenmüssen aller Menschen sei die von Gott über alle verhängte Strafe für die Sünde eines einzelnen Menschenpaares.

e) Mythen und Metaphern

In vorwissenschaftlichen Auffassungen gilt „Mythos" als pure Er-Dichtung, Sage, Produkt einer Fabulierkunst, bloßes Phantasiegebilde. Zur Zeit der Aufklärung zum Beispiel hielt man den Mythos für eine naive Vorstufe zum begrifflichen Denken. Eine historisch wie argumentativ starke Neubewertung des Mythos ist vor allem Kurt Hübner (geb. 1921) und Hans Blumenberg (1920-1996) zu verdanken[29]. Danach legt sich die Einsicht nahe, dass im Gegensatz zur wissenschaftlichen Erklärung der Mythos Wahrheits-Wissen durch Erzählen schafft. Das Problem wird also in dem größeren Zusammenhang gesehen, dass es unterschiedliche Wege zu wahrer Erkenntnis gibt und dass dem experimentellen Erkennen der Naturwissenschaften (Nachprüfbarkeit durch Wiederholung) keinesfalls exklusive Geltung zukommt[30]. In einem bestimmten Kontext hat Erzählen den Vorrang vor Erklären. Wenn der Gott, an den Christen und Juden glauben, sich in der Welt bekundet („verlautbart" durch inspirierte Propheten und Verfasser, wie die Inspirationstheologie sagt), dann wird das kommunikabel nicht durch Philosophie (philosophische Begrifflichkeit), sondern durch Erzählen, also in der Form des Mythos. Naturwissenschaftlich wird Wahrheit als Übereinstimmung einer Annahme oder Aussage mit der Wirklichkeit aufgefasst. In dem vom Hellenismus erleuchteten Christentum ist Wahrheit die „a-letheia", das Aufdecken des Verborgenen, das nur durch Gottes Offenbarung erkannt und in Gestalt des Erzählens weitergegeben werden kann. Mythen sind tradierte Erzählungen darüber, wie gegenwärtige Situationen der Menschen in Vergangenem begründet sind[31]. Sind die gegenwärtigen Situationen belastend, dann hilft das „Narrative" am Mythos, mit diesen Situationen entlastend umzugehen (Blumenberg). Wird Mythos so aufgefasst, dann besteht zunächst kein Einwand dagegen, die erzählten biblischen Ur-Geschichten als Mythen aufzufassen. Eine solche Auffassung steht in fundamentalem Gegensatz zu R. Bultmanns Programm einer Entmythologisie-

---

29 Vgl. vor allem K. Hübner, Die Wahrheit des Mythos, München 1985. – H. Blumenberg, Arbeit am Mythos, Frankfurt 1979. – Vgl. dazu H.-P. Müller, Mythos – Kerygma – Wahrheit (BZAW 200), Berlin 1991; ders., Mythos und Metapher. Zur Ambivalenz des Mythischen in poetischer Gestaltung, in: H. Irsigler (Hrsg.), Mythisches in biblischer Bildsprache, Freiburg i. Br. 2004, 43-63.
30 Karl Popper hat bereits 1934 darauf hingewiesen, dass wissenschaftlich-empirische Aussagen nie absolut verifizierbar sind, weil theoretische Annahmen *vor* der Überprüfung erfolgen, die ihrerseits im identischen Kontext nicht nachgeprüft werden können.
31 Und sie weisen in der Form der Utopie darauf hin, wie Zukünftiges die Situation der Gegenwart überschreiten kann. Davon wird in diesem Buch in dem eigenen Exkurs über Utopie gesprochen.

rung der biblischen Botschaft. Freilich hat Bultmann auf die mit Mythen verbundene Gefahr aufmerksam gemacht. Dabei findet sich eine Übereinstimmung mit Blumenbergs Hinweis auf die „absolute Metapher".

Metapher (griechisch: bildhafte Übertragung) „heißt seit der antiken Rhetorik eine Aussageweise, bei der ein bestimmter sprachlicher Ausdruck auf einen anderen gemeinten Ausdruck übertragen wird (verkürzter oder bildhafter Vergleich). Sie wird dann angewandt, wenn durch sie ein Sachverhalt deutlicher zum Ausdruck kommt als in einer direkten, mit abstrakter Begrifflichkeit arbeitenden Aussage"[32]. Eine Metapher hat ihre Bedeutung nur in einem eigenen, begrenzten Kontext.

Hans Blumenberg hat den Begriff der „absoluten Metapher" geprägt. Es handle sich dabei um eine Tendenz der Metapher, sich zu verselbständigen, während Metaphern „an sich" begrenzte Hinweise auf einen Sachverhalt sind. Die absolute Metapher wird als Grundlage statt als Mittel verwendet, sie widersetzt sich dem Versuch zu verstehen, was mit der Metapher „eigentlich" gemeint ist. Blumenberg zieht als Beispiel die neuplatonische Metapher „Licht" als Darstellung von „Wahrheit" heran. Die „Lichtung" kann ein Vor-Urteil im Hinblick auf „Wahrheit" sein[33]. Im Hinblick auf eine Gotteserkenntnis wäre sie nicht das von Gott her gewährte Un-Verborgene (a-letheia; Offenbarung), sondern menschliche Leistung. Blumenberg sieht bei der Licht-Metapher den Anfang einer kritischen Warnung vor einer absoluten Metapher schon bei Augustinus.

Dieses Gesagte gilt auch, wenn in exegetisch-wissenschaftlicher Literatur „Paradies" als Metapher bezeichnet wird. Absolute und daher irreführende Metapher wäre ein verselbständigtes Verständnis des Paradieses als historisch-geographischer Ort (mit all den Irrwegen, es archäologisch finden zu wollen!), während es als Bildwort dasjenige illustrieren will, was Gott „eigentlich" sich selber und der Menschheit zugedacht hatte und was bisher nie verwirklicht wurde. „Paradies" ist eine Metapher für ein in jeder Beziehung – auch in der Gottesbeziehung – geglücktes Leben und für Glück schlechthin.

2. Das Paradies im Judentum

Die wichtigsten Zeugnisse für die Paradiestradition im Judentum außerhalb der Bibel sind in die Zeit des sog. „Frühjudentums" um etwa 332 v. Chr. bis 135 n. Chr. zu datieren[34]. Nach dem Urteil von Simone Rosenkranz hat das Paradies in

---

32 H. Vorgrimler, Neues Theologisches Wörterbuch, Freiburg i. Br. ⁴2005, 415f. Vgl. zum Folgenden H. Blumenberg, Paradigmen zu einer Metaphorologie, Frankfurt 1960; H. J. Meurer, Die Gleichnisse Jesu als Metaphern. Paul Ricoeurs Hermeneutik der Gleichniserzählung im Horizont des Symbols „Gottesherrschaft / Reich Gottes" (BBB 111), Bodenheim 1997 mit grundsätzlichen Darlegungen zu „Metapher".

33 Vgl. Th. Eder – F. J. Czernin (Hrsg.), Zur Metapher. Die Metapher in Philosophie, Wissenschaft und Literatur, München 2007.

34 Hierzu S. Rosenkranz, Paradies jüdisch, in: TRE XXV (1995) 711-713. Datierung hier 711.

Gen 2-3 hauptsächlich protologischen (= schöpfungstheologischen) Sinn, während es der außerbiblischen frühjüdischen Literatur eher um den kosmologischen und eschatologischen Sinn[35] geht. Das heißt: Die Welt ist der Ort der Entscheidung, das Paradies wird zu dem oft schwer erreichbaren letzten Ziel. Nach manchen Schriften befindet sich das Paradies im Himmel, nach andern wird es am Ende der Zeiten auf der Erde verherrlicht, wieder andere meinen, es komme zur erneuerten eschatologischen Erde vom Himmel herab, und zwar nach Jerusalem[36].

Nach den ältesten Teilen des äthiopischen Henochbuchs (aus der Makkabäerzeit[37]) und nach dem Jubiläenbuch (Mitte des 2. Jahrhunderts v. Chr.[38]) ist im Paradies ein in der Schöpfung begründeter Wohnort Gottes zu sehen, von dem aus er die Geheimnisse der Schöpfung, die Bestimmung der Geschichte und das himmlisch-kosmische Gesetz offenbart, aber es ist auch Ort der eschatologischen Erfüllung; es wird am Ende der Geschichte eine Einheit mit dem Jerusalemer Tempel bilden und dort Ort der privilegierten Gegenwart Gottes sein (äthHen). Oder der Berg Zion wird zu einer Art stellvertretenden Paradieses (Jub). Das Paradies ist primär als Heiligtum gesehen; das Paradies Adams und Evas tritt zurück.[39]

Nach Qumran-Zeugnissen dient der Begriff „Paradies" der Aussage, dass die Gemeinde im wirklich existierenden, aber noch unvollendeten Reich Gottes lebt. Die aus der Tradition übernommene Bezeichnung „Volk Gottes als Pflanzung" wird mit „Paradies" verbunden: Selbstverständnis der Gemeinde als bereits angelegtes, aber noch wachsendes, unvollendetes Paradies. Eine Schrift sieht einen Gegensatz zwischen den „Lebensbäumen" (den Mitgliedern der Gemeinde) und den „Wasserbäumen" (ihren Gegnern), die jetzt die Paradiesbäume (Gen 2,8) noch verdecken, die aber im Gericht vernichtet werden[40].

Die Apokalypse des Mose (griechisch) und das Leben Adams und Evas (lateinisch) aus hellenistischer Zeit in einer Nähe zur Thronwagen- (Merkaba-) Mystik[41] sehen das Paradies eigenständig gegenüber dem Tempel. Durch eine Mauer (Tradition der Vertreibung aus dem Paradies) ist es als sakraler Bezirk von der Profanwelt abgegrenzt; männliche und weibliche Lebewesen sind wie im Tempel von einander getrennt; der Lebensbaum ist in einen Ölbaum verwandelt. Nicht mehr der Tempel wie im Jubiläenbuch, sondern das Paradies ist der eschatologische Heilsort.

Philon von Alexandrien, bedeutender jüdischer Philosoph und „allegorischer" Exeget (einziges bekanntes Lebensdatum: ein Wirken als Gesandter in Rom

35 Ebd.
36 Belege ebd.
37 J. Marböck, in: LThK³ I (1993) 807.
38 Ebd.
39 S. Rosenkranz, a. a. O. 712.
40 Ebd.
41 J. Marböck, a. a. O. 808.

39/40 n. Chr.[42]) versteht die Paradiesbäume als „Bäume der Tugend", die Gott der Menschenseele einpflanzte und die irdische Abbilder der Urbilder, der himmlischen Tugenden, sind, so dass jeder Mensch eine „paradiesische Veranlagung" hat; die „Paradiesschösslinge" sind jedoch so zu pflegen, dass die Seele in die himmlischen Regionen aufsteigen und so unsterblich werden kann. Der Mensch, der nach dem rechten „Logos" lebt, kann als „Weltbürger" den Kosmos als Paradies erkennen. Wer dem „Gesetz" (der Tora) treu ist, der hat schon auf Erden teil am paradiesischen Zustand; seine Seele erhebt sich in die göttlichen Regionen und wird so zum „Lebensbaum"; auch seine Umwelt kann durch ihn wieder paradiesisch werden[43].

Die Paradieserzählungen der Genesis werden von dem jüdischen Historiker Josephus Flavius (37/38 n. Chr. – um 100) ausgeschmückt. In seinen Ausführungen über die Essener erwähnt er deren Paradies als Ort jenseits des Ozeans, der von Unwettern verschon bleibt und an den die Seelen, die aus feinstem Äther bestehen, nach ihrem Tod befreit vom Körper gelangen[44].

Nach der syrischen Baruchapokalypse (nach 70 n. Chr.[45]) werden die Vorstellungen vom Paradies vom zerstörten Tempel weg auf ganz Jerusalem übertragen. Das wahre Jerusalem ist der Ort des endzeitlichen Paradieses und des Kerubenthrons; es liegt im Himmel. Ende des 1. Jahrhunderts sind die Äußerungen über das Paradies zurückhaltend. Nach dem 4. Esra-Buch (das in die Zeit nach 70 n. Chr. datiert wird[46]) ereignet sich das eschatologische Heil, indem das himmlische Jerusalem mit dem Paradies an die Stätte des zerstörten Tempels auf die erneuerte Erde herabkommt[47].

Die rabbinischen Vorstellungen vom Paradies schließen sich, was die Motive angeht, an frühjüdisches Schrifttum an, doch werden sie aktualisierend interpretiert. Spekulationen über die geographische Lage des „Gartens Eden" werden anhand der vier Flüsse angestellt, erweisen sich jedoch als ebenso wenig lösbar wie die Fragen nach dem Baum des Lebens und der Erkenntnis von Gut und Böse[48]. Die älteste Erwähnung der nachbiblisch aktualisierten jüdischen Paradies-Theologie findet sich bei Jochanan b. Zakkai Ende des 1. Jahrhunderts: „There are two ways before me, one leading to Paradise and the other to Gehinnom" (Ber. 28b)[49]. Nach der rabbinischen Literatur existierten Hölle und Garten Eden, bevor die Welt erschaffen wurde (Pes.54a), die Hölle zur linken Hand Gottes, der Garten Eden zur Rechten (Mid. Ps. 90)[50]. In der rabbinischen Tradition stellte man sich die Zukunft der Guten nach ihrem Tod unterschiedlich vor. Eine

---

42 F. Siegert, Philon von Alexandrien, in: LThK³ VIII (1999) 245f.
43 S. Rosenkranz, a. a. O. 712f. mit Belegen.
44 Ebd. 713. S. Rosenkranz verweist hier auf eine Parallele zu Homers Odyssee.
45 J. Marböck, a. a. O. 808f.
46 Ebd. 808.
47 S. Rosenkranz, a. a. O 713.
48 Encyclopedia Judaica, Paradise: Bd. 13 (Jerusalem 1971) 77-85.
49 Ebd. 83.
50 Ebd.

Richtung malte sich die jenseitige Belohnung materiell aus, zum Beispiel als Sitzen an goldenen Tischen bei feierlichen Mählern, während Rav (der babylonische Rabbi Abba Areka)im 3. Jahrhundert n. Chr. erklärte, in der zukünftigen Welt gebe es keine sinnenhaften Freuden, vielmehr bestehe die Belohnung der Gerechten in der Teilhabe am Glanz der göttlichen Gegenwart. Aber immerhin tragen die Gerechten Kronen auf ihren Häuptern (Ber. 17a)[51].

Die kurzen Andeutungen in Talmud und Midrasch werden in den nachtalmudischen Schriften zu ausführlichen Erörterungen[52], in denen dichterische Phantasie reichlich am Werk ist. Das Verhältnis von Paradies und himmlischem Jerusalem wird diskutiert. David erhält nach seinem Tod einen Thron in der Nähe des Thrones Gottes, wo er himmlische Musik und Psalmengesänge hört[53]. Mose begegnet dem Messias im Himmel und führt lange Gespräche mit ihm[54]. Die Seelen aller Menschen müssen nach ihrem Tod den Garten Eden durchqueren, bevor sie ihre endgültige Bestimmung erreichen. Sie müssen durch sieben Tore gehen, ehe sie zum Himmel gelangen. Die Seelen der Frommen werden in Engel verwandelt; sie müssen auf ewig Gott loben und ihre Schau der Herrlichkeit der Shekinah feiern. Das erste Tor ist die Höhle von Machpela in der Nähe des Paradieses, bewacht von Adam. Eine „würdige" Seele wird von ihm durchgelassen, sie gelangt zum Tor des Paradieses, das von Cherubim und dem flammenden Schwert bewacht wird. Die nicht würdige Seele würde durch dieses Schwert getötet. Die würdige erhält einen Pass, der ihr Zutritt zum irdischen Paradies verschafft. Dort ist eine Säule aus Rauch und Licht, die vom Paradies bis zum Tor des Himmels leuchtet. Vom Charakter der Seele hängt es ab, ob sie aufwärts zum Himmel gelangt. Das dritte Tor („Zebul") bildet den Eingang zum Himmel. Ist die Seele würdig, dann öffnet der Wächter das Tor, sie gelangt in den himmlischen Tempel. Michael stellt sie Gott vor und geleitet sie zum siebten Tor („Arabot"), wo die Seelen der Frommen, in Engel verwandelt, Gott loben[55].

Dies soll nur als ein Beispiel gelten. Die Vorstellungen sind alles andere als einheitlich. Die wichtigsten religiös-theologischen Spekulationen kreisen um das Verhältnis von Paradies und Himmel, um das himmlische Jerusalem und um den himmlischen Tempel[56].

Ernst Ludwig Ehrlich hat einen Kommentar zur Genesis aus den Schriften der Rabbinen herausgegeben[57], aus dem zwei signifikante Thesen zitiert seien: Sieben Dinge wurden erschaffen, bevor die Welt erschaffen wurde: die Tora, die Buße,

---

51 Ebd. 84.
52 L. Ginzberg (Hrsg.), The Legends of the Jews, 7 Bde, Philadelphia 1909-1938.
53 L. Ginzberg, a. a. O. IV 114.
54 Ebd. III 446-448.
55 L. Ginzberg, a. a. O. I 60-71; reiche Belege.
56 Vgl. auch P. Schäfer, Paradies, in: Kleines Lexikon des Judentums, Stuttgart ²1987, 232; P. A. Bernheim – G. Stavrides, Das Paradies – Verheißungen vom glücklichen Jenseits, Düsseldorf 1995, 9-69 (viele Zitate).
57 Rabbinischer Kommentar zum Buch Genesis, zusammengestellt, übersetzt und kommentiert von D. U. Rotzoll (Studia Judaica, hrsg. v. E. L. Ehrlich, Bd XIV), Berlin 1994.

der Garten Eden, das Gehinomfeuer, der Thron der Herrlichkeit, der Tempel und der Name des Messias[58]. Eden und Gehinom sind die Orte, die dem Menschen für die Erfüllung oder Verwerfung der Tora zuteil werden[59]. Die rabbinischen Spekulationen über den Garten Eden sind im „orthodoxen" Judentum von großer Bedeutung bis heute.

In letzter Zeit äußerste sich der jüdische Religionswissenschaftler Schalom Ben-Chorin so:

„Der Paradies-Mythos will uns lehren, dass der Mensch vor dem Sündenfall ohne Leid, aber auch ohne Schicksal und Geschichte, ohne Liebe und Entscheidung, im Paradies der erkenntnislosen Naivität gelebt hat. Nachdem der Mensch aber vom Baum der Erkenntnis gegessen hat und so in die doppelte Zone der Reife eintritt – die Zone der Erkenntnis, die im hebräischen Sprachgebrauch beides meint, das Erkennen im Sinne des Eros und im Sinne des Intellekts – , ist ihm auch das Leid beigegeben wie der Schatten dem Licht.

‚Unter Schmerzen sollst du gebären', wird dem Weibe gesagt, und ‚Im Schweiße deines Angesichts sollst du dein Brot essen', wird über den Mann verhängt, um dessentwillen der Acker verflucht bleibt. So stehen Geburt und Leben im Schatten einer Ur-Sünde, die das Leid und das Leiden in der Welt rechtfertigt"[60].

3. Das Paradies im Islam

a) Das Paradies im Koran

Das Grundbuch der muslimischen Religion ist der Koran, eine Sammlung der durch den Engel Gabriel an den Propheten Muhammad (um 570-632) ergangenen Offenbarungen Gottes. Dem Folgenden liegt die kommentierte Übersetzung des Islamexperten Adel Theodor Khoury zugrunde[61]. Für gläubige Muslime ist der Koran, dessen Urschrift ihrem Glauben nach im Himmel aufbewahrt wird, das unanfechtbare Wort Gottes und nicht Menschenwort. Es gibt daher im Islam keine historisch-kritische Koran-Exegese, die der westlichen Bibelkritik vergleichbar wäre. Khoury nennt bei den einzelnen Suren die Auffassungen muslimischer Kommentatoren, die sich mit Entstehungszeiten und -orten der einzelnen Suren, ihrer chronologischen Reihenfolge, mit Lesarten und Varianten befassen. Zu beachten sind jedoch Äußerungen der islamischen Mystik, die später erwähnt werden.

Es gibt in den Ausführungen des Korans zur Eschatologie und speziell zum Paradies zahlreiche Topoi, die stereotyp wiederholt werden, ohne dass eine genauere

---

58 Ebd. 83f.
59 Ebd. 84 Anm. 37.
60 S. Ben-Chorin – M. Langer – H. G. Kaufmann, Die Tränen des Hiob, Innsbruck 1994, 58.
61 Der Koran. Arabisch-deutsch. Übersetzt und kommentiert von A. Th. Khoury, Gütersloh 2004.
   Von Khoury stammt auch ein 12bändiger Kommentar zum Koran, Gütersloh 1999-2001.

Erklärung mit ihnen verbunden wäre. Zu ihnen gehören die Redeweisen von Himmel und Erde, Diesseits und Jenseits, die Benennung der Qualitäten, durch die ein Mensch Einlass ins Paradies erlangt (Glaube, gute Werke, Frömmigkeit, Gerechtigkeit usw.; vgl. z. B. Sure 7,40-50). Der Topos vom Thron Gottes, der auch im Judentum eine große Rolle spielt, wird häufig angeführt[62]. Der „Tag der Auferstehung", gelegentlich auch „Auferweckung" (an dem die Toten aus den Gräbern kommen) wird ebenfalls formelhaft erwähnt[63]. Im Folgenden werden die Äußerungen des Korans zum Paradies im Wortlaut zitiert, mit Ausnahme der nur formelhaften Erwähnungen von „Gärten, unter denen Bäche fließen".

2,25: „Und verkünde denen, die glauben und die guten Werke tun, dass für sie Gärten bestimmt sind, unter denen Bäche fließen. So oft ihnen daraus eine Frucht als Lebensunterhalt beschert wird, sagen sie: ‚Das ist, was uns vorher beschert wurde'; es wird ihnen aber nur Ähnliches gebracht, und sie haben darin geläuterte Gattinnen. Und sie werden darin ewig weilen".

Khoury kommentiert (S. 61): Die Gärten des Paradieses werden als terrassenförmig oder als Flächen mit Erhebungen oder als Hänge dargestellt, in deren Niederungen Bäche fließen und somit für reiche Ernte sorgen. – *aber nur Ähnliches* den irdischen Früchten oder den bisher gereichten (obwohl sie sich im Geschmack unterscheiden); oder: *Ähnliches*, d. h. mit einer gleichbleibenden Qualität. – *geläuterte Gattinnen*, andere als die irdischen, von denen die rechtschaffenen mit ihren Männern im Paradies sein werden (36,56, 40,8); es sind die Huri, die sogenannten Paradiesjungfrauen (vgl. u. a. 3,15; 4,57; 37,48-49, 55,56.58.72; 56,22.35-37); geläutert sind sie von Frauenleiden und von verunreinigenden Vorgängen (wie Menstruation und Geburt) und auch von Falschheit und Laster. – Die Mystiker im Islam betonen die Andersartigkeit der paradiesischen Freuden; die Ausdrücke des Korans seien nur eine Hilfe, um die geistigen und spirituellen Wonnen zu beschreiben.

3,14-15: „Verlockend ist den Menschen gemacht worden die Liebe zu dem, was man begehrt: Frauen, Söhne, ganze Zentner von Gold und Silber, gekennzeichnete Pferde, Vieh und Ackerland. Dies ist Nutznießung des diesseitigen Lebens. Aber bei Gott ist die schöne Heimstatt. Sprich: Soll ich euch etwas kundtun, was besser ist als dieses? Für diejenigen, die gottesfürchtig sind, sind bei ihrem Herrn Gärten, unter denen Bäche fließen und in denen sie ewig weilen werden, und geläuterte Gattinnen und Wohlgefallen von Gott".

---

62 2,255; 10,3; 11,7; 13,2; 17,42; 20,5: 23,86; 27,26; 39,75; 40,15; 69,7. Vgl. dazu auch C. Schöck, Die Träger des Gottesthrones in Koranauslegung und islamischer Überlieferung, in: H. Halm u. a. (Hrsg.), Die Welt des Orients, Bd. XXVII (Göttingen 1996)104-131; zum Thema von Adam und Eva im Paradies dies., Adam and Eve, in: Encyclopaedia of the Qur'an, Bd I (Leiden 2001) 22-26, jeweils mit zahlreichen Literaturangaben. – Eine Paraphrase des Sündenfalls und der Vertreibung aus dem Paradies findet sich in Sure 7,19-25.

63 3,161.180; 4,87.109.141.159; 5,14.64; 7,32.167.172; 10,93; 11,60.98; 15,36; 16,25.27.92.134; 17,58.62.97; 18,105; 20,101.124; 21, 47; 22,6f. 9. 17.69; 23,16.100f.; 25,69; 28,41.72; 29,13.25; 30,56; 32,25; 35,14; 39,15.24.47.60.69; 40,18; 45,17.26; 46,5; 58,7; 60,3; 68,39; 75,1f.

3,169-170: „Halte diejenigen, die auf dem Weg Gottes getötet wurden, nicht für tot. Sie sind vielmehr lebendig bei ihrem Herrn, und sie werden versorgt, und sie freuen sich dabei über das, was Gott ihnen von seiner Huld zukommen ließ. Und sie erwarten die, die hinter ihnen (nachgekommen sind und) sie nicht eingeholt haben, voll Freude darüber, dass auch sie nichts zu befürchten haben und nicht traurig sein werden".

3,185: „Jeder wird den Tod erleiden. Euch wird euer Lohn am Tag der Auferstehung voll erstattet. Wer vom Feuer weggerückt und ins Paradies geführt wird, der erringt den Erfolg. Das diesseitige Leben ist ja nur eine betörende Nutznießung".

9,111: „Gott hat von den Gläubigen ihre eigene Person und ihr Vermögen dafür erkauft, dass ihnen das Paradies gehört, insofern sie auf dem Weg Gottes kämpfen und so töten oder getötet werden. Das ist ein ihm obliegendes Versprechen in Wahrheit in der Tora und im Evangelium und im Koran. Und wer hält seine Abmachung treuer ein als Gott? So seid froh über das Kaufgeschäft, das ihr abgeschlossen habt. Und das ist der großartige Erfolg".

Khoury kommentiert (S. 293): Die Übereinstimmung der drei biblischen Traditionen in diesem Punkt kann nur dann erzielt werden, wenn man nicht direkt von den Kampfhandlungen und der Kriegsführung, sondern vom Martyrium ausgeht: Wer sein Leben für die Sache Gottes hingibt, wird es gewinnen, denn als Zeuge Gottes wird er das Wohlgefallen Gottes und damit das Heil erlangen. – Manche Muslime (z. B. Rashid Rida im *Manar*) würde es nicht stören, dass man keine Belegstellen in der Tora und im Evangelium findet, da für sie die heute von den Juden und Christen bewahrten Texte nicht ohne Verfälschung geblieben seien.

10,9-10: „Diejenigen, die glauben und die guten Werke tun, leitet ihr Herr wegen ihres Glaubens recht. Unter ihnen werden Bäche fließen in den Gärten der Wonne. Ihr Rufen darin wird sein: ‚Preis sei Dir, unser Gott!' und ihre Begrüßung darin wird sein: ‚Friede!' Ihr abschließender Ruf: ‚Lob sei Gott, dem Herrn der Welten!'"

13,20-24: „Diejenigen, die den Bund Gottes halten und die Verpflichtung nicht brechen, und die verbinden, was Gott zu verbinden befohlen hat, ihren Herrn fürchten und Angst vor einer höheren Abrechnung haben, und die geduldig sind in der Suche nach dem Antlitz ihres Herrn, das Gebet verrichten und von dem, was Wir ihnen beschert haben, geheim und offen spenden, und das Böse mit dem Guten abwehren, diese werden die jenseitige Wohnstätte erhalten, die Gärten von Eden, in die sie eingehen werden, sie und diejenigen von ihren Vätern, ihren Gattinnen und ihrer Nachkommenschaft, die Gutes getan haben. Und die Engel treten zu ihnen ein durch alle Tore: ‚Friede sei über euch dafür, dass ihr geduldig wart!'"

13,35: „Mit dem Paradies, das den Gottesfürchtigen versprochen ist, ist es wie folgt: Unter ihm fließen Bäche, und es hat ständigen Ernteertrag und Schatten. Das ist, was im Jenseits für die Gottesfürchtigen folgt".

15,45-47: „Die Gottesfürchtigen aber werden in Gärten und an Quellen sein: ‚Geht hinein in Frieden und Sicherheit.' Und Wir nehmen weg, was in ihrer

Brust an Groll da sein mag, so dass sie wie Brüder auf Liegen ruhen, einander gegenüber. Darin erfasst sie keine Mühsal, und sie werden nicht daraus vertrieben".

17,21: „Schau, wie Wir die einen von ihnen vor den anderen bevorzugen. Im Jenseits gibt es sicher höhere Rangstufen und größere Auszeichnungen".

18,30-31: „Diejenigen, die glauben und die guten Werke tun – siehe, Wir lassen den Lohn derer, die in ihrem Handeln rechtschaffen sind, nicht verloren gehen. Jene sind es, für die die Gärten von Eden bestimmt sind. Unter ihnen fließen Bäche. Geschmückt sind sie mit Armringen aus Gold, und sie tragen grüne Gewänder aus Seide und Brokat, indem sie sich darin auf Liegen lehnen. Wie vorzüglich ist der Lohn und wie schön der Lagerplatz!" – Ähnlich 22,23; 35,33, wo zusätzlich Perlen erwähnt werden.

19,60-63: ...sie werden den Untergang finden „außer denen, die umkehren und glauben und Gutes tun. Diese gehen ins Paradies ein – und ihnen wird in nichts Unrecht getan – , in die Gärten von Eden, die der Erbarmer seinen Dienern im Bereich des Unsichtbaren versprochen hat. Sein Versprechen wird bestimmt herbeigeführt. Sie hüten darin keine unbedachte Rede, sondern nur: ‚Frieden!' Und sie haben dazu ihren Unterhalt morgens und abends. Das ist das Paradies, das Wir denen von unseren Dienern zum Erbe geben, die gottesfürchtig sind".

29,58: „Diejenigen, die glauben und die guten Werke tun, werden wir im Paradies in Obergemächer einweisen, unter denen Bäche fließen; darin werden sie ewig weilen. Vorzüglich ist der Lohn derer, die (gut) handeln, die geduldig sind und auf ihren Herrn vertrauen". – Obergemächer auch in 34,37.

35,34-35: „Und sie sagen: ‚Lob sei Gott, der die Betrübtheit von uns weggenommen hat! Unser Herr ist wahrlich voller Vergebung und zeigt sich erkenntlich. Er, der uns durch seine Huld in die Wohnstätte des (ewigen) Aufenthaltes versetzt hat, in der uns keine Ermüdung befällt, und in der uns keine Ermattung befällt.'"

36,55-58: „Die Gefährten des Paradieses finden heute Beschäftigung und Wohlbehagen. Sie und ihre Gattinnen befinden sich im Schatten und lehnen sich auf Liegen. Sie haben darin Früchte, und sie haben, was sie für sich wünschen. ‚Friede!' als Anrede von einem barmherzigen Herrn".

37,41-50: „Für diese (die auserwählten Diener Gottes) ist ein fester Unterhalt bestimmt: Früchte, und sie werden ehrenvoll behandelt in den Gärten der Wonne auf Liegen, einander gegenüber. Dabei wird ihnen ein Becher aus einem Quell herumgereicht, weiß, genussvoll für die, die (daraus) trinken. Darin steckt keine heimtückische Beeinträchtigung, und dadurch werden sie nicht berauscht. Und bei ihnen sind (Huri), die ihre Blicke zurückhalten und schöne, große Augen haben, als ob sie wohlverwahrte Eier wären. Und sie gehen auf einander zu, um sich gegenseitig zu befragen".

Zu den Huris (Paradiesjungfrauen) Khourys Kommentar oben zu 2,25.

38,49-54: „Dies ist eine Ermahnung. Für die Gottesfürchtigen ist eine schöne Heimstatt bestimmt, die Gärten von Eden, deren Tore ihnen geöffnet stehen. Sie lehnen sich darin, und sie rufen darin nach vielen Früchten und nach Getränk.

Und bei ihnen sind gleichaltrige (Huri), die ihre Blicke zurückhalten. Das ist, was euch für den Tag der Abrechnung verheißen ist. Das ist unsere Versorgung; sie geht nicht zu Ende".

39,73-75: „Und diejenigen, die ihren Herrn fürchteten, werden in Scharen ins Paradies geführt. Und wenn sie dort ankommen, und seine Tore geöffnet werden und seine Wärter zu ihnen sagen: ‚Friede sei über euch! Gut wart ihr, so betret es; darin werdet ihr ewig weilen'. Und sie sagen: ‚Lob sei Gott, der sein Versprechen an uns wahr gemacht und uns die Erde zum Erbe gegeben hat, so dass wir uns im Paradies aufhalten können, wo wir wollen. Wie trefflich ist der Lohn derer, die (gut) handeln!' Und du siehst die Engel sich um den Thron hinstellen und das Lob ihres Herrn singen. Und es ist zwischen ihnen nach der Wahrheit entschieden. Und es wird gesagt: ‚Lob sei Gott, dem Herrn der Welten!'"

43,68-73: „ ‚O meine Diener, ihr habt heute nichts zu befürchten, und ihr werdet nicht traurig sein. Ihr, die ihr an unsere Zeichen glaubtet und gottergeben wart. Geht ins Paradies ein, ihr und eure Gattinnen, euch wird Freude bereitet.' Es werden ihnen Schüsseln aus Gold und Becher herumgereicht. Und darin gibt es, was die Seele begehrt und für die Augen eine Wonne ist. ‚Und ihr werdet darin ewig weilen. Das ist das Paradies, das euch zum Erbe gegeben worden ist für das, was ihr zu tun pflegtet. Darin sind viele Früchte für euch, von denen ihr essen könnt'".

(44,51-57: Paradies für Gottesfürchtige mit Gärten, Quelle, Gewändern aus Seide und Brokat, Liegen, Früchten und Sicherheit. 54: „Und wir geben ihnen als Partnerinnen Huris mit schönen, großen Augen").

47,15-20: „Mit dem Paradies, das den Gottesfürchtigen versprochen ist, ist es wie folgt: Darin sind Bäche mit Wasser, das nicht faul ist, und Bäche mit Milch, deren Geschmack sich nicht ändert, und Bäche mit Wein, der genussvoll ist für die, die davon trinken, und Bäche mit gefiltertem Honig. Und sie haben darin allerlei Früchte und Vergebung von ihrem Herrn".

50,31-35: „Und das Paradies wird an die Gottesfürchtigen herangebracht, nicht weit entfernt: ‚Das ist, was euch versprochen worden ist für jeden, der bereit zur Umkehr ist und sich selbst hütet, der den Erbarmer im verborgenen fürchtet und mit reumütigem Herzen (zu ihm) kommt. Geht hinein in Frieden. Das ist der Tag der Ewigkeit.' Sie haben darin, was sie wollen. Und bei Uns steht noch mehr".

52,17-28: „Die Gottesfürchtigen befinden sich in Gärten und Wonne. Sie empfinden Wohlbehagen an dem, was ihnen ihr Herr zukommen lässt. Und ihr Herr bewahrt sie vor der Pein der Hölle. ‚Esst und trinkt zu eurem Wohl für das, was ihr zu tun pflegtet.' Sie lehnen sich auf gereihten Betten. Und Wir geben ihnen als Partnerinnen großäugige Huri. Und zu denen, die glauben und denen ihre Nachkommenschaft im Glauben folgt, lassen wir ihre Nachkommenschaft stoßen. Und wir verringern ihnen nichts von ihren Werken. Ein jeder haftet für das, was er erworben hat. Und Wir versorgen sie mit Früchten und Fleisch von dem, was sie begehren. Darin greifen sie unter einander zu einem Becher, der nicht zu unbedachter Rede verleitet und in dem nichts Sündhaftes steckt. Und unter ihnen machen die Runde Jünglinge, die zu ihnen gehören, als wären sie wohlverwahrte Perlen. Und sie treten aneinander heran und fragen sich gegenseitig. Sie sagen: ‚Früher waren wir inmitten unserer Angehörigen erschrocken. Da erwies Gott uns eine Wohltat und bewahrte uns vor der Pein des glühenden Windes. Früher pflegten wir ihn anzurufen. Er ist der, der gütig und barmherzig ist'".

55,62-78 (von 55,46 an werden zwei Gärten vorgestellt.) „Außer ihnen beiden gibt es zwei andere Gärten – welche der Wohltaten eures Herrn wollt ihr beide für Lüge erklären? – , dunkelgrüne. Welche der Wohltaten eures Herrn wollt ihr beide für Lüge erklären? Darin sind zwei ergiebig sprudelnde Quellen. Welche der Wohltaten eures Herrn wollt ihr beide für Lüge erklären? Darin sind Früchte und Palmen und Granatapfelbäume. Welche der Wohltaten eures Herrn wollt ihr beide für Lüge erklären? Darin sind gute und schöne (Frauen) – welche der Wohltaten eures Herrn wollt ihr beide für Lüge erklären? – , Huri, die in den Zelten zurückgezogen wohnen. Welche der Wohltaten eures Herrn wollt ihr beide für Lüge erklären? Vor ihnen hat sie weder Mensch noch Djinn beschlafen. Welche der Wohltaten eures Herrn wollt ihr beide für Lüge erklären? Gesegnet sei der Name deines Herrn, des Erhabenen und Ehrwürdigen".

Khoury kommentiert (S. 669 und 671): Mit den beiden Adressaten sind wohl die zwei Machtbereiche gemeint, der Djinn und der Menschen (Regionen des Himmels und der Erde). Nach der Auffassung des Koran sind die Djinn Geschöpfe Gottes, die ihrer Art nach zwischen Engeln und Menschen stehen und die mit den Menschen einen „Verband" eingehen können (55,33), der Gott nicht gefällt. Zu den Huris schreibt Khoury ebenda: Die Beschreibung der Paradiesjungfrauen deutet an, dass die Bewohner des Paradieses eine viel feinere Leiblichkeit besitzen als die Erdenbewohner; entsprechend feiner sind auch ihre Wonnen. – Über die vier Gärten gibt es Meinungsunterschiede unter den muslimischen Kommentatoren.

56,10-39: „Und die Allerersten (bei der Auferstehung der Toten), ja sie werden die Allerersten sein. Das sind die, die in die Nähe (Gottes) zugelassen werden, in den Gärten der Wonne. Eine große Schar von den Früheren und wenige von den Späteren. Auf durchwobenen Betten lehnen sie sich einander gegenüber. Unter ihnen machen ewig junge Knaben die Runde mit Humpen und Krügen und einem Becher aus einem Quell, von dem sie weder Kopfweh bekommen noch sich berauschen, und mit Früchten von dem, was sie sich auswählen, und Fleisch von Geflügel von dem, was sie begehren. Und (darin sind) großäugige Huri, gleich wohl verwahrten Perlen. (Dies) als Lohn für das, was sie zu tun pflegten. Sie hören darin keine unbedachte Rede und nichts Sündhaftes, sondern nur das Wort: ‚Friede! Friede!' Die von der rechten Seite – was sind die von der rechten Seite? Sie sind unter Zizyphusbäumen ohne Dornen und über einander gereihten Bananen und ausgestrecktem Schatten, an Wasser, das sich ergießt, mit vielen Früchten, die weder aufhören noch verwehrt sind, und auf erhöhten Unterlagen. Wir haben sie eigens entstehen lassen und sie zu Jungfrauen gemacht, liebevoll und gleichaltrig, für die von der rechten Seite".

76,11-22: „So bewahrt sie (die Frommen) Gott vor dem Unheil jenes Tages und lässt sie strahlendes Glück und Freude vorfinden. Und er vergilt ihnen dafür, dass sie geduldig sind, mit einem Garten und mit Seide. Sie lehnen sich darin auf Liegen und sie leiden darin weder unter heißer Sonne noch unter bitterer Kälte. Seine Schatten hängen über ihnen herab, und seine Früchte sind ihnen sehr leicht erreichbar gemacht. Herumgereicht werden ihnen Gefäße aus Silber und Humpen wie Gläser, Gläser aus Silber, die sie nach Maß bemessen. Und darin wird ihnen ein Becher zu trinken gegeben, in dem Ingwer beigemischt ist, aus einer Quelle darin, die Salsabil genannt wird. Und unter ihnen machen ewig junge Knaben die Runde. Wenn du sie siehst, meinst du, sie seien ausgestreute Perlen. Und wenn du dorthin schaust, siehst du Wonne und großes Königreich. Sie haben grüne Gewänder aus Seide und auch Brokat an, und sie sind mit Armringen aus Silber geschmückt. Und ihr Herr gibt ihnen ein reines Getränk zu trinken. ‚Das ist der Lohn für euch, und euch wird für euer Mühen gedankt'".

78,31-37: „Für die Gottesfürchtigen ist ein Ort des Erfolges bestimmt, Gärten und Weinstöcke und gleichaltrige Frauen mit schwellenden Brüsten, und ein randvoller Becher. Sie hören darin keine unbedachte Rede und keine Bezeichnung der Botschaft als Lüge. Dies zum Lohn – als Geschenk entsprechend der Abrechnung – von deinem Herrn, dem Herrn der Himmel und der Erde und dessen, was dazwischen ist, dem Erbarmer. Vor ihm verfügen sie über keine Möglichkeit zu reden, am Tag, da der Geist und die Engel in einer Reihe stehen. Sie werden nicht sprechen, ausgenommen der, dem der Erbarmer es erlaubt und der das Richtige sagt".

Khoury kommentiert (S. 746): Über den Geist gibt es verschiedene Meinungen: Es sei einer der größten Engel, oder er gehöre zu den Wächtern über die Engel, oder es sei ein Geist nach dem Bild des Menschen erschaffen, oder es seien auch die Geister der Menschen.

83,22-28: „Die Frommen leben in Wonne, auf Liegen (gelehnt), und halten Ausschau. Du erkennst auf ihren Gesichtern das strahlende Glück der Wonne. Ihnen wird ein versiegeltes reines Getränk zu trinken gegeben, dessen Siegel aus Moschus ist – darum sollen die Wettkämpfer um die Wette streiten – , und mit Tasnim beigemischt, aus einer Quelle, aus der diejenigen trinken, die in der Nähe (Gottes) sind".

Khoury erklärt (S.759): Tasnim ist der Name einer Quelle im Paradies, die höher liegt oder deren Wasser von oben herunterfällt.

Zu ergänzen ist noch, dass nach der wiederholten Lehre des Korans auch Juden und Christen ins Paradies kommen können, vorausgesetzt, dass sie fromm, gerecht und gottesfürchtig lebten und (an die besondere Adresse der Christen) dass sie nicht behaupteten, Gott habe ein Kind genommen und „sich beigesellt". Der Koran lehrt zwar die jungfräuliche Geburt Jesu aus Maria und preist Jesus als großen Propheten, möchte aber die Gefahr eines Zwei-Götter-Glaubens ausschließen.

b) Islamische Überlieferung (Hadith)
und volkstümliche Ausmalungen

In der islamischen Überlieferung sind Erzählungen von Gewährsleuten gesammelt, die Muhammads vorbildlichen Weg illustrieren sollen[64]. Einige Textbeispiele:

124 Nach Abū Hurayra
„Wenn Gott die Leute des Paradieses ins Paradies und die Leute des Höllenfeuers ins Feuer eingehen lässt, wird der Tod herbeigebracht und auf den Wall hingestellt, der zwischen den Leuten des Paradieses und den Leuten des Feuers steht. Dann wird gesagt: Ihr Leute des Paradieses! Diese blicken auf voller Angst. Dann wird gesagt: Ihr Leute des Feuers! Diese blicken auf in froher Stimmung und hoffen auf eine Fürsprache (zu ihren Gunsten).

Es wird zu den Leuten des Paradieses und zu den Leuten des Feuers gesagt: Kennt ihr den?

Sie sagen, diese und jene: Wir kennen ihn. Das ist der Tod, der mit uns betraut ist.

Er wird hingelegt, und er wird geschlachtet auf dem Wall, der zwischen dem Paradies und dem Feuer steht.

Dann wird gesagt: Ihr Leute des Paradieses, es ist nun die Ewigkeit, es gibt keinen Tod mehr. – Ihr Leute des Feuers, es ist nun die Ewigkeit, es gibt keinen Tod mehr."
Muslim; Tirmidhī (Ende 9. Jahrhundert)

125 Nach Abū Saʿīd al-Khudrī
„Gott sagt zu den Leuten des Paradieses: Ihr Leute des Paradieses! Sie sagen: Da sind wir, o unser Herr, dir gebührt eine doppelte Seligkeit.

Er sagt: Seid ihr zufrieden?

Sie sagen: Warum sollten wir nicht zufrieden sein, wo du uns gegeben hast, was niemandem von deinen Geschöpfen gegeben wurde?

Er sagt: Ich gebe euch etwas Besseres als dies.

Sie sagen: O Herr, was ist denn besser als dies?

Er sagt: Ich lasse mein Wohlgefallen auf euch ruhen, so dass ich euch fortan niemals mehr zürne".
Bukhārī (9. Jahrhundert)

126 Nach Ṣuhayb
„Wenn die Leute des Paradieses ins Paradies eingehen, sagt Gott: Wünscht ihr euch, dass ich euch noch mehr gebe?

Sie sagen: Hast du uns nicht unsere Gesichter weiß gemacht? Hast du uns nicht ins Paradies eingehen lassen und uns vor dem Höllenfeuer gerettet?

---

64 So sprach der Prophet. Worte aus der islamischen Überlieferung. Ausgewählt und übersetzt von A. Th. Khoury, Gütersloh 1988.

Da zieht er den Vorhang weg. Siehe, ihnen ist nichts geschenkt worden, das ihnen lieber wäre als das Hinschauen zu ihrem Herrn".
Muslim (Ende des 9. Jahrhunderts)

Diese Überlieferungen, die sich auf den Koran als ihre Hauptquelle berufen, genießen im Islam hohes Ansehen[65].

Von ihnen sind die weit verbreiteten volkstümlichen Anschauungen zu unterscheiden. Zu ihnen gehören die Erzählungen von Muhammads Himmelsreise, die er von Jerusalem aus angetreten habe und bei der er vom Engel Gabriel durch sieben Himmelssphären begleitet wurde. Hauptthemen dieser Ausmalungen des Paradieses sind:

„Es gibt acht goldene, mit Edelsteinen verzierte Paradieseshöfe für acht Kategorien der Seligen: die Propheten, die Betenden, die Almosenspendenden, für die guten Ratgeber, die Bezähmer der Leidenschaften, die Mekkapilger, die Kämpfer im heiligen Krieg, die Gottergebenen. Sieben Paradiesesgärten gibt es aus weißen Perlen, Smaragden, Silber, Gold usw. Die Ströme führen Perlen als Kies, die Bäume sind aus Perlen und Hyazinthen. Der größte der Paradiesesbäume ist der Baum Tuba. Seine Wurzeln bestehen aus Perlen, sein Stamm aus Barmherzigkeit, seine Zweige aus Chrysolith und seine Blätter aus grüner Seide. Eine andere Meinung kennt einen Baum, aus dessen oberem Teil die Prachtgewänder des Paradieses, aus dessen unterem aber geflügelte Rosse mit Sätteln und Decken hervorgehen. Auch die Huris werden in recht barocker Weise als besonders kostbares Material beschrieben: Ambra, Kampfer und andere Odorifera bilden ihre Körper. Mit Schmuck sind sie überladen. Die Seligen führen dort ein Schlaraffenleben. Jeder Mann hat die Kraft von hundert Männern zum Essen, Trinken und für die Mädchen"[66].

c) Zur islamischen Mystik

Die islamische Mystik[67], auf die hier nicht näher eingegangen werden kann, bemüht sich um kontinuierliche Einübung des Gottesgedankens. Im Hinblick auf den Koran unterscheidet sie eine „Außenseite" und eine „Innenseite". Die Außenseite enthält Ausmalungen für einfache Leute; Mystiker bemühen sich, die Innenseite zu erfassen. Die islamische Mystik beginnt im 8 Jahrhundert und steht von Anfang an im Konflikt mit den buchstabengläubigen Rechtsgelehrten. Sie lebt bis zur Gegenwart weiter. Zu ihr gehörte der bedeutendste Islam-Theologe überhaupt, Al-Ghazali (1058-1111). Von ihm ein kleines Textbeispiel:

„Wer Allah kennt und die Lust kennt, auf sein erhabenes Antlitz zu schauen, und weiß, dass es unmöglich ist, diese Lust mit der Lust des Vergnügens an den großäugigen Huris und des Schauens auf die Form der Schlösser und das Grün

---

65 A. Th. Khoury, a. a. O. 17-26. Die drei Textbeispiele ebd. 108-110.
66 Bächtold-Stäubli VI (1987) 1427f.
67 Vgl. hierzu P. Antes, in: LThK³ V (1996) 624f.; A. Neuwirth: ebd. 627f.

der Bäume zu verbinden, liebt nur die Lust der Anschauung (Allahs) und wählt nichts anderes; glaube nicht, dass die Leute des Paradieses, wenn sie das Antlitz Allahs schauen, für die Lust an den Huris und den Schlössern Raum in ihren Herzen haben"[68].

Eine radikale Ausformung dieser Mystik findet sich bei Attar (wohl 12. Jahrhundert):

> Mein Herr, wenn ich zu dir bete
> aus Furcht vor der Hölle,
> so verbanne mich in die Hölle.
> Wenn ich zu dir bete
> aus Hoffnung auf das Paradies,
> so schließe mich aus von ihm.
> Wenn ich aber zu dir bete
> um deinetwillen,
> so entziehe mir nichts
> von deiner ewigen Schönheit[69].

d) Zum gewaltbereiten Islam

Spiegel-Interview 43/1997 mit Scheich Hassan Nasrallah, Generalsekretär der schiitischen Hisbollah:

Sp.: Eminenz, bei einer Aktion der Hisbollah Mitte September wurde Ihr 18 Jahre alter Sohn Hadi von israelischen Soldaten getötet. Was empfinden Sie über diesen Verlust – Haß oder Trauer?

N.: Mein Sohn wurde nicht getötet, während er auf der Straße herumlungerte. Dieser Mudschahid stieß mit dem Gewehr in der Hand auf den Feind. Er marschierte entschlossen und selbstbewußt an die Front, durchdrungen vom tiefen Verlangen, den Feind zu vernichten. Sein Tod ist kein Sieg für die Israelis, sondern ein Sieg für die Hisbollah. Wir sind stolz auf diesen Gefallenen. Und ich als Generalsekretär der Hisbollah bin glücklich.

Sp.: Auch als Vater, der seinen Sohn verloren hat?

N.: Wenn ich Sie glauben machen wollte, der Verlust meines Sohnes schmerze mich nicht, würde ich lügen. Aber Sie müssen die Dinge so sehen: Er ist als Märtyrer gestorben, und das ist das höchste Gefühl der Freude, das einen Vater beseelen kann. Wir schätzen und ehren die Märtyrer ganz außerordentlich, sie sind für uns wie Heilige.

---

68 Zitiert nach Bächtold-Stäubli, a. a. O. 1428.
69 Zitiert nach J. L. Borges, Das Buch von Himmel und Hölle, Stuttgart 1983. Zu Attar im ganzen: A. Schimmel (Hrsg.), Vogelgespräche und andere klassische Texte, München 1999. – Manche schreiben den Text bereits der Heiligen Rabia al-Adawijja († 801) zu. Eine Übersicht mit Kurzzitaten der islamischen Mystik findet sich bei P.-A. Bernheim – G. Stavrides, Das Paradies. Verheißungen vom glücklichen Jenseits, Düsseldorf 2004, 233-242.

Sp.: Sind Ihre politischen Motive stärker als die Gefühle eines Vaters?

N.: Mein Freund, hören Sie genau zu. Was ich jetzt sage, ist religiös begründet: Wir sind Gottesgläubige, und nach unserem Glauben beginnt der Märtyrer ein neues, viel schöneres Leben im Paradies. Er nimmt eine besondere Stellung bei Gott ein. Während des Jüngsten Gerichts, wenn die Guten und die Schlechten vor Gott stehen, hat der Märtyrer ein Recht auf Fürsprache für seine Familienangehörigen.

Sp.: Ihr Sohn hat sich also auch für die Familie geopfert?

N.: Hadi wird uns ganz sicher zu sich ins Paradies holen, allen Märtyrerfamilien wird diese Freude zuteil werden. Es ist das höchste Glück für uns, wenn wir unser kurzes irdisches Leben verlassen und es uns vergönnt ist, neben Gott, seinem Gesandten und dessen Nachfolgern leben zu dürfen. Ich danke Gott, dass er die Güte hatte, mich zum Mitglied einer Märtyrerfamilie zu machen.

Sp.: Haben Sie Ihren Sohn angestiftet und ermutigt?

N.: Er hat ganz allein entschieden und freiwillig gehandelt. Hadi war entschlossen, um jeden Preis in die Reihen der Sondereinheiten aufgenommen zu werden, in die Elite des libanesischen Widerstands. Die Männer dieser Truppe erhalten ein besonders hartes militärisches Training, das fast 36 Monate dauert. Meine einzige Beteiligung bestand darin, dass meine Frau und ich seiner Entscheidung nicht im Wege standen, sondern sie respektierten.

Sp.: Drei Jahre Ausbildung – das heißt, Ihr Sohn wurde schon im Alter von 15 Jahren Kämpfer. Kann man eine so schwerwiegende Entscheidung einem Kind überlassen? Hatten Sie keine Skrupel?

N.: Nein, wir betrachten unsere Söhne in diesem Alter als angehende Männer, die ihre Entscheidungen allein treffen können. Und ich muss Ihnen gestehen, dass ich sehr froh und glücklich über seinen Entschluss war. Der Weg des Widerstands ist steinig und dornig. Jeder dieser jungen Männer weiß, dass der von ihm eingeschlagene Weg der Weg des Märtyrers ist. Jeder von ihnen rechnet mit dem Tod und sehnt sich nach diesem Martyrium. Wir fürchten den Tod nicht, wir lieben ihn und dürsten danach.

Im Gepäck der Anführer des Terroristenanschlags vom 11. September 2001 fand sich diese „Anfeuernde Kriegsrede"[70]:

Zeige keine Anzeichen der Verwirrung und nervlicher Anspannung, sondern sei froh, glücklich, heiter und zuversichtlich, weil du eine Tat ausführst, die Gott liebt und die er gut heißt. Danach wird der Tag kommen, den du mit Gottes Erlaubnis mit den schwarzäugigen Jungfrauen im Paradies verbringen wirst. ‚Und lächle dem Tod ins Gesicht, junger Kämpfer, denn du gehst gleich in die ewigen Gärten' ... du darfst ja nicht meinen, dass diejenigen, die um Gottes willen getötet worden sind, wirklich tot sind.

---

70 J. Valentin, Endkampf – Hölle – Paradies. Die Wirkungsgeschichte der Apokalyptik in den monotheistischen Religionen, in: StdZ 130 (2005) 843-856, das Zitat ebd. 843. Das Thema spielt eine Rolle in der von Jan Assmann initiierten Diskussion über Religion und Gewalt: Gehören Sterben für Gott und Töten für Gott zusammen?

4. Das Paradies in der Alten Kirche

Im ganzen kirchlichen Altertum ergab sich keine einigermaßen einheitliche Vorstellung vom Paradies. Anlass zur Unsicherheit ergab sich aus den vom Griechentum übernommenen Auffassungen von Seele und Leib. Ein gewisses Übergewicht hatte die Meinung, dass nur jene Menschen im Paradies seien, die mit ihren Leibern dorthin entrückt worden waren wie Henoch und Elija. In der Eschatologie der Alten Kirche galt der Hades, die von den Griechen konzipierte Unterwelt, als „Aufbewahrungsort" der Seelen der Verstorbenen bis zur allgemeinen Auferstehung der Toten. Ausnahmen bildeten die Märtyrer, deren Seelen unmittelbar nach dem Tod nicht ins Paradies, sondern sogleich in den Himmel zu Gott aufgenommen wurden. In dieser Hinsicht war die später entwickelte Identität von Paradies und Himmel noch nicht allgemein verbreitet. Beispielhaft seien drei unterschiedliche Zeugnisse aus der Alten Kirche angeführt.

Eine bemerkenswerte Persönlichkeit war Ephräm der Syrer (um 306-373)[71]. Zum Diakon geweiht, wirkte er lehrend und beratend in Nisibis, später in Edessa, wo er die „Schule der Perser" leitete. Seine Werke sind in der altsyrischen, ostaramäischen Sprache verfaßt[72]. Theologisch wandte er sich gegen gnostische und arianische Auffassungen. Griechische Einflüsse lehnte er ab. Man schreibt ihm zu, dass bei ihm die semitische Denk- und Sprachform unverfälscht erhalten sei[73].

Als Frühwerk verfasste er 15 Paradieseshymnen, insgesamt 267 Strophen mit 3.204 Versen. Nach Ephräm ist der Weg zur Erkenntnis des Göttlichen an „verhüllte Erscheinungsformen" (= Symbole) gebunden; von diesen ist „Paradies" das erste auf Erden und das zukünftige des Himmels. Das Buch Genesis ist ein Führer zum Paradies (VI 1 u. ö.)[74] „Nicht das Paradies ist der Grund der Erschaffung des Menschen, sondern Adam allein ist der Grund seiner Pflanzung. Denn wohlschmeckender als die Früchte ist das Wort, und die Liebe ist herrlicher als die Wohlgerüche" (VI 5.7)[75]. Dem Lichtkleid Adams im Paradies entspricht das Kleid der Herrlichkeit im Himmel (VI 9).

Ephräm sieht das Paradies auf einem Berg. Die Vertreibung der Menschen aus dem Paradies schildert er als stufenweises Herabsteigen, eine Typologie für die Sünde und ihre Folge, die Gottferne[76]. Als zweiter Adam führt Jesus Christus wieder nach Eden zurück (XII 10): Nach Schmidt ist die Rückkehr ins Paradies

---

71 Zu ihm W. Cramer, in: LThK³ (1995) 708ff.
72 Seit 1955 von Edmund Beck OSB in der Reihe „Corpus Scriptorum Christianorum Orientalium" herausgegeben.
73 M. Schmidt, Alttestamentliche Typologien in den Paradieseshymnen von Ephräm dem Syrer, in: F. Link (Hrsg.), Paradeigmata. Literarische Typologie des Alten Testaments (Schriften zur Literaturwissenschaft 5/1), Berlin 1989, 55-81.
74 M. Schmidt, a. a. O. 66.
75 Ebd. 57.
76 Ebd. 59.

ein wichtiger Topos bei Ephräm[77]. Obwohl Ephräm selber viele Bilder für das Paradies verwendet, sagt er, dass ein Bild des Paradieses auch nicht in Gedanken geformt werden kann (III 1; auch XV 1). Ein Typos für das Paradies war Mose im Zeltheiligtum: Adam durfte nur das Äußerste betreten, das Innerste, das Allerheiligste nicht (III 17).

In einem anderen Zusammenhang sieht Ephräm das Paradies auf dem höchsten Gipfel eines Berges, für Menschen nicht sichtbar. Es ist Zentrum des Kosmos und krönender Abschluss der Schöpfung und ist in drei Teile gegliedert: Zu unterst die Büßer, in der Mitte die Gerechten, herum um die Höhe die „Strahlenden" (Märtyrer und Asketen), auf der Spitze die Shekina, die Majestät Gottes[78]. Ephräm kann aber auch von einer „Mitte" des Paradieses sprechen: Dort sei das ewige Leben, in dem das Dreimal heilig erklingt, Jesus Christus, der Lebensbaum und strahlende Sonne ist (V 11).

Körperlose Seelen können nicht in das Paradies eingehen. Sie müssen schlafend an der Grenze zum Paradies auf die Auferstehung„ „auf die Körper, ihre Freunde" warten, „damit bei der Öffnung des Tores des Gartens Körper und Seelen unter Hosannarufen sprechen mögen: ‚Gepriesen sei, der Adam herausgeführt und eingeführt hat'" (Paradies-Hymnius VIII 11, Übersetzung von E. Beck), eine Anspielung auf den Abstieg Jesu Christi in die Unterwelt und die Befreiung der „Vorväter".

Aus dem Paradies-Hymnus VII Ephräms sei ein Textbeispiel in der Übersetzung von E. Beck zitiert:

Harret aus, ihr Trauernden, denn ihr werdet das Paradies erlangen.
Sein Tau wird euren Schmutz abwaschen, durch seine Harze wird er euch erquicken.
Der Platz an seinem Tisch wird eure Mühen beenden, sein Kranz wird euch trösten.
Es reicht euch Hungernden eine Frucht, die die Essenden läutert,
und gibt euch Dürstenden einen himmlischen Trank, der die Trinkenden weise macht.
Dort ruhen aus die verheirateten Frauen, die gequält wurden von dem Fluch der Wehen,
von den Schmerzen der Geburten, wenn sie die Kinder sehen,
die sie unter Wehklagen begruben, wie sie wie Lämmer weiden in Eden,
erhöht in ihren Stufen, preiswürdig in ihrem Glanz; denn sie sind verwandt
den Engeln ohne Makel.
Es springen im Paradies die Lahmen, die nicht gehen konnten;
es fliegen durch die Luft die Kraftlosen, die sich nicht schleppen konnten.
Die Blinden und Tauben, die vom Mutterschoß an hungerten,
die nach dem Licht hungerten und es nicht sahen,

---

77 Ebd. 62 u. ö.
78 Ebd. 70.

ihre Augen erfreut die Schönheit des Paradieses,
und der Ton seiner Harfen tröstet ihre Ohren.
Man arbeitet dort nicht, denn dort hungert man nicht.
Man kennt dort nicht die Scham, weil man dort nicht sündigt.
Man kennt dort nicht die Reue, weil es dort keine Buße gibt.
Beendet ist dort eiliges Sichbemühen und beruhigt.
Man altert dort nicht, denn dort gebiert man nicht.
Ich sah jenen Ort, meine Brüder, und saß und weinte
Über mich selber und über die, die mir gleichen.
Wie sind meine Tage vergangen, einzeln sind sie verschwunden,
entwichen. Sie wurden mir entwendet, ohne dass ich es merkte.
Reue überkam mich, dass ich verlor Kranz, Name, Herrlichkeit,
Kleid und Brautgemach des Lichtes, Tisch des Himmelreiches, selig, wer seiner
    würdig ist.

Augustinus (354-430), das größte Genie der lateinischen Theologie im ersten Jahrtausend, kam mehrfach auf das Paradies zu sprechen. Eingehend äußerte er sich dazu in seinem großen Genesiskommentar[79]. Sein Kernthema ist die Frage nach der Herkunft und Bewältigung des Bösen (im Hintergrund stehen die Auseinandersetzung mit seiner manichäischen Vergangenheit und mit dem Verhältnis von Natur und Gnade bei den Pelagianern). Zu Beginn geht er auf die Möglichkeiten ein, wie das Paradies der Genesis aufzufassen sei, wobei er seine eigene Meinung zu erkennen gibt; in den weiteren Texten müht er sich um das Verständnis des Paradieses im 2. Korintherbrief. Seine Bemühungen um die Bibel sind gekennzeichnet von der Unterscheidung des Literalsinns ("körperliches" Verständnis) vom "geistigen Sinn".

VIII. Buch 1. Kapitel

Das in Eden gepflanzte Paradies muss sowohl im eigentlichen als auch im bildlichen Sinn aufgefasst werden.
1. Und Gott pflanzte das Paradies in Eden gen Osten und setzte den Menschen hinein, den er gebildet hatte (Gen 2,8). Ich weiß sehr wohl, dass viele über das Paradies vieles gesagt haben, das sich aber in gewissem Sinn in drei Hauptmeinungen einteilen lässt. Die erste will das Paradies ausschließlich körperlich verstehen, die zweite lediglich geistig, die dritte nimmt das Paradies auf beide Weisen an, bald körperlich, bald geistig. Um es kurz zu sagen, mir gefällt die dritte Meinung. Gestützt auf sie, gehe ich daran, vom Paradies das auszusagen, was der Herr sich würdigt, mir einzugeben. Der aus Schlamm erschaffene Mensch, worunter zweifellos der menschliche Leib zu verstehen ist, wird im körperlichen Paradies angesiedelt. Mag nun auch dieser Adam als Gleichnis gelten, nach dem Worte des

---

79 Aurelius Augustinus, De Genesi ad litteram libri XII – Über den Wortlaut der Genesis, deutsch von C. J. Perl, 2. Band VII bis XII, Paderborn 1964. Das Werk stammt aus den Jahren 401/415.

Apostels das Vorbild sein des zukünftigen Adam (Röm 5,14), so muss er doch in der Ausprägung seiner eigenen Natur als Mensch aufgefasst werden, der eine bestimmte Zahl von Jahren gelebt hat und nach der Fortpflanzung einer zahlreichen Nachkommenschaft gestorben ist, so wie auch alle anderen Menschen sterben, wenn er auch nicht wie die übrigen aus Eltern geboren, sondern notwendigerweise ursprünglich aus Erde erschaffen worden war. Auf die gleiche Weise ist auch das Paradies, da Gott ihn darin angesiedelt hat, nicht anders denn als ein bestimmter irdischer Ort zu verstehen, wo der irdische Mensch zu wohnen hatte[80].

XII. Buch 1. Kapitel

Über den Ort des Paradieses ist beim Apostel Paulus nachzulesen.

1. Vom Anfang der Heiligen Schrift, der den Titel „Genesis" trägt, bis zu der Entlassung des ersten Menschen aus dem Paradies haben wir in elf Büchern, so weit und so gut wir es konnten, alles durchgesprochen und niedergeschrieben, haben Behauptungen aufgestellt und verteidigt, was wir für gesichert hielten, und bei dem, was uns unsicher schien, gefragt und geschwankt. Uns trieb nicht die Absicht, jedem vorzuschreiben, was er über dunkle Fragen denken solle, vielmehr wollten wir uns selbst in Zweifelsfragen als belehrungsbedürftig zeigen und den Leser dort vor jeder verwegenen Behauptung zurückhalten, wo wir nicht imstande waren, ein sicheres Wissen zu bieten. Dieses Zwölfte Buch nun will, da uns nicht mehr die Sorge um die Auslegung des Textes der Heiligen Schrift belastet, wesentlich freier und ausführlicher die Frage nach dem Paradies behandeln, um nicht den Anschein zu erwecken, wir hätten es unterlassen zu untersuchen, was der Apostel gemeint haben mag, wenn er von einem Paradies im dritten Himmel spricht und wörtlich sagt: *Ich kenne einen Menschen in Christus, der vor vierzehn Jahren, ob im Leib oder außerhalb des Leibes, weiß ich nicht, (nur) Gott weiß es, bis in den dritten Himmel entrückt worden ist. Und ich weiß von demselben Menschen, dass er, ob im Leib oder außerhalb des Leibes, weiß ich nicht, (aber) Gott weiß es, in das Paradies entrückt wurde und unaussprechliche Worte gehört hat, die auszusprechen keinem Menschen gestattet ist* (2 Kor 12,2-4).

2. Bei diesen Worten wird zunächst gewöhnlich gefragt, was der Apostel den dritten Himmel nennt, und dann, ob er darunter das Paradies verstehen wollte oder ob er, nachdem er in den dritten Himmel entrückt worden war, von dort aus auch noch in das Paradies entrückt wurde, gleichviel wo das Paradies auch gelegen sein mochte. In diesem Falle wäre seine Entrückung in den dritten Himmel nicht auch die Entrückung in das Paradies gewesen, sondern er wäre zuerst in den dritten Himmel und hernach von da ins Paradies entrückt worden. Das Ganze ist so zweideutig, dass es mir kaum lösbar erscheint, wenn man nicht vielleicht unter Hintansetzung der Äußerung des Apostels aus anderen Stellen der Schriften oder mit Hilfe einer durchsichtigen Beweisführung auf etwas käme, um festzustellen, dass das Paradies im dritten Himmel läge oder nicht. Im übrigen ist

---

80 Ebd. S. 41.

es nicht klar ersichtlich, ob das, was diesen dritten Himmel bezeichnet, überhaupt zu den körperlichen Dingen zu rechnen ist und nicht vielleicht nur geistig verstanden werden soll. Allerdings könnte man sagen, dass ein Mensch nur mit seinem Leib an einen körperlichen Ort entrückt werden kann. Aber wenn der Apostel selbst erklärt hat, er wisse nicht, ob er im Leib oder außerhalb des Leibes entrückt wurde, wer dürfte sich da getrauen zu sagen, er wisse etwas, was der Apostel selbst erklärt hat nicht zu wissen?[81]

29. Kapitel

Ob der Mehrzahl der Himmel auch eine Mehrzahl der Grade in den Visionen entspricht.
57. Nun könnte man aber auch den dritten Himmel, in den der Apostel entrückt wurde, so auffassen, als ob es noch einen vierten und darüber hinaus noch höhere gebe, unter denen dieser dritte Himmel liege. Es sprechen manche ja von sieben, acht, neun und sogar von zehn, behaupten, dass in dem einen, der Firmament heißt, stufenweise viele enthalten sind, woraus sie vermuten und den Schluss ziehen, sie seien körperlicher Natur; eine Vermutung oder Überlegung, über die zu reden, jetzt zu weit führen würde. Und so könnte einer auch behaupten oder, wenn er dazu imstande wäre, auch beweisen, dass es auch im Geistigen oder Verstandesmäßigen vielerlei Grade gebe, die man unterscheiden könne durch irgendeine jeweils bestimmte Steigerung mehr oder weniger erleuchteter Offenbarungen. Wie immer sich das auch verhalten und nach Belieben aufgefasst werden mag, vom einen so, vom andern anders: ich für mein Teil vermag an Schauungen oder Visionen bis jetzt nichts andres zu kennen und zu lehren außer jene drei Arten: die körperhafte, die geistige und die verstandesmäßige.

34. Kapitel

Das Paradies und der dritte Himmel
67. Wenn wir also den ersten Himmel richtig als Gesamtnamen für das ganze körperhafte All nehmen, das sich über Wasser und Land wölbt, unter dem zweiten Himmel das verstehen, was durch den Geist im Körperbild erblickt wird wie jenes, das Petrus in der Ekstase sah, als von dort das mit Tieren gefüllte Linnen herabgelassen wurde, und den dritten Himmel schließlich als das erkennen, was mit dem Verstand geschaut wird, der in einer verborgenen, entfernten, ganz den fleischlichen Sinnen entrückten und gereinigten Verfassung so schaut, dass er das Himmlische und das Wesen Gottes selbst und das Wort Gottes, durch das alles geschaffen ist, in der Liebe des Heiligen Geistes unsagbar zu sehen und zu hören vermag: dann können wir mit gutem Grund annehmen, dass der Apostel dorthin entrückt worden ist. Dann liegt dort vielleicht auch das Paradies der Paradiese. Wenn in der gesamten Schöpfung die Freude der guten Seele unter die guten

---

81 Ebd. S. 231f.

Dinge zählt, was kann dann noch erhabener sein als jene Freude, die das Wort Gottes bereitet, durch das alles geschaffen ist?[82]

In seinem großen Werk über den Gottesstaat (413/428) nimmt Augustinus wiederum zum Paradies der Genesis im Vergleich zum eschatologischen Paradies Stellung[83]. Die Veranlassung zu dem Werk war die Eroberung und Plünderung Roms im August 410 durch die Goten, aber Augustinus setzt sich nicht nur mit dem Vorwurf der Heiden auseinander, das Schicksal Roms sei die Folge dessen, dass man die alten Götter aufgegeben habe. Er arbeitet das Wesen der christlichen Religion gegen den Polytheismus heraus. Dazu gehören die Gedanken über die eschatologische Zukunft von Leib und Seele.

XIII. 22. Die Leiber der Gerechten werden, so wie sie in der Auferstehung künftig sein werden, keines Baumes bedürfen, der sie vor einem Sterben durch Krankheit oder Alter schützt. Sie werden auch keine anderen leiblichen Nahrungsmittel entbehren, um einer Beschwernis des Hungerns oder Dürstens vorbeugen zu müssen. Denn sie sind versehen mit dem sicheren, dem gänzlich unverletzlichen Geschenk der Unsterblichkeit, so dass sie nur, wenn sie wollen, essen werden, aus Möglichkeit, nicht aus Bedürfnis. Das taten auch die Engel, wenn sie in sichtbarer und greifbarer Form erschienen: sie aßen, nicht weil sie mussten, sondern weil sie wollten und konnten, um sich bei ihrem Dienst auf menschliche Art den Menschen anzupassen[84].

Der erste irdische Mensch aus Erde aber ist zu einer lebenden Seele gemacht worden, nicht zu einem belebenden Geist, was ihm als Lohn für den Gehorsam vorbehalten war. Sein Leib war zweifellos kein geistiger, sondern ein seelischer Leib, der daher Speise und Trank brauchte, um nicht durch Hunger und Durst geschwächt zu werden, und der durch jene uneingeschränkte unauflösliche Unsterblichkeit vom Zwang des Todes nicht bewahrt, sondern durch den Lebensbaum in seiner Jugendblüte erhalten wurde. Und trotzdem wäre er unter keinen Umständen dem Tod verfallen gewesen, wenn er nicht durch seine Schuld in den von Gott vorhergesagten angedrohten Urteilsspruch hineingestürzt wäre. Der Nahrung ging er zwar auch außerhalb des Paradieses nicht verlustig, nur wurde ihm der Lebensbaum verweigert, so dass er, ausgeliefert der Zeit und dem Verfall, zumindest jenes Leben zu Ende bringen sollte, das er sich, wenn er nicht gesündigt hätte, im Paradies auf ewig erhalten hätte, wenn auch in einem seelischen Leibe, der aber zum Lohn für Gehorsam geistig werden sollte. Wenn wir daher auch in dem Anspruch Gottes: „An welchem Tage ihr davon esset, werdet ihr des

---

82 Ebd. S. 284f.
83 Aurelius Augustinus, De Civitate Dei – Der Gottesstaat, I. Band Buch I – XIV, deutsch von C. J. Perl, Paderborn 1979.
84 Ebd. S. 891.

Todes sterben" (Gen 2,17), zugleich die Andeutung jenes handgreiflichen Todes erkennen, der die Trennung der Seele vom Leibe besorgt, so braucht es deshalb nicht abwegig zu erscheinen, dass die ersten Menschen nicht gleich am selben Tage, an dem sie die verbotene Todesspeise zu sich nahmen, ganz und gar vom Leibe gelöst worden sind. Nur hat sich an diesem Tage ihre Natur ins Schlechtere verwandelt, sie ist verdorben worden, und durch die gerechteste Entziehung des Lebensbaumes wurde auch die Unvermeidlichkeit des leiblichen Todes für sie zur Tatsache, mit der wir in der gleichen Unvermeidlichkeit geboren werden[85].

Am Ende der Zeit der Alten Kirche, die allgemein „Kirchenväterzeit" genannt wird, lebte und wirkte Johannes von Damaskus (um 650 – vor 754), ein ost-kirchlicher Priestermönch im Kloster Mar Saba in der Judäischen Wüste, Theo-loge und Dichter[86]. Er sammelte in seinem großen Werk „Darlegung des ortho-doxen Glaubens", was er aus früheren Traditionen in Erfahrung bringen konnte. Dazu gehört auch die Erwähnung der drei Meinungen bei Augustinus[87]:

III. Vom Menschen
Paradies und Sündenfall

Einige nun stellten sich das Paradies sinnlich vor, andere geistig. Meine Ansicht jedoch ist dies: Wie der Mensch sinnlich und geistig zugleich erschaffen worden war, so war auch dessen hochheiliger Tempel sinnlich und geistig zugleich, er hatte somit eine doppelte Seite. Denn mit dem Leibe wohnte er an dem hoch-göttlichen, über die Maßen schönen Orte. Mit der Seele aber weilte er an einem noch erhabeneren und schöneren Orte. Er hatte ja Gott, der in ihm wohnte, zum Tempel, er war sein herrliches Gewand; er war mit seiner Gnade bekleidet, er er-freute sich wie irgendein Engel seiner Anschauung, der einen süßesten Frucht. Von dieser nährte er sich. Das eben heißt ganz entsprechend Baum des Lebens. Denn die süße Teilnahme an Gott verleiht denen, die sie genießen, ein Leben, das vom Tode nicht zerschlagen wird.

Darlegung des orthodoxen Glauben 2,11

Eine Zusammenschau der Paradiesauffassungen im patristischen Zeitalter folgt den dokumentierten Ausführungen von Andrew Louth[88]. Wie auch oben bereits gesagt: Es gibt keine einheitlichen Meinungen zum Thema Paradies in der Väter-zeit. Als Vertreter einer strikt räumlichen und daher auch historischen Konzepti-on werden Lactantius, Epiphanius und Johannes Chrysostomus genannt. Eine entschieden geistige Sicht vertreten Origenes und mit großer Wahrscheinlichkeit

---

85 Ebd. 893.
86 R. Volk: LThK³ V (1996) 895-899.
87 Texte der Kirchenväter. Eine Auswahl nach Themen geordnet. I. Band, München 1963, zusam-mengestellt und hrsg. von A. Heilmann unter Mitarbeit von H. Kraft. Text ebd, 306f.
88 A. Louth: TRE XXV (1995) 714-717.

auch Gregor von Nyssa. Die Kombination beider Konzepte geht möglicherweise auf Philon von Alexandrien zurück. Ihr folgen Ambrosius, Augustinus und Johannes von Damaskus.

Die Beschreibungen des Paradieses im räumlich-historischen Sinn sind auch dann von Interesse, wenn man mit der neueren Exegese das Paradies als utopischen Idealentwurf versteht: Es gehören dazu vertrauter Umgang mit Gott, Friede der Menschen mit den Tieren, Betreuung der Schöpfung durch die Menschen, Freiheit von mühsamer Arbeit und von Tod. Zur Beschreibung des Paradieses bei den Vertretern des Literalsinnes gehören der Berg, die Vertreibung der Menschen und ihr Abstieg in Niederungen, aber auch die Hoffnung auf Rückkehr ins Paradies (dieses wird, wie im Neuen Testament angedeutet, Ausdruck für die christliche eschatologische Hoffnung) (unter anderen Symeon der Neue Theologe).

Erwähnt werden muss der Gebrauch von „Paradies" als Metapher in frühchristlicher Zeit. Dazu gehört die Verwendung dieses Wortes als Symbol für das von Jesus verkündete Reich Gottes: manche Kirchenväter identifizieren beide, andere halten an einer Unterscheidung fest. Auch Jesus Christus kann wegen der Hoffnung auf Rückkehr der Glaubenden mit dem Paradies in Verbindung gebracht werden (Ephräm der Syrer, Prudentius). Irenäus meinte, die Kirche sei als Paradies in dieser Welt gepflanzt worden. (ähnlich Hippolyt, Cyprian von Karthago, Kyrill von Jerusalem, Symeon der Neue Theologe). Auch Maria wird als Paradies verstanden. Johannes von Damaskus meinte, sie sei „das wahre Eden". Oft werden Mönchtum bzw. Kloster als Paradies bezeichnet.

Zur rein geistigen Auffassung des Paradieses bei Origenes gehört die Interpretation der geistigen Seele des Menschen mit einem „verinnerlichten Paradies". Hierzu dieses Zitat: „Was ist es, das Gott pflanzt? Mose sagt, Gott habe das Paradies gepflanzt (Gen 2,8). Aber Gott pflanzt noch jetzt, und täglich pflanzt er in den Seelen der Gläubigen. Denn in der Seele, aus der er den Zorn genommen hat, pflanzt er Sanftmut; in der er den Hochmut beseitigt hat, pflanzt er Demut; in der er die Lüsternheit ausgerottet hat, pflanzt er Züchtigkeit; und wo er Unwissen ausgemerzt hat, führt er Wissen ein" (Origenes, Hom. In Jos. 13,4)[89]; ähnlich denken Methodius, Gregor von Nyssa und Niketas Stethatos. Schließlich kann Origenes im Gebet eine Schule des Aufstiegs der Seele zum Ewigen sehen. Um dieses zu erreichen, muss jede Seele durch Feuer geläutert werden. Mit Origenes kann daher Ambrosius von Mailand sagen: „Alle, die zum Paradies zurückzukehren verlangen, müssen durch Feuer erprobt werden" (Origenes, Hom. In Ex. 6,4 u. ö.; Ambrosius, In Ps. 118,20, 12)[90].

---

89 Zitat bei A. Louth, a.a. O. 716.
90 Ebd. 717.

5. Zum Paradies im Mittelalter

Die diskutierten Probleme zur genauen Bezeichnung des „Mittelalters", zu den identifizierbaren Phasen, zu deren Abgrenzung können hier nicht berücksichtigt werden. Herkömmliche Bezeichnungen wie Frühmittelalter, Hochmittelalter, Spätmittelalter werden im folgenden weiter verwendet. In unterschiedlichen Literaturen wird das Paradies thematisiert: in theologischen Abhandlungen, in den Visionsberichten, in der Mystik. Ostkirchliche Auffassungen müssen hier nicht eigens dokumentiert werden, weil das Paradiesthema und die Metaphern dafür in der östlichen Liturgie weiter tradiert wurden und werden.

Die systematische Theologie, die im Früh- und Hochmittelalter zur scholastischen Theologie wurde, war sehr um Kontinuität mit der Tradition bemüht. Ein Petrus Lombardus legte zum Beispiel ein Sentenzenwerk vor, das gänzlich aus Augustinus lebte. Dieser spielte auch bei anderen mittelalterlichen Theologen eine große Rolle. Andere Quellen zu längeren oder eher kürzeren Ausführungen zum Paradies waren jene Theologen, die man im allgemeinen als die letzten der Kirchenväterzeit bezeichnet, Isidor von Sevilla im Westen, Johannes von Damaskus im Osten.

Die abendländische Theologie sprach in ihrer Systematik in zwei „Traktaten" oder Hauptstücken vom Paradies, in der Schöpfungstheologie und in der Eschatologie. In der Protologie begnügte man sich, was das Paradies angeht, mit der Wiedergabe der patristischen Auffassungen, in erster Linie mit der augustinischen Position. Das bedeutet, dass bei aller Beachtung eines geistigen Schriftsinnes das räumliche und historische Verständnis der „Urgeschichte" weitergegeben wurde. Die Eschatologie erlebte eine Entwicklung, die das Interesse am Paradies spürbar zurücktreten ließ. Es handelte sich in der westlichen Kirche um die immer eingehendere Theorie vom Fegefeuer, zwar nicht um dessen „Geburt", wie Jacques Le Goff meinte, denn die Herkunft der Vorstellungen einer jenseitigen Läuterung ist ohne Zweifel in den Bußauffassungen der Alten Kirche vor allem seit dem 4. Jahrhundert zu suchen. Fortentwickelt wurde jedoch die Systematisierung des Fegefeuers, die zur Durchsetzung dieser Lehre in der westlichen Kirche führte. In dem Prozess, der ins 11. und 12. Jahrhundert zu datieren ist, wurden drei „jenseitige" Bestimmungsorte für die vom Leib getrennten Seelen im Jenseits festgelegt, die Hölle[91], der Himmel[92] und das Fegefeuer. In der lateinischen Kirche wurde diese Lehre im 14. Jahrhundert (1336) durch das päpstliche Lehramt autoritativ in Geltung gesetzt[93]. Bei diesen Themen gewann man eine Klarheit, die sich völlig von dem Schwanken in den Auffassungen vom Paradies in der Kirchenväterzeit unterschied. Man kann sagen, dass das eschatologische Paradies eher noch durch den Respekt vor der Tradition weiter besprochen wurde, denn es setzte sich immer mehr die Gepflogenheit in der Theologie durch, „Paradies"

---

91 Vgl. dazu H. Vorgrimler, Geschichte der Hölle, München ²1994.
92 Über den Himmel wird hier im zweiten Teil berichtet.
93 J. Ratzinger, „Benedictus Deus", in: LThK² II (1958) 171f.

und „Himmel" ununterschiedlich zu verwenden. So sind in den Texten zum Himmel nicht wenige zu finden, in denen das Paradies gleichsinnig mit dem Himmelreich und der ewigen Seligkeit genannt wird.

Der italienische Dominikaner Thomas von Aquin (1225-1274), der in der katholischen Kirche amtlicherseits höchste Anerkennung und Empfehlung genießt, sei als Beispiel hier kurz angeführt[94]. Hinsichtlich der schöpfungstheologischen Perspektive hält es sich an Augustinus, wo er die drei möglichen Auffassungen der Genesistexte (irdisch – himmlisch – geistlich) registriert, wobei er aber der irdischen Sicht die größere Aufmerksamkeit widmet (in seinem Hauptwerk „Summa theologiae" I q. 102, a. 1 sed contra). Er hält das irdische Paradies für einen noch immer real im Osten existierenden Ort mit Pflanzen, Blumen und einer köstlichen Luft (ebd. a. 2 resp.). Abweichende Meinungen über den Ort (ebd. a. 1 ad 3) und über die Ausstattung (ebd. a. 2 ad 4) erwähnt er kurz. Entsprechend dem damals geltenden kosmologischen Weltbild verlegt er das himmlische Paradies in den Bereich der Fixsterne, in das „Empyreum", den höchsten körperlichen Ort, den er als Wohnstätte der Gesegneten versteht (ebd. I q. 66 a. 3 resp.)[95]. Das geistlich verstandene Paradies ist die „Visio Dei beatifica", die beseligende Gottesschau (Summa theologiae II II q. 175 a. 3 ad 4). Dabei ist eine vollständige Identität von Paradies und Himmel erreicht.

In der mittelalterlichen Mystik ist der Text 2 Kor 12,1ff. von der Entrückung des Paulus eine, wie Peter Dinzelbacher, der Mystikfachmann schlechthin, feststellt, der am häufigsten zitierten Stellen[96]. Wo sich die Mystiker außerhalb der geistlichen Interpretation bewegen, verstehen sie unter dem Paradies des 2. Korintherbriefs jenes „zwischenzeitliche" Paradies, in dem die Gerechten auf ihre Auferstehung und den Einlass in den Himmel warten[97]. Vor allem aber findet sich durchgängig die erwähnte Vorstellung aus der Kirchenväterzeit, das betrachtende Gebet sei das (geistliche) Paradies. Daraus ergeben sich Formulierungen, die theologisch nicht unbedenklich sind. So schrieb Johannes Scotus Eriugena (um 810-877), ein irischer Gelehrter, der am westfränkischen Hof einflussreich war, in einem Text über die Johannes-Apokalypse: „Johannes, der das Innerste der Wahrheit schaute, hörte jenseits aller Himmel im Paradies der Paradiese, das heißt in der Ursache von allem, das eine Wort, durch das alles geworden ist. (...) Er war mehr als ein Mensch: Nicht anders konnte er zu Gott hinaufsteigen, als dass er zuerst Gott wurde"[98]. Ähnliche Auffassungen hatten die Amalrikaner, genannt nach Amalrich von Bena in Frankreich († 1204), die meinten, Erlösung

---

94 Vgl. dazu A. Louth, a. a. O. 717. Ferner: R. R. Grimm, Paradisus coelestis, paradisus terrestris. Zur Auslegung des Paradieses im Abendland bis um 1200 (Medium Aevum 33), München 1977 ; J. Delumeau, Histoire du paradis. I. Le jardin des delices, Paris 1992.

95 Weiteres hierzu im zweiten Teil bei „Himmel".

96 P. Dinzelbacher, Christliche Mystik im Abendland. Ihre Geschichte von den Anfängen bis zum Ende des Mittelalters, Paderborn 1994, 30.

97 Ebd.

98 Zitiert bei P. Dinzelbacher, a. a. O. 87. P. Rorem, Eriugena's Commentary on the Dionysian Celestical Hierarchy (Studies and Texts 150), Toronto 2005.

geschehe durch Bewusstwerden der eigenen Göttlichkeit und das Paradies existiere hier und jetzt im Inneren der Erleuchteten[99]; ähnlich dachten auch die „Brüder und Schwestern vom freien Geist" im 13. Jahrhundert[100]. Mystikerinnen, die im Rahmen der Kirche verblieben, hatten in ihren visionären Zuständen häufig auch Paradiesschauungen, so Franziska von Rom (1384-1440)[101]. Nur ein Beispiel möge die lange Zeit und weithin übliche Ausmalung des Paradieses illustrieren. In einer Sammlung von Predigten der Dominikaner vor allem im 13. Jahrhundert wird erzählt:

Ein Abt, im Gebet entrückt, sah sich auf einer schönen Au, in der ein Tempel stand. Als er auf den Tempel zuschritt, sah er vor seiner Tür einen Baum, dessen Zweige wie klare Sterne glitzerten, und über dem Baum erblickte er einen kristallharten Quell. Und er trat in den Tempel ein und wartete, und siehe, die allerseligste Jungfrau kam und brach Blüten von dem Baume, der vor der Tür stand, und flocht daraus sechs wunderschöne Kränzlein. Und dann kam Jesus mit einer großen Engelschar in den Tempel und führte unter dem Gesange der Engel zwölf Jungfrauen herein und stellte sechs von ihnen zur Rechten und sechs zur Linken des Altares. Dann nahm er einen schönen Becher und ließ daraus die sechs Jungfrauen zur Linken des Altares trinken, und darauf führte er sie unter dem Gesange der Engel in den Himmel. Die anderen sechs waren von ihren Sünden noch nicht gänzlich gereinigt und mussten im Paradies verbleiben[102].

Eine exzeptionelle Gestalt der spätmittelalterlichen Mystik ist Nikolaus von Kues, Kanonist, Mathematiker, Philosoph, Theologe, Bischof, Kardinal (1401-1464). Sein Büchlein „De visione Dei" – „Vom Sehen Gottes" (1453) war ausdrücklich als eine Art Andachtsübung zur mystischen Theologie gedacht (so in seinem Vorwort). Darin finden sich wörtliche Anklänge an Augustinus, den er auch zitiert; daneben kennt er Dionysius Areopagita, die Neuplatoniker mit Proklos, die Hochscholastiker und Aristoteles. Aus diesem Text mit seinem hohen spirituellen Niveau seien einige Passagen zitiert. In ihnen spielt die Metapher „Mauer" eine Rolle, die die Grenze des Paradieses symbolisiert: „Ich habe den Ort gefunden, in dem man Dich unverhüllt zu finden vermag. Er ist umgeben von dem Zusammenfall der Gegensätze. Dieser ist die Mauer des Paradieses, in dem Du wohnst. Sein Tor bewacht höchster Verstandesgeist. Überwindet man ihn nicht, so öffnet sich nicht der Eingang. Jenseits des Zusammenfalls der Gegensätze vermag man Dich zu sehen; diesseits aber nicht. Wenn also in Deinem Blick, o Herr, die Unmöglichkeit die Notwendigkeit ist, dann gibt es nichts, das Dein Blick nicht sähe"[103]. „So beginne ich an der Schwelle des Zusammenfalls der Gegensätze, welche der Engel hütet, das heißt am Eingang des Paradieses, Dich zu schauen, o.

---

99   Ebd. 157.
100 Ebd. 293f.
101 Ebd. 403-406.
102 Bächtold-Stäubli VI (1987) 1446; andere Textbeispiele ebd. 1446f.
103 Nikolaus von Kues, Vom Sehen Gottes. Ein Buch mystischer Betrachtung. Aus dem Lateinischen übertragen von D. und W. Dupré, mit einem Nachwort von A. M. Haas, Zürich 1987, Ziff. IX S. 45.

Herr. Denn Du bist da, wo Sprechen, Sehen, Hören, Schmecken, Berühren, Überlegen, Wissen und Verstehen das selbe sind; wo Sehen mit Gesehen-werden, Schmecken mit Geschmeckt-werden, Berühren mit Berührt-werden, Sprechen mit Hören und Schaffen mit Sprechen"[104]. „Du bist Gott, der Allmächtige, und darum bist Du innerhalb der Mauer im Paradies. Die Mauer aber ist jene Koinzidenz, wo das Frühere mit dem Späteren und das Ende mit dem Anfang zusammenfällt, wo Alpha und Omega dasselbe sind"[105]. „Jemand, der zählt, faltet zugleich ein und aus; er faltet die Mächtigkeit der Einheit aus und faltet die Zahl in die Einheit ein. Dass die Schöpfung von Dir ausgeht, bedeutet, dass sie eintritt; sie auszufalten bedeutet sie einzufalten. Wenn ich Dich, o Gott, im Paradies sehe, das diese Mauer des Zusammenfalls der Gegensätze umgibt, sehe ich Dich weder trennend, noch verbindend ausfalten oder einfalten. Trennung und Verbindung zugleich ist die Mauer des Zusammenfalls, und jenseits von ihr bist Du, losgelöst von allem, das gesagt oder gedacht werden kann"[106]. „Du, mein Gott, der Du unsichtbar bist, wirst von allen und in jeder Schau geschaut. Von jedem Sehenden wirst Du in allem Sichtbaren und in jedem Akt der Schau gesehen: Du, der Du unsichtbar und von allem derartigen losgelöst und unendlich hocherhaben bist. Ich muss also, o Herr, jene Mauer der unsichtbaren Schau überspringen, um dorthin zu gelangen, wo Du gefunden wirst. Diese Mauer jedoch ist alles und nichts zugleich. Du nämlich, der Du mir entgegentrittst, als wärest Du alles und nichts zugleich, wohnst innerhalb jener hohen Mauer, die kein Menschengeist aus eigener Kraft ersteigen kann"[107]. „Legte irgend jemand eine Begriffsbildung dar, mit der Du begriffen werden solltest, dann wüsste ich, dass dies nicht ein Begriff für Dich ist: Jeder Begriff findet seine Grenze an der Mauer des Paradieses. Und wenn jemand irgendein Gleichnisbild darlegte und behauptete, man müsse Dich danach erfassen, dann wüsste ich gleichermaßen, dass dies kein Gleichnis für Dich ist. Genauso: wenn jemand eine Vernunfterkenntnis von Dir berichtete und damit ein Mittel geben wollte, Dich zu erkennen, dann wäre dieser Mann noch weit von Dir entfernt. Von allem diesem bist Du durch eine hohe Mauer getrennt. Sie trennt alles, was gesagt oder gedacht werden kann, von Dir, weil Du von allem dem, das in das Begriffsvermögen irgend eines Menschen fällt, losgelöst und frei bist"[108]. „Gott den Vater und Dich, Jesus, seinen Sohn zu sehen, bedeutet im Paradiese zu sein und in der ewigen Herrlichkeit. Wer außerhalb des Paradieses steht, vermag eine solche Schau nicht zu haben, da weder Gott, der Vater, noch Du, Jesus, außerhalb des Paradieses zu finden bist. Jeder Mensch, der Dir, o Jesus, wie ein Glied mit dem Haupt geeint ist, hat die Seligkeit erreicht."[109]. An Jesus gewandt: „Keiner der Weisen dieser Welt vermag die wahre Seligkeit zu fas-

---

104 Ebd. X S. 47.
105 Ebd. S. 49.
106 Ebd. XI S. 53.
107 Ebd. XII S. 54f.
108 Ebd. XIII S. 58f.
109 Ebd. XXI S. 99.

sen, solange er Dich nicht kennt. Kein Seliger vermag den Vater zu sehen, es sei denn mit Dir im Paradies"[110].

Selten hat das Denken und Sprechen von Gott die Behutsamkeit, Höhe und Tiefe zugleich erreicht wie bei Nikolaus von Kues und auch bei Meister Eckhart. Selten hat die Theologie, die geneigt ist, Gott zum Objekt zu machen, diese Scheu vor dem unendlich Erhabenen gezeigt, jedoch ohne zu verstummen. Mit Recht ist gesagt worden, dass sich bei Nikolaus von Kues eine Koinzidenz von negativer und affirmativer Theologie findet[111].

6. Zur Thematisierung des Paradieses in der christlichen Theologie der Neuzeit

Eine Vorbemerkung zu den volkstümlichen Ausmalungen. Wegen der Dürftigkeit der Quellen zur Mentalitätsgeschichte des Mittelalters ist nicht mehr auszumachen, wann und wo die biblischen Erzählungen, die „Ur-Geschichten", eher als Märchen aufgefasst wurden, die im Weitererzählen beliebig ausgeschmückt werden konnten. Ein Beispiel dafür ist ein Brief Martin Luthers an seinen Sohn Hans:

„Ich weiß einen hübschen schönen Garten, da gehen viel Kinder innen, haben güldene Röcklin an, und lesen schöne Äpfel unter den Bäumen und Birnen, Kirschen, Spelling und Pflaumen; singen, springen und sind fröhlich; haben auch schöne kleine Pferdlin mit gülden Zäumen und silbern Sätteln. Da fragt ich den Mann, deß´ der Garten ist: weß die Kinder wären? Da sprach er: es sind die Kinder, die gern beten, lernen und fromm sind. Da sprach ich: lieber Mann, ich hab auch einen Sohn, heißt Hänsichen Luther, möchte er nicht auch in den Garten kommen, daß er auch so schöne Äpfel und Birn essen möchte, und so schöne Pferdichen reiten, und mit diesen Kindern spielen? Da sprach der Mann: wenn er auch gerne betet, lernet und fromm ist, so soll er auch in den Garten kommen, Lippus und Jost auch, und wenn sie alle zusammen kommen, so werden sie auch Pfeifen, Pauken, Lauten und allerlei Saitenspiel haben, auch tanzen, auch mit kleinen Armbrüsten schießen. Und er zeigt mir dort eine schöne Wiese im Garten zum Tanzen zugericht, da hingen eitel güldene Pfeifen, Pauken und feine silberne Armbrüste. Aber es war noch frühe, daß die Kinder noch nicht gessen hatten: darumb konnte ich des Tanzens nicht erharren, und sprach zu dem Mann: Ach lieber Mann, ich will flugs hingehen und das alles meinem lieben Söhnlein Hänsichen schreiben, daß er ja wohl lerne, bete und fromm sei auf daß er auch in diesen Garten komme, aber er hat eine Muhme Lehne, die muß er mitbringen. Da sprach der Mann: Es soll ja sein, gehe hin und schreibe ihm also"[112].

---

110 Ebd. S. 100.
111 K. Reinhardt, Nikolaus von Kues, in: LThK³ VI (1998) 854-857.
112 Bächtokl-Stäubli, a. a. O. 1448, unter Bezugnahme auf die Ausgabe von Luthers Briefen von R. Buchwald, Bd 2, Leipzig 1909.

Protologie und Eschatologie waren nicht gerade Schwerpunkte der Auseinandersetzung katholischer und reformatorischer Theologen, wenn man von den Sonderfragen des Fegefeuers (das auch die orthodoxen Ostkirchen ablehnen) und der Philosophie der Seele absieht.

Im Zusammenhang mit der europäischen Aufklärung wurde das protologische Paradies, das von den meisten Aufklärern dem Bereich der orientalischen Sagen und Märchen zugeordnet wurde, Gegenstand der neu entstehenden historisch-kritischen Exegese. Aber auch bei Vertretern der Aufklärung wurde noch am ursprünglichen Zustand der Integrität der Menschen festgehalten. Die Herrschaft der Vernunft über die sinnlichen Triebe ging ihrer Ansicht nach durch den Sündenfall verloren. Nach Kant („Mutmaßlicher Anfang der Menschengeschichte" 1786) bedeutete der Sündenfall,

„daß der Ausgang des Menschen aus dem [...] Paradiese [...] der Übergang aus der Rohigkeit eines bloß tierischen Geschöpfes in die Menschheit, aus dem Gängelwagen des Instinkts zur Leitung der Vernunft, mit einem Worte: aus der Vormundschaft der Natur in den Stand der Freiheit gewesen sei"[113].

Beim Individuum, meinte Kant, sei der Vernunftgebrauch allerdings der Ursprung auch von Lastern und Übeln. Umgekehrt dachte Hegel: Der Sündenfall, eine moralisch indifferente Tat, sei ein Akt der Selbstkonstituierung des Menschen gewesen. Der dadurch erlangte Vernunftgebrauch habe Sittlichkeit erst ermöglicht[114].

In der systematischen katholischen Theologie spielte das protologische Paradies insofern eine große Rolle, als im Traktat über Schöpfung und Erbsünde und im Traktat über Gnade und Rechtfertigung der sogenannte „Urstand" und die Urstandsgnade, die durch die Sünde Adams verloren gegangen seien, eingehend thematisiert wurden. Ehe sich neue bibelwissenschaftliche Erkenntnisse zur literarischen Intention der biblischen „Ur-Geschichten" ergeben hatten, konnten sich einsichtige Theologen nur mit dem Bekenntnis des Nichtwissens behelfen. Ein Zeugnis dafür ist ein Text Karl Rahners aus dem Jahr 1963[115]:

„Paradies kann an sich alles besagen, was mit Urstand, Urgerechtigkeit, Integrität, Unsterblichkeit und anderen Urstandsgnaden gemeint ist: die ganze übernatürliche Verfasstheit des konkreten Menschen in der Gnade vor der Sünde, die als geschichtliche Realität, wenn auch sui generis, aufzufassen ist; ferner auch (so häu-

---

113 I. Kant, Mutmaßlicher Anfang der Menschengeschichte: Werke, hrsg. von W. Weischedel, VI, Darmstadt ²1960, 92.

114 Zu diesen Ausführungen F. Hermanni, Felix culpa. Die geschichtsphilosophische Transformation der Sündenfallerzählung im 18. Jahrhundert, in: F. Hermanni – V. Steenblock (Hrsg.), Philosophische Orientierung (FS W. Oelmüller), München 1995, 249-266. Wichtig sind auch die tiefsinnigen Reflexionen bei P. Strasser, Dunkle Gnade. Willkür und Wohlwollen, München 2007, z. B. 37ff.: Wiederherstellung des Paradieses.

115 LThK² VIII (1963) 72; jetzt in: Karl Rahner, Sämtliche Werke Bd. 17/1, Freiburg i. Br. 2002, 361f. – Zu beachten ist auch, was der Exeget Paul Hoffmann 1963 (a. a. O. 69-72) zum Paradies sagte. Der Begriff „Ätiologie" deutet die Suche nach Möglichkeiten in der katholischen Exegese und Dogmatik an, die Genesistexte in ihrer ursprünglichen Absicht zu verstehen

fig in der Geschichte der Theologie und der religiösen Literatur) das, was mit „Himmel" bezeichnet wird. Da aber diese Themen unter eigenen Stichwörtern behandelt werden, ist hier unter Paradies nur die theologische Frage nach der Örtlichkeit und Zeitlichkeit des Urstandes gemeint. Auf diese Frage kann theologisch nur mit einem Satz des Nichtwissens geantwortet werden. Angesichts des literarischen Genus des Berichtes in Gen 1-3 und angesichts des Charakters einer geschichtlichen Ätiologie solcher Aussagen über den ersten Anfang, der theologisch nur rückschließend von der späteren heilsgeschichtlichen Erfahrung und Offenbarung her erreicht werden kann, kann nur gesagt werden: Wir wissen über den Zeitpunkt und die Dauer des Paradieses theologisch nichts, zumal die Frage der Möglichkeit von Präadamiten theologisch nicht entschieden ist und der Zustand des reinen Einverständnisses mit Gott in der vergöttlichenden Gnade in der vollen Kraft der Selbstverfügung nicht als längere Periode gedacht werden muss, ja vielleicht nicht einmal gedacht werden kann (wenn vorausgesetzt wird, dass eine sittliche Entscheidung in Integrität zum Guten auch schon totale Selbstverfügung und so Befestigung in der Gnade bedeuten würde). Wir wissen auch über die Lage des Paradieses nichts. Die früheren theologischen Überlegungen darüber, ja über die Weiterexistenz des Paradieses sind leere Spekulationen. Dementsprechend lässt sich über das hinaus, was theologisch über die Urstandsgnade der Stammeltern gesagt werden kann, auch nichts über die weitere „Ausstattung" des Paradieses aussagen. Was darüber in Schrift und Tradition gesagt wurde, gehört zur bildlichen Verdeutlichung des theologisch eigentlich Gemeinten: zur „langage simple et figuré" des Genesisberichtes (Denzinger 2302[116])".

Über den zugrundeliegenden historischen Prozess schreibt der katholische Systematiker Dietrich Wiederkehr[117]:

„Das Gefälle zwischen ursprünglicher und gefallener Schöpfung wird in katholischer und evangelischer Theologie nicht nur graduell verschieden bestimmt, sondern aus unterschiedlichen Perspektiven betrachtet, geschichtlich konkret im Streit zwischen Erasmus und Luther. Katholische Theologie hielt in scholastischer Tradition an einer durchgehaltenen Kontinuität zwischen prä- und infralapsarischem Zustand des Menschen selbst fest, entsprechend stellte sie sich auch eine Kontinuität in der Natur vor, die sie als kosmischen Raum des Menschen ausgeweitet dachte. Anthropologie verstand sich als reflektierende Explikation der Schöpfungserzählung, auch wenn sie mit einer Störung der Harmonie von Leib und Seele und einer gestörten Unterordnung der Sinne unter den Geist, des Menschen unter Gott rechnete: Die Paradiesvorstellung verbot vielmehr, Leib- und Sinnenhaftigkeit und Geschlechtlichkeit als Sünde oder Sündenfolge abzuqualifizieren. Es ließ sich immer noch von der ursprünglichen Schöpfung auf das

---

116 Zitat aus dem Brief des Sekretärs der Päpstlichen Bibelkommission vom 16. 1. 1948 an den Erzbischof von Paris, Kardinal Suhard, jetzt in Denzinger-Hünermann 3864.
117 TRE XXV (1995) 721-724, hier 721f.

jetzige Wesen des Menschen schließen und umgekehrt. Evangelische Theologie hingegen ging und geht nicht von einer Schöpfungs-Kontinuität aus, sondern geht von der Rechtfertigung des Sünders in Christus auf seinen jetzigen und seinen ursprünglichen Zustand zu. Entsprechend wird das Gefälle zwischen Urstand und Fall radikalisiert: Von der Gottebenbildlichkeit hat sich keine formale oder materiale Kontinuität erhalten (so Karl Barth gegen Emil Brunner). Für das Paradies entfällt so eine positive anschauliche Zugänglichkeit, es fungiert als subtraktive Kontrastfolie zur sündigen Existenz. – Der Unterschied zwischen der protologischen katholischen und der christologischen protestantischen Perspektive des Paradieses hat sich allerdings durch eine konsequentere Christozentrik der katholischen Protologie verringert (Karl Rahner).

Die Verlagerung aus einer örtlich-zeitlichen Urzeit wurde von äußeren und inneren Anstößen bewegt: Naturwissenschaft und Evolutionslehre machten zunehmend eine örtliche oder zeitliche Datierung und Ortung unmöglich. Noch mehr machte die historisch-kritische Forschung die andere Aussageabsicht der biblischen Texte deutlich: das Pardies u. a. als protologische Rückdatierung des geschichtlichen Bundesverhältnisses in seiner kosmologischen Ausweitung, die Ätiologie für den Zwiespalt von guter Geschöpflichkeit und tatsächlicher Sünde und Übel, die mythologische Gestalt des Welt-, Geschichts- und Menschenbildes. Die schon biblisch einsetzende Entmythologisierung und die anthropozentrische Rücknahme der kosmologischen Spiegelungen verlegte jetzt Ort und Zeit des Paradieses in die präsentische Gleichzeitigkeit der menschlichen Existenzmöglichkeiten und –verwirklichungen als idealtypische Möglichkeit (*iustitia originalis*), als freiheitliche Verfehlung („Fall"), als Ergreifung einer neuen eröffneten Glaubensexistenz; diese drei als nichtdiachronische, sondern synchronische Möglichkeiten des Menschen. Der paradiesische Mensch stellt so den ursprünglichen Entwurf dar, der Fall seine Verfehlung, die Wiederherstellung die neue angebotene Heilsmöglichkeit aus Glauben (so Rudolf Bultmann). Die gewonnene Vergegenwärtigung in die punktuell-personale Existenz war freilich erkauft mit einem Verlust der in der mythologischen Vorstellung mitgegebenen naturalen Weltlichkeit. Die theologisch-dialogische Gestalt dieses Dreischritts hat ihre säkularen Pendants in einer Kulturgeschichtsdialektik: vorbewusste Einheit, freiheitliche Unterscheidung, integrierte Versöhnung".

Dietrich Wiederkehr macht auch auf die Verschiebung des Schwerpunkts der Thematik aufmerksam: Vom protologischen Anfang zur eschatologischen Vision. Dieser Verschiebung entspricht es, dass in der neueren und neuesten theologischen Systematik „Paradies" zum Synonym für „Himmel" geworden ist. Heutige theologische Bemühungen zeigen, dass der Begriff „Paradies" nur selten als dieses Synonym eingesetzt wird[118].

---

118 Vgl. J. Delumeau, Que reste-t-il du Paradis?, Paris 2001.

Sprachlich lebt „Paradies" allerdings weiter, in erster Linie in liturgischen Texten einschließlich der evangelischen und katholischen Kirchenlieder („Heut schleußt er wieder auf die Tür zum schönen Paradeis, der Cherub steht nicht mehr dafür, Gott sei Lob, Ehr und Preis" im Weihnachtslied; „In paradisum perducant te Angeli" in der Totenliturgie u. ö.), sodann in spirituellen, der Kontemplation dienenden Texten, in Dichtung und Literatur, in der Malerei und anderen Ausdrucksformen der bildenden Kunst[119]. Weit verbreitet ist die Verwendung der Paradies-Metapher im profanen Wortschatz.

7. Paradies in Dichtung, Literatur und Medien

a) Lyrische Texte

Das Paradies kommt deutlich, aber nicht sehr häufig in der „profanen" Lyrik vor. Mehr als ein Dutzend Beispiele kann hier nicht wiedergegeben werden. Es wäre auch zu untersuchen, was in diesem Zusammenhang nicht möglich ist, inwieweit die Paradiesthematik in Texten kaschiert eine Rolle spielt, zum Beispiel in sehnsüchtigen Erwähnungen einer glücklichen Vergangenheit oder in hoffnungsvollen Ausblicken in die Zukunft („irgendwann"). So, wenn es in einem Gedicht von Alfred Kolleritsch (geb. 1931) heißt: „Was zu finden war, ist nichts Gefundenes, es wird einmal sein, hat es geheißen", möglicherweise das Paradies.

Den Anfang mache ein Gedicht von Heinrich Heine (1797-1856)[120]

> Ein neues Lied, ein besseres Lied,
> o Freunde, will ich euch dichten!
> Wir wollen hier auf Erden schon
> Das Himmelreich errichten.
> Wir wollen auf Erden glücklich sein,
> Und wollen nicht mehr darben!!
> Verschlemmen soll nicht der faule Bauch,
> Was fleißige Hände erwarben.

---

119 Viele Illustrationen des Paradieses finden sich in: K. Berger – W. Beinert – Ch. Wetzel – M. Kehl, Bilder des Himmels. Die Geschichte des Jenseits von der Bibel bis zur Gegenwart, Freiburg i. Br. 2006. Die kenntnisreichen ikonographischen Ausführungen von Ch. Wetzel finden sich ebd. 119-194. Vgl. auch N. Ohlsen u. a., Der Garten Eden in der Kunst seit 1900, Köln 2007.

120 Bei H. Monz, Karl Marx und Heinrich Heine verwandt?, in: Jahrbuch des Instituts für deutsche Geschichte (Tel Aviv) 2 (1973) 199ff.

Walter Mehring (1896-1981) dichtete ein „Lied vom Leben"[121], in dem er bildhaft das Paradies schildert:

> Im Garten Paradiese / hatt' jeder seinen Platz
> der Sandfloh und der Riese / und Katz und Maus und Spatz /
> Die Vögelein beflogen den Himmel / die Maden bezogen den Speck /
> Und das ganze Schweinegewimmel das siehlte sich sauwohl im Dreck
> Ob Felder, Wald und Wiese –
> Ich wohn' Dir bei, mein Schatz!
> Im Garten Paradiese hatt' jeder seinen Platz /
> Als Adam mit der Eva ... da waren sie nicht getraut /
> Als Adam längst Papa war / war Eva noch seine Braut /
> Es gab nicht Not / es gab nicht Geld / es gab nur das Pläsier /
> Wenn wir zwei uns vernarren / das kümmert die Welt einen Schmarren /
> Denn die Welt denn die Welt das sind Wir
> Im Paradiesesgarten fand jeder sein Exil / für alle Rassen und Arten
> war Raum für Leben und Spiel /
> Und wem auf krummen und geraden und auf verbotenen Pfaden
> das Leben zu enge schien –
> der ging dann eben baden als: Herr nebst Frau Pinguin /
> In Himmel / Wald und Wiese bist Du mein Domizil –
> In diesem Paradiese mein Liebesnachtasyl –
> Als Adam mit der Eva ... da waren wir noch nicht getraut –
> Als Adam längst schon Papa war / warst Du erst meine Braut /
> Es gab nicht Not, es gab nicht Geld / für uns nur das Pläsier /
> Was kümmern uns die Narren die Geld zusammenscharren /
> Denn das Geld und die Welt das sind Wir.
> Im Paradies auf Erden könnt ewiger Frieden sein
> Und Fortschritt ohne Ende / und jeder zufrieden sein /
> Man süffelte Milch wie die Affen aus Kokosnusskaraffen
> Und Gipfelgemüse des Walds die äste man wie die Giraffen
> aus aufgestocktem Hals /
> Ach, dass wir, um Menschen zu werden, fort – von den Tieren gemusst /
> Im Garten Paradiese

1974 fügte Mehring dem Gedicht noch diese Strophe an, die zeigt, wie der Traum vom Errichten eines irdischen Paradieses in Gewalttätigkeit unterging:

> Im Paradies auf Erden hat jedes seinen Platz /
> Die Meute – die Horden und Herden der Rassen – und Klassenhatz /
> Die Beute / verhetzt im Verstecke / den Abschluss heiligt der Zweck /

---

121 Aus „Neubestelltes Abenteuerliches Tierhaus" 1925. Die künstlerische Schreibweise kann hier nicht beibehalten werden.

Die Schlächter segnen die Strecke / und der Abfall verludert im Dreck /
Im Kampf ums Sein und Werden Macht nur besitzt den Schatz /
Im Paradies auf Erden ist nur Gewalt am Platz

In ihrem schwer zu enträtselnden Gedicht „Anrufung des großen Bären" sagt Ingeborg Bachmann (1926-1973) in der 3. und 4. Strophe:

> Fürchtet euch oder fürchtet euch nicht!
> Zahlt in den Klingelbeutel und gebt
> dem blinden Mann ein gutes Wort,
> dass er den Bären an der Leine hält.
> Und würzt die Lämmer gut.
>
> 's könnt sein, dass dieser Bär
> sich losreißt, nicht mehr droht
> und alle Zapfen jagt, die von den Tannen
> gefallen sind, den großen, geflügelten,
> die aus dem Paradiese stürzten.

Konkrete Paradiesvorstellungen entwickelt Elisabeth Borchers (geboren 1926) in ihrem Gedacht:

> *Was alles braucht's zum Paradies*
> Ein Warten, ein Garten
> eine Mauer darum
> ein Tor mit viel Schloß und Riegel
> ein Schwert eine Schneide aus Morgenlicht
> ein Rauschen aus Blättern und Bächen
> ein Flöten ein Harfen ein Zirpen
> ein Schnauben (von lieblicher Art)
> Arzneien aus Balsam und Düften
> viel Immergrün und Nimmerschwarz
> kein Plagen, Klagen, Hoffen
> kein Ja kein Nein kein Widerspruch
> ein Freudenlaut
> ein allerlei Wiegen und Wogen
> das Spielzeug eine Acht aus Gold
> ein Heute und kein Morgen
> der Zeitvertreib das Wunder
> das Testament aus warmem Schnee
> wer kommt wer ging wieder
> Wir werden es erfragen

Nicht ausdrücklich, aber möglicherweise implizit spricht Ernst Jandl (1925-2000) vom Paradies:

> *An gott*
> daß an gott geglaubt einstens er habe
> führwahr er das könne nicht sagen
> es sei einfach gewesen gott da
> und dann nicht mehr gewesen gott da
> und dazwischen sei gar nichts gewesen
> jetzt aber er müßte sich plagen
> wenn jetzt an gott glauben er wollte
> garantieren für ihn könnte niemand
> indes vielleicht eines tages
> werde einfach gott wieder da sein
> und gar nichts gewesen dazwischen

In einem längeren Gedicht *Furor: Klage Anklage Ohnmacht* fragt Friederike Mayröcker (geboren 1924):

> Wie Ulrich halt ich die Ohren mir zu, wie auf
> Stelzen zu gehen: die Zeit der verdorrte
> Planet, Dalís Wunderwüste verbrannt, diese
> Zeilen gehen auf Stelzen – verrückt!, die paar
> Sätze auf Stelzen, ach Ulrich!, was
> haben wir mit diesem Himmel getan, was
> haben wir getan mit diesem Paradies von dem nur noch Reste

Horst Bienek (1930-1990) gehörte zu denen, die das Paradies eher erst mit dem Tod erwarten:

> *Was dich verwandelt*
> Was dich verwandelt,
> Vielleicht ist es dies:
> Wind, Gras, Meer oder Sand,
> Oder das Paradies
> Geritzt in die Felsenwand,
> Aus dem dich verwies
> Eine gekreuzigte Hand?
> Ob dich verwandelt
> Thessalisches Land,
> Das dir ein Traum verhieß
> Oder das Goldene Vlies,
> Das sich dein Auge erfand?
> Oder verwandelt
> Dich, todumspannt,
> Der dich trommelnd pries

> Oder der unerkannt
> Das Messer ins Herz dir stieß?
> Oder verwandelt sich erst dein Leib,
> Da dich der Atem verließ?

Walter Helmut Fritz (geboren 1929) sah *Columbus* auf der Suche nach dem Paradies:

> Neulich
> bin ich Columbus begegnet,
> in einer Seitenstraße Genuas,
> nicht weit von seinem kleinen Haus
> Er war gerade
> von seiner dritten Reise zurückgekommen.
> An die Existenz
> eines neuen Festlandes
> habe er im Grunde
> nicht geglaubt, sagte er.
> Die Alten hätten ja nichts davon gewußt.
> Vielmehr habe er zeitweise
> den Eindruck gehabt,
> er nähere sich dem Paradies.
> Beobachtungen und Strömungen
> hätten ihn auf den Gedanken gebracht.
> Aber Kastilien war doch schöner,
> meinte er.

Das Gedicht *Der Tag wird kommen* von Christoph Meckel (geboren 1935) endet:

> Und der letzte Tag – wird er immer noch eine Attrappe der Zukunft sein
> oder endlich Auskunft geben über die Liebe
> Und der Tag nach dem letzten Tag – wird er der Tag sein
> an dem wir gelebt und geatmet hätten?

Sarah Kirsch (geboren 1935) hat eine Vision vom kommenden Paradies:

> *Dann werden wir kein Feuer brauchen*
> Dann werden wir kein Feuer brauchen
> es wird die Erde voll Wärme sein
> der Wald muß dampfen, die Meere springen – Wolken die milchigen Tiere
> drängen sich: ein mächtiger Wolkenbaum
>
> Die Sonne ist blaß in all dem Glänzen
> Greifbar die Luft ich halte sie fest
> ein hochtönender Wind
> treibts in die Augen da weine ich nicht

Wir gehen bloßen Leibs
durch Wohnungen türenlos schattenlos
sind wir allein weil keiner uns folgt niemand
das Lager versagt: stumm
sind die Hunde sie wehren nicht
den Schatten mir zur Seite: ihre Zungen
aufgebläht ohne Ton sind taub

Nur Himmel umgibt uns und schaumiger Regen Kälte
wird nie mehr sein, die Sterne
die ledernen Blumen unsere Körper wie Seide dazwischen
strahlen Wärme aus Helligkeit
ist in uns wir sind silbernen Leibs

Morgen wirst du im Paradies mit mir sein

Ein Gedicht von Peter Hamm (geboren 1937) ist überschrieben: *Aus der Festung /
An Kolleritsch.* Es beginnt so:

> Daß das Jetzt trostlos ist wie das Jetzt
> aller Zeiten, sagtest du in deiner Festung,
> errichtet, wie jede, aus Hoffnung und Wahn
>
> Ja, wenn das Zukünftige eintreffen könnte,
> ohne aufzuhören, das Zukünftige zu sein!

Das noch nie Gewesene bildet den Hoffnungsausblick bei Thomas Brasch (geboren 1945), dem Leben gilt das „aber":

> *Lied*
> Was ich habe, will ich nicht verlieren, aber
> wo ich bin will ich nicht bleiben, aber
> die ich liebe, will ich nicht verlassen, aber
> die ich kenne, will ich nicht mehr sehen, aber
> wo ich lebe, da will ich nicht sterben, aber
> wo ich sterbe, da will ich nicht hin:
> Bleiben will ich, wo ich nie gewesen bin.

Von Ulrich Schacht (geboren 1951) stammt unter Verwendung von Bildern bei
Jesaja ein:

> *Versuch über das Paradies*
> Das haben sie
> uns erzählt: Herrscher
> sei dort allein –
> der Friede. Das tägliche
> Grauen eine Legende. Der Tiger

zahnlos. Das Lamm neben
dem Wolf. Der Mensch
dem Menschen ein
Mensch.

Aber
der Weg dorthin sei
lang. Kurvenreich. Hart.
Nicht zuträglich dem
Ziel, wenn man es ständig
verlange. Daran zu glauben
reiche. Den Namen
zu kennen. Das führende
Gesicht.

GEGEND –
DER WIR ENTKOMMEN SIND,
GEGEND –
DER WIR ENTGEGENGEHN:
ÜBER LEICHEN.

In einem Gedicht „*lied*" geht es Franz Hodjak (geboren 1944) um eine gelingende, aber nicht endgültige Liebesbeziehung. Darin heißt es:

und was uns reizt, ist allenfalls dies:
eine höllenfahrt durchs paradies
wir brauchen kein geld und kein dach und kein ziel
bloß einige takte unsterblichkeit

Lapidare Gleichgültigkeit spricht aus dem Dreizeiler Hans Magnus Enzensbergers
(geboren 1929)[122]:

Grundsätzlich haben wir nicht viel einzuwenden
Gegen Fegfeuer, Reinkarnation, Paradies.
Wenn es sein muss, bitte!

b) Beispiele aus der Literatur

1667 veröffentlichte der englische Schriftsteller John Milton (1608-1676) sein
Epos „Paradise Lost. A Poem in twelve books". Das Echo war ungemein groß.
Die Inhalte in Kürze[123]:

---

122 H. M. Enzensberger, Leichter als Luft. Moralische Gedichte, Frankfurt 1999, S. 116.
123 R. M. Schwartz, Remembering and Repeating Biblical Creation in *Paradise Lost,* Cambridge
    1988.

I. Buch: Vor der Sünde der Menschen: Engel fallen von Gott ab und werden mit ihrem Anführer in die Hölle geworfen. Von dort her nehmen sie den Kampf auf. Der Ungehorsam der Menschen im Paradies, zurückgeführt auf die verführerische Schlange; sie ist ein gefallener Engel, Satan. – II. Buch: Eine höllische Ratsversammlung, Versuch des Ausbruchs der gefallenen Engel aus der Hölle. – III. Buch: Satan dringt schon bis in die himmlischen Sphären vor. Gott will sich der Menschen erbarmen, aber er verlangt Genugtuung (satisfaction). Hierfür trägt sich sein Sohn an. – IV. Buch Beschreibung des Gartens Eden, der Satan versucht dort einzubrechen. – V. Buch: Gott schickt Adam Engel, die ihn warnen. – VI. Buch: Der Kampf der Engel und des kommenden Messias gegen Satan und sein Heer. – VII. Buch: Der Erzengel Raphael erklärt Adam die Schöpfung. – VIII. Buch: Fortsetzung dieses Gesprächs. – IX. Buch: Satan bricht nachts ins Paradies ein, schlüpft in die Schlange, verführt Eva und diese verführt Adam. Sie machen sich gegenseitig Vorwürfe. – X. Buch: Gott schickt seinen Sohn als Richter; die beiden Mächte Sünde und Tod sollen gerichtet werden. Adam und Eva sind ratlos, sie bereuen. – XI. Buch: Der Sohn teilt Gott die Reue der Menschen mit, Gott akzeptiert sie. Die Menschen dürfen aber nicht im Paradies bleiben. Sie bekommen die Zukunft gezeigt. – XII. Adam erfährt das künftige Geschick Jesu und die kommende Kirche. Er ist zufrieden und informiert Eva. Beide werden vom Erzengel Michael aus dem Paradies geleitet.

Miltons 1671 nachfolgendes Werk „Paradise Regain'd" behandelt nur die Versuchung Jesu in der Wüste. Der Einfluss des Epos' Miltons ist bis zur Gegenwart zu spüren[124]. Bemerkbar ist er zum Beispiel bei dem bedeutenden niederländischen Schriftsteller Cees Nooteboom (geboren 1933) in seinem Roman „Paradies verloren", Frankfurt 2005.

Es geht Nooteboom unpathetisch um die Sehnsucht nach dem Anderen, um „metaphysischen Hunger" in einer total entzauberten Welt. Alma, in Brasilien aufgewachsen, sagt: „Ich habe einen Engeltick", war durch eine Hölle gegangen, in Sao Paulo von einer Gruppe von Männern vergewaltigt. Um den Horror zu verarbeiten, reist sie mit ihrer Freundin Almut zu den Aborigines nach Australien. Sie weiß, dass das eine Flucht ist. In Perth begegnet sie in einem Sanatorium dem holländischen Literaturkritiker Erik Zondag, der einen Ausweg aus einer Krise sucht und findet. Der Roman spielt an J. Miltons Epos „Paradise Lost" (1667) an, mit dessen Worten auch der Roman endet: „Vor ihnen lag die ganze Welt, sich einen Ruhesitz zu wählen, und die Vorsehung führte sie. Nun wandelten sie langsam, Hand in Hand, auf ungewisser Bahn durch Eden hin".

Vom verlorenen Paradies handelt Marie-Luise Kaschnitz (1901-1974) in „Adam und Eva"[125]. Sie beschreibt darin, wie Adam außerhalb des Paradieses lernt, dass

---

124 Vgl. auch den USA-Film „The devils advocate", deutsch „Im Auftrag des Teufels", mit Al Pacino und Keanu Reeves, 1998.
125 R. Borchers (Hrsg.), Vom Paradies, Frankfurt 1987, 311-317.

er sterben muss. Er „betrachtete alles, was er gemacht hatte, und fand es schlecht genug"[126]. Der Schluss:

„Und was wird aus uns ? fragte Adam und stützte seinen Kopf auf die Hand.

Wir bleiben zusammen, sagte Eva. Wir gehen zurück in den Garten. Und sie legte ihre Arme um Adams Hals und sah ihn liebevoll an.

Ist er denn noch da ? fragte Adam erstaunt.

Gewiss, sagte Eva.

Wie willst du das wissen ? fragte Adam mürrisch.

Woher meinst du, fragte Eva, dass ich die Reben hatte, die ich dir gebracht habe, und woher meinst du, dass ich die Zwiebel der Feuerlilie hatte, und woher meinst du, hatte ich den schönen funkelnden Stein ?

Woher hattest du das alles ? fragte Adam.

Die Engel, sagte Eva, haben es mir über die Mauer geworfen. Wenn wir kommen, rufe ich die Engel, und dann öffnen sie mir das Tor.

Adam schüttelte langsam den Kopf, weil eine ferne und dunkle Erinnerung ihn überkam. Gerade dir, sagte er. Aber dann fing er an zu lachen, laut und herzlich, zum erstenmal seit ach wie langer Zeit[127]".

In den Kontext der literarischen Beschäftigung mit dem Paradies gehören auch die Bemühungen um eine neue, nicht einfach abwertende Sicht auf Eva und auf den Kontrast, den eine kirchlich inspirierte Literatur zwischen ihr und Maria aufgebaut hatte. Darauf kann im Rahmen dieser Darstellung leider nicht eingegangen werden[128].

Toni Morrison, Trägerin des Literatur-Nobelpreises 1993, nannte einen Roman in verfremdeter, zynischer Darstellung „Paradies", Reinbek 1999:

Das Paradies ist rassistisch. Es gründet sich darauf, dass es andere ausschließt. In Toni Morrisons jüngstem Roman heißt das Paradies Ruby, Oklahoma. Neun Familien, die Gründerväter von Ruby, haben hier den Ort ihrer Träume geschaffen. Sie alle sind tiefschwarz. So schwarz wie die tiefsten Stollen eines Kohlebergwerks, die Sohle acht. ... Sie sind stolz auf ihr reines Blut und wachen darüber, dass kein Fremder den Frieden ihres Paradieses stört. ... Sie erschießen fünf Frauen, die sich in einem katholischen Kloster in Sicherheit gebracht haben und die sie für Hexen halten. Das Paradies, das diese Männer sich eingerichtet haben, lässt Frauen keinen Raum. Aber es hat drei Kirchen: für Baptisten, für Methodisten und für Pfingstler. Ein Buch über Rassismus, über die Ausgrenzung von Frauen in einer patriarchalen Gesellschaft; sie zeigt, wie aus Stolz und Verletztheit

---

126 Ebd. 313.
127 Ebd. 317.
128 Vgl. dazu M. Leisch-Kiesl, Eva als Andere. Eine exemplarische Untersuchung zu Frühchristentum und Mittelalter, Köln 1992: Hier werden die biblischen Befunde mit der Schlange thematisiert, der Beginn und die Weiterführung einer „Theologie der Eva" seit dem 2. Jahrhundert dokumentiert und das Bild Evas in Entwürfen von Frauen vorgestellt. – Vgl. auch E. Pagels, Adam, Eva und die Schlange. Die Theologie der Sünde, Reinbek 1994.

Fanatismus entsteht, das Gefühl des Auserwähltseins. In den Außenseitern, den Schwächeren, findet diese Gesellschaft den Sündenbock[129].

Für den Journalisten und Schriftsteller Kurt Tucholsky (1890-1936) bot das Paradies den Hintergrund für eine seiner Satiren, die so beginnt:

„Als Gott am sechsten Schöpfungstag alles ansah, was er gemacht hatte, war zwar alles gut, aber dafür war auch die Familie noch nicht da. Der verfrühte Optimismus rächte sich, und die Sehnsucht des Menschengeschlechts nach dem Paradies ist hauptsächlich als der glühende Wunsch aufzufassen, einmal, nur ein einziges Mal friedlich ohne Familie dahinleben zu dürfen. Was ist die Familie?
Die Familie kommt in Mitteleuropa wild vor und verharrt gewöhnlich in diesem Zustande. Sie besteht aus einer Ansammlung vieler Menschen verschiedenen Geschlechts, die ihre Hauptaufgabe darin erblicken, ihre Nase in deine Angelegenheiten zu stecken: alle Mitglieder der Innung nehmen dauernd übel. Irgendeine Möglichkeit der Familie sich zu entziehen, gibt es nicht.
Und wenn die ganze Welt zugrunde geht, so steht zu befürchten, dass dir im Jenseits ein holder Engel entgegenkommt, leise seinen Palmenwedel schwingt und spricht: ‚Sagen Sie mal, sind wir nicht miteinander verwandt – ?‘ Und eilends, erschreckt und im innersten Herzen gebrochen, enteilst du. Zur Hölle. Das hilft aber gar nichts. Denn da sitzen alle, alle die andern“[130].

In einem ernstgemeinten, satirischen Text empfahl Heinrich Heine (1797-1853) seinem Freund Karl Marx und den „Linkshegelianern" (den „gottlosen Selbstgöttern") die Lektüre der biblischen Paradieserzählung[131]:

„Die Geschichte von dem verbotenen Baum im Paradiese und von der Schlange, der kleinen Privatdozentin, die schon sechstausend Jahre vor Hegels Geburt die ganze Hegelsche Philosophie vortrug. Dieser Blaustrumpf ohne Füße zeigt sehr scharfsinnig, wie das Absolute in der Identität von Seyn und Wissen besteht, wie der Mensch zum Gotte werde durch die Erkenntniß, oder was dasselbe ist, wie Gott im Menschen zum Bewußtseyn seiner selbst gelange. – Diese Formel ist nicht so klar wie die ursprünglichen Worte: wenn ihr vom Baume der Erkenntniß genosset, werdet Ihr wie Gott seyn!"

Franz Kafka (1883-1924) fügte in ein erzählerisches Stück aphoristische Reflexionen über die Aktualität des Paradieses und die Vertreibung aus ihm ein:

„Wir wurden aus dem Paradies vertrieben, aber zerstört wurde es nicht. Die Vertreibung aus dem Paradies war in einem Sinne ein Glück, denn wären wir nicht vertrieben worden, hätte das Paradies zerstört werden müssen.

---

129 BZ 6. 2. 1999.
130 CiG 25 (2000) 201 (Gesammelte Werke Reinbek 1960).
131 H. Heine, Historisch-kritische Gesamtausgabe der Werke, hrsg. von M. Windfuhr, Bd. 8/1: Zur Geschichte der Religion und Philosophie in Deutschland, Hamburg 1979, 498.

Wir wurden geschaffen, um im Paradies zu leben, das Paradies war bestimmt, uns zu dienen, Unsere Bestimmung ist geändert worden; dass dies auch mit der Bestimmung des Paradieses geschehen wäre, wird nicht gesagt[132].

Gott sagte, dass Adam am Tage, da er vom Baume der Erkenntnis *essen werde, sterben müsse.* Nach Gott sollte die augenblickliche Folge des Essens vom Baume der Erkenntnis *der Tod sein,* nach der Schlange (wenigstens konnte man sie dahin verstehn) die *göttliche Gleichwerdung.* Beides war in ähnlicher Weise unrichtig. Die Menschen starben nicht, sondern *wurden sterblich,* sie wurden nicht Gott gleich, aber erhielten eine unentbehrliche *Fähigkeit, es zu werden.* Beides war auch in ähnlicher Weise richtig. Nicht der Mensch starb, aber der paradiesische Mensch, sie wurden nicht Gott, aber das göttliche Erkennen[133].

Seit dem Sündenfall sind wir in der Fähigkeit zur Erkenntnis des Guten und Bösen im Wesentlichen gleich; trotzdem suchen wir gerade hier unsere besonderen Vorzüge. Aber erst jenseits dieser Erkenntnis beginnen die wahren Verschiedenheiten. Der gegenteilige Schein wird durch folgendes hervorgerufen: Niemand kann sich mit der Erkenntnis allein begnügen, sondern muss sich bestreben, ihr gemäß zu handeln. Dazu aber ist ihm die Kraft nicht mitgegeben, er muss daher sich zerstören, selbst auf die Gefahr hin, sogar dadurch die notwendige Kraft nicht zu erhalten, aber es bleibt ihm nichts anderes übrig, als dieser letzte Versuch. (Das ist auch der Sinn der Todesdrohung beim Verbot des Essens vom Baume der Erkenntnis; vielleicht ist das auch der ursprüngliche Sinn des natürlichen Todes.) Vor diesem Versuch nun fürchtet er sich; lieber will er die Erkenntnis des Guten und Bösen rückgängig machen (die Bezeichnung „Sündenfall" geht auf diese Angst zurück); aber das Geschehene kann nicht rückgängig gemacht, sondern nur getrübt werden. Zu diesem Zweck entstehen die Motivationen. Die ganze Welt ist ihrer voll, ja die ganze sichtbare Welt ist vielleicht nichts anderes als eine Motivation des einen Augenblick lang ruhenwollenden Menschen[134].

Warum klagen wir wegen des Sündenfalles? Nicht seinetwegen sind wir aus dem Paradiese vertrieben worden, sondern wegen des Baumes des Lebens, damit wir nicht von ihm essen[135].

Wir sind von Gott beiderseitig getrennt: Der Sündenfall trennt uns von ihm, der Baum des Lebens trennt ihn von uns[136].

Wie sind nicht nur deshalb sündig, weil wir vom Baum der Erkenntnis gegessen haben, sondern auch deshalb, weil wir vom Baum des Lebens noch nicht gegessen haben. Sündig ist der Stand, in dem wir uns befinden, unabhängig von Schuld[137].

---

132 F. Kafka, Hochzeitsvorbereitungen auf dem Lande, hrsg. von M. Brod, Frankfurt 1953, 101.
133 Ebd.
134 Ebd. 49.
135 Ebd. 48.
136 Ebd. 101.
137 Ebd. 48.

Wenn das, was im Paradies zerstört worden sein soll, zerstörbar war, dann war es nicht entscheidend; war es aber unzerstörbar, dann leben wir in einem falschen Glauben[138].

Die Vertreibung aus dem Paradies ist in ihrem Hauptteil ewig: Es ist also zwar die Vertreibung aus dem Paradies endgültig, das Leben in der Welt unausweichlich, die Ewigkeit des Vorganges aber (oder zeitlich ausgedrückt: die ewige Wiederholung des Vorgangs) macht es trotzdem möglich, dass wir nicht nur dauernd im Paradiese bleiben könnten, sondern tatsächlich dort dauernd sind, gleichgültig ob wir es hier wissen oder nicht"[139].

c) Zum Schluss

R. Messner, Wenn Gott zuviel ruht. Standort Himmel in Gefahr:

„Wie erst jüngst in der breiteren Öffentlichkeit bekannt wurde, ist der biblische Schöpfungsbericht von einer wirtschaftspolitisch ausgewiesenen Expertenrunde einer differenzierten Beurteilung unterzogen worden. Auf uneingeschränkte Zustimmung stieß das Bekenntnis zur kontinuierlichen Qualitätsprüfung („und er sah, dass es gut war"); lobend hervorgehoben wurde auch die eindeutige Distanzierung von der Fünftagewoche.

An diesem Punkt setzte jedoch auch die Kritik ein. Bei der Vorstellung des Gutachtens nahm sich der Sprecher des hochkarätigen Gremiums insbesondere die Formulierung in Genesis 2,2 vor: „Gott...ruhte am siebenten Tage von all seinem Werke, das er getan." Dies sei, betonte der Experte vor handverlesenem Publikum, gerade in unserer Zeit ein bedenkliches makroökonomisches Signal; denn auch mit einer schematisch praktizierten Sechstagewoche ließen sich die anstehenden Probleme nicht lösen.

Eine derart unflexible Festlegung auf zeitliche Rhythmen ohne Rücksicht auf Maschinenlaufzeiten werde sich auch der Standort Himmel nicht auf ewige Zeiten leisten können. „Stillstand ist Rückschritt", formulierte der Experte warnend. Nur wer sich pausenlos darum bemühe, neue Welten zu erschaffen, könne in Zukunft auf dem immer härter werdenden Welt-Markt bestehen.

Eine weitere Schwäche sehen die Experten darin, dass dem Tag im Zuge der Erschaffungsmaßnahmen nur 24 Stunden zugestanden wurden. „Ohne Not wurde damit der zeitliche Aktionsradius junger agiler, wendiger und dynamischer Wirtschaftssubjekte empfindlich eingeschränkt." Dies sei ein gefährlicher Beitrag zur ökonomischen Erschlaffung der Welt"[140].

Der 1997 gegründete Sender „Radio Paradiso", der in Berlin, Frankfurt a. d. Oder, Eisenhüttenstadt und Guben empfangen werden kann, brachte 2007 ein

---

138 Ebd. 47.
139 Ebd. 46.
140 BZ 5. 6. 1997.

zweimonatlich erscheinendes „Wohlfühlmagazin" heraus. „Neben Gesundheits-
tipps (‚Schlank bleiben ohne Diät'), einer Homestory mit der hauseigenen Mor-
genmoderatorin Sarah Schiwy, einem Serviceteil mit der ‚TOP 3 Wellness Hotel',
gibt es einen Beitrag Küchen-Psychologie (‚Wie bringe ich meinen Mann zum
Sprechen?') und ein ‚Exklusivinterview' mit Hollywood-‚Starregisseur' Roland
Emmerich". Das Magazin versteht sich laut „Radio Paradiso" als „Berlins besten
Softmix"; der Käufer erhält auch eine CD mit Entspannungsübungen[141].

Exkurs über Utopie

Der Begriff „Utopie" spielte in neuerer Zeit, vor allem in der zweiten Hälfte des
20. Jahrhunderts, zum Teil aber auch bis in die Gegenwart, eine kontrovers dis-
kutierte Rolle. Das gilt auch für die Theologie. Affirmativ verwenden ihn einige
Bibelwissenschaftler sowohl für die „Ur-Geschichten" im Sinn eines Idealent-
wurfs, der einer je gegenwärtigen Menschheit in schwerer Krisensituation vorgehalten wird, um den Reformwillen entschieden zu stärken, als auch für das in biblischer Zeit erwartete „Reich Gottes", dessen universal geltendes Kommen immer noch aussteht. In der theologischen Systematik nahm man durchaus positiv
den Enthusiasmus der zweiten Hälfte des 20. Jahrhunderts (Astronautik, Com-
puterwesen, Internet usw.) auf; man bejahte die christliche Verpflichtung, am
Fortschritt der Menschheit mitzuarbeiten, wahrte aber den „eschatologischen
Vorbehalt", um Gottes Souveränität auch in der Menschheitsgeschichte zu re-
spektieren. Das führte zu der Unterscheidung zwischen „futurum" und „adventus", zwischen innerweltlicher und absoluter Zukunft, wobei „adventus" und „absolute Zukunft" das nicht planbare, nicht vorhersehbare und nicht durch Machen
beeinflussbare Kommen Gottes bezeichnen. In diesen Zusammenhängen wurde
auch in der theologischen Systematik von „innerweltlichen Utopien" gesprochen.
Ein Textbeispiel für Überlegungen in diesem Kontext sei aus dem „Grundkurs"
Karl Rahners (1904-1984) angeführt[142]:

Innerweltliche Utopie und christliche Eschatologie
„Natürlich müssten wir (das könnte mit Recht an sich gefordert werden), wenn
wir von einer solchen kollektiven Eschatologie sprechen, auch noch die Frage behandeln, wie sich die innerweltliche Aufgabe des Menschen, der Völker, der Nationen, der geschichtlichen Epochen und schließlich der Menschheit im ganzen
ihrer Zukunftsideologie und Futurologie zu dieser Reich-Gottes-Erwartung des
Christentums genauer verhalten, in der der Christ die absolute Zukunft erwartet,
die Gott selbst ist. Gott selbst ist die absolute Zukunft des Menschen, der Geschichte des Menschen als Ursprungsdynamik und Ziel. Gott selbst, der nicht

---

141 KNA-ID Nr. 48 / 2007.
142 Der Text stammt aus dem Jahr 1976; jetzt wiedergegeben in: Karl Rahner, Sämtliche Werke,
     Bd. 26, Freiburg i. Br. 1999, 420f.

nur die mythologische Chiffre für das ewig Ausständige einer Zukunft ist, die der Mensch aus seiner eigenen Leere heraus schafft, um sie wieder in das Nichts zurückfallen zu lassen, aus dem sie aufsteht. Aber dennoch bedeutet diese innerweltliche Geschichte *als* Ereignis dieser *Selbst*mitteilung Gottes für den Menschen auch hinsichtlich seines Heils alles. Denn in dieser Geschichte und nicht neben ihr geschieht das Ereignis des sich selbst-gebenden Gottes an die Kreatur und die Geschichte der freien Annahme dieses unendlichen Gottes als des absoluten Geheimnisses, der sich selber dem Menschen mitteilt und ihm nicht nur eine kreatürliche, endliche Zukunft ermöglicht.

Letztlich also ist zwischen dieser innerweltlichen Utopie einerseits – „Utopie" aber in diesem Zusammenhang in einem durchaus positiven Sinne genommen – und der christlichen Eschatologie andererseits dasselbe Verhältnis von Unterschied und Einheit, wie es der Christ zum Beispiel vom Neuen Testament her konzipiert hinsichtlich der Einheit und Verschiedenheit von Gottes- und Nächstenliebe. Denn jede innerweltliche Tat ist, wenn sie sich richtig versteht, eben die konkret werdende Nächstenliebe, und sie erhält von der absoluten Verantwortung zu dieser Nächstenliebe her auch ihr absolutes Gewicht an Verantwortung, ewiger Bedeutung und Gültigkeit. Und diese Nächstenliebe ist – ohne dass sie hinsichtlich dessen, um den es geht, schlechthin identisch wird mit der Gottesliebe – die konkrete Weise, in der Gottesliebe vollzogen wird. Und insofern kann man durchaus christlich sagen: Indem der Mensch in Liebe für den anderen seine innerweltliche Aufgabe leistet, ereignet sich für ihn das Wunder der Liebe, der Selbstmitteilung, in der Gott sich selbst dem Menschen schenkt. Und so haben eben innerweltliche Utopie und Eschatologie eine Einheit und einen Unterschied, wie er eben auch schon in dem letzten Grundaxiom der Christologie gegeben ist, in der der Mensch und Gott nicht dasselbe, aber auch niemals getrennt sind".

Rahner sprach von der kollektiven Eschatologie. Was gilt aber für die individuelle Eschatologie: Wenn das gläubige Individuum einen Himmel nach dem Tod für sich erwartet, ist das dann auch eine Utopie?

Es ist sinnvoll, an die im Hintergrund virulenten Probleme zu denken. Das setzt allerdings eine Beschäftigung mit sprachlichen Klärungen voraus[143].

Man kann durchaus von Utopien in der Vergangenheit sprechen. In diesem Sinn wäre eine Utopie eine verwirklichte Idealvorstellung von menschlich-

---

143 Literatur zum Thema „Utopie": A. Neusüß (Hrsg.), Utopie. Begriff und Phänomen des Utopischen, Neuwied – Darmstadt 1968; Kursbuch 52: Utopien I Zweifel an der Zukunft; Kursbuch 53: Utopien II Lust an der Zukunft, Berlin 1978; W. Vosskamp (Hrsg.), Utopieforschung. Interdisziplinäre Studien zur neuzeitlichen Utopie, 3 Bde., Stuttgart 1982; R. Saage, Politische Utopien der Neuzeit, Darmstadt 1991; M. Neugebauer-Wölk – R. Saage (Hrsg.), Die Politisierung des Utopischen im 18. Jahrhundert, Tübingen 1996; F. Seibt, Utopica. Zukunftsvisionen aus der Vergangenheit, München ²2001; G. Minois, Geschichte der Zukunft. Orakel, Prophezeiungen, Utopien, Prognosen von der biblischen Zeit bis heute, Düsseldorf 2002. J. Hughes u. a,, Messianism, Utopia and the Future oft History, in: Cross Currents 53 (2003-04) 472-606; B. Sitter (Hrsg.), Utopie heute. Zur aktuellen Bedeutung, Funktion und Kritik des utopischen Denkens und Vorstellens, 2 Bde, Stuttgart 2008.

gesellschaftlichen Zuständen: „Reduktionen" (Indiosiedlungen) der Jesuiten in Lateinamerika, Königreich der Täufer in Münster, chinesische Kulturrevolution. Von
diesen und ähnlichen Phänomenen muss man nur feststellen, dass sie gescheitert
und untergegangen sind, für die Gegenwart keine Utopien mehr darstellen; der
Gegenwart bleibt nur übrig, aus den Fehlern der Vergangenheit zu lernen.

In diesem Sinn hatten und haben Utopien den Sinn, ein Gegenbild, eine Gegenwelt zur aktuell erfahrenen Gegenwart mahnend und warnend zu entwerfen
(„den Spiegel vorhalten").

Ohne den Begriff „Utopie" zu gebrauchen, finden sich solche Texte seit der
Antike (Platon). In der Fachliteratur wird darauf hingewiesen, dass sich der Begriff seit Thomas Mores Büchlein „Utopia" (Löwen 1516) zur Zeit der Renaissance, als Platon viel gelesen wurde, eingebürgert habe. Die Meinungen gehen
auseinander, ob More einen vielleicht nicht ganz ernst gemeinten Entwurf einer
idealen Gesellschaft vorgelegt oder an die reale Existenz einer solchen Gesellschaft
in fernen Welten geglaubt habe[144]. Seriöse Utopien, die von der Möglichkeit ihrer
Realisierung in der Zukunft ausgehen, datieren seit dem Ende des 18. Jahrhunderts. In der ersten Hälfte des 20. Jahrhunderts erschienen Schreckbilder der
konkret ausgemalten Zukunft, als Warnungen gedacht (Aldous Huxley, Georges
Orwell). Diese negativen Utopien werden auch „Dystopien" genannt.

Nach dem Zusammenbruch der sozialistischen Gesellschaftssysteme in der sogenannten Wende sprach man vielerorts, nicht ohne Genugtuung, vom Ende der
Utopien. Karl Marx hatte sich vehement dagegen verwahrt, Utopien zu verbrei-
ten. Zum Kommunismus als positive Aufhebung menschlicher Selbstentfrem-
dung und als wirkliche Aneignung des menschlichen Wesens schrieb er beispielsweise in den „Deutsch-französischen Jahrbüchern" (1843):

„Es wird sich zeigen, dass die Welt längst den Traum von einer Sache besitzt, von
der sie nur das Bewusstsein besitzen muss, um sie wirklich zu besitzen. Es wird
sich zeigen, dass es sich nicht um einen großen Gedankenstrich zwischen Vergangenheit und Zukunft handelt, sondern um die *Vollziehung* der Gedanken der
Vergangenheit"[145].

Oder auch in den „Ökonomisch-philosophischen Manuskripten" (1844):

„Dieser Kommunismus ist als vollendeter Naturalismus = Humanismus, als vollendeter Humanismus = Naturalismus, er ist die *wahrhafte* Auflösung des Wider-
streites zwischen dem Menschen und der Natur und mit dem Menschen, die
wahre Auflösung des Streits zwischen Existenz und Wesen, zwischen Vergegen-
ständlichung und Selbstbestätigung, zwischen Freiheit und Notwendigkeit, zwischen Individuum und Gattung. Er ist das aufgelöste Rätsel der Geschichte und
weiß sich als diese Lösung"[146].

---

144 In einem fiktiven Gespräch erzählt ein kundiger Weltbürger vom Land „Nirgendwo".
145 MEW 1 S. 346.
146 MEW Ergänzungsband ! S. 536.

Entwürfe idealer Gesellschaften hielt er für „Volksromane", die den Sinn hatten, Massen zu mobilisieren. Seine Programme hielt er für Ergebnisse einer überzeugenden Wissenschaft. Sie können nicht in jeder Hinsicht für überholt gelten, wie unter anderem die weitere Entwicklung der Utopie-Diskussion zeigt. Positive Utopien konnten nicht nur darum nicht realisiert werden, weil sie mit den vorhandenen praktischen Möglichkeiten nicht in Angriff genommen werden konnten. Sie wurden und werden auch von Eliten, die über Macht und Vermögen verfügen, oder von einer uneinsichtigen Mehrheit von Menschen, die befürchten, „Opfer" bringen zu müssen, abgelehnt. Politologen und Schriftsteller sahen Ende des 20. Jahrhunderts nicht nur das Ende jeglichen Fortschritts gekommen, sondern prognostizierten bevorstehende ökonomische, ökologische und kriegerische Katastrophen (Samuel P. Huntington, geboren 1927: „Clash of Civilizations" 1993/1996), die zur „Selbstausrottung" der Menschheit führen könnten. Zu diesen Befürchtungen, deren Realisierung möglicherweise noch in (weiter?) Ferne liegen konnte, trat zusätzlich die konkrete, jeden betreffende Verängstigung durch die terroristische Gefahr. Die ersten Jahre des 21. Jahrhunderts sind angstbesetzt[147].

In der Utopiediskussion wird die Frage thematisiert, ob die phantastische Literatur und entsprechende Filme der Science Fiction nach dem „Ende der Utopien" nicht an die Stelle der Utopien getreten wären. Das folgende Textbeispiel ist zwei Autoren entnommen[148]:

„*Der Weltraum als Olymp.* Der unendliche Weltraum ist in der Science Fiction nicht selten der physische Ersatz für eine metaphysische Unendlichkeit. Er ist Projektionsfläche vielgestaltiger Utopien: etwa der Hoffnung auf Vervollkommnung oder auf tiefere Einsicht in das Wesen des Seins. Er ist Ort der Götter, jener Wesen, die sich durch enormes Wissen und die Macht über Zeit und Sterblichkeit auszeichnen. In pointierter Weise gilt das zum Beispiel vom Star-Trek-Weltraum. Seine unendlichen Weiten bieten unerschöpfliche Möglichkeiten, die beschränkte Existenz des Menschen, sein beschränktes Wissen und seine beschränkte Daseinsform, aufzusprengen. Die Episoden handeln bisweilen von einem „Aufstieg" der menschlichen Existenz, die dem patristischen Gedanken der „Theiosis" (Gottwerdung) nahe kommen. Die Filmcharaktere Wesley Crusher oder Kes beispielsweise erleben an sich einen „Evolutionssprung", der ihre Natur so verändert, dass sie den Bedingungen von Raum und Zeit nicht mehr unterliegen.

---

147 Vgl. dazu die sensiblen literarischen Wahrnehmungen: H. U. Seeber, Von der Utopie zur Dystopie in der angloamerikanischen Literatur, in: zur debatte 34 (2004) H. 2, 26f.; G. Schulze, Auf der Suche nach der besten aller Welten. Wohin bewegt sich die Gesellschaft im 21. Jahrhundert: ebd. 27ff.; P. K. Kurz, Nach den Utopien. Deutsche Literatur der Gegenwart, in: StdZ 129 (2004) 638-640.
148 Th. Schärtl – M. J. Fritsch, Unendliche Weiten. Philosophische und theologische Aspekte der Science Fiction, in: StdZ 124 (1999) 101-116

Im siebten Star-Trek-Kinofilm („Treffen der Generationen") sind Kirk und Picard in einem Energieband gefangen („Nexus"), das als Zustand reinsten Glücks ohne die Beschränkungen der Zeitlichkeit erlebt wird – eine ins Physische gewendete Version des christlichen Himmels? Die für eine vernünftige, aber nicht-ideologische wissenschaftliche Weltauffassung wichtigen Grenzlinien zwischen dem Physischen und dem Psychischen bzw. dem Objektiven und Subjektiven und schließlich dem Materiellen und dem Numinosen verschwinden. Und dies ist, wie Hans Jonas im Blick auf die Gnosis festgestellt hat (und manche Filme wie „Star Wars" oder „Das fünfte Element" sind ja mehr oder weniger gnostisch), ein deutliches Kennzeichen einer mythologischen Weltauffassung. Sie wird wie in kaum einem anderen Genre in der Science Fiction trotz aller Technikverliebtheit heraufbeschworen"[149].

Neue Nahrung erhielt die Diskussion über Möglichkeit oder Unmöglichkeit von realisierbaren Utopien durch die Veröffentlichungen des nordamerikanischen Politikwissenschaftlers Francis Fukuyama (geboren 1952). Er hatte in seinem Buch „Das Ende der Geschichte" („The End of History and the Last Man", 1992, deutsch München 2007) nach einer Abrechnung mit den totalitären Systemen Kommunismus und Faschismus und nach der Erklärung, dass die Schlussphase der Entwicklung politischer Systeme gekommen sei, die liberale Demokratie als erreichbaren idealen Endzustand proklamiert. In seinem Buch „Das Ende des Menschen" („Our Posthuman Future: Consequences of the Bio-technology Revolution", 2002, deutsch Stuttgart 2004) nimmt sich Fukuyama die Kritik des sog. Posthumanismus zum Ziel.

Der Posthumanismus (Nach-Menschlichkeit) prognostiziert einen zukünftigen Zustand der Menschheit. Er geht davon aus, dass die Menschheit beginnt, den Höhepunkt ihrer biologischen Evolution zu verlassen. „Der Mensch" ist für ihn eine natürliche Spezies wie viele andere auch, ohne herausragende Position, ohne ethische Höherwertigkeit. Entschieden verneint wird das Recht des Menschen, die Natur zu zerstören. Die Evolution wird zum Auftreten einer künstlichen, von Computern abhängigen Intelligenz führen, die weitaus höhere Fähigkeiten als die heutigen Menschen besitzt. Unter den utopischen Möglichkeiten, die der Post-humanismus in der Zukunft am Werk sieht, nennt er die chemisch-physikalische Veränderung des menschlichen Organismus (bis hin zur namhaften Verlängerung des Lebens). Fukuyama zählt in dem zuletzt genannten Werk als Errungenschaften der veränderten Menschheit auf: Stammzellenforschung, Klonen, In-vitro-Fertilisation,, Präimplantationsdiagnostik. Man darf wohl hinzu fügen: die verfügenden Eingriffe in Beginn und Ende des menschlichen Lebens, Abtreibung und Euthanasie, nicht verurteilend gemeint im Hinblick auf tragische Einzelschicksale, sondern als gedanken- und bedenkenlose massenweise Praktiken. Fukuyama kritisiert den naiven Optimismus, der der posthumanistischen Utopie zugrunde liegt. Dabei geht er nicht deontologisch von Geboten Gottes oder positivistisch

---

149 Ebd. 195.

von kodifizierten Grundrechten des Menschen aus; vielmehr argumentiert er mit der teleologischen Ethik, indem er auf mögliche Folgen hinweist (Überalterung der Gesellschaft, genetische Selektion des Nachwuchses, Gefahr der Bildung einer neuen dominierenden Elite). Abwendung dieser und weiterer Gefahren, die sich aus den posthumanistischen Utopien ergeben, verspricht sich Fukuyama von vermehrter staatlicher Kontrolle der Entwicklung des biologischen und medizinischen Bereichs.

Umfassend und kritisch hat sich Raimar Zons in seinem Buch „Die Zeit des Menschen – Kritik des Posthumanismus" (Frankfurt 2001) mit dem Posthumanismus auseinandergesetzt. Er stellt vom aktuellen Forschungsstand und der Entwicklung von Nanotechnik, Gentechnik und Robotik, von der schon jetzt möglichen elektronischen Ersetzung von Gehirnteilen und anderen Körperfunktionen aus die Frage, wann sich der Mensch noch sicher sein kann, wirklich Mensch zu sein. So macht er, wenn auch ohne große Illusionen, Mut, zu Fragen: Was ist der Mensch, was heißt Denken?

Damit ist ebenso wie die Philosophie auch die Theologie herausgefordert. Die christliche Theologie besinnt sich auf ihre jüdischen Wurzeln[150], aber die neuere jüdische Theologie hat keine einheitliche Position zum Thema Utopie[151]. Sie erinnert zwar übereinstimmend die christliche Theologie immer daran, dass zu den Verheißungen Gottes ein Endstadium der Welt, eine erlösende Vollendung der Schöpfung gehören. Aber die Gefahr jeder Theologie besteht darin, die Zeit als unendlich verlängerbar, also als endlos zu denken. „Einmal definiert als asymptotisches, das heißt unerreichbares Ideal, löst sich die Utopie auf zu einer puren Abstraktion, welche nur noch die Entmutigung, es zu erreichen, fördern kann. (...) Der Begriff einer unendlich verlängerbaren, also endlosen Zeit schließt a priori die Hoffnung aus, die Welt werde eines Tages ihre Bestimmung wirklich erreichen"[152]. Das Missverständnis, die zur Verfügung stehende Zeit sei endlos, reicht einem anderen Missverständnis die Hand, die Herbeiführung eines Zustands der Vollkommenheit könne Menschenwerk werden.

Die Bewahrung vor dieser (wenigstens latenten) Gefahr kann nicht in Aktionismus, in „Vorwegnahmen" der Vollendung durch Menschen bestehen. Die Erfahrungen der Menschheit mit den mannigfachen Versprechungen eines Paradieses auf Erden und die desaströsen Folgen weisen auf die möglichen Irrwege in Denken und Handeln hin.

Der jüdische und der christliche Glaube sind vor diesen Missverständnissen bewahrt (oder sie können es wenigstens sein) durch die *Erinnerung*. Beide gedenken der Führung des Gottesvolkes aus der Knechtschaft in die Freiheit, des Bundes des kompromissbereiten Gottes mit der anfälligen Menschheit; beide bekennen sich zu Gottes zuvorkommender Liebe und Treue. Im christlichen Glauben

---

150 Vgl. dazu F.-W. Marquardt, Eia, wärn wir da – eine theologische Utopie. Utopie als eine Aufgabe kirchlicher Lehre, München – Gütersloh 1997.
151 Vgl. dazu St. Mosès, Der Engel der Geschichte. Franz Rosenzweig – Walter Benjamin – Gershom Scholem, Frankfurt 1994.
152 Ebd. 11.

bedeutet diese Erinnerung in der weitergehenden Bundesgeschichte, der Treue Gottes in der Machttaten in und an Jesus von Nazaret zu gedenken und gedenkend Jesu Leiden, seinen Tod und seine Auferweckung zu verkünden.

Beiden Theologien sucht Johann Baptist Metz (geboren 1928) durch seine ständigen Hinweise auf die befristete Zeit, auf die messianische Naherwartung, auf die Gefährlichkeit des optimistischen Evolutionsdenkens und auf die Leidensgeschichte der Menschheit gerecht zu werden[153].

Die Eschatologie Karl Rahners ist dadurch gekennzeichnet, dass er ablehnt, eschatologische Aussagen als Voraussage der Zukunft zu verstehen; vielmehr ist sie das Verständnis des Kommenden aus der gläubigen Erfahrung der Gegenwart. Besonders eine „Mystik des Alltags" ermöglicht es, die entscheidenden Faktoren der Zukunft bereits jetzt wahrzunehmen, Gott und Jesus von Nazaret. Insofern kann die christliche Erwartung des Kommenden nicht als eine Utopie im Sinn eines unerreichbaren Ideals verstanden werden. Eine reale Utopie wäre sie, wenn die Erinnerung den Glauben verbürgt, dass die Vollendung allen Geschehens, aller Menschen, der ganzen Schöpfung eintreten wird. In einem Text von 1968 hat Rahner vorausschauend zu den Thesen des Posthumanismus Stellung genommen. Wenn die Menschheit absteigend vom Gipfel der Evolution die Fähigkeit zu Fragen und Denken verloren hat, dann ist ihr auch Gott abhanden gekommen. Eventuell würde nicht einmal das Wort „Gott" weiterexistieren:

„Das Wort Gott soll verschwunden sein, spurlos und ohne Rest, ohne dass noch eine übrig gelassene Lücke sichtbar ist, ohne dass es durch ein anderes Wort, das uns in derselben Weise anruft, ersetzt wird, ohne dass durch dieses Wort auch nur wenigstens eine, *die Frage* schlechthin gestellt würde, wenn man schon nicht dieses Wort als Antwort geben oder hören will. Was ist dann, wenn man diese Zukunftshypothese ernst nimmt? Dann ist der Mensch nicht mehr vor das eine Ganze der Wirklichkeit als solcher und nicht mehr vor das eine Ganze seines Daseins als solchem gebracht. Denn eben dies tut das Wort Gott und nur es, wie immer es selbst phonetisch oder in seiner Herkunft bestimmt sein mag. Gäbe es das Wort Gott wirklich nicht, dann wäre auch dieses doppelt eine Ganze der Wirklichkeit überhaupt und des Daseins in der Verschraubtheit dieser beiden Aspekte nicht mehr für den Menschen da. Er würde sich restlos vergessen über das je einzelne an seiner Welt und in seinem Dasein. Er würde ex supposito nicht einmal ratlos, schweigend und bekümmert vor das Ganze von Welt und Selbst geraten. Er würde nicht mehr merken, dass er nur einzelnes Seiendes, aber nicht das Sein überhaupt, nur Fragen, aber nicht die Frage nach dem Fragen überhaupt bedenkt, nur immer neu einzelne Momente seines Daseins manipuliert, sich aber nicht mehr seinem Dasein als Einem und Ganzem stellt. Er würde *in* der Welt und *in* sich stecken bleiben, aber nicht mehr jenen geheimnisvollen Vorgang vollziehen, der er *ist*, in dem gleichsam das Ganze des ‚Systems', das er mit seiner

---

153 Zuletzt: J. B. Metz, Memoria Passionis. Ein provozierendes Gedächtnis in pluraler Gesellschaft, Freiburg i. Br. 2006.

Welt ist, streng sich selber als Eines und Ganzes denkt, frei übernimmt, so sich selbst überbietet und übergreift hinein in jene schweigende, wie ein Nichts erscheinende Unheimlichkeit, von der her er jetzt zu sich und seiner Welt kommt, beides absetzend und übernehmend.

Er hätte das Ganze und seinen Grund vergessen und zugleich vergessen (wenn man noch so sagen könnte), dass er vergessen hat. Was wäre dann? Wir können nur sagen: Er würde aufhören, ein Mensch zu sein. Er hätte sich zurückgekreuzt zum findigen Tier. Wir können heute nicht mehr so leicht sagen, dass dort *schon* Mensch ist, wo ein Lebewesen dieser Erde aufrecht geht, Feuer macht und einen Stein zum Faustkeil bearbeitet. Wir können nur sagen, dass dann ein Mensch ist, wenn dieses Lebewesen denkend, worthaft und in Freiheit das Ganze von Welt und Dasein vor sich und in die Frage bringt, mag er auch dabei vor *dieser* einen und totalen Frage restlos verstummen. So wäre es ja vielleicht – wer vermag es genau zu wissen – auch denkbar, dass die Menschheit in einem kollektiven Tod bei biologischem und technisch-rationalem Fortbestand stirbt und sich zurück verwandelt in einen Termitenstaat unerhört findiger Tiere"[154].

Die Theologie hätte in einem solchen Fall des totalen Sieges des Posthumanismus mit J. B. Metz zu beklagen, dass Gottes utopische Absicht mit der Schöpfung und Erschaffung der Menschen gescheitert ist. Mit K. Rahner könnte sie aber – was nur im Glauben möglich ist – darauf hinweisen, dass Gottes Absicht, sich mit der Menschheit eine Partnerschaft der Liebe, eine Liebesgemeinschaft bei sich im „Himmel" zu schaffen, bereits heute gelungen ist in dem, was die Tradition „Gemeinschaft der Heiligen" nennt, und dass die Treue Gottes garantiert ist in der Verheißung, er werde einen neuen Himmel und eine neue Erde erschaffen. Das Reich Gottes, das Jesus von Nazaret zum zentralen Inhalt seiner Verkündigung gemacht hatte, ist bereits angebrochen; Jesus hat in seinen Gleichnissen deutlich gemacht, wie die versöhnende und tröstliche Praxis des von Menschen angenommenen Reiches Gottes konkret aussieht, so dass sich in Kirche und Welt wahrnehmen lässt, wie und wo die Herrschaft Gottes bereits existiert. Dieser Zustand ist nicht utopisch. Utopische Züge hat allenfalls der Ausblick auf die Vollendung der Herrschaft Gottes in Kosmos und Menschheit[155].

---

154 K. Rahner, Gnade als Freiheit. Kleinere theologische Beiträge, Freiburg i. Br. 1968, 14f. – Der vorläufig letzte Versuch der posthumanistischen Ausrottung Gottes stammt von Richard Dawkins, Der Gotteswahn, Berlin 2007 (englisch The God Delusion, London 2006). Sehr beachtenswert dazu die Kritik von Peter Strasser, Warum überhaupt Religion? Der Gott, der Richard Dawkins schuf, München 2008.

155 Vgl. hierzu Markus Knapp, Gottes Herrschaft als Zukunft der Welt. Biblische, theologiegesbichtliche und systematische Studien zur Grundlegung einer Reich-Gottes-Theologie in Auseinandersetzung mit Jürgen Habermas' Theorie des kommunikativen Handelns (BDC 15), Würzburg 1993.

ZWEITER TEIL:
GESCHICHTE DES HIMMELS

1. Zu der „Weltbildfrage"

a) Die „Einteilung" der Himmelsphasen

Himmelsphasen meint hier die verschiedenen Perspektiven, unter denen man den Himmel betrachten und die man einer Einteilung der historischen Darstellung des Himmels zugrunde legen kann. Bernhard Lang, der die Himmelsthematik hervorragend kennt[1], teilt ein in: kosmographischer Himmel, theozentrischer Himmel, anthropozentrischer Himmel. Am Ende seiner mit Colleen McDannell verfassten großen Monographie zeigt sich ein Zweifel, ob sich die sukzessiven Phasen theozentrisch – anthropozentrisch durchhalten lassen. Im Folgenden liegt die einfachere Einteilung zugrunde: der Himmel als kosmographische Größe – der Himmel als religiöse Metapher.

b) Der Himmel als kosmographische Größe und als religiöse Metapher: Die Antike

Nahezu alle wissenschaftlichen Abhandlungen über die Inhalte der religiösen Metapher „Himmel" beginnen mit einer wenigstens kurzen Übersicht über die kosmographische Größe Himmel, das heißt über die Weltbilder der Menschen im vorbiblischen und biblischen Altertum. In jüngster Zeit (2007) ist eine bemerkenswerte Arbeit von Rainer Schwindt erschienen, „Weltbilder im Umbruch. Himmelsvorstellungen in der Antike", die Anlass gibt, manche gängige Urteile zu korrigieren[2].

Dazu gehört, dass er die gängige Meinung ablehnt, die Erschaffung des Himmels sei die Schaffung eines Gewölbes gewesen, vielmehr habe Gott eine „Him-

---

1 B. Lang – C. McDannell, Der Himmel. Eine Kulturgeschichte des ewigen Lebens, Frankfurt 1990; B. Lang, Weltbild: NBL 3 (2001) 1098-1105; ders., Himmel und Hölle. Jenseitsglaube von der Antike bis heute, München 2003; ders., Die zweigeteilte Welt. „Jenseits" und „Diesseits" in der katholischen Theologie des 19. und 20. Jahrhunderts, in: L. Hölscher (Hrsg.), Das Jenseits. Facetten eines religiösen Begriffs in der Neuzeit, Göttingen 2007, 203-232.

2 R. Schwindt, Weltbilder im Umbruch. Himmelsvorstellungen in der Antike, in: JBTh 20, Der Himmel, besorgt von Dorothea Sattler und Samuel Vollenweider, Neukirchen / Vluyn 2007, 3-33. Schwindt beruf sich mehrfach auf M. Bauks, Die Welt am Anfang. Zum Verhältnis von Vorwelt und Weltentstehung in Gen 1 und in der altorientalischen Literatur (WMANT 74), Neukirchen / Vluyn 1997.

melfeste" errichtet, ganz auf die Erde hin zentriert und daher in der Genesis auch nicht näher beschrieben[3]. Die Erwähnung der Wasser oberhalb lässt eher an eine Plattform denken[4]. Neben dieser im Alten bzw. Ersten Testament nicht zentralen kosmographischen Äußerung findet sich ein anderes, religiöses Weltbild: Der Himmel als Wohnsitz oder auch Machtsphäre Gottes. „In der Spätzeit nach der Tempelzerstörung kann der Himmel als JHWHs Thron und die Erde als Schemel seiner Füße betrachtet werden"[5]. Die Weltherrschaft JHWHs wird unabhängig vom Berg Zion gesehen. Nachexilisch werden die Himmelsvorstellungen kombiniert: „Der Himmel ist Kosmosgrenze, Schöpfungs- und Ordnungselement, Raum von Wettererscheinungen und Theophanien sowie Wohnsitz und Machtsphäre Gottes"[6].

Als kosmographisch umwälzend sieht Schwindt die Entdeckung der Kugelform des Himmels (und nicht gleichzeitig damit auch der Kugelform der Erde) im Griechenland des 5. und 4. Jahrhunderts v. Chr.[7]. An einer entscheidenden Stelle dieser Revolutionierung des Weltbildes steht Pythagoras von Samos (um 570 – nach 510 v. Chr.)[8]. Er und seine Schule thematisierten die Harmonie der Natur und die harmonische Kreisbewegung der Himmelskörper als Offenbarung einer göttlichen Weltlenkung. Sie lehrten die Unsterblichkeit der Seele[9]. Auf Pythagoras geht die religiös-ethische Meditation des „Scheidewegs" von Tugend und Laster (symbolisiert im Buchstaben Y) zurück.

Platon (427-347 v. Chr.) war nach übereinstimmendem Urteil der Wissenschaft von Pythagoras und seiner Schule beeinflusst[10]. Er mühte sich um das menschlichen Fortschreiten vom Wissen des Guten zum Tun des Guten. In „Politeia" (Vom Staat) ging es ihm nicht nur um die bestmögliche Staatsform, son-

---

3 R. Schwindt 2007, 7.

4 Ebd. 7f. mit Rückbezug auf mesopotamische Vorstellungen.

5 Ebd. 8f. mit Belegen. Hier wird auch gesagt, in der vorexilischen Tempeltheologie (Verbindung von Thronsphäre Gottes mit dem Tempel auf dem Zion) scheint es die Auffassung vom Gottesthron im himmlischen Bereich noch nicht gegeben zu haben.

6 Ebd. 10. Wichtig ist hier auch Anm. 33: „Sehr instruktiv in dieser Hinsicht ist der Beitrag von B. Ego, ‚Der Herr blickt herab von der Höhe seines Heiligtums', Zur Vorstellung von Gottes himmlischem Thronen in exilisch-nachexilischer Zeit: ZAW 110 (1998) 556-569. Vor allem in den Psalmen und Jes finden sich Belege für ein Thronen Gottes im Himmel, das nicht nur der kult- und tempelkritischen Transzendierung der Thronvorstellung dient, sondern auch sein universales, Gerechtigkeit stiftendes Handeln impliziert. Der himmlische Thronsitz ist nicht Ausdruck von Gottes Ferne und Unnahbarkeit, sondern Ausdruck seiner Zuwendung zu den Armen und Frommen."

7 R. Schwindt 2007, 10ff. mit Belegen aus Homer und Hesiod. Ebd. Hinweise auf die früheren „mythischen Räume", den polytheistischen Götterhimmel.

8 Vgl. dazu L. E. Navia, Pythagoras. An Annoted Bibliography, New York 1990; L. Zhmud, Wissenschaft, Philosophie und Religion im frühen Pythagoreismus, Berlin 1997.

9 Dadurch fanden sie in der antiken christlichen Theologie (Clemens von Alexandrien, Augustinus) große Beachtung.

10 K. Matthiessen, Platons Jenseitsvision, in: Himmel und Hölle (Spektrum Literatur, hrsg. von der Universität Münster Bd. 6), Münster 1999, 25-38. Vgl. auch die bestens belegten Ausführungen über Platon bei R. Schwindt 2007, 15-22. Ferner: A. F. Segal, Life after Death. A History of the Afterlife in the Religions of the West, New York 2004, 224-237.

dern grundsätzlich um das Wesen der Gerechtigkeit. In ihr sah er den denkbar besten Zustand der menschlichen Seele. Den Gerechten hielt er für den glücklichsten Menschen; gerecht ist, wer als Philosoph das Wesen der Gerechtigkeit erkannt hat und als Nichtphilosoph den Weisungen der Philosophen folgt (oder sich an die von den Philosophen stammenden Gesetze des Staates hält). In diesem gedanklichen Zusammenhang stellte er sich der Frage, ob die Gerechtigkeit im Leben Folgen für das Schicksal des Gerechten nach dem Tod habe. Zur Beantwortung dieser Frage griff er auf den Mythos vom Pamphylier Er zurück, der seine Jenseitsvision geschildert habe (Ende des 10. Buches, 614 b 9 – 616 b 6). Die erzählende Form des Mythos galt ihm als zuverlässige Wiedergabe höchster und tiefster Erkenntnisse. In dieser Erzählung spielen die beiden pythagoreischen Wege eine große Rolle:

„Nachdem seine Seele aus ihm herausgetreten sei, sagte er, habe sie sich mit vielen anderen auf den Weg gemacht, und sie seien zu einem wunderbaren Orte gelangt, wo sich unmittelbar nebeneinander zwei Öffnungen in der Erde befanden, und gegenüber, am Himmel oben, zwei andere. Zwischen ihnen aber seien Richter gesessen. Wenn diese ihr Urteil gefällt hatten, so ließen sie die Gerechten den Weg einschlagen, der rechts hinauf durch den Himmel führt, nachdem sie ihnen Zeichen des Urteilspruches an die Brust geheftet hatten. Die Ungerechten aber wiesen sie nach links und nach unten; auch diese trugen die Zeichen für alle ihre Taten, aber auf dem Rücken. Als nun auch er hinzutrat, hätten sie ihm gesagt, er solle den Menschen von den Dingen im Jenseits Kunde bringen, und hätten ihm befohlen, auf alles zu hören und zu achten, was sich dort abspielte. Er habe nun also gesehen, wie die Seelen, nachdem sie ihr Urteil empfangen, durch die eine Öffnung des Himmels und der Erde verschwanden. Durch die anderen aber seien Seelen zurückgekehrt. Die aus der einen von der Erde heraufkamen, waren voll Schmutz und Staub; aus der anderen aber stiegen andere rein vom Himmel herab. Und alle, die jeweils eintrafen, hätten den Eindruck gemacht, als kämen sie von einer langen Reise, und sie seien gerne auf jene Wiese gegangen und hätten sich dort wie bei einem Volksfest gelagert und sich begrüßt, wenn sie einander kannten. Und die aus der Erde kamen, fragten die anderen nach den Zuständen drüben, und die vom Himmel kamen, fragten, wie es bei den anderen gewesen sei. Und so hätten sie dann einander erzählt: die einen unter Jammern und Weinen, wenn sie daran zurückdachten, was sie auf ihrer Wanderung unter der Erde (die tausend Jahre dauere) alles erlitten und gesehen hatten, während die aus dem Himmel von ihrem Wohlergehen berichteten, und wie unerhört schön das gewesen sei, was sie geschaut hätten".

(Es folgt nun ein kosmographischer Teil: Das Weltganze hat eine vollkommene Gestalt einer Kugel. Um ihre Achse bewegen sich 8 durchsichtige Himmelskugeln [zu äußerst der Fixsternhimmel, dann die Planeten Saturn, Jupiter, Mars, Merkur, Venus, ferner Sonne und Mond], die verschiedenfarbigen Himmelssphären, auf denen Sirenen sitzen, deren Gesang die Sphärenharmonie ergibt. Ferner sitzen um die Achse die Moiren Lachesis, Klotho und Atropos, die den Menschen ihre Lebensschicksale zuteilen)[11]. Hier in „Politeia" sagte Platon nichts über eine ewige Belohnung der Gerechten, wohl aber im „Phaidros" (249 a)[12]. Danach wird die Seele, der drei Mal hintereinander ein philosophisches Leben geglückt ist, schon nach dreitausend Jahren dem Kreislauf von Geburt, Tod und Wiedergeburt entrückt; sie darf sich in das Gefolge der (bei Platon namenlosen) Götter eingliedern[13]. Nach „Timaios" (90A) ist die Seele „eben der Teil, von welchem wir behaupten, dass er in unserem Körper die oberste Stelle einnehme und uns von der Erde zu dem im Himmel uns Verwandten erhebe, sofern wir ein Gewächs sind, das nicht in der Erde, sondern im Himmel wurzelt. Und das behaupten wir mit vollem Recht, denn indem dort, wo die Seele zuerst ihren Ursprung nahm, das Göttliche unser Haupt und unsere Wurzel befestigt, richtet sie den ganzen Körper nach oben"[14].

Schwindt möchte in Platons „Phaidon" ein Zeugnis für einen Kosmos sehen, der in „eine Oberwelt und eine Unterwelt für das postmortale theatrum mundi, das über Lohn und Strafe der Seelen befindet", eingeteilt ist[15]. Seiner Ansicht nach kann dabei nicht von Kosmographie gesprochen werden; „an dem Transzendenzcharakter des platonischen Jenseits" besteht „kein Zweifel"[16].

Wegen des Einflusses von Aristoteles (384-322 v. Chr.) auf die spätere scholastische Philosophie (Kosmologie) und Theologie sei hier die Zusammenfassung seiner Himmelsauffassung durch Schwindt zitiert:

„Die kugelförmige Erde steht unbeweglich inmitten der Welt, die von konzentrischen Kugelschalen als Orte von Mond, Sonne, Planeten und Fixsternen umgeben und begrenzt wird. Die einzelnen Gestirnsphären ergeben zusammen eine dicke Kugelschale aus feinstem Material. Dieser Äther genannte Bereich umschließt die irdische, sublunare Lebenswelt und ist von ihr radikal verschieden. Der kosmische Raum ist nicht homogen, sondern unterteilt in einen sublunaren, vergänglichen Teil und einen unvergänglichen Astralbezirk. Die idealen Seinsgründe sind in Fortsetzung des platonisch-astraltheologischen Ansatzes kosmologisiert. Aus den platonischen Sterngöttern, die den noetischen Transzensus zum unräumlich Intelligiblen motivieren sollten, werden den Überstieg hemmende Seinsgrößen, die das Göttliche ganz in den Raum hineinziehen und die immanent-transzendente Wechsel-Bezüglichkeit des Menschlichen und Göttlichen auf ein mythisch-räumliches Neben- und Auseinander reduzieren"[17].

---

11 Der Staat (etwa 375 v. Chr.), Frage nach der Gerechtigkeit und ihrem Lohn. Der Mythos vom Pamphylier Er. Übertragen von R. Rufner, Zürich – München 1974,

12 K. Matthiessen, a. a. O. 37.

13 Diese Lehre wurde trotz Platons hohem Ansehen von den christlichen Theologen der Antike entschieden verurteilt.

14 Zit. nach L. Moraldi, Nach dem Tode. Jenseitsvorstellungen von den Babyloniern bis zum Christentum, Zürich – Köln 1987, 108ff.

15 R. Schwindt 2007, a.a.O. 18.

16 Ebd. 19f.: Die himmlische Welt der Gestirne enthält kosmische Abbilder der übersinnlichen Ideenwelt („Divinisierung der Gestirne") mit Belegen. Der Himmel erhält göttliche Qualitäten.

17 Ebd. 23.

Aristoteles' Lehre vom göttlichen unvergänglichen Äther wurde erst durch Isaac Newton in Frage gestellt[18]. Bei Zenon (um 335-265 v. Chr.) ist der Äther der „summus deus", ähnlich Poseidonios (135-51 v. Chr.)[19]. Die Sonne gilt als das „göttlichste Gestirn".

Während Aristoteles' Werke erst wieder im Mittelalter (nach ihrer „Entdeckung" durch die Araber in Spanien) zu theologischer Geltung kamen, galt Platon in der christlichen Theologie in Ost und West als hohe Autorität (wenige griechenfeindliche Autoren ausgenommen). Im Hinblick auf die Himmelthematik sind neben ihnen die Römer Cicero, der u. a. bei dem Kirchenvater Ambrosius eine große Rolle spielte, und Vergil zu nennen. Der wichtige Himmelstext bei dem Politiker und Philosophen Marcus Tullius Cicero (106 v. Chr. – 43 v. Chr.) ist das „Somnium Scipionis" im letzten Teil des Werkes „De republica":

Dem Militärtribun Scipio Aemilianus in Afrika erscheint im Schlaf der große Scipio, der ihn belehrt, wie zerbrechlich und vergänglich aller weltliche Ruhm ist; nur im „Jenseits", in den Sphären des Himmels, erlangen tapfere und tugendhafte Männer ewige Glückseligkeit bei „jenem höchsten Gott, der die ganze Welt regiert". Tugenden sind Gerechtigkeit und Pflichtgefühl gegenüber dem Vaterland (iustitia et pietas). Ewiges Leben steht denen bevor, die ihrem Vaterland zu Größe und Frieden nach außen und innen beitrugen. Aemilianus will dazu auch Vorfahren sehen und befragen, und das wird ihm bewilligt. Ihr aller Urteil: „Was euch Leben heißt, ist Tod". Nur die Gottheit selber kann dem Menschen den Weg zum Himmel öffnen. Dazu wurde den Menschen eine Seele aus Feuer geschenkt, so beschaffen wie die Planeten und die Sternbilder. Sie ist Wächterin des Körpers und darf ihn nur mit Zustimmung dessen verlassen, der sie mit dem Leib verbunden hatte. Dann gilt: „Ein solches Leben ist der Weg zum Himmel und in die Gemeinschaft derer, die ihr Leben schon vollendet haben und, vom Körper gelöst, jenen Ort bewohnen, den du da siehst", die Wohnung der Seligen in der himmlischen Milchstraße, von der aus die Erde als winzig klein und das römische Imperium wie ein Punkt erscheinen. Die Himmelssphären, die Planeten, ihre Entstehung und die dort erklingende melodische Musik werden ausführlich beschrieben[20].

Vergil (Publius Vergilius Maro 90 v. Chr. – 19 v. Chr.) gilt neben Horaz und Ovid als der bedeutendste Dichter des „Augusteischen Zeitalters". Sein Einfluss ist u. a. darin zu sehen, dass seine Werke im 1. Jahrhundert Pflichtlektüre in den

---

18 Ebd.
19 Ebd. 26ff. Über den Zusammenbruch des „divinisierten Himmels" in der Folge der „kopernikanischen Wende" und über die Entwicklung der Himmelsperspektiven bis hin zur Physik der Gegenwart unterrichten Dirk Evers, Chaos im Himmel. Die Entwicklung der modernen Kosmologie und ihre Tragweite für die christliche Rede vom Himmel, in: JBTh 20 (2007) 35-58 und Reto Luzius Fetz, Der Himmel als Symbol. Die moderne Umdeutung eines mythischen Raumes: ebd. 59-82.
20 L. Moraldi, Nach dem Tode. Jenseitsvorstellungen von den Babyloniern bis zum Christentum, Zürich – Köln 1987, 137-141.

Schulen waren. Seine Schau in das „Jenseits" ist in der Dichtung „Aeneis" enthalten:

„Die Seelen werden nach dem Tode geläutert und büßen für frühere Sünden ‚unter einem wüsten Schlund' (sub gurgite vasto) oder auf andere Weise (durch Feuer usw.; Aen VI 740-743). Dann gelangen sie ins Elysium und bewohnen dessen frohe Fluren. Die Besten bleiben dort auf Dauer, bis zum Ablauf der Zeit (744-746). Die anderen aber müssen, ‚sobald sie das Rad (der Zeit) 1000 Jahre lang wälzten' (ubi mille rotam volvere per annos) über die Quelle des Vergessens zurück in den Körper (748-750; vgl. 713-715). 1000 Jahre formen die Grundperiode jenseitigen Lebens, eine Periode zugleich, die für die Besten nie endet"[21].

2. Zur Himmelsthematik im Alten / Ersten Testament

a) Der Himmel Gottes

Es gibt keine Indizien dafür, dass im Glauben und in der religiösen Praxis Israels jemals Himmelskörper als göttlich angesehen und verehrt wurden. Dafür ist ihre Herkunft aus dem Schöpferwillen Gottes, ihre Bestimmung zu bloßen Leuchtkörpern in Gen 1 zu deutlich. Selbst wenn in Texten des Alten / Ersten Testaments weltbildliche Aspekte vorkommen, liegt ihrer Erwähnung keinerlei kosmographisches Interesse zugrunde. Ansichten wie die Unterscheidung von Ober-(Himmels-) und Unterwelt mit der Erde in der Mitte werden als selbstverständliche Voraussetzungen erwähnt.

In historischer Sicht beginnt der Prozess, in dem der Himmel zu einer religiösen Metapher wurde, in Israel mit der Tempeltheologie[22]. Bernd Janowski bringt den Tempelkult (des Ersten, „salomonischen" Tempels) mit der Schöpfungstheologie in Zusammenhang und spricht dabei von einem „ritualistischen Weltbild". Es ist hier nicht möglich, auf analoge Vorstellungen der altorientalischen Umwelt einzugehen. Für Israel darf feststehen: Das „Urgeschehen der Schöpfung" wird immer neu Gegenstand der Erinnerung durch Riten und durch Bilder[23]. Diese sukzessive Erinnerung geht jedoch nicht „einlinig" auf die Ur-Schöpfung (Gen 1-2) zurück; Störungen machten Neuanfänge nötig, so dass das Sinaigeschehen (Ex 19-40) als „Neuschöpfung Israels" gelten kann, das in Gottes Gegenwart lebt (das auf Gottes Weisung von Mose geschaffene Heiligtum am Sinai kann als „Himmel auf Erden" bezeichnet werden)[24].

Das bedeutet jedoch nicht, dass JHWH nach vorexilischem und exilischem Glauben Israels „nur" auf Erden lokalisiert gewesen wäre. Dagegen spricht unter

---

21 M. Karrer, in: JBTh 20 (2007) 244.
22 B. Janowski, Der Himmel auf Erden. Zur kosmologischen Bedeutung des Tempels in Israel und in seiner Umwelt, in: JBTh 20 (2007) 85-110, mit umfangreichen Literaturangaben.
23 Ebd. 108f. Janowski nennt das „rituelle Rückkehr zum Ursprung".
24 Ebd. 109f.; K. Schmid (s. Anm. 22) 124ff.

anderem eine Bezeichnung als „Himmelsgott"[25], „Himmel" meint durchaus den ihm (und keinen Göttern) gehörenden Bereich, aber „Himmel" dient vorexilisch nicht zur Benennung des speziellen „Wohnortes" Gottes. Dass er dies wurde, ist das Ergebnis der furchtbaren Erfahrung der Zerstörung des Ersten Tempels 586 v. Chr. und der daraus und aus dem Exil resultierenden Krise. Nach K. Schmid kann man behutsam und differenzierend von einer „Ablösung der Gottesvorstellung vom Tempel" sprechen: Es treten Vorstellungen auf, nach denen der „Himmel" (oder die „Himmel der Himmel") Wohnort Gottes wird, wobei aber die enge Verbindung Gottes zum Kosmos nicht verschwindet. Eine dritte Tendenz hält Schmid für besonders wichtig: In der Zeit des Zweiten Tempels ist Gott als der Schöpfer von „Himmel und Erde" fundamental von der Welt als Schöpfung Gottes getrennt. Gott ist ausdrücklich im Himmel lokalisiert Ein wichtiges Zeugnis ist das Tempelweihegebet Salomos 1 Kön 8: Gottes Gegenwart ist nicht an den Tempel gebunden; er thront im Himmel[26]; weitere nachexilische Zeugnisse finden sich in den Psalmen 2,4; 33,13; 103,19; 123,1; 115,15f.[27]; Psalm 115,2-7 und Koh 5,1 sagen nachdrücklich, dass trotz aller Beziehung der Menschen zu Gott (namentlich im Gebet) bewusst bleiben muss, wie überlegen Gott gegenüber den Menschen ist[28].

Auf der anderen Seite finden sich Texte, die ebenfalls über die Vorstellung von der Präsenz Gottes im Jerusalemer Tempel hinausgehen, die aber die Nähe Gottes zu seiner Schöpfung und Menschheit dadurch betonen, dass der ganze Kosmos zum Heiligtum des Gottes erklärt wird, der sich in seiner Schöpfung von Menschen erfahren lässt: Ps 104; Ps 57; Am 9,5f; Dtn 3,24; 4,39; Jes 66,1f.[29]. Schließlich kann der Begriff „Himmel" auch einfach für „Gott" stehen, ohne dass der fundamentale Unterschied von Gott und Schöpfung verwischt würde: Gott kann nicht (mehr) bei seinem Namen genannt werden, weil er „vollkommen transzendent" ist[30].

Von besonderer Bedeutung für das Thema des „Himmels" sind die prophetischen Visionen. Als erste ist die im ersten Teil des Propheten Jesaja („Protojesaja") berichtete zu nennen und zu zitieren[31]. Das Buch des Propheten Jesaja genießt in der exegetischen Wissenschaft höchste Aufmerksamkeit, weil es komplett in Qumran in einem Manuskript aus der 2. Hälfte des 2. Jahrhunderts v. Chr.

---

25 Indizien dafür benennt Konrad Schmid, Himmelsgott, Weltgott und Schöpfer. „Gott" und der „Himmel" in der Literatur der Zeit des Zweiten Tempels, in: JBTh 20, 2007, 111-148, hier besonders 113f. (umfangreiche Literaturangaben).

26 Ebd. 116ff. Hier 118 besonders gewichtige Hinweise darauf, dass Distanz und Nähe Gottes einander nicht ausschließen.

27 Zu Ps 33 F.-L. Hossfeld – E. Zenger, Die Psalmen. Psalm 1.50, Würzburg 1993, 206f; die weiteren Psalmen bei K. Schmid, a.a.O. 122f..

28 K. Schmid, a.a.O. 123f.

29 Ebd. 126-131. Hier 131ff. weitere Texte, die zeigen, dass Gott grundsätzlich nicht mit der Schöpfung zusammengedacht werden kann. Auch „Mischkonzeptionen" treten auf: 138ff.

30 Ebd. 146f.

31 Einleitung von U. Berges, in: E. Zenger (Hrsg.), Stuttgarter Altes Testament, Stuttgart 2004, 1390-1393, Kommentar zu Kapitel 6 ebd. 1401ff.

gefunden wurde und neben dem Psalter und dem Buch Deuteronomium im Neuen Testament am häufigsten zitiert wird[32]. Die Vision 6,1-5 lautet:

„Im Todesjahr des Königs Usija sah ich den Herrn. Er saß auf einem hohen und erhabenen Thron. Der Saum seines Gewandes füllte den Tempel aus. Serafim standen über ihm. Jedes hatte sechs Flügel. Mit zwei Flügeln bedeckten sie ihr Gesicht, mit zwei bedeckten sie ihre Füße und mit zwei flogen sie. Sie riefen einander zu:

Heilig, heilig, heilig ist der Herr der Heere. Von seiner Herrlichkeit ist die ganze Erde erfüllt.

Die Türschwellen bebten bei ihrem lauten Ruf und der Tempel füllte sich mit Rauch.

Da sagte ich: Weh mir, ich bin verloren. Denn ich bin ein Mann mit unreinen Lippen und lebe mitten in einem Volk mit unreinen Lippen und meine Augen haben den König, den Herrn der Heere, gesehen".

Die Erwähnung der Akklamation der Serafim ist der Anlass, warum in christlicher Spiritualität von einer „himmlischen Liturgie" gesprochen wird, der synchron die irdische Liturgie der Gläubigen entspricht[33]. In vielen christlichen Gottesdiensten wird das „Dreimal-Heilig" (in lateinischen Eucharistiefeiern das „Sanctus") gesungen oder gebetet.

Der Visionär Ezechiel wirkte unter den im Jahr 597 v. Chr. Verschleppten in Babylonien. Nach der Jerusalemer Katastrophe von 586 versuchte er, die Juden zur Hoffnung auf Gottes rettendes Eingreifen zu bewegen und sprach von der Wiederherstellung des Gottesvolkes um den neu erbauten Tempel in Jerusalem. F.-L. Hossfeld setzt sein Wirken in der Zeit 592-571 v. Chr. an[34]. Die Erzählung von der Berufungsvision (1,4-28) lautet:

„Ich sah: Ein Sturmwind kam von Norden, eine große Wolke mit flackerndem Feuer, umgeben von einem hellen Schein. Aus dem Feuer strahlte es wie glänzendes Gold. Mitten darin erschien etwas wie vier Lebewesen. Und das war ihre Gestalt: Sie sahen aus wie Menschen. Jedes der Lebewesen hatte vier Gesichter und vier Flügel. Ihre Beine waren gerade und ihre Füße wie die Füße eines Stieres; sie

---

32 U. Berges, a.a.O. 1391. Berges datiert die Sammlung des ersten Teils der Sprüche in die Jahre 734-732 v. Chr., als levitische Kreise den Namen „Jesaja" zu einem theologischen Programm machten, den Grundbestand des „Deutero-Jesaja" in die Zeit nach der Rückkehr aus dem Exil ebenfalls von 722; den „Trito-Jesaja" bringt er in Zusammenhang mit der Einweihung des wiedererbauten Tempels 515 v. Chr. (a.a.O. 1302-1304).

33 B. Ego, in JBTh 20 (2007) 169-173 bespricht Sabbatlieder von Qumran und eines aus Masada aus der späthasmonäischen oder frühherodianischen Zeit. Darin tritt die Auffassung klar zutage, dass eine Verbindung des himmlischen Gottesdienstes (der Engel) mit dem irdischen der Gemeinde besteht, die Kenntnisse der himmlischen Geheimnisse hat. Im himmlischen Heiligtum finden Lobgesang und Gottesdienst statt. B. Ego sieht darin eine Weiterentwicklung von Ezechiel. „Gottes Heiligtum ist der Himmel selbst, der seinen Lobpreis erklingen lässt" (173 mit Hinweis auf Ps 19,2).

34 F.-L. Hossfeld, in: E. Zenger, Stuttgarter Altes Testament, Stuttgart 2004, 1611 (Einleitung), 1612-1615 Kommentar zur Berufungsvision.

glänzten wie glatte und blinkende Bronze. Unter den Flügeln an ihren vier Seiten hatten sie Menschenhände. Ihre Flügel berührten einander. Die Lebewesen änderten beim Gehen ihre Richtung nicht. Jedes ging in die Richtung, in die eines seiner Gesichter wies. Und ihre Gesichter sahen so aus: Ein Menschengesicht (blickte) bei allen vier nach vorn, ein Löwengesicht bei allen vier nach rechts, ein Stiergesicht bei allen vier nach links und ein Adlergesicht bei allen vier nach hinten. Ihre Flügel waren nach oben ausgespannt. Mit zwei Flügeln berührten sie einander, und mit zwei bedeckten sie ihren Leib. Jedes Lebewesen ging in die Richtung, in die eines seiner Gesichter wies. Sie gingen, wohin der Geist sie trieb, und änderten beim Gehen ihre Richtung nicht. Zwischen den Lebewesen war etwas zu sehen wie glühende Kohlen, etwas wie Fackeln, die zwischen den Lebewesen hin und her zuckten. Das Feuer gab einen hellen Schein, und aus dem Feuer zuckten Blitze. Die Lebewesen liefen vor und zurück, und es sah aus wie Blitze.

Ich schaute auf die Lebewesen: Neben jedem der vier sah ich ein Rad auf dem Boden. Die Räder sahen aus, als seien sie aus Chrysolith gemacht. Alle vier Räder hatten die gleiche Gestalt. Sie waren so gemacht, dass es aussah, als laufe ein Rad mitten im andern. Sie konnten nach allen vier Seiten laufen und änderten beim Laufen ihre Richtung nicht. Ihre Felgen waren so hoch, dass ich erschrak; sie waren voll Augen, ringsum bei allen vier Rädern. Gingen die Lebewesen, dann liefen die Räder an ihrer Seite mit. Hoben sich die Lebewesen vom Boden, dann hoben sich auch die Räder. Sie liefen, wohin der Geist sie trieb. Die Räder hoben sich zugleich mit ihnen; denn der Geist der Lebewesen war in den Rädern. Gingen die Lebewesen, dann liefen auch die Räder; blieben jene stehen, dann standen auch sie still. Hoben sich jene vom Boden, dann hoben sich die Räder zugleich mit ihnen; denn der Geist der Lebewesen war in den Rädern.

Über den Köpfen der Lebewesen war etwas wie eine gehämmerte Platte befestigt, furchtbar anzusehen, wie ein strahlender Kristall, oben über ihren Köpfen. Unter der Platte waren ihre Flügel ausgespannt, einer zum andern hin. Mit zwei Flügeln bedeckte jedes Lebewesen seinen Leib. Ich hörte das Rauschen ihrer Flügel, es war wie das Rauschen gewaltiger Wassermassen, wie die Stimme des Allmächtigen. Wenn sie gingen, glich das tosende Rauschen dem Lärm eines Heerlagers. Wenn sie standen, ließen sie ihre Flügel herabhängen. Ein Rauschen war auch oberhalb der Platte, die über ihren Köpfen war. Wenn sie standen, ließen sie ihre Flügel herabhängen. Oberhalb der Platte über ihren Köpfen war etwas, das wie Saphir aussah und einem Thron glich. Auf dem, was einem Thron glich, sah ich eine Gestalt, die wie ein Mensch aussah. Oberhalb von dem, was wie seine Hüften aussah, sah ich etwas wie Feuer und ringsum einen hellen Schein. Wie der Anblick des Regenbogens, der sich an einem Regentag in den Wolken zeigt, so war der helle Schein ringsum. So etwa sah die Herrlichkeit des Herrn aus. Als ich diese Erscheinung sah, fiel ich nieder auf mein Gesucht. Und ich hörte, wie jemand redete."

Die Bilder dieser Erzählung sind im einzelnen schwer zu deuten. Aus den Rädern und dem Thron machte die jüdische Tradition einen Thronwagen; mit ihm und seinen Einzelheiten befasste sich die Thronwagen-(Merkaba-)Mystik. In der christlichen Tradition wurden die vier Lebewesen, die bei Ezechiel wohl Verbildlichungen der vier Weltgegenden sind, zu Symbolbildern der vier Evangelisten.

Über die Visionen hinaus nahm der himmlische Thron in der biblischen Überlieferung einen breiten Raum ein[35], und zwar im thematischen Zusammenhang mit der Zionstradition, der Tradition vom Gottesberg und der Königsherrschaft Gottes. Der in der Urzeit begründete und in Ewigkeit bestehende Thron Gottes ist der Inbegriff seiner Herrschaft, seiner Herrlichkeit und Heiligkeit. Der Zion und das Jerusalemer Heiligtum sind der Thron Gottes oder der Schemel seiner Füße. Wenn Gottes Thron sich im Himmel befindet, wie es wiederholt heißt, dann ist damit die Universalität seiner Herrschaft gemeint; Gott erteilt von ihm aus Weisungen; außerdem ist er sein Richtersitz. Als Symbol seiner herrscherlichen Macht gilt der Hofstaat lobpreisender und dienender Wesen, unter denen die Erzengel als Thronwächter herausragen; diese Dienstboten kommen gelegentlich den Menschen zu Hilfe (Tob 3,16-12,22). Im Neuen Testament wird die Thronsituation in Offb 4,2-8 beschrieben. Vom Thron Gottes her ist das Sitzen Jesu zur Rechten Gottes zu verstehen (Röm 8,34; Apg 2,3f.). „Himmel" ist eine Chiffre für Gottes Transzendenz (Ps 36,6; Jes 57,15; Jer 23,24), er vermag aber Gottes Größe nicht zu fassen (1 Kön 8,27; 2 Chr 2,5! 6,18). Im Unterschied zum Neuen Testament kennt das Alte / Erste Testament eine Mehrzahl von Himmeln nicht. Die Formulierung „Himmel der Himmel" (Dtn 10,14; 1 Kön 8,27) ist ein „Genitiv der Intensität" für Ausdehnung und Hoheit des Himmels.

Der Thron Gottes kommt nicht selten bis heute in katholischen und evangelischen Kirchenliedern vor.

b) Das Schicksal der Menschen

Die Menschen, deren Auffassungen im Ersten Testament zu Tage treten[36], waren stark von Erwartungen des Kommenden geprägt, wobei sie von jeweils gegenwärtigen Erfahrungen im Guten wie im Bösen bestimmt waren (Wunschvorstellungen – Befürchtungen). Schlechthin alles Kommende wurde dem Gott Israels zugeschrieben (Jes 45,6f.). Im Unterschied zu altorientalischen Vorstellungen außerhalb Israels galten Engel und Dämonen nicht als Götter kleineren Ranges, sondern als völlig vom Willen des einen Gottes abhängige Geschöpfe.

---

35 M. Metzger, Thron Gottes im AT: LThK³ X (2001) 12f.; B. Ego, Thron Gottes im Frühjudentum und im Neuen Testament: ebd. 13f.; A. F. Segal 2004, 507f.

36 Vgl. J. Schreiner, Eschatologie im Alten Testament, in: B. Daley unter Mitarbeit von J. Schreiner und H. E. Lona, Eschatologie. In der Schrift und Patristik, Freiburg i. Br. 1986, 1-31. Ferner: A. F. Segal, Life after Death. A History of the Religions of the West, New York 2004, 248-350. Segal ist primär ideengenetisch an der Verhältnisbestimmung von Auferstehung des Fleisches – Unsterblichkeit der Seele interessiert. In seine breite Darstellung bezieht er auch die Henoch-Legenden (272-284) und Qumran (296-311, 317ff.) ein.

Die Erzählungen über die Vorzeit („Patriarchen" Abraham, Isaak, Jakob) zeigen zwei Zukunftserwartungen, Hoffnung auf Landbesitz und auf zahlreiche Nachkommenschaft. Das allmählich entstehende Volk Israel hielt stets an diesen Erwartungen fest. In seiner Religion wurden positive Erfahrungen mit seinem Gott zu Verheißungen, die immer wieder durch positive Erfahrungen bestätigt wurden, deren stärkste die Befreiung aus dem Sklavenhaus Ägypten war. Wesentlich in den religiösen Auffassungen war das Thema des Bundes, in dem Gott Israel die Weisungen gab, wie es zu leben hätte, und seinerseits Israel ständigen Schutz und Hilfe garantierte. Ungehorsam und Treulosigkeiten der Menschen änderten Gott nicht; seine Zusagen waren nicht von Gehorsam und Treue der Menschen abhängig. Auftretende Propheten warnten vor einem drohenden Gericht Gottes. Kriegerische Einfälle der Nachbarvölker und andere Katastrophen wurden als Strafen Gottes für Unglauben und Treulosigkeit gedeutet. Es kam zur Ankündigung eines „Tages des Herrn" (Prophet Amos), der ein strenges Gericht Gottes, ja vielleicht sogar das Ende des Volkes Israel herbeiführen würde. Bei manchen dieser Ankündigungen des Unheils waren die Andeutungen einer Rettungsmöglichkeit höchst zurückhaltend.

Die großen Katastrophen (Invasionen, Eroberungen, Zerstörungen) der Jahre 722 und 586 v. Chr. mit der Verschleppung namhafter Teile der Bevölkerung ins Exil waren Anlass zu Besinnung und Glaubenserneuerung. Die Propheten Jeremia, Ezechiel (Hesekiel) und Jesaja (das zweite Buch, sog. Deutero-Jesaja) verkündeten außer neuen Zuwendungen Gottes zu Israel zum Teil eine neue Heilszeit ohne Ende. Die Hoffnungen richteten sich auf eine Rückkehr der Exilanten und eine Neuerrichtung des Tempels, ja sogar auf die Errichtung der universalen Gottesherrschaft und die Erneuerung der Schöpfung (Erwartung eines „neuen Himmels und einer neuen Erde" im „Trito-Jesaja" Jes 65,17).

Man glaubte zum Teil an eine Wandlung Gottes von einem zur Strafe entschlossenen Zorn zu einer „liebenden Selbstbeherrschung" (E. Zenger, Hos 11,8f.). Die erneuerten Verheißungen bezogen sich wieder nur auf das „Diesseits": Wiederherstellung Israels und der Dynastie des Königs David, Leben unter Gottes Segen, Jerusalem mit dem Zion als Ziel einer Wallfahrt aller Völker (auch der sog. „Heiden")[37].

In den älteren nachexilischen Texten wird die Hoffnung ganz auf das geschichtswendende Eingreifen Gottes zur Rettung Israels gesetzt, während das Schicksal der einzelnen Menschen völlig zurücktritt. Es wäre jedoch falsch, aus dem Schweigen des Ersten Testaments über das individuelle Schicksal eine prinzipielle Aussage zu einem „Menschenbild" zu sehen. Die ethischen und religiösen Weisungen, die zum Bund mit Gott gehörten, galten den einzelnen Menschen ebenso wie dem Volk im ganzen; damit war dem Individuum eine vor Gott geltende Eigenständigkeit und Verantwortung zugesprochen. Im Glauben an die fürsorgliche und behütende Führung Israels durch seinen Gott konnte das Schicksal der einzelnen Menschen getrost diesem Gott überlassen bleiben.

---

37 Vgl. hier im Ersten Teil die Verheißung des künftigen Paradieses Jes 11,6-9.

Es gibt Texte die zeigen, dass man durchaus über das Einzelschicksal reflektiert hatte. In den ältesten Texten über den Tod und das ihm Folgende zeigt sich in Übereinstimmung mit anderen altorientalischen Vorstellungen die Meinung, im Tod gehe ein Mensch nicht zugrunde, sondern er werde durch das Grab hindurch in das Totenreich (hebräisch Scheol) versetzt, in das Land der Finsternis und des Vergessens, in dem er als Schatten seiner selbst fortexistiert. Das ist noch nicht die Strafhölle; eine „jenseitige" Strafe wird allenfalls in dem Spottlied Jes 14,1 bezogen auf den König von Babel angedeutet[38]. Psalmen appellieren an Gott in Erwartung seiner Hilfe, weil die Toten in der Unterwelt Gott nicht mehr loben und dem Totenreich auch nicht entkommen können (Ps 6; Ps 88). Schon früh tritt die Glaubensüberzeugung auf, dass Gottes Macht nicht an den Grenzen des Totenreiches endet („Er macht tot und lebendig, er führt zum Totenreich hinab und führt auch heraus": 1 Sam 2,6). Es gibt zuversichtliche Glaubensaussagen in den Psalmen[39], die ohne Ausmalungen auskommen: Ps 16,10f.; 49,13-16; 73,21-26.

Eine Sonderform der Zuversicht sind die Erzählungen von einer „Entrük-kung", wie sie von Henoch (Gen 5,21-24) und Elija (2 Kön 2,11f.) berichtet wird[40]. Bei der Entrückung Henochs wird der Himmel nicht genannt, wohl aber bei Elija. Die Intention dieser Texte ist, der Überzeugung Ausdruck zu geben, dass Gott diese Menschen bei sich „aufnahm", ihnen Lebensgemeinschaft mit ihm für immer gewährte, ohne dass über das Ende ihres irdischen Lebens oder über das Schicksal ihrer irdischen Leiber spekuliert würde.

In der früheren Diskussion verwendete Stellen für eine Totenauferstehung (Hos 6,1f.; Ez 37,1-14; Ijob 19,25-27 in der lateinischen Übersetzung) können nach Josef Schreiner dafür nicht an Anspruch genommen werden[41].

Das Buch der Weisheit[42] ist ein deutliches Zeugnis für den Einfluss des griechischen Denkens im Judentum, es bildet gleichsam eine Brücke zwischen den beiden biblischen Testamenten, wahrscheinlich in der ersten Hälfte des 1. nachchristlichen Jahrhunderts in Alexandrien verfasst. Es stellt den Gerechten und Frommen ein glückliches Überleben des Todes, jedoch ohne Anspielung auf den „Himmel" in Aussicht (3,1-9; 5,15f.). Obwohl es den griechischen Begriff der „Unsterblichkeit" verwendet und ihm das Begriffspaar Leib-Seele in der griechi-

---

38 Vgl. H. Vorgrimler, Geschichte der Hölle, München ²1994, 56-65.

39 Vgl. dazu F.-L. Hossfeld – E. Zenger, Die Psalmen. Psalm 1-50, Würzburg 1993, jeweils zu den oben angegebenen Stellen. Zu Ps 73 auch E. Zenger, in: F.-L. Hossfeld – E. Zenger, Psalmen 51-100, Freiburg i. Br. 2000, 351.

40 Vgl. speziell zu Henoch A. F. Segal 2004, 272ff. Zum Einfluss der Henocherzählung auf die Totenerweckungstexte im Danielbuch B. Ego, in: JBTh 20, 2007, 187 mit Literaturangaben.

41 J. Schreiner, a.a.O. 27 unter Bezugnahme auf H. W. Wolff und W. Rudolph.

42 H. Engel – Th. Hieke, in: E. Zenger (Hrsg.), Stuttgarter Altes Testament, Stutrtgart 2004, 1290ff. Ebd. 1295f. Kommentar zum hier erwähnten Kapitel 3. Als griechisch verfasstes Buch kam das Weisheitsbuch nicht in den jüdischen Bibelkanon. Bei christlichen Theologen der Antike genoss es hohes Ansehen. Es kommt in der kenntnisreichen Arbeit von A. F. Segal nicht vor; es gehört nicht in den evangelischen Kanon der Heiligen Schrift. Anders das Buch Jesus Sirach: Segal 254f.

schen Bedeutung vertraut ist, spricht es nicht ausdrücklich von einer Unsterblichkeit der Seele noch von einer Auferstehung des Leibes.

Wohl von dem 4. Jahrhundert vor Christus an trat in Israel die Apokalyptik auf[43]. Der Apokalyptikexperte Karlheinz Müller unterscheidet sie als Mentalität und als Literaturgattung. Als religiöse Strömung entstand sie aus der Notsituation materieller und religiöser Unterdrückung durch die zumeist fremde Herrschaft in Israel. Zu ihr gehörten diejenigen, die für die nahe Zukunft ein geschichtswendendes Eingreifen Gottes, sein Strafgericht an Gottlosen und Übeltätern sowie die Errichtung der ewigen Gottesherrschaft für die Armen und Frommen erhofften. In dieser Situation angespannten Erwartens entstand die Literaturgattung „Apokalyptik", deren Verfasser die Gläubigen zum Widerstand ermutigen und mit Zuversicht erfüllen wollten. Sie verwendeten die Pseudonymie, die Vorgabe, es handele sich bei ihren Schriften um Texte von angesehenen Personen der Vergangenheit (Baruch, Henoch, Esra, Jesaja usw.; Weiteres unten unter 3). Überblicke über den Ablauf der Geschichte, Prognosen für Kommendes seien ihnen durch Visionen vermittelt worden. Darin brachten sie ihre Auffassungen über das „jenseitige" Schicksal der Menschen unter, und zwar unter dem bestimmenden Aspekt der ausgleichenden Gerechtigkeit: Belohnung der Getreuen nach dem Tod im „Himmel", Bestrafung der Gottlosen und Unterdrücker in der Hölle.

Nicht alle Israeliten teilten diese Vergeltungstheorie. Deutlichen Widerspruch zu der Aussicht auf ein mögliches positives Leben nach dem Tod enthält das alttestamentliche Buch Kohelet[44], das am ehesten im 3. Jahrhundert v. Chr. entstand. Es heißt darin, das Schicksal der Menschen sei wie das der Tiere auch beim Sterben, und ihre Zukunft sei völlig ungewiss (3,19ff.).

Zeitlich etwas früher finden sich jedoch hoffnungsvolle Zukunftsaussichten in der sog. Jesaja-Apokalypse. Vom Gott Israels, dessen Macht keine Grenzen hat, heißt es da: „Vernichten wird er den Tod auf ewig. Und abwischen wird Gott, der Herr, die Tränen von jedem Antlitz" (Jes 25,8). Genau in diesem Kontext wird die Hoffnung auf die Auferstehung der Toten ausgesprochen: „Leben sollen deine Toten, die Leichen stehen wieder auf; wer in der Erde liegt, wird erwachen und jubeln. Denn der Tau, den du sendest, ist der Tau des Lichts; die Erde gibt die Toten heraus" (Jes 26,19). Das Auferstehungsgeschehen wird durch das Bild vom lebenspendenden Lichttau illustriert; die Verheißung ist eindeutig auf Gottes Getreue im Volk Israel beschränkt.

Anders ist die Perspektive der Totenerweckung im Buch Daniel, das um 165 v. Chr. entstanden sein wird[45]. Es handelt sich um eine apokalyptische Ansage zur Zeit einer harten Unterdrückung der jüdischen Gemeinschaft durch einen frem-

---

43 K. Müller – St. Heid – K. Hauser – M. Kehl – W. Haug, Apokalyptik, in: LThK³ I (1993) 814-821.

44 Vgl. dazu L. Schwienhorst-Schönberger, Kohelet, in: LThK³ VI (1997) 169f.; ders., in: E. Zenger (Hrsg.), Stuttgarter Altes Testament, Stuttgart 2004, 1258-1262.

45 Dazu A. F. Segal 2004, a.a.O. 285-321, 322ff., 330-350. Segal nennt ebd. 287 das Danielbuch ein Produkt der Makkabäerzeit. Segal ist sehr am großen Einfluss des Danielbuches auf die außerbiblische jüdische Literatur (1 Henoch, Jubiläenbuch, Qumran) interessiert.

den Herrscher. Der Mann Daniel erzählt eine Vision, in der Gott ihm das kommende Gericht über die Bösen und das „wunderbare Ende" (Dan 12,6) der Unterdrückung vorausgesagt habe. Es wird so erfolgen: „In jener Zeit tritt Michael auf, der große Engelsfürst, der für die Söhne deines Volkes eintritt. Dann kommt eine Zeit der Not, wie noch keine da war, seit es Völker gibt, bis zu jener Zeit. Doch dein Volk wird in jener Zeit gerettet, jeder, der im Buch des Lebens verzeichnet ist. Von denen, die im Land des Staubes schlafen, werden viele erwachen, die einen zum ewigen Leben, die andern zur Schmach, zu ewigem Abscheu. Die Verständigen werden strahlen, wie der Himmel strahlt, und die Männer, die viele zum rechten Tun geführt haben, werden immer und ewig wie die Sterne leuchten" (Dan 12,1-3), Wie kontrovers auch immer über die Interpretation diskutiert wird, sicher ist, dass hier ein Leben nach dem Tod genannt wird, ohne dass eine „Entrückung" angedeutet wird, vielmehr denkt der Visionär den Gerechten und Frommen einen Schlaf in den Gräbern zu. Grundlegend ist für die Auferweckung aus dem Tod die Hoffnung auf Vergeltung, auf einen „gerechten Ausgleich".

Vergeltung spielt auch im 2. Makkabäerbuch in der Erzählung vom Martyrium der gläubigen Mutter und ihrer sieben Söhne die große Rolle. Die beiden Makkabäerbücher[46] bezeugen historisch gut fundiert die blutige Auseinandersetzung der gläubigen Juden mit den hellenistischen Seleukiden[47] im 2. Jahrhundert v. Chr. Den religiös-theologischen Schwerpunkt beider Bücher bildet der Tempel in Jerusalem nach seiner Wiedereinweihung im Jahr 164 v. Chr. Das 2. Buch, von Th. Hieke um das Jahr 124 v. Chr. datiert[48], ist literarisch gravierend vom 1. Buch verschieden. In den Reden der Märtyrer wird die sichere Hoffnung auf eine Auferweckung zum Leben und auf ein gerechtes Gericht Gottes ausgesprochen (7,9. 14. 36). Auferweckt werden diejenigen, die aus Treue zu den Weisungen Gottes gestorben sind (7,9.11). Ihr Leib wird wieder hergestellt (7,11.23; vgl. 14,46) und sie werden wieder miteinander vereinigt (7,29). Auch diejenigen, die Sünder waren, aber doch für Gottes Sache sich eingesetzt haben, dürfen auferstehen (12,43f.). Den Unterdrückern droht nur das Gericht (7,36), eine Auferstehung zum Leben wird ihnen nicht zuteil (7,14).

Diese Thematik war und ist von enormer Bedeutung im Judentum und Christentum. Der Einfluss der zitierten Kapitel im Neuen Testament ist nachweisbar[49].

---

46 Th. Hieke, in: E. Zenger (Hrsg.), Stuttgarter Altes Testament, Stuttgart 2004, 882-888 (allgemeine Einleitung), 943-946 (Einleitung zum 2. Makkabäerbuch). Die in gutem Griechisch verfassten beiden Bücher gehören nicht zum jüdischen Bibelkanon (wohl aber stehen sie in der Septuaginta), in evangelischer Sicht gehören sie zu den Apokryphen.

47 Im Gefolge der Eroberungszüge Alexanders im 4. Jahrhundert v. Chr. führte die Auseinandersetzung der Juden mit den Seleukiden zu einer folgenreichen Begegnung von jüdischer und hellenistischer Kultur.

48 Th. Hieke, in: E. Zenger (Hrsg.) 2004, 945.

49 Ebd. 886.

Zusammenfassung: Im Ersten / Alten Testament gibt es keine einheitliche Auffassung über das Schicksal der Menschen jenseits des Todes[50]. Eine Grundüberzeugung besagt, dass Gottes Macht nicht an den Grenzen des Totenreiches (der Unterwelt, Scheol) endet und dass Rettung aus dem Tod ausschließlich das Werk Gottes ist, nicht das Ergebnis einer „natürlichen Unsterblichkeit" der Seele in einem sterblichen Leib oder die Folge eines Aufstiegs der Seele in ein göttliches Universum, wo sie Vollendung finde. Selbst dort, wo sich im Ersten / Alten Testament griechische Begriffe finden, bleibt der Glaube Israels ungebrochen, dass das Leben des Menschen immer, auch über den Tod hinaus, in der unmittelbaren Verfügung JHWHs steht. Der Gedanke an Rettung vieler aus dem Tod (im Unterschied zur „Entrückung") wird nur langsam angebahnt (Th. Hieke nennt Ps 22,30; 49,15; 73, 21; Jes 25,8; 26,19 und Dan 12,1-3.13[51]). Die Auferweckung aus dem Tod wird erst in späten Schriften thematisiert. Nach den einen ist nur eine Auferweckung der Frommen und Gerechten zu erwarten; für die anderen bezieht sich das Interesse auf die Vergeltung als Belohnung oder als Strafe.

3. Der „Himmel" im außerbiblischen frühen Judentum

Es handelt sich hier um Schriften religiösen Inhalts, die nicht in den biblischen Kanon aufgenommen worden sind. In der Literatur werden sie auch „Apokryphen" genannt[52]. Die hier interessierenden frühjüdischen Texte können in solche der jüdisch-palästinischen und solche der jüdisch-hellenistischen Tradition eingeteilt werden. Für die Erkenntnis des kulturellen Umfelds der biblischen Texte, mentalitätsgeschichtlich, sind sie außerordentlich wichtig. Beate Ego hält es für ein Charakteristikum des altorientalischen Denkens, dass Denkprozesse nicht abstrakt, sondern bildhaft dargestellt werden und dass Gottesaussagen in Gottesbildern vermittelt werden[53].

Aus dieser Tradition sollen einige Textstücke wiedergegeben werden.
Die 5 Bücher Henoch, die in äthiopischer Sprache erhalten sind (aethHen), fanden im antiken Judentum und Christentum höchstes Interesse[54]. In der koptischen Kirche gehören sie zum biblischen Kanon. Ein Text, der sich des Namens

---

50 Vgl. dazu auch K.-P. März, Hoffnung auf Leben, Stuttgart 1995.
51 In seinem Kommentar zu den Makkabäerbüchern 2004, 945.
52 J. Marböck: LThK³ I (1993) 807-810; A. F. Segal 2004, 478-532; B. Ego, Denkbilder für Gottes Einzigkeit, Herrlichkeit und Richtermacht – Himmelsvorstellungen im antiken Judentum, in: JBTh 20 (2007) 151-188 mit umfangreichen Literaturangaben. – Segal betont jeweils die Sozialgeschichte. Er weist auf die ursprüngliche Mehrdeutigkeit der Texte hinsichtlich der „Seele" hin; „nephesch" ist nicht einfach identisch mit Platons Seele. Die alte jüdische Tradition besteht auf einer Auferstehung auf der Erde, später auf einer neuen Erde. Die Unsterblichkeit kann durch die Verwandlung in Sterne („Astralisierung") oder in Engel geschenkt werden. Erstrangige Bedeutung für die Fragestellung hat die Gerechtigkeit Gottes (Theodizee).
53 B. Ego ebd. 181.
54 Vgl. zu Henoch auch A. F. Segal 2004, 356-359.

Henoch bedient, hat kosmographischen Inhalt, aber in religiös-theologischer Absicht: Das „astronomische Henochbuch" beschreibt die kosmische Harmonie, insofern sie begründet ist durch das Handeln des *einen* Gottes, nicht durch Gestirngötter[55]. B. Ego datiert diesen Text ins 3., vielleicht sogar ins 4. vorchristliche Jahrhundert.

Das „Wächterbuch" (1 Hen 1-36) schildert die Himmelsreise Henochs, von B. Ego in das frühe 2. wenn nicht in das späte 3. Jahrhundert v. Chr. datiert[56]. Die hier zitierten Auszüge dokumentieren die nahe Verwandtschaft zu den prophetischen Texten des Alten / Ersten Testaments und zu entsprechenden Texten des Neuen Testaments, also die innerste Zusammengehörigkeit aller dieser jüdischen Texte. Das betrifft in unserem Kontext die Vorstellungen vom Himmel, die Verbildlichungen der religiösen Metapher „Himmel":

Henochs Vision (aus XIV)
Siehe, Wolken riefen mich in der Vision, und Nebel rief mich, und die Bahn der Sterne und die Blitze drängten mich zur Eile und trieben mich, und die Winde in der Vision gaben mir Flügel und bewegten mich und hoben mich empor in den Himmel. Und ich ging hinein, bis ich nahe an einer Mauer war, die aus Hagelsteinen erbaut war, und Feuerzungen umgaben sie, und sie begann, mir Furcht einzujagen. Und ich trat hinein in die Feuerzunge und näherte mich einem großen Haus, das aus Hagelsteinen erbaut war, und die Wand jenes Hauses (war) wie eine Mosaikfläche aus Hagelsteinen, und sein Boden (war von) Hagel, seine Decke wie die Bahn der Sterne und (wie) Blitze, und dazwischen (waren) feurige Kerubim, und sein Himmel (war von) Wasser, und flammendes Feuer umgab die Wand, und seine Tür flammte von Feuer. Und ich trat ein in jenes Haus, und es war heiß wie Feuer und kalt wie Schnee, und keine Lebensfreude war darin. Furcht bedeckte mich, und Zittern ergriff mich. Und ich war erschüttert und zitterte, und ich fiel nieder auf mein Angesicht; und ich sah in der Vision: Und siehe, (da war) ein anderes Haus, größer als jenes, und die Tür war völlig offen vor mir, und es war aus Feuerzungen erbaut. Und in allem war es so außergewöhnlich an Herrlichkeit, Pracht und Größe, dass ich nicht in der Lage bin, euch seine Herrlichkeit, und seine Größe zu beschreiben. Und sein Boden (war) von Feuer, und oberhalb von ihm (waren) Blitze und die Laufbahn der Sterne, und seine Decke flammendes Feuer. Und ich blickte hin und sah darin einen hohen Thron, und sein Aussehen (war) wie Reif, und sein Umkreis (war) wie die Sonne, die leuchtet, und (wie) die Stimme der Kerubim. Und unterhalb des Thrones kamen Ströme flammenden Feuers hervor, und man vermochte ihn nicht anzusehen. Und die große Herrlichkeit saß darauf, und ihr Gewand war strahlender als die Sonne und weißer als aller Schnee. Und keiner von den Engeln konnte eintreten, noch sein Angesicht den Erhabenen und Herrlichen sehen, und keiner,

---

55 B. Ego ebd. 154ff.
56 Der Text folgt hier in der Übersetzung von S. Uhlig, Das äthiopische Henochbuch: Jüdische Schriften aus hellenistisch-römischer Zeit Band V Lieferung 6 Apokalypsen, Gütersloh 1984, 538-541.

der zum Fleisch gehört, vermag ihn zu sehen. Flammendes Feuer (war) rings um ihn, und großes Feuer stand vor ihm, und niemand von denen, die um ihn waren, nahte sich ihm; zehntausendmal zehntausend (waren) vor ihm, aber er brauchte keinen Rat. Und die Heiligen der Heiligen, die in seiner Nähe waren, entfernten sich nicht bei Nacht und verließen ihn nicht. Und ich hatte bis dahin einen Schleier auf meinem Angesicht, während ich zitterte; und der Herr rief mich mit seinem Mund und sprach zu mir: „Komm hierher, Henoch, und zu meinem heiligen Wort!"

Aus den Bilderreden[57]
1. Bilderrede XXXIX
Und in jenen Tagen riss mich ein Sturmwind von der Erde und setzte mich ab am Ende der Himmel. Und ich sah dort eine andere Vision: die Wohnungen der Heiligen und die Ruheorte der Gerechten. Hier sahen meine Augen ihre Wohnungen bei den Engeln seiner Gerechtigkeit und ihre Ruheorte bei den Heiligen, und sie baten, flehten und beteten für die Menschenkinder, und Gerechtigkeit floss wie Wasser vor ihnen und Barmherzigkeit wie Tau auf der Erde. So ist es unter ihnen für immer und ewig. Und an jenem Ort sahen meine Augen den Erwählten der Gerechtigkeit und der Treue; und Gerechtigkeit wird in seinen Tagen walten, und die Gerechten und Auserwählten werden zahllos vor ihm sein für immer und ewig. Und ich sah ihre Wohnung unter den Fittichen des Herrn der Geister, und alle Gerechten und Auserwählten waren vor ihm stark wie der Schein des Feuers, und ihr Mund war voll Lob, und ihre Lippen priesen den Namen des Herrn der Geister; und die Gerechtigkeit und das Recht nehmen vor ihm kein Ende. Dort wünschte ich zu wohnen, und mein Geist verlangte nach jener Wohnung; hier bestand mein Anteil (schon) zuvor, denn so ist es für mich bestimmt vor dem Herrn der Geister. Und in jenen Tagen pries und erhob ich den Namen des Herrn der Geister mit Lob und Preis, denn er hat mich zum Segnen und Preisen bestimmt nach dem Willen des Herrn der Geister. Und lange betrachteten meine Augen jenen Ort, und ich pries und lobte ihn, indem ich sprach: „Gepriesen sei er, ja er sei gepriesen vom Anfang und bis in Ewigkeit! Und vor ihm gibt es kein Ende; er weiß, bevor die Welt geschaffen ist, was ewig ist und was sein wird von Generation zu Generation. Dich preisen die, die nicht schlafen, und sie stehen vor deiner Herrlichkeit und preisen, verherrlichen und erheben (dich), indem sie sprechen: ‚Heilig, heilig, heilig ist der Herr der Geister – er füllt die Erde mit Geistern!'" Und hier sahen meine Augen all die, die nicht schlafen; sie standen vor ihm, priesen (ihn) und sprachen: „Gepriesen seist du, und gepriesen sei der Name des Herrn immer und ewig!" Und ich wandte mein Gesicht um, weil ich nicht mehr sehen konnte.

---

57 S. Uhlig, a.a.O. 574f.: Jüdisch, eher vorchristlich, etwa um die Zeitenwende. Text 578-580. U. Peters, in: LThK³ IV (1995) 1424 datiert die Bilderreden ins 1./2. Jahrhundert n. Chr.

3. Bilderrede LVIII[58]

Und danach begann ich die dritte Bilderrede zu sprechen über die Gerechten und über die Auserwählten. Glückselig, ihr Gerechten und Auserwählten, denn herrlich (wird) euer Erbteil (sein). Und die Gerechten werden im Licht der Sonne und die Auserwählten im Licht des ewigen Lebens sein, und die Tage ihres Lebens (werden) ohne Ende und die Tage der Heiligen ohne Zahl (sein). Und sie werden das Licht suchen und Gerechtigkeit finden bei dem Herrn der Geister; Frieden (werden) die Gerechten (haben) im Namen des Herrn der Welt. Und danach wird den Heiligen im Himmel gesagt, dass sie die Geheimnisse der Gerechtigkeit, das Erbteil der Treue, suchen sollen, denn es ist auf dem Festland hell geworden wie die Sonne, und die Finsternis ist vergangen. Und das Licht wird unaufhörlich sein, und sie werden nicht an eine begrenzte Zahl von Tagen (= die Grenze der Tage) kommen, denn die Finsternis wird vorher vernichtet, und das Licht wird beständig sein vor dem Herrn der Geister, und das Licht der Wahrheit wird ewig beständig sein vor dem Herrn der Geister.

LXII[59]

Und die Gerechten und Auserwählten werden an jenem Tage gerettet werden, und sie werden das Angesicht der Sünder und Ungerechten nicht mehr sehen von nun an. Und der Herr der Geister wird über ihnen wohnen, und sie werden mit jenem Menschensohn speisen und sich (zur Ruhe) niederlegen und sich erheben von Ewigkeit zu Ewigkeit. Und die Gerechten und Auserwählten werden sich von der Erde erhoben haben und werden aufgehört haben, das Angesicht zu senken und sind bekleidet mit dem Gewand der Herrlichkeit. Und das wird euer Gewand sein: das Gewand des Lebens vom Herrn der Geister; und eure Gewänder werden nicht alt werden, und eure Herrlichkeit wird nicht vergehen vor dem Herrn der Geister.

LXXI[60]

Und dann geschah es, dass mein Geist entrückt wurde, und er stieg empor in die Himmel, und ich sah die Kinder der heiligen Engel auf Feuerflammen treten, und ihre Gewänder (waren) weiß, und ihre Kleidung und die Helligkeit ihres Angesichts (waren) wie Schnee. Und ich sah zwei Feuerströme, und das Licht jenes Feuers strahlte wie Hyazinth. Und ich fiel auf mein Angesicht vor dem Herrn der Geister. Und der Engel Michael, einer von den Erzengeln, fasste mich bei meiner rechten Hand, und er hob mich auf und führte mich hin zu allen Geheimnissen, und er zeigte mir alle Geheimnisse der Barmherzigkeit, und er zeigte mir alle Geheimnisse der Gerechtigkeit. Und er zeigte mir alle Geheimnisse der Enden des Himmels und alle Kammern der Sterne und alle Lichter, von wo sie ausgehen vor das Angesicht der Heiligen (= zu den Heiligen). Und er entrückte

---

58 Text bei S. Uhlig 603.
59 Text ebd.615.
60 Text ebd. 632-634.

meinen Geist, und ich, Henoch, (war) im Himmel der Himmel, und ich sah dort inmitten jenes Lichtes etwas, das wie aus Hagelsteinen erbaut war, und zwischen jenen Steinen lebendige Feuerzungen. Und mein Geist sah den Kreis, der jenes Haus mit Feuer umgab, und an seinen vier Seiten Ströme voll lebendigen Feuers, und sie umgaben jenes Haus. Und ringsum (waren) Serafim, Kerubim und Ofanim; das sind die, die nicht schlafen und die den Thron seiner Herrlichkeit bewachen.

Und ich sah Engel, die nicht zu zählen waren – Tausende von Tausenden und Zehntausende von Zehntausenden -, jenes Haus umgeben; und Michael, Rufael (=Rafael), Gabriel und Fanuel und die heiligen Engel, die oben in den Himmeln (sind), gingen ein und aus in jenem Hause. Und sie traten aus jenem Haus heraus: Michael, Rufael (=Rafael), Gabriel und Fanuel und die Fülle der heiligen Engel, die ohne Zahl sind. Und mit ihnen war das Haupt der Tage, und sein Haupt war gleich der Wolle weiß und rein, und sein Gewand war nicht zu beschreiben. Und ich fiel auf mein Angesicht, und mein ganzer Leib schmolz dahin, und mein Geist wurde verwandelt, und ich schrie mit großer Stimme, mit dem Geist der Kraft, und ich pries und verherrlichte und erhöhte (ihn). Und jene Lobpreisungen, die aus meinem Munde hervorkamen, waren wohlgefällig vor dem Haupt der Tage. Und dieses Haupt der Tage kam mit Michael, Rufael (=Rafael), Gabriel und Fanuel und Tausenden und Zehntausenden von Engeln, die ohne Zahl (waren). Und er kam zu mir und grüßte mich mit seiner Stimme und sprach zu mir: „Du bist der Menschensohn, der zur Gerechtigkeit geboren ist, und Gerechtigkeit wohnt über dir, und die Gerechtigkeit des Hauptes der Tage verlässt dich nicht."

Und er sprach zu mir: „Er ruft über dir das Heil aus im Namen des Äons, der kommen wird, denn von da geht das Heil aus seit der Erschaffung der Welt, und so wird es auch dir zuteil werden in Ewigkeit und von Ewigkeit zu Ewigkeit. Und alle werden auf deinem Wege wandeln, da dich die Gerechtigkeit in Ewigkeit nicht verlässt, bei dir werden ihre Wohnungen sein und bei dir ihr Anteil, und sie werden sich von dir nicht trennen bis in Ewigkeit und von Ewigkeit zu Ewigkeit." Und so wird die Länge der Tage bei jenem Menschensohn sein, und es wird Heil für die Gerechten sein und ein ebener Weg für die Gerechten – im Namen des Herrn der Geister für immer und ewig.

Henochs Epistel (XCI)[61]

Und danach, in der zehnten Woche, im siebenten Teil, wird das ewige Gericht stattfinden, und es wird an den Wächtern des ewigen Himmels vollzogen, das große (Gericht), das mitten unter den Engeln ausbrechen wird. Und der erste Himmel wird verschwinden und vergehen, und ein neuer Himmel wird erscheinen, und alle Kräfte der Himmel werden siebenfach leuchten in Ewigkeit. Und danach werden viele Wochen – ohne Zahl – in Ewigkeit sein, in Glück (oder:

---

61 Von S. Uhlig auf Mitte des 1. Jahrhunderts v. Chr. datiert 709, Text 714-715.

Güte) und in Gerechtigkeit, und die Sünde wird von da an nicht mehr erwähnt werden bis in Ewigkeit.

CIII[62]. Und nun schwöre ich euch, den Gerechten, bei dem, der groß und herrlich an Herrschaft ist, und bei seiner Größe schwöre ich euch. Denn ich kenne das Geheimnis, und ich habe die Tafeln des Himmels gelesen und habe das heilige Buch gesehen, und ich habe darin aufgeschrieben und aufgezeichnet gefunden über sie, dass alles Gute und die Freude und Ehre für eure Geister, die in Gerechtigkeit gestorben sind, und (dass) euch viel Gutes gegeben wird als Ausgleich für eure Mühe und (dass) euer Los besser ist als das Los der Lebenden. Und die Geister, die in Gerechtigkeit gestorben sind, werden leben, und ihre Geister werden sich freuen und werden nicht vertilgt werden, auch nicht ihr Gedächtnis vor dem Angesicht des Großen für alle ewigen Generationen. Und jetzt fürchtet ihre Schmähung nicht.

4 Esra[63]

VII 88-99. Für die aber, die die Wege des Höchsten beachtet haben, gilt diese Ordnung, wenn sie sich von diesem vergänglichen Gefäß trennen sollen: In jener Zeit, als sie noch darin verweilten, dienten sie unter Mühen dem Höchsten und nahmen in jeder Stunde Gefahren auf sich, um das Gesetz des Gesetzgebers vollkommen zu beachten. Deshalb gilt ihnen diese Verheißung: Zuerst schauen sie mit großem Jubel die Herrlichkeit dessen, der sie aufnimmt. Dann werden sie auf sieben Stufen zur Ruhe gelangen. Die erste Stufe ist, dass sie unter vieler Mühe gekämpft haben, um den mit ihnen erschaffenen bösen Trieb zu besiegen, damit er sie nicht vom Leben zum Tod verführe; die zweite, dass sie die Wirrnis sehen, in der die Seelen der Gottlosen umherirren, und die Strafe, die auf jene wartet; die dritte, dass sie das Zeugnis sehen, das ihnen ihr Schöpfer ausstellt, dass sie nämlich in ihrem Leben das Gesetz gehalten haben, das ihnen anvertraut war; die vierte, dass sie die Ruhe erkennen, die sie jetzt, in ihren Kammern versammelt, in tiefer Stille, von den Engeln bewacht, genießen, und die Herrlichkeit, die am Ende auf sie wartet; die fünfte, dass sie jubeln darüber, dass sie der Vergänglichkeit entflohen sind und das Künftige erben sollen, ferner, dass sie die mühevolle Enge sehen, von der sie befreit sind, und die Weite genießen sollen als Unsterbliche; die sechste, dass ihnen gezeigt wird, wie ihr Gesicht wie die Sonne leuchten soll und wie sie dem Licht der Sterne gleichen sollen, von nun an nicht mehr vergänglich; die siebte, die größer ist als alle voraus genannten, dass sie mit Zuversicht jubeln, ohne Verwirrung vertrauen und ohne Furcht sich freuen. Denn sie eilen, das Angesicht dessen zu schauen, dem sie in ihrem Leben dienten und von

---

62 Text ebd. 736-737.
63 J. Schreiner: Das 4. Buch Esra: Jüdische Schriften aus hellenistisch – römischer Zeit. Band V Apokalypsen Gütersloh 1981. Inhalt und Datierung: 7 Visionen, angeblich nach dem Untergang Jerusalems, Urtext hebräisch oder aramäisch. Apokalyptische Tradition, um 100 n. Chr., Kreis der Frommen (294, 301f.). Text 354f.

dem sie in der Herrlichkeit Lohn empfangen sollen. Dies ist die Ordnung für die Seelen der Gerechten, die jetzt verkündigt wird; und dies (sind) die vorher genannten Stufen der Martern, die schon jetzt die Verächter erleiden.

Himmelfahrt des Mose[64]

X. Denn der höchste Gott, der allein ewig ist, wird sich erheben,
und er wird offen hervortreten, um die Heiden zu strafen,
und alle ihre Götzenbilder wird er vernichten.
Dann wirst du glücklich sein, Israel,
und du wirst auf die Nacken und Flügel des Adlers hinaufsteigen,
und so werden sie ihr Ende haben.
Und Gott wird dich erhöhen,
und er wird dir festen Sitz am Sternenhimmel verschaffen,
am Ort ihrer [der Sterne] Wohnung.
Und du wirst von oben herabblicken und deine Feinde auf Erden sehen
und sie erkennen und dich freuen,
und du wirst Dank sagen und dich zu deinem Schöpfer bekennen.

Syrische Baruch-Apokalypse[65]

XLIV. Denn wenn ihr beharrt und bleibt in seiner Furcht und nie vergesst sein Gesetz, dann werden die Zeiten sich für euch wieder zum Heil wenden, ihr aber werdet des Trostes Zions teilhaftig werden.

Denn das, was jetzt geschieht, ist nichts. Was aber in Zukunft sein wird, ist sehr gewaltig.

Denn alles wird vorbeigehen, was vergänglich ist, und alles Sterbliche wird dahingehen. Alle Jetztzeit wird vergessen werden, und nicht wird man sich mehr erinnern an die Gegenwart, die mit Bosheiten besudelt ist.

Wer jetzt schon läuft, der läuft umsonst, und wer glücklich ist, der wird schnell fallen und erniedrigt werden.

Was künftig sein wird, ist das, was man wünscht, und das, was später kommt, ist das, worauf wir hoffen.

Es gibt ja eine Zeit, die nicht vergeht, und jene Periode kommt, die bleiben wird in Ewigkeit, und die neue Welt, die nicht aufs neue dem Verderben die überlässt, die gleich zu Anfang die Verbindung zu ihr suchten. Hat sie doch kein

64 Jüdische Schriften aus hellenistisch-römischer Zeit Band V Lieferung 2 Apokalypsen
E. Brandenburger: Himmelfahrt Moses
U. B. Müller: Die griechische Esra-Apokalypse
A. F. J. Klijn: Die syrische Baruch-Apokalypse
Hrsg. von W. G. Kümmel in Zusammenarbeit mit Ch. Habicht, O. Kaiser, O. Plöger und J. Schreiner, Gütersloh 1976.
E. Brandenburger: ebd. Datierung als apokalyptische Prophetie um 6 n. Chr., Judäa: 60; Text 77. Der Text ist ein Zeugnis für die Meinung, die Gerechten würden an den Sternenhimmel versetzt.
65 A. F. J. Klijn, ebd. Datierung Anfang 2. Jahrhundert n. Chr., Palästina: 114, Text 149.

Erbarmen mit denen, die in die Pein kommen. Die aber in ihr leben, führt sie nicht zum Untergang.

Denn diese sind's die solch (verheißene) Zeit, von der die Rede war, ererben werden. Und dieser Menschen wartet auch die Erbschaft der versprochenen Zeit.

Sie sind es, die für sich der Weisheit Schätze zubereitet haben, Vorräte der Einsicht sind bei ihnen zu finden. Nicht haben sie sich von der Gnade losgesagt, und des Gesetzes Wahrheit haben sie bewahrt.

Denn diesen wird die kommende Welt gegeben, der Wohnort der vielen übrigen aber wird im Feuer sein.

LI[66]. Wenn dieser festgesetzte Tag vorüber ist, (dann) wird sich die Gestalt derer verändern, die schuldig erfunden sind, und auch die Herrlichkeit von denen, die als Rechtschaffene gelten können.

Das Aussehen derer, die hier frevelhaft gehandelt haben, wird schlimmer gemacht werden, als jetzt es ist, weil sie Martern erleiden müssen.

Die Herrlichkeit von denen, die sich jetzt rechtschaffen gezeigt haben wie mein Gesetz es will, und die in ihrem Leben Einsicht hatten und die in ihrem Herzen hier der Weisheit Wurzel pflanzten – ihr Glanz wird dann verherrlicht sein in unterschiedlicher Gestalt. Ins Licht ihrer Schönheit wird verwandelt sein das Ansehen ihres Angesichtes. So können sie die Welt bekommen und empfangen, die nicht vergeht, so wie sie ihnen versprochen ward.

Die aber, die gerettet sind durch ihre Werke und denen das Gesetz jetzt eine Hoffnung war und denen Einsicht ihre Hoffnung und Weisheit ihr Vertrauen war – ihnen werden Wunder erscheinen dann, wenn ihre Zeit gekommen ist.

Sie werden sehen jene Welt, die noch unsichtbar für sie ist; sie werden sehen eine Zeit, die ihnen noch verborgen ist.

Und weiter wird die Zeit sie nicht mehr altern lassen.

Denn in den Höhen jener Welt wird ihre Wohnung sein; sie werden Engeln gleichen und den Sternen ähnlich sein. Sie werden sich wandeln in jegliche Gestalt, die sie nur wünschen – von Schönheit bis zur Lieblichkeit, vom Licht zum Glanz der Herrlichkeit.

Des Paradieses weite Räume werden für sie ausgebreitet; gezeigt wird ihnen die hoheitsvolle Schönheit der lebendigen Wesen werden, die unter meinem Throne sind, und aller Engel Heere, die nun durch meine Worte festgehalten werden, so dass sie sich nicht sehen lassen; von meinem Befehl sind sie zurückgehalten, so dass sie stehen an ihren Orten, bis die Zeit ihrer Ankunft einst angebrochen ist.

Dann wird Vortrefflichkeit bei den Gerechten noch größer sein als bei den Engeln.

Die ersten werden ja die letzten, auf die sie warteten, empfangen, die letzten aber die, von denen sie hörten, sie seien vorher weggegangen. Aus dieser Welt der Drangsal sind sie ja erlöst und haben der Trübsal Last abgelegt.

---

66 Text ebd. 155-157.

LXXIII und LXXIV[67]. Und einst wird es geschehen, wenn er alles erniedrigt, was in der Welt besteht, und sich gesetzt auf seiner Königsherrschaft Thron in ewigem Frieden, dass Freude dann geoffenbart und Ruhe erscheinen wird.

Gesundheit wird im Tau hernieder steigen, die Krankheit wird verschwinden, und Angst und Trübsal und Wehklagen gehen vorüber an den Menschen, und Freude wird umhergehen auf der ganzen Erde.

Und niemand wird vorzeitig sterben, und nicht wird plötzlich mehr ein Missgeschick erscheinen.

Urteile und Verurteilung und Streitigkeit und Rachetaten und Blut und Gier und Neid und Hass und alles Ähnliche verfallen dann der Verdammung und werden ausgerottet sein.

Denn diese sind es, die die Welt erfüllt haben mit Bosheiten, um ihretwillen ist der Menschen Dasein noch in größere Verwirrung gekommen.

Die wilden Tiere werden aus dem Walde kommen und den Menschen dienen, aus ihren Höhlen werden Ottern dann und Drachen kommen, um einem Kinde sich zu unterwerfen.

Die Weiber werden keine Schmerzen mehr leiden, wenn sie gebären, nicht werden Pein sie leiden, wenn sie zur Welt die Früchte ihres Schoßes bringen.

Geschehen wird's in jenen Tagen, dass nicht mehr abmühen sich die Schnitter, und die Bauern werden nicht mehr müde. Wenn sie in aller Ruhe daran arbeiten, wird die Ernte schnell von selbst aufschießen.

Denn jene Zeit wird das Ende dessen sein, was vergänglich ist, und der Beginn von dem, was unvergänglich ist.

Darum wird das, was vorher gesagt ist, in dieser Zeit geschehen. Deswegen ist sie ferne von den Bösen und nahe denen, die nicht sterben.

Über den Glauben der Essener beim Widerstand gegen die Römer schreibt der jüdische Historiker Josephus Flavius (37/38 n. Chr. – um 100)[68] in seiner Darstellung des jüdischen Krieges, der mit der Eroberung Jerusalems und der Zerstörung des Tempels im Jahr 70 n. Chr. endete, zwischen den Jahren 75 und 79:

„Denn kräftig lebt bei ihnen die Überzeugung: vergänglich seien zwar die Leiber, und ihr Stoff sei nichts Bleibendes, die Seelen aber seien unsterblich und würden immer bestehen; sie seien zwar, nachdem sie, aus feinstem Äther bestehend, in einem Schwebezustand waren, mit den Leibern wie mit Gefängnissen verbunden, durch einen sinnlichen Liebeszauber herabgezogen; wenn sie aber aus den körperlichen Fesseln nach langer Knechtschaft erlöst werden, dann würden sie Freude haben und sich in die Höhe schwingen. In Übereinstimmung mit den Söhnen der Griechen tun sie dar, dass den guten Seelen ein Leben jenseits des Ozeans beschieden sei und ein Ort, der von Regen und Schnee und Hitze nicht belästigt wird, dem vielmehr vom Ozean her ein ständig sanft wehender Zephir Frische

---

67 Text 171f.
68 Über die Darstellung der jüdischen Sekten und Parteien bei Josephus: A. F. Segal 2004, 375-387.

spendet. Den Schlechten dagegen sprechen sie eine dunkle und winterliche Schlucht zu, voll von unablässigen Strafen. Es scheint mir die gleiche Vorstellung zu sein, der entsprechend die Griechen ihren Tapferen, die sie Heroen und Halbgötter nennen, die Inseln der Seligen zuweisen, den Seelen der Schlechten aber im Hades den Ort der Frevler, wo nach ihrem Mythos gewisse Personen gezüchtigt werden, Männer wie Sisyphus und Tantalus, Ixion und Tityus. So setzen sie ernstlich die Lehre von der ewigen Dauer der Seelen voraus und spornen dann damit die Menschen zur Tugend und zur Abwehr des Schlechten an. Sie meinen nämlich, die Guten würden zu Lebzeiten noch besser werden durch die Hoffnung auf Ehre auch nach dem Tod, die Triebkräfte der Schlechten aber würden durch Furcht gehemmt, da sie erwarten, dass sie, selbst wenn sie zu Lebzeiten unentdeckt blieben, ewigen Strafen verfallen würden. Dies ist also die heilige Lehre der Essener über die Seele; in die Herzen derer, die einmal von ihrer Wahrheit gekostet haben, senken sie damit eine Idee wie einen Köder ein, von der sich fürder niemand mehr freimachen kann" (Jüdischer Krieg II 154-158)[69].

Ein wesentlicher Grundzug in diesen „apokalyptischen" Auffassungen zeichnet sich gegenüber der Geschichtstheologie des Ersten / Alten Testaments ab: Eine optimistische Sicht auf die Schöpfung Gottes, die bewirkt, dass die Zukunftshoffnungen einen „diesseitigen" Charakter annehmen, tritt dort zurück, wo von zwei Äonen die Rede ist. Der alte Äon dieser irdischen Schöpfung ist unheilbar dem Untergang geweiht. Er wird durch einen zweiten, kommenden Äon ersetzt werden, der so beschaffen ist, dass er für immer und ewig bestehen wird. „Alles, das Ende, der künftige Äon und die kommenden Heilsgüter sind von Gott vorherbestimmt, eine deterministische Auffassung, die teilweise so weit geht, dass angenommen wird, die zukünftige Welt sei bereits geschaffen und [jetzt bei Gott] bereit gehalten"[70].

Zum Fortwirken der Himmelsthematik im gläubigen Judentum sagt ein „Jüdisches Lexikon", dass der Begriff „Himmel" eine vergleichsweise geringe Bedeutung hat; das Gemeinte und Erhoffte werde unter dem Begriff „Paradies" besprochen. Daher lautet der kurze Artikel über den Himmel:

„Himmel und Erde sind in der älteren Zeit Bestandteile des Weltalls mit seinem Naturgeschehen. Erst in späterer Zeit finden sich Spekulationen: die Erde vom himmlischen Firmament überwölbt, dessen Säume auf den Enden der Erde aufruhen. Es gibt überirdische Kammern des Regens, der durch Schleusen kommt, ähnlich die Winde und der Donner. Man rechnet mit mehreren Himmeln wie Stockswerke übereinander: um Raum zu schaffen für die Engelscharen (Henoch 18,2; 4 Esra 8,20). Der Himmel ist bei Rabbinen die Stätte des Paradieses. Der

---

69 Zit. nach L. Moraldi, Nach dem Tode. Jenseitsvorstellungen von den Babyloniern bis zum Christentum, Zürich-Köln 1987, 178ff.
70 J. Schreiner a.a.O. 1986, 36.

Himmel ist der Heilsort der Seligen und der Sitz Gottes, darum schaut der Betende nach oben. Himmel ist auch Ersatzwort für Gott."[71].

4. Der Himmel im Neuen Testament

Vorbemerkung zur Literatur. Das Jesusbuch von Joseph Ratzinger – Benedikt XVI. ist zweifellos hervorragend geeignet, zu einem meditativ-inneren Verständnis Jesu, zu einer kanonischen Gesamtschau hinzuführen[72]. Zu seinen vielen Vorzügen gehört die Warnung vor einer Überschätzung der historisch – kritischen Methode. Allenthalben positiv aufgenommen wurde seine Berücksichtigung des Judentums Jesu. Hier in dieser kulturhistorischen Darstellung ist eine auch nur annähernde Gesamtschau nicht möglich; das Thema „Himmel" im Blick auf das Neue Testament kann allenfalls fragmentarisch-exemplarisch angegangen werden. Dabei werden hier aus der neueren Literatur die Übersicht von J. Frey[73], aus der älteren Literatur die Darstellung von H. E. Lona[74] herangezogen, von Fall zu Fall natürlich auch weitere Arbeiten[75].

Jorg Frey geht zunächst auf die Grundanschauungen auch kosmographisch-theologischer Natur im Neuen Testament ein[76]: Der Himmel hat nicht göttlichen Charakter, er ist mit der ganzen Welt („Himmel und Erde") von Gott geschaffen und wird mit dieser „alten" Welt zusammen vergehen. Als Firmament befindet sich der Himmel „oben", und dort befindet sich die Wohnstätte Gottes, sein Palast oder sein himmlischer Tempel, sein Thron. Darum schaut man beim Beten nach oben, man betet mit erhobenen Händen. Erschallt eine Stimme vom Himmel, so ist es Gottes Stimme; vom Himmel kommen seine Offenbarung, sein Geist, sein Zorn. In Teilen der neutestamentlichen Überlieferung (besonders im Evangelium nach Matthäus) kann „Himmel" auch eine Nennung Gottes sein, der aus Ehrfurcht nicht direkt benannt wird (Himmelreich = Gottes Reich, nicht

---

71 Rabbiner Max Wiener, in: Jüdisches Lexikon. Ein enzyklopädisches Handbuch in vier Bänden, begr. v. G. Herlitz u. B. Kirschner, Bd. II (²1987) 1603f; vgl. ebd. Paradies: Bd. IV (²1987) 786f.
72 Erschienen Freiburg i. Br. 2006 unter dem Titel „Jesus von Nazareth".
73 J. Frey, „Himmels-Botschaft". Kerygma und Metaphorik der neutestamentlichen Rede vom „Himmel", in: JBTh 20 (2007) 189-223.
74 H. E. Lona, Eschatologie im NT: B. Daley u. a., Eschatologie. In der Schrift und Patristik (HDG IV/7a), Freiburg i. Br. 1986, 44-83.
75 Aus JBTh 20 (2007) sind dies: M. Karrer, Himmel, Millennium und neuer Himmel in der Apokalypse 225-259; M. Frenschkowski, Die Entrückung der zwei Zeugen zum Himmel (Apk 11,11-14): 261-290; P. Deselaers – D. Sattler, Jesus hat „die Himmel durchschritten" (Hebr 4,14). Der christologische Kontext der Rede vom Himmel im Hebräerbrief: 293-312. – E. Haag – H. Merklein – M. Knapp – E. Feifel, Herrschaft Gottes: LThK³ V (1996) 16-38; A. Paus – A. Schmitt – M. Kehl – A. Brückner – B. Lutz – H.-W. Stork, Himmel: LThK³ V (1996) 115-122; B. Lang, Himmel und Hölle. Jenseitsglaube von der Antike bis heute, München 2003, 25-39; A. Scriba, Weltbild des Neuen Testaments: TRE 35 (2003) 581-587; K. Berger – Ch. Wetzel, Biblische Grundlegung: K. Berger u. a., Bilder des Himmels. Die Geschichte des Jenseits von der Bibel bis zur Gegenwart, Freiburg i. Br.2006, 13-42.
76 J. Frey, a.a.O. 2007, 194ff. mit vielen Stellenangaben.

Örtlichkeit über dem Firmament). Sonne und Mond sind geschaffene Gaben Gottes; er hat die Sterne am Firmament befestigt, bei den Erschütterungen der Endzeit können sie auf die Erde herabfallen. Im Himmel als der Wohnstätte Gottes befinden sich die Engel, seine Diener, die gelegentlich gehorsam Aufträge auf der Erde ausführen und dann zu Gott zurückkehren. Die Johannes-Offenbarung spricht von einem himmlischen Heer. Nach dem Krieg im Himmel zwischen Michael und Satan mit ihren Heerscharen befinden sich die bösen Mächte nicht im Himmel, sondern im Luftraum unter dem Himmel.

Zum irdischen Jesus und der synoptischen Tradition nach J. Frey[77]. Die ältere Jesustradition sieht Verkündigung und Praxis Jesu apokalyptisch-eschatologisch charakterisiert, am deutlichsten (und am meisten mythologisch, wie Frey meint) in der Vision Jesu vom Sturz des Satans vom Himmel (Lk 10,18), mit sachlicher Entsprechung in der Beelzebul-Perikope; in den Exorzismen Jesu „durch den Finger Gottes" wird die Herrschaft Gottes (das Reich Gottes) gegenwärtig manifest. Mit M. Ebner[78] nimmt Frey ein „apokalyptisches Basiswissen" Jesu an, ohne dass dies in Einzelheiten vorgetragen worden wäre. Hinweise darauf wären der wohl authentische Weheruf über Kafarnaum (Lk 10,15), in dem die eschatologische Dimension von Himmel und Unterwelt angesprochen wurde. Erwähnt wird Lk 12,8f. ein himmlisches Forum „vor den Engeln Gottes", vor dem der Menschensohn[79] als himmlische Gestalt Zeugnis ablegen wird; das Drohwort Jesu Mk 14,62 spricht vom Kommen des Menschensohnes „mit den Wolken des Himmels". Andere eschatologische Aussagen, die den „himmlischen" Bereich tangieren, sind: das Sammeln von Schätzen im Himmel, das generelle Schwurverbot, das Sein wie die Engel nach der Auferstehung, der Schoß Abrahams.

Der Logienquelle rechnet Frey zu: den Lohn im Himmel, Gott als Herr des Himmels und der Erde, die Parusie des Menschensohnes wie ein Blitz[80].

Davon unterscheidet Frey „narrative Elemente": bei Mk das Aufblicken Jesu zum Himmel, die Stimme vom Himmel bei der Taufe; bei Lk der Engel der Verkündigung vom Himmel und die himmlischen Heerscharen, die Himmelfahrt Jesu, die Öffnung des Himmels beim Sterben des Stephanus, die Himmelsschau durch Petrus (Apg 10,11), bei Mt (den Frey „himmelsträchtig" nennt) das Binden und Lösen, Jesus Christus als Pantokrator, Herr des Himmels und der Erde (Mt 28,18).

Die Erzählung von der *Himmelfahrt Jesu* gehört nicht zum ältesten Bestand der Jesusüberlieferung und will nicht die Beschreibung eines historisch fassbaren Ereignisses sein; sie ist vielmehr die einprägsame Illustration der christologischen

---

77 Ebd. 196ff.

78 M. Ebner, Jesus – ein Weisheitslehrer? Synoptische Weisheitslogien im Traditionsprozess (HBS 15); Freiburg i. Br. 1998, 417; J. Frey, a.a.O. 197.

79 Zum ganzen Problem des Menschensohns: A. Vögtle, Die „Gretchenfrage" des Menschensohnproblems, Freiburg i. Br. 1994; zum Menschensohn im AT und Frühjudentum: E. Haag: LThK³ VII (1998) 129f., im NT: P. Hoffmann: ebd. 131f.

80 J. Frey, a.a.O. 198.

Erkenntnis: Jesus ist der zu Gott Erhöhte[81]. Als sichtbaren Vorgang erzählen Lk 24,50-53 und Apg 1,9ff. die Aufnahme Jesu in den Himmel; im Markusschluss aus dem 2. Jahrhundert (Mk 16,19) wird sie kurz erwähnt. Der Vorgang erfolgte nach Lk 24 schon am Montag nach der Auferstehung, nach Apg 1 nach 40 Tagen (eine nicht chronologisch, sondern symbolisch gemeinte Zahl). Die Erzählung nach Lk und Apg lässt an einen Zwischenzustand denken, in dem Jesus von den Toten wahrhaft auferweckt, jedoch weder in ein irdisches Leben zurückgekehrt noch in die unwiderrufliche Herrlichkeit Gottes aufgenommen worden ist. Die Erzählung besagt, dass die Jünger nach dem Vorgang der Himmelfahrt nach Jerusalem zurückgekehrt seien, um auf die Sendung des Geistes zu warten, die an die Erhöhung Jesu zur Rechten Gottes gebunden ist (Apg 2,33).

Bei Paulus und in der Paulustradition ist der Begriff „Himmel" selten. Am deutlichsten und wirkungsgeschichtlich am folgenreichsten ist die Entrückungsszene 2 Kor 12,2[82], bei der aber nicht genau gesagt wird, ob der Entrückte in den 3. als höchsten Himmel oder aber in das Paradies geführt wurde (sollte der Verfasser von 2 Kor es mit einer der jüdischen Traditionen im Himmel lokalisiert haben?). Himmel, Erde und Unterwelt werden ohne kosmographisches Interesse als Totalität der Schöpfung aufgezählt (Phil 2,10). Für Paulus ist Jesus zur Rechten Gottes (= Ehrensitz auf dem Thron) erhöht worden (Röm 8,34), „vom Himmel" wird er wiederkommen (1 Thess 1,10; 4,16) als „Retter" (Phil 3,20). Das „obere Jerusalem" ist Mutter und Heimat der an Jesus Christus Glaubenden (Gal 4,26); sie haben Bürgerrecht „in den Himmeln" (Phil 3,20). Die Gottesstadt existiert bereits im Himmel, wird am Ende offenbar werden und wird bei der Parusie alle Glaubenden mit Jesus vereinen[83]. Dem entspricht, dass ein ewiges Haus im Himmel bereit steht (2 Kor 5,1f.). Einflussreich in der christlichen Glaubens- und Theologiegeschichte waren und sind die Ausführungen in 1 Kor 15 über die himmlisch-leibliche Gestalt des eschatologischen Lebens der Menschen bei Gott, nach der Vernichtung des Todes und nach der Übergabe des Reiches Jesu Christi an den Vater.

Die Deuteropaulinen Kol und Eph bringen wichtige Gesichtspunkte in das neutestamentliche Thema „Himmel" ein: Die Überlegenheit Jesu Christi über alle Mächte, die Betonung, dass schlechthin alles in ihm geschaffen (Kol 1,16) und durch ihn in die Versöhnung einbezogen wurde (Kol 1,20). Seine Erhöhung besagt: Er ist der Herr der ganzen Welt und begründet das himmlische (= überirdische) Wesen seiner Kirche (Eph 4,8-10)[84].

Johannesevangelium und johanneische Tradition[85]: Das Evangelium nach Johannes spricht christologisch betont vom Himmel. Jesus betet mit Blick zum Himmel (Joh 11,41; 17,1), die Stimme kommt vom Himmel (Joh 12,24). Vom

---

81 J. M. Nützel, Himmelfahrt Christi. Neues Testament, in: LThK³ V (1996) 122f., mit Literaturangaben.
82 Literatur hierzu bei J. Frey 2007, 199.
83 Literaturangaben ebd. 200 Anm. 45.
84 Zur soteriologischen und ekklesiologischen Intention der Deuteropaulinen J. Frey 2007, 201.
85 Ebd. 201ff.

Himmel kommt der Geist auf Jesus (Joh 1,22). Das Auf- und Absteigen der Engel auf ihn bezeichnet seine Zugehörigkeit zur himmlischen Welt (Joh 1,51). Das nachösterliche Bekenntnis der an Jesus Glaubenden versteht ihn als den vom Himmel herabgestiegenen und zum Vater wieder aufsteigenden Menschensohn (Joh 3,13; 6,41.62; 20,17). Jesus allein kann von „himmlischen Dingen", vom Heil Zeugnis ablegen (Joh 3,12). Wenn er davon spricht, dass es im Haus des Vaters viele Wohnungen gibt (Joh 14,2f.), dann ist das auf die eschatologische Gemeinschaft mit Jesus bezogen, wird aber nicht weiter ausgemalt. Das Heil der Menschen gründet nicht im Kosmos, sondern in der vorzeitlichen Liebe des Vaters[86].

Der Hebräerbrief, für P. Deselaers und D. Sattler von einem anonymen hellenistisch-jüdischen, gebildeten Verfasser vielleicht in Rom entstanden[87], weist Texte auf, die sich breiter und intensiver mit dem Himmel befassen als andere neutestamentliche Schriften. Die Bilder wechseln: der Himmel kann Ort der gottfeindlichen Mächte und Gewalten sein, ist aber von Gott geschaffen und Ort der Gegenwart Gottes. Den Glaubenden ist vom Himmel eine „himmlische Berufung" geschenkt, die sie zum Himmel führen will (Hebr 3,1). Das Durchschreiten der Himmel legt eine räumliche Vorstellung nahe. Im Himmel befindet sich das wahre Heiligtum, in dem Jesus Christus als einzigartiger Hohepriester „höher als die Himmel" (Hebr 7,26) ein für allemal für die Menschen wirkt, selber Anteil an der göttlichen Herrlichkeit hat und auf der Rechten des Thrones sitzt (Hebr 8,1). Der Text thematisiert auch das himmlische Jerusalem (Hebr 12,22). Der Brief verfolgt nirgendwo kosmographische Interessen; in seinem Zentrum steht die einzigartige Erlösungstat Jesu, die den Weg der menschlichen Hoffnung verbürgt[88]. Die Glaubenden werden nicht einfach auf den Himmel vertröstet, aber sie sind auf Erden Fremdlinge (Hebr 11,13-16).

Im 2. Petrusbrief, von Frey auf das Ende der neutestamentlichen Zeit datiert[89], melden sich kosmographische Interessen deutlicher zu Wort. Die einstigen Himmel (Plural!) und die Erde waren von Gott geschaffen und in der Sintflut zerstört worden; die jetzigen Himmel und die Erde sind für das Feuer „aufgespart" (2 Petr 3,7), die Himmel werden im Weltenbrand vergehen, die Himmelskörper vergehen in der Glut (2 Petr 3,12). Neue Himmel (Plural!) und eine neue Erde werden entstehen (2 Petr 3,13). Frey stellt zur Diskussion, ob diese zyklische Abfolge von Welten aus stoischem Gedankengut stamme[90].

Zum Thema des Himmels in der Johannes-Apokalypse ist zunächst zu sagen, dass auch hier kosmographische Vorstellungen auftauchen, so in der Erwähnung der Gestirne Man glaubte, an ihnen das Geschick des Kosmos ablesen zu kön-

---

86 Literaturangaben dazu bei J. Frey 2007, a.a.O. 202 Anm. 54.
87 P. Deselaers – D. Sattler, Jesus hat „die Himmel durchschritten" (Hrebr 4,14): JBTh 20, 2007, 293-312. Die Verfasser machen darauf aufmerksam, dass der Titel „An die Hebräer" erst im 2. Jahrhundert hinzugefügt wurde, 296.
88 Ebd. 308.
89 J. Frey 2007, 204.
90 Ebd.

nen[91]. Aber die wichtigsten Aussagen sind religiös-theologischer Natur: Unter dem Einfluss von Ez 1 wird gesagt, von Anfang an stehe im Himmel der Thron Gottes, um ihn akklamierende Scharen (Offb Kap. 4-5)[92]. Parallel zum Thron findet sich ein himmlischer Altar, es wird himmlischer Gottesdienst gehalten (Offb 11,16-18)[93]. Jesus Christus wird im himmlischen Heiligtum zu Gottes Mit-Thronendem (Offb 5,13 u. ö.). Zugang zum Gottesdienst, in dem die Feiernden Gottes Herrschaft anerkennen, haben nicht nur die „Priester"[94].

Der „multiethnische Himmel" der Johannes-Apokalypse ist nicht das Ziel menschlicher Anstrengungen, sondern der dynamische Raum der göttlichen Heilszuwendung[95]. Die eschatologischen Verheißungen der Apokalypse über die Schaffung eines neuen Himmels und einer neuen Erde beziehen sich auf Jes 65,17; 66,22, gehen jedoch darin über Jesaja hinaus, dass hier eindeutig das Ende des Todes mit angesagt wird. Die ideale Stadt kommt vom Himmel „herab" (Offb 21,2), obwohl es die alte Erde nicht mehr gibt. Die Frage bleibt, ob das neue Jerusalem auf Erden verwirklicht wird[96]. Jedenfalls gibt es in ihm keine neue Kultstätte, und da Gott und Jesus Christus dort gegenwärtig sind, erübrigt sich auch das himmlische Heiligtum; das ganze neue Jerusalem ist „heilig"[97]. Mit dieser Verheißung antwortet diese judenchristliche Apokalypse auf die Bedrängnisse des Glaubens in der zweiten Hälfte des 1. Jahrhunderts.

Mit Jörg Frey darf man zusammenfassend festhalten, dass „Himmel" im Neuen Testament nicht eine periphere, nur zur Illustration dienende Größe ist. Es gibt im Neuen Testament auch kein eigenständiges Interesse an kosmographischen Informationen. Dem Himmel kommt vielmehr eine zentrale Bedeutung für Glaube und Theologie zu, wobei unterschiedliche Vorstellungen zu vielfältigen theologischen Aussagen führen. Im einzelnen kann man diese systematisierend einteilen je nach den Intentionen in christologische, soteriologische, ekklesiologische und eschatologische. Wo der himmlische Ursprung des Gottessohnes deutlich gemacht und seine Präsenz in der Welt als Ort der endgültigen Gottesoffenbarung gekennzeichnet wird, ist die religiöse Metapher des Himmels unentbehrlich, ebenso dort, wo die Herkunft jeglicher Hoffnung aus seiner Erlösungstat beschrieben wird. Die theologische Qualität der Kirche hängt in erster Linie von ihrer Liturgie ab, deren Authentizität durch ihre synchrone Feier mit der himmlischen Liturgie verbürgt ist. Die urchristliche Parusieerwartung konnte ohne Himmelsbilder nicht formuliert werden[98]: Es wird nichts darüber gesagt, wann diese Rückkehr Jesu erfolgen wird, „in den österlichen Begegnungen, in der

---

91 M. Karrer, in: JBTh 20 (2007) 233ff.
92 Ebd. 249.
93 Ebd. 250. Vgl. auch M. Frenschkowski, in: JBTh 20 (2007) 267ff.
94 M. Karrer, ebd. 251.
95 M. Frenschkowski, a.a.O. 290, 288.
96 Nach M. Karrer geht der Text nicht nur auf Jesaja, sondern auch auf Henoch zurück: a.a.O.. 254.
97 Ebd. 256.
98 Frey 216.

Sendung des Geist-Parakleten oder in einer Begegnung in der Todesstunde des einzelnen Glaubenden"[99]. Der kommende Retter wird vom Himmel erwartet. Ebenso verhält es sich mit der individuellen Eschatologie. Hoffnung angesichts des Todes entsteht aus der personalen, engen, mystisch-intimen Verbundenheit mit Jesus, aus dem Vertrauen auf sein Versprechen „Ich komme abermals, um euch zu mir zu holen, damit auch ihr dort seid, wo ich bin" und: „Im Haus meines Vaters sind viele Wohnungen", „ich gehe hin, euch einen Platz zu bereiten" (Joh 14,2f.), aus dem Wunsch, für immer bei Jesus zu sein (Phil 1,22f.; 1 Thess 4,17).

5. Das Himmelsthema in Apokryphen des Neuen Testaments

Die von Wilhelm Schneemelcher begründete Sammlung Neutestamentlicher Apokryphen in deutscher Sprache unterscheidet Evangelien [100], Apostolisches, Apokalypsen und Verwandtes[101], Texte, die nicht in den Kanon der Heiligen Schrift eingegangen sind. Sie berufen sich darauf, dass sie göttliche Offenbarungen in narrativem Rahmen[102] enthalten: Eine transzendente Wirklichkeit aus einer räumlich anderen Welt wird durch ein außerweltliches Wesen an einen Menschen vermittelt. Die Texte sind unerlässliche Zeugnisse christlicher Auffassungen der ersten christlichen Jahrhunderte, die sich der Pseudonymie (fingierter Verfasser) bedienen und die im Zusammenhang mit dem Himmelsthema im Unterschied zum Neuen Testament darüber Aufschluss geben, wie man sich Ausstattung und Geschehen im Himmel vorstellte. Oft wird dabei auf die Paradieserzählungen von Gen 1-2 zurückgegriffen.

Das koptische Thomasevangelium[103]
(11) Jesus sagte: Dieser Himmel wird vergehen. Und derjenige, der darüber ist, wird vergehen; und die, die tot sind, sind nicht lebendig, und die, die lebendig sind, werden nicht sterben. In den Tagen, in denen ihr esst von dem, was tot ist, macht ihr daraus, was lebendig ist. Wenn ihr Licht sein werdet, was werdet ihr tun? An dem Tag, da ihr eins gewesen seid, seid ihr zwei geworden. Aber wenn ihr zwei geworden seid, was werdet ihr tun?
    (12) Die Jünger sagten zu Jesus: Wir wissen, dass du uns verlassen wirst; wer ist es, der groß über uns werden wird? Jesus sagte zu ihnen: Da, wo ihr hingegan-

---

99 Ebd. 218.
100 Neutestamentliche Apokryphen in deutscher Übersetzung, hrsg. von W. Schneemelcher, 6. Aufl. der von E. Hennecke begründeten Sammlung. I. Band Evangelien, Tübingen 1990.
101 Ebd. II. Band, Tübingen 1989.
102 J. B. Bauer, Apokryphen im NT, in: LThK³ I (1993) 810-814.
103 Übertragen und erläutert von B. Blatz, a.a.O. Band I. Aus dem Codex II von Nag Hammadi, aus Syrien (95), Mitte des 2. Jahrhunderts, mit älterem Material (97). Der „lebendige Offenbarer" wendet sich an Kleine und Einsame, nicht an die Kirche. Text ebd. 100f.

gen sein werdet, werdet ihr auf Jakobus, den Gerechten, zugehen, für den Himmel und Erde gemacht worden sind.

(17) Jesus sagte: Ich werde euch geben, was kein Auge gesehen und was kein Ohr gehört und was keine Hand berührt hat und was nicht zum Herzen des Menschen aufgestiegen ist.

(18) Die Jünger sagten zu Jesus: Sage uns, wie unser Ende sein wird. Jesus sagte: Da ihr entdeckt habt den Anfang, warum sucht ihr das Ende? Denn da, wo der Anfang ist, wird auch das Ende sein. Selig, wer sich an den Anfang (im Anfang) halten wird, und er wird das Ende erkennen, und er wird den Tod nicht schmecken.

Das Bartholomäusevangelium[104]
13. Da stellte sich Maria vor sie, hob ihre Hände zum Himmel und begann wie folgt zu beten: O überaus großer und allweiser Gott, König der Äonen, Unbeschreibbarer, Unaussprechbarer, der du die Weiten der Himmel durch dein Wort geschaffen und das Himmelsgewölbe in harmonischer Ordnung hingestellt hast, der du die ungeordnete Materie geformt und das Getrennte zum Zusammenschluss gebracht hast, der du das Dunkel der Finsternis vom Lichte geschieden, die Gewässer aus dem gleichen Quellgrund hast hervorströmen lassen, vor dem die Ätherwesen zittern und die Erdgeschöpfe sich fürchten, der du der Erde ihren Sitz gegeben und nicht gewollt hast, dass sie vergehe, indem du der Erde reichlich Regen spendetest und so für die Nahrung aller sorgtest, du, der ewige Logos des Vaters. Sieben Himmel vermochten dich kaum zu fassen, von mir aber geruhtest du, ohne mir Schmerz zu bereiten, dich umfassen zu lassen, der du der vollkommene Logos des Vaters bist, durch den alles geschaffen wurde. Verherrliche deinen überaus erhabenen Namen und lass mich reden vor deinen heiligen Aposteln!

Die Thomasakten[105]
Ein Hochzeitslied, das der verkleidete Apostel Thomas am Königshof von Andrapolis singt:

> 6: „Das Mädchen ist des Lichtes Tochter,
> Es steht und ruht auf ihr der Könige hehrer Glanz,
> Ergötzend ist ihr Anblick,
> In strahlender Schönheit erglänzt sie.
> Ihre Gewänder gleichen Frühlingsblumen,
> Lieblicher Wohlgeruch entströmt ihnen.

---

104 Übertragen und eingeleitet von F. Scheidweiler – W. Schneemelcher (Band I): Urfassung 3. Jahrhundert, theologischer Hintergrund nicht geklärt (424ff.). Text ebd. 430.

105 Übertragen und eingeleitet von H. J. W. Drijvers (Band II): Entstanden Anfang des 3. Jahrhunderts in Ostsyrien, ursprünglich syrisch (290). Geprägt von ethischem Dualismus; Jesus Christus ist Vorbild, Erlösung geschieht durch Wahrheitserkenntnis und Enthaltsamkeit. Text ebd. 305f.

Auf ihrem Scheitel sitzt der König
Und nährt, die (unter) ihm sitzen, mit seiner Götterspeise.
Wahrheit ruht auf ihrem Haupte.
Freude erzeigt sie durch ihre(r) Füße (Bewegung).
Ihr Mund ist geöffnet und gar schicklich.
Zweiunddreißig sind es, die sie preisen.
Ihre Zunge gleicht dem Türvorhang,
Der für die Eintretenden zurückgeschlagen wird.
(Ihn) schuf der erste Weltbaumeister.
Ihre beiden Hände deuten und zeigen verkündend auf den Chor der
glücklichen Äonen,
Ihre Finger (öffnen) die Tore der Stadt.
Ihr Brautgemach ist licht,
Von Balsam duftend und jeglichem Wohlgeruch,
Strömt süßen Geruch von Myrrhe und Würzkraut aus.
Drinnen sind Myrtenzweige und (allerlei süßduftende Blüten) gestreut,
Die (Eingänge) mit Rohr geschmückt.
7: Umschlossen halten sie ihre (Brautführer), sieben an der Zahl,
Die sie selbst erwählt hat;
Ihre Brautführerinnen sind sieben,
Die vor ihr Reigen tanzen.
Zwölf sind es an der Zahl, die vor ihr dienen
Und ihr unterstellt sind.
Ihren Blick richten sie gespannt auf den Bräutigam,
Damit sie durch seinen Anblick erleuchtet werden
Und ewig bei ihm seien zu jener ewigen Freude
Und bei jener Hochzeit seien,
Zu der sich die Vornehmen versammeln,
Und bei dem Mahle weilen,
Dessen die Ewigen gewürdigt werden,
Und königliche Gewänder anziehen,
Und glänzende Kleider anlegen
Und beide in Freude und Jauchzen seien
Und den Vater des Alls preisen,
Dessen stolzes Licht sie empfingen
Und erleuchtet wurden im Anblick ihres Herrn,
Dessen Götterspeise sie entgegennahmen,
Die unvermindert in ihnen bleibt,
Auch tranken von seinem Wein,
Der ihnen nicht Durst noch Begehren erregt,
Lobten und priesen mit dem lebendigen Geiste
Den Vater der Wahrheit und die Mutter der Weisheit."

Die Himmelfahrt des Jesaja[106]

XI: „Und der Engel, der mich führte, sprach zu mir: ‚Merke auf Jesaja!' Und ich sah, wie er seine zwölf Jünger aussandte und auffuhr. Und ich sah ihn, und er war im Firmament, und er hatte sich nicht verwandelt in ihre Gestalt, und alle Engel des Firmamentes und Satan sahen ihn und beteten ihn an. Und es erhob sich daselbst große Trauer, indem sie sprachen: ‚Wie ist unser Herr herabgekommen über uns, und wir merkten nicht die Herrlichkeit, (die über ihm war), die, wie wir sehen, sich über ihm befand vom sechsten Himmel her?' Und er stieg auf in den zweiten Himmel und verwandelte sich nicht, sondern alle Engel zur Rechten und zur Linken und der Thron in der Mitte beteten ihn an und priesen ihn und sprachen: ‚Wie ist unser Herr uns verborgen geblieben, als er hinabstieg, und wir merkten nichts?' Und ebenso stieg er auf zum dritten Himmel, und sie lobsangen und sprachen in gleicher Weise, und in dem vierten und fünften Himmel sprachen sie genau ebenso, und es war vielmehr *ein* Lobgesang, und [auch] danach verwandelte er sich nicht. Und ich sah, wie er in den sechsten Himmel aufgestiegen war, und sie ihn anbeteten und ihn priesen, und in allen Himmeln jedoch wuchs die Lobpreisung. Und ich sah ihn, wie er in den siebenten Himmel aufstieg und alle Gerechten und alle Engel ihn priesen. Und alsbald sah ich, wie er zur Rechten jener großen Herrlichkeit sich niedersetzte, deren Herrlichkeit ich, wie ich Euch sagte, nicht zu schauen vermochte. Und auch den Engel des Heiligen Geistes sah ich zur Linken sitzen. Und dieser Engel sprach zu mir: ‚Jesaja, Sohn des Amoz, es ist genug für dich, denn das sind gewaltige Dinge, du hast ja geschaut, was kein Fleischgeborener sonst geschaut hat, und du wirst in dein Kleid zurückkehren, bis deine Tage erfüllt sind; dann wirst du hierher kommen.' Dies habe ich gesehen." Und Jesaja erzählte es allen, die vor ihm standen, und sie lobsangen.

Das 5. Buch Esra[107]

Ich, Esra, empfing das Gebot des Herrn auf dem Berge Horeb, dass ich zu Israel gehen sollte; als ich zu ihnen kam, verwarfen sie mich und nahmen das Gebot Gottes nicht an. Deshalb sage ich euch, ihr Völker (= Heiden), die ihr hört und versteht: Erwartet euren Hirten! Er wird euch die ewige Ruhe geben, denn sehr nahe ist der, welcher am Ende der Welt kommen wird. Seid bereit für die Belohnungen des Reiches, denn immerwährendes Licht wird euch leuchten für ewige Zeit. Fliehet den Schatten dieser Welt, nehmt an die Freude eurer Herrlichkeit; ich bezeuge offen meinen Heiland. Das vom Herrn Angebotene nehmt an und freut euch, dem dankend, *der euch zu seinem* himmlischen *Reich berufen hat.*

Erhebt euch und steht und seht die Zahl der Versiegelten beim Mahle des Herrn. Diejenigen, welche sich vom Schatten der Welt abgewandt haben, haben

---

106 Übertragen und eingeleitet von C. D. G. Müller: äthiopisch überliefert, ursprünglich wohl griechisch, frühestens 2. Hälfte des 2. Jahrhunderts mit älteren Traditionen, gegen kirchliche Missstände gerichtet (548). Text ebd. (Band II) 561.

107 Übertragen und eingeleitet von H. Duensing und A. Santos Otero: Der Hauptteil entstand ca 200 n. Chr., antijüdische Trostschrift. Ebd. (Band II) mit Text 585f.

glänzende Gewänder vom Herrn empfangen. Empfange, Zion, deine Zahl und umschließe deine *Weißgekleideten*, die das Gesetz des Herrn erfüllt haben. Die Zahl deiner Kinder, die du erwünschtest, ist voll, erbitte das Reich des Herrn, dass sein Volk geheiligt werde, welches berufen ist von Anfang an.

Ich, Esra, sah auf dem Berge Zion eine große Schar, die ich nicht zählen konnte, und alle lobten den Herrn mit Gesängen. Und in ihrer Mitte war ein Jüngling hoch von Gestalt, der sie alle überragte, und er setzte jedem einzelnen von ihnen eine Krone aufs Haupt und wuchs noch mehr empor. Ich aber wurde von dem Wunder gefesselt. Dann fragte ich den Engel und sagte: Wer sind diese, Herr? Er antwortete mir und sagte: Das sind die, welche das sterbliche Kleid abgelegt und das unsterbliche angelegt und den Namen Gottes bekannt haben. Jetzt werden sie gekrönt und erhalten *Palmen*. Und ich sagte zum Engel: Wer ist jener Jüngling, der ihnen Kronen aufsetzt und *Palmen in die Hände* gibt? Er antwortete mir und sagte: Das ist der Sohn Gottes, den sie in der Welt bekannt haben. Ich aber fing an, die zu preisen, welche tapfer für den Namen des Herrn eingetreten waren.

Die Apokalypse des Paulus[108]

11. Und darauf nach diesem sah ich eins von den Geistwesen bei mir, und es entraffte mich im Heiligen Geist und trug mich bis zum dritten Teil des Himmels, welches der dritte Himmel ist. Und antwortend sagte der Engel zu mir: Folge mir, und ich will dir den Ort der Gerechten zeigen, wohin sie geführt werden, wenn sie abgeschieden sind. Und danach will ich dich zum Abgrund nehmen und dir die Seelen der Sünder zeigen, in was für einen Ort sie geführt werden, wenn sie abgeschieden sind. Und ich ging hinter dem Engel, und er führte mich in den Himmel, und ich sah das Firmament und sah dort die Macht, und dort war das Vergessen, welches täuscht und zu sich die Herzen der Menschen verführt, und der Geist der Verleumdung und der Geist der Hurerei und der Geist der Wut und der Geist der Unverschämtheit, und dort waren die Fürsten der Bosheiten; die sah ich unter dem Firmament des Himmels. Und wiederum blickte ich und sah Engel ohne Erbarmen, die kein Mitleid hatten, deren Miene voll Wut war, und ihre Zähne ragten aus dem Munde hervor; ihre Augen blitzten wie der Morgenstern des Ostens, und von den Haaren ihres Hauptes gingen Feuerfunken aus, auch aus ihrem Munde. Und ich fragte den Engel sagend: Wer sind diese, Herr? Und der Engel sagte antwortend zu mir: Das sind die, welche bestimmt werden für die Seelen der Gottlosen in der Stunde der Not, die nicht ge-

---

108 Übertragen und eingeleitet von H. Duensing und A de Santos Otero: griechischer Urtext, Auslegung von 2 Kor 12, wohl Ende des 4., Anfang des 5. Jahrhunderts aus Mönchskreisen, apokalyptische Tradition, griechische Jenseitsvorstellungen. Ein weit verbreiteter griechischer Text, auch in Latein und andere Sprachen übersetzt. Von Augustinus gekannt und abgelehnt, weil der Text die „Himmelsreise" des Apostels Paulus erzählt, obwohl es 2 Kor 12,4 heißt, dass niemand darüber sprechen kann. Text: a.a.O. (Band II) Nr. 11f.: 650f.; Nr. 14: 652f.; Nr. 21 f.: 657f.; Nr. 45f.: 668f.

glaubt haben, daß sie den Herrn als Helfer hätten, und nicht auf ihn gehofft haben.

12. Und ich blickte in die Höhe und sah andere Engel, deren Angesicht wie die Sonne blitzte, die Lenden umgürtet mit goldenen Gürteln, in ihren Händen Palmen habend und das Zeichen Gottes, bekleidet mit Gewandung, die beschrieben war mit dem Namen des Sohnes Gottes, aber erfüllt mit aller Milde und Barmherzigkeit. Und ich fragte den Engel und sagte: Wer sind die, Herr, in solcher Schönheit und Barmherzigkeit? Und der Engel sagte antwortend zu mir:

Dies sind die Engel der Gerechtigkeit, die gesandt werden, in der Stunde der Not die Seelen der Gerechten herbeizuführen, die geglaubt haben, dass sie den Herrn zum Helfer hätten. Und ich sagte zu ihm: Müssen Gerechte und Sünder notwendigerweise den *Zeugen* begegnen, wenn sie gestorben sind? Und der Engel sagte zu mir antwortend: Einer ist der Weg, auf dem alle zu Gott hinübergehen, aber die Gerechten, weil sie bei sich einen heiligen Helfer haben, werden nicht verstört, wenn sie gehen, um vor Gott zu erscheinen.

14. Und dann hörte ich die Stimme einer Myriade von Myriaden heiliger Engel, wie sie sagten: Freue dich und frohlocke, o Seele, sei stark und erzittere nicht! – Und sehr wunderten sie sich über jene Seele, weil sie das Siegel des lebendigen Gottes festgehalten hatte. Und so ermutigten sie sie und priesen sie selig und sagten: Wir alle freuen uns über dich, weil du den Willen deines Herrn getan hast. – Und sie geleiteten sie, bis sie anbetete angesichts Gottes. Und als sie aufgehört hatte, da fielen sogleich Michael und das ganze Heer der Engel nieder und beteten den Schemel seiner Füße an und zeigten der Seele sagend: Dies ist der Gott aller, der dich nach seinem Bild und Gleichnis gemacht hat. Es eilte aber ein Engel ihr voraus und erklärte sagend: Gott, sei eingedenk ihrer Arbeiten; denn dies ist die Seele, über deren Werke ich dir, Herr, täglich berichtete, nach deinem Gericht handelnd. Und der Geist sagte in gleicher Weise: Ich bin der Geist der Belebung, sie durchhauchend und wohnend in ihr; ich habe nämlich bei ihr Erquickung gehabt in der Zeit, in der ich in ihr gewohnt habe. Sie hat nach deinem Gericht gehandelt. Und es erging die Stimme Gottes und sagte: Wie diese mich nicht betrübt hat, so werde ich sie auch nicht betrüben; wie sie sich erbarmt hat, werde ich mich über sie erbarmen. Sie möge also Michael, dem Engel des Bundes, übergeben werden, und er möge sie in das Paradies des Frohlockens führen, dass sie dort bis zum Tag der Auferstehung sei, dass sie auch Miterbe mit allen Heiligen werde. Und ich hörte danach die Stimme von tausend mal tausend Engeln und der Erzengel und der Cherubim und der vierundzwanzig Ältesten, die Hymnen sangen, den Herrn verherrlichten und riefen: Gerecht bist du, Herr, und gerecht sind deine Gerichte, und es ist kein Ansehen der Person bei dir, sondern du vergiltst einem jeden nach deinem Urteil.

21. Und er ließ mich vom dritten Himmel herab und führte mich in den zweiten Himmel, und wiederum führte er mich an das Firmament, und vom Firmament führte er mich zu den Toren des Himmels. Und er machte eine Öffnung auf, und es war der Anfang seines Fundamentes über einem Fluss, welcher die ganze Erde bewässert. Und ich fragte den Engel und sagte: Herr, was ist dieser

Fluss von Wasser? Und er sagte zu mir: Dies ist der Ozean. Und plötzlich ging ich aus dem Himmel und begriff, dass es das Licht des Himmels ist, welches dem ganzen Land dort leuchtet. Dort aber jenes Land ist siebenmal heller als Silber. Und ich fragte: Herr, was ist dieser Ort? Und er sagte zu mir: Das ist das Land der Verheißung. Hast du noch nicht gehört, was geschrieben ist: *Selig sind die Sanftmütigen, denn sie werden das Land erben?* Die Seelen aber der Gerechten, wenn sie aus dem Körper gegangen sind, werden einstweilen nach diesem Ort entlassen. Und ich sagte zu dem Engel: Wird also dies Land nach einer Zeit in Erscheinung treten? Der Engel antwortete und sagte zu mir: Wenn Christus, den du predigst, kommt, um zu regieren, dann wird durch Machtspruch Gottes die erste Erde aufgelöst werden, und dies Land der Verheißung wird dann gezeigt werden, und es wird sein wie Tau oder eine Wolke, und dann wird der Herr Jesus Christus, der ewige König, offenbart werden und wird mit allen seinen Heiligen kommen, um darauf zu wohnen, und wird über sie tausend Jahre regieren, und sie werden essen von den Gütern, welche ich dir jetzt zeigen werde.

22. Und ich beschaute jenes Land, und ich sah einen Fluss, der floss von Milch und Honig, und am Ufer des Flusses waren Bäume gepflanzt voll Früchte; jeder Baum aber trug zwölfmal zwölf Früchte im Jahr, mannigfaltige und verschiedene. Und ich sah das Geschöpf jenes Ortes und alles Werk Gottes, und ich sah dort Palmen von 20 Ellen, andere aber von 10 Ellen. Jenes Land aber war siebenmal heller als Silber. Und die Bäume waren voll von Früchten von der Wurzel bis zum Gipfel. *(Statt des hier unverständlichen L hat C:)* Von der Wurzel jeden Baumes bis zu seinem Herzen waren zehntausend Zweige mit Zehnern von Tausenden von Trauben, [und es waren zehntausend Trauben an jedem Zweig,] und es waren zehntausend Datteln an jeder Traube. Und so war es auch bei den Weinstöcken. Jeder Weinstock hatte zehntausend Reben, und jede Rebe hatte an sich zehntausend Beerentrauben, und jede Traube hatte zehntausend Beeren. Und dort gab es noch andere Bäume, Myriaden von Myriaden davon, und ihre Frucht war in demselben Verhältnis. (L:) Und ich sagte zu dem Engel: Warum bringt ein jeder Baum Tausende von Früchten? Der Engel sagte antwortend zu mir: Weil der Herr Gott seine Gaben in seinem Überfluss den Würdigen fließend gibt, weil sie, solange sie in der Welt weilten, aus freiem Willen sich selbst niederbeugten, indem sie alles um seines heiligen Namens willen taten.

(...)

Und danach nahm er mich weg aus jenem Ort, wo ich dies sah, und siehe, ein Fluss, und seine Wasser waren sehr weiß, mehr als Milch. Und ich sagte zu dem Engel: Was ist das? Und er sagte zu mir: Dies ist der Acherusische See, wo die Stadt Christi ist, aber nicht jedermann wird gestattet, in jene Stadt einzutreten. Dies ist nämlich der Weg, welcher zu Gott führt; und wenn einer ein Hurer oder Gottloser ist und sich bekehrend Buße tut und der Buße würdige Frucht bringt, wird er, wenn er aus dem Körper herausgegangen ist, zuerst hingeführt und betet Gott an, und von dort wird er auf Befehl des Herrn dem Engel Michael übergeben, und der tauft ihn im Acherusischen See. So führt er ihn in die Stadt Christi neben die hin, die nicht gesündigt haben. Ich aber wunderte mich und pries den Herrn Gott wegen alledem, was ich sah.

23. Und der Engel antwortete und sagte zu mir: Folge mir, und ich will dich in die Stadt Christi führen. Und er stand am Acherusischen See und setzte mich in ein goldenes Schiff, und ungefähr dreitausend Engel sagten einen Hymnus vor mir, bis ich zur Stadt Christi gelangte. Die aber die Stadt Christi bewohnten, freuten sich sehr über mich, wie ich zu ihnen ging, und ich trat ein und sah die Stadt Christi, und sie war ganz golden, und zwölf Mauern umgaben sie, und zwölf Türme darin (C: ein Turm auf jeder Mauer; S: und zwölftausend befestigte Türme sind in ihrer Mitte), und die einzelnen Mauern hatten unter sich je ein Stadium im Umkreis. Und ich sagte zu dem Engel: Herr, wie viel ist ein Stadium? Es antwortete der Engel und sagte zu mir: Es ist soviel wie zwischen dem Herrn Gott und den Menschen, die auf Erden sind, weil nämlich einzig groß ist die Stadt Christi. Und zwölf Tore von großer Schönheit waren im Umkreis der Stadt, und vier Flüsse umgaben sie. Es waren aber ein Fluss von Honig und ein Fluss von Milch und ein Fluss von Wein und ein Fluss von Öl. Und ich sagte zu dem Engel: Was sind das für Flüsse, welche diese Stadt umgeben? Und er sagte mir: Dies sind die vier Flüsse, welche reichlich fließen für die, welche in diesem Lande der Verheißung sind, deren Namen sind: der Fluss von Honig wird genannt Pison und der Fluss von Milch Euphrat und der Fluss von Öl Gihon und der Fluss von Wein Tigris. Wie die Gerechten also in der Welt sind, haben sie die Macht über diese Dinge nicht gebraucht, sondern haben ohne sie gehungert und sich gedemütigt wegen des Herrn Gott. Deshalb wird der Herr ihnen, wenn sie in diese Stadt eintreten, dieses über Zahl und Maß geben.

25. Ich aber schritt unter Führung des Engels einher, und er brachte mich zu dem Flusse von Honig, und ich sah dort Jesaja und Jeremia und Ezechiel und Amos und Sacharia, die kleineren und größeren Propheten, und sie grüßten mich in der Stadt. Ich sagte zu dem Engel: Was ist dieser Weg? Und er sagte zu mir: Dies ist der Weg der Propheten. Jeder, der seine Seele trübe gestimmt und nicht seinen eigenen Willen um Gottes willen getan hat, wenn er aus der Welt gegangen und zum Herrn Gott geführt ist und ihn angebetet hat, wird dann auf Befehl Gottes Michael übergeben, und der führt ihn in die Stadt an diesen Ort der Propheten, und sie begrüßen ihn wie ihren Freund und Nächsten, weil er den Willen Gottes getan hat.

26. Wiederum führte er mich dahin, wo der Fluss von Milch war. Und ich sah an jenem Orte alle Kinder, welche der König Herodes um des Namens Christi willen getötet hat, und sie grüßten mich. Und der Engel sagte zu mir: Alle, welche Keuschheit und Reinheit bewahren, wenn sie aus dem Körper gegangen sind, werden, nachdem sie den Herrn Gott angebetet haben, Michael übergeben und zu den Kindern geführt, und sie grüßen sie sagend: Sie sind unsere Brüder und Freunde und (Mit-) Glieder. Unter ihnen werden sie die Verheißungen Gottes erben.

27. Wiederum nahm er mich und brachte mich zum Norden der Stadt und führte mich dahin, wo der Fluss von Wein war; und ich sah dort Abraham, Isaak

und Jakob, Lot und Hiob und andere Heilige; und sie grüßten mich. Und ich fragte und sagte: Was ist dies für ein Ort, Herr? Es antwortete der Engel und sagte zu mir: Alle, die Fremde aufgenommen haben, wenn sie aus der Welt gegangen sind, beten zuerst den Herrn Gott an und werden Michael übergeben und auf diesem Wege in die Stadt geführt, und alle Gerechten begrüßen sie wie Söhne und Brüder und sagen zu ihnen: Weil ihr bewahrt habt Menschlichkeit und Gastfreundschaft von Pilgern, kommt, habt das Erbe in der Stadt unseres Gottes. Ein jeder Gerechte wird nach seiner besonderen Handlung in der Stadt die Güter Gottes erhalten.

28. Und wiederum brachte er mich an den Fluss von Öl östlich der Stadt. Und dort sah ich Männer, die frohlockten und Psalmen sangen, und ich sagte: Wer sind diese, Herr? Und der Engel sagte zu mir: Dies sind die, welche sich von ganzem Herzen Gott geweiht haben und nicht Stolz in sich haben. Denn alle, welche sich in dem Herrn Gott freuen und von ganzem Herzen dem Herrn psalmodieren, werden hierher in diese Stadt geführt.

29. Und er trug mich in die Mitte der Stadt neben die zwölfte Mauer. Sie war aber an dieser Stelle höher als andere. Und ich fragte und sagte: Gibt es in der Stadt Christi eine Mauer, die an Ehre dieser Stelle vorangeht? Und antwortend sagte der Engel zu mir: Die zweite ist besser als die erste und ebenso die dritte als die zweite, weil eine die andere übertrifft bis hin zur zwölften Mauer. Und ich sagte: Weshalb, Herr, übertrifft eine die andere an Ruhm? Deute es mir! Und antwortend sagte der Engel zu mir: Allen, die in sich auch nur ein wenig Verleumdung oder Eifersucht oder Stolz haben, wird etwas vom Ruhm derselben gemindert, auch wenn sie in der Stadt Christi zu sein scheinen. Blicke rückwärts!

Und ich wandte mich und sah goldene Throne, die an die einzelnen Tore gestellt waren, und auf ihnen Männer, die goldene Diademe und Edelsteine hatten. Und ich blickte und sah zwischen den zwölf Männern in anderer Ordnung gestellte Throne, die von großer Herrlichkeit (zu sein) schienen, so dass niemand ihr Lob auszusagen vermag. Und ich fragte den Engel und sagte: Herr, wer sind die, welche auf den Thronen sitzen werden? Und antwortend sagte der Engel zu mir: Dies sind die Throne derer, welche Güte und Verständnis des Herzens hatten und sich (gleichwohl) selbst zu Toren gemacht haben um des Herrn Gottes willen, indem sie weder die Schriften kannten noch mehrere Psalmen, sondern, eines Kapitels über die Gebote Gottes eingedenk und sie hörend, nach diesen (Geboten) in großer Sorgfalt gehandelt haben und (dabei) rechten Eifer vor dem Herrn Gott zeigend. Und über diese ergreift alle Heiligen vor dem Herrn Gott Bewunderung, indem sie, sich unterhaltend, einer zum andern sagen: Wartet und seht diese Unerfahrenen, die nichts weiter wissen, wie sie ein so großes und schönes Gewand verdient haben und solchen Ruhm wegen ihrer Unschuld.

Und ich sah mitten in der Stadt einen großen, sehr hohen Altar, und es stand einer neben dem Altar, dessen Gesicht leuchtet wie die Sonne, und er hielt in seinen Händen ein Psalterium und eine Zither, und er psalmodierte sagend: Halleluja. Und seine Stimme erfüllte die ganze Stadt. Und sobald alle, die auf den Türmen und an den Toren waren, ihn hörten, antworteten sie: Halleluja, so dass die Fundamente der Stadt sich bewegten. Und ich fragte den Engel und sagte: Wer ist, Herr, der hier von so großer Gewalt? Und der Engel sagte zu mir: Dies ist David; dies ist die Stadt Jerusalem. Wenn aber Christus, der König der Ewigkeit, mit dem Vertrauen (?) seines Reiches gekommen sein wird, dann wird er wiederum vorausschreiten, um zu psalmodieren, und alle Gerechten psalmodieren gleichzeitig respondierend: Halleluja.

45. Und danach sagte zu mir der Engel: Hast du alles gesehen? Und ich sagte: Ja, Herr. Und er sagte zu mir: Folge mir, und ich will dich ins Paradies führen. Und es sollen dich die Gerechten, die dort sind, sehen; siehe, sie hoffen nämlich dich zu sehen und sind bereit, dir entgegenzugehen in Freude und Jubel. Und ich folgte dem Engel aus Antrieb des Heiligen Geistes, und er (ver)setzte mich ins Paradies und sagte zu mir: Dies ist das Paradies, in welchem Adam irrte und sein Weib. Ich trat aber in das Paradies ein und sah den Ursprung des Wassers; und der Engel winkte mir und sagte zu mir: Schau, sagte er, die Wasser; dies nämlich der Fluss Pison, der das ganze Land Hevila umzieht, und der andere ist Gihon, der das ganze Land Ägypten und Äthiopien umzieht, und der andere ist der Tigris, der den Assyrern gegenüber liegt, und der andere ist der Euphrat, welcher das Land Mesopotamien bewässert. Aber weiter hineingegangen, sah ich einen Baum gepflanzt, von dessen Wurzeln Wasser hervorflossen, und von ihm aus war der Ursprung der vier Flüsse; der Geist Gottes aber ruhte über jenem Baume, und wenn der Geist wehte, flossen die Wasser. Und ich sagte: Herr, ist es dieser Baum selbst, welcher die Wasser fließen lässt? Und er sagte zu mir: Weil am Anfang, bevor Himmel und Erde in Erscheinung traten, alles unsichtbar war, der Geist Gottes über den Wassern schwebte, seitdem aber das Gebot Gottes Himmel und Erde zum Vorschein brachte, ruhte der Geist auf diesem Baume. Deshalb, wenn der Geist geweht hat, fließen die Wasser aus diesem Baume. Und er hielt mir die Hand (fest) und führte mich zum Baum der Erkenntnis des Guten und des Bösen und sagte: Dies ist der Baum, durch den der Tod in die Welt eingetreten ist, und von ihm her hat Adam, von seinem Weibe erhaltend, gegessen, und der Tod ist in die Welt eingetreten. Und er zeigte mir einen andern Baum in der Mitte des Paradieses und sagte zu mir: Dies ist der Baum des Lebens.

46. Während ich noch das Holz (= den Baum) betrachtete, sah ich aber eine Jungfrau von ferne kommen und zweihundert Engel vor ihr Hymnen sagend. Und ich fragte und sagte: Herr, wer ist diese, die in solcher Pracht kommt? Und er sagte zu mir: Dies ist Maria, die Mutter des Herrn. Als sie aber nahe herzukam, grüßte sie mich und sagte: Sei gegrüßt Paulus, du von Gott und den Engeln und den Menschen Hochgeliebter! Denn alle Heiligen haben meinen Sohn Jesus, der mein Herr ist, gebeten, dass du hierher im Körper kommen möchtest, damit sie dich sähen, bevor du aus der Welt gingest, und der Herr hat ihnen gesagt: Wartet und haltet euch geduldig! Noch ein wenig, und ihr werdet ihn sehen, und er wird ewig bei euch sein.

Die Thomasapokalypse[109]

Es werden nämlich Dinge passieren, die noch nie seit der Entstehung dieser Welt vorgefallen sind. Dann werden sie mich sehen, indem ich im Lichte meines Vaters mit der Kraft und der Ehre der heiligen Engel von oben herabkomme. Bei meiner Ankunft wird dann die Feuerumfriedung des Paradieses aufgebrochen werden, denn das Paradies ist mit Feuer umzäumt. Das ist aber das ewige Feuer, das den Erdkreis und alle Bestandteile der Welt verzehrt. Dann werden die Geister und die Seelen der Heiligen das Paradies verlassen und auf die Erde kommen, jeder in seinem eigenen Leib, wo dieser auch immer begraben ist. Und jeder wird sagen: hier liegt mein Leib begraben. Und wenn die mächtige Stimme jener Geister vernommen wird, dann werden sich überall Erderschütterungen ereignen, und die Wucht dieses Erdbebens wird gegen die Gebirge einsetzen, und die Steine werden sich durch und durch spalten. Dann wird die Seele eines jeden in ihr Gefäß zurückkehren, und die Leiber in die Ähnlichkeit und das Abbild und die Ehre der heiligen Engel und in die Kraft des Bildes meines heiligen Vaters verwandeln. Dann werden sie das Kleid des ewigen Lebens anziehen: das Kleid aus der Wolke des Lichtes, die auf dieser Welt noch nie zu sehen war. Denn diese Wolke kommt vom oberen Himmelreich von der Macht meines Vaters herab. Sie wird alle Seelen, die an mich geglaubt haben, mit ihrem Glanz umhüllen. Dann werden sie angezogen und durch die Hände meiner heiligen Engel, wie gesagt, getragen werden. Dann werden sie ins All auf einer Wolke ans Licht entrückt werden. Froh werden sie mit mir zusammen in den Himmel kommen und im Lichte und in der Ehre meines Vaters bleiben. In der Gegenwart meines Vaters und meiner Engel werden sie tiefste Freude empfinden. Dies sind die Zeichen des sechsten Tages.

Und am siebenten Tage, zur achten Stunde, werden Stimmen in den vier Ecken des Himmels erschallen. Das All wird sich in Bewegung setzen und von heiligen Engeln wimmeln. Diese werden den ganzen Tag hindurch gegeneinander kämpfen. An jenem Tage werden die Auserwählten durch die heiligen Engel vom Weltuntergang errettet werden. Dann werden alle Menschen einsehen, dass die Stunde ihres Verderbens geschlagen hat. Dies sind die Zeichen des siebenten Tages.

Und wenn die sieben Tage vorüber sind, am achten Tage zur sechsten Stunde wird sich eine zarte und leise Stimme von Osten her melden. Dann wird jener Engel in Erscheinung treten, der über die heiligen Engel Gewalt hat. Mit ihm werden alle Engel zusammen ausziehen, auf dem Wolkenwagen meines heiligen Vaters sitzend, frohlockend, in der Luft unter dem Himmel umherschweifend, um meine Auserwählten, die an mich geglaubt haben, zu retten; froh schließlich darüber, dass der Untergang der Welt hereingebrochen ist.

So weit die Worte des Heilandes an Thomas über das Ende dieser Welt.

---

109 Übertragen und eingeleitet von A. de Santos Otero a.a.O. (Band II): Komplizierte Überlieferungsgeschichte in mehreren Fassungen. Vermutlich vor dem 5. Jahrhundert in griechischer Sprache entstanden. Starke Anlehnung an die Johannes-Apokalypse im NT, die einzige apokryphe Apokalypse, die die Ereignisse des Jüngsten Tages auf sieben Tage verteilt: 675f. Text nach der lateinischen Fassung 678f.

6. Äußerungen über den Himmel in der Kirchenväterzeit

„Kirchenvater" ist in der Theologiegeschichte zuerst ein binnentheologisch besetzter Begriff und in zweiter Linie eine chronologische Kennzeichnung. Nach der Definition des Vinzenz von Lérins († Mitte des 5. Jahrhunderts) kommt die Bezeichnung „Kirchenvater" einem religiös-theologischen Schriftsteller des kirchlichen Altertums zu, der in seiner Zeit und an seinem Ort in der Einheit des Glaubens und in der Gemeinschaft der Kirche ein anerkannter, bewährter Lehrer war (Vinzenz sprach kurz auch von „magistri probabiles"). Für Frauen, die dieser Definition ebenfalls entsprachen, hat sich kein entsprechender Begriff eingebürgert. Wegen ihrer Probleme mit der kirchlichen Gemeinschaft wurden bedeutende Theologen des Altertums nicht zu den Kirchenvätern gerechnet; sie werden in der Tradition einfach „Kirchenschriftsteller" genannt. Im allgemeinen endet die Zeit der Kirchenväter mit Isidor von Sevilla († 633) im Westen und Johannes von Damaskus († um 749) im Osten.

Beim Thema des Himmels bürgerten sich bestimmte Auffassungen, Schwerpunktsetzungen und Begriffe ein, die zum Teil bis zur Gegenwart prägend geblieben sind. Schon früh bemühten sich kirchliche Theologen darum, zu einer Gemeinschaft des Konsenses mit vorausgehenden Generationen zu bleiben. Wenn vieles, was früher geschrieben und gesagt worden war, später wörtlich wiederkehrt, wobei der frühere Autor nur manchmal namentlich kenntlich gemacht wird, dann sah man darin kein Plagiat. Theologen des Altertums waren nicht um jeden Preis um Originalität besorgt (so sehr zum theologischen Disput auch Widerspruch gehörte und gehört).

Die hier folgende Darstellung folgt der nach geographischen Großräumen gegliederten Chronologie bei Brian Daley[110]: textlich hält sie sich an sein Referat. Bei der Auswahl der Befunde war der Wunsch leitend, dass die sehr unterschiedlichen Gesichtspunkte deutlich würden.

a) Frühes Christentum[111]

Hierzu kann man mit Daley zählen: Judenchristliche Gruppierungen, neutestamentliche Apokryphen, Apostolische Väter, Apologeten, Oden Salomons, Hirt des Hermas, chiliastische Texte aus Kleinasien.

Judenchristliche Gruppierungen überlebten eher kümmerlich in Palästina, Syrien, Mesopotamien, im westlichen Kleinasien. Von großer religiös-theologischer Bedeutung war bei ihnen die nicht-griechische, jüdische Auffassung der Auferstehung der Toten.

---

110 B. Daley, Patristische Eschatologie: Eschatologie. In der Schrift und Patristik von B. Daley unter Mitarbeit von J. Schreiner und H. F. Lona (HDG IV/7a), Freiburg i. Br. 1986, 84–248.

111 Ebd. 84ff.

Unter den erhaltenen Texten ist hier nur zu nennen die „Pseudoclementini-
sche Homilie"[112]: Wer in Glaube und in Liebe Gott anerkennt, kann unverweslich werden (Hom. 3,37). Deren Leiber werden bei der Totenauferstehung in
Licht verwandelt, Menschen werden den Engeln gleich und können dadurch
unmittelbar Gott schauen und leben (Hom. 17,16). Bis zur allgemeinen Auferstehung werden die Toten am „Ort der Seelen" aufbewahrt (Hom. 3,33).

Zu den frühen neutestamentlichen Apokryphen siehe oben unter 5. Außer den
dort erwähnten Texten sind hier noch die sibyllinischen Orakel, wahrscheinlich
aus Alexandrien in der letzten Hälfte des 2. Jahrhunderts (mit christlichen Inter-
polationen des 3. Jahrhunderts in Buch II)[113], die Petrusapokalypse aus der Mitte
des 2. Jahrhunderts[114] und die „Epistula Apostolorum"[115] zu erwähnen. Daraus
ergeben sich einige Grundzüge: Die letzten Tage der Menschheit sind gekommen, nach Eintreten der bekannten Vorzeichen und Verfolgungen der Gläubigen
erfolgt die Wiederkunft Jesu Christi; dabei werden die Tore des Hades geöffnet
und die dort festgehaltenen schattenhaften Menschen werden freigelassen (Sib.
VIII 226f.; II 214-237). Die Seelen werden mit den Leibern wieder vereinigt; alle
Menschen werden in ihrer körperlichen Identität vom Tod zum unverweslichen
Leben auferstehen (Petrus-Apk 4; Ep. Ap. 19,21-25). Die Heiligen tragen ihre
„hoch im siebten Himmel aufbewahrten Gewänder" und lassen ihre irdischen
Körper zurück (Himmelfahrt des Jes 4,16f. und öfter). Auch begegnet die Vor-
stellung, dass nur die auferstehen werden, die an den Auferstandenen geglaubt
haben[116]; nach einem isolierten Zeugnis bewirkt die Fürbitte der Gerechten, dass
Verlorene gerettet werden und an der Freude der elysischen Gefilde teilhaben
dürfen (Sib. II 330-338). Den Gerechten schenkt Gott Ruhe und ewiges Licht (5
Esra 2,29.34 und 35), die Freuden des Paradieses mit reichen Blumen und
Früchten aller Art (Petrus-Apk 16 u. a.), leuchtende Gewänder, Teilnahme am
ewigen Gastmahl Gottes (5 Esra 2,38-40.45), wo sie mit himmlischem Manna
gespeist werden (Sib. VII 148f.). Es finden sich aber auch Zweifel, dass dort Essen und Trinken möglich sind (Ep. Ap. 19). Die Gerechten werden von Jesus
Christus gekrönt, mit ihm führen sie an einem einzigen nie endenden Tag ein
Leben immerwährenden Wohlergehens (Sib. II 325-329), ohne Sorgen und Un-
einigkeiten (Sib. VIII 205-216; II 316-329). Für sie besteht eine „klassenlose Ge-

---

112 Der Text hat manchmal auch den Namen "2. Clemensbrief". Es handelt sich um eine Predigt
    eines unbekannten Verfassers, wohl Mitte des 2. Jahrhunderts: G. Schöllgen: LThK³ II (1994)
    1230.
113 Ch. Auffahrt – A. F. J.Klijn – H. Sciurie: LThK³ IX (2000) 553-557. Es handelt sich um eine
    Sammlung von 12 Büchern in griechischer Sprache, die Texte vom 2. Jahrhundert v. Chr. bis
    zum 7. Jahrhundert n. Chr. von meist drohendem, Unheil verkündenden Charakter enthalten.
114 Sie ist mehr bekannt durch ihre grausamen Phantasien über die Höllenstrafen. Mit ihr beginnt
    die Reihe der in der katholischen Theologie sog. Privatoffenbarungen.
115 Ein fingierter den zwölf Aposteln zugeschriebener äthiopischer Brief zwischen 120 und 180: C.
    Scholten, in: LThK³ III (1995) 732.
116 B. Daley, a.a.O. 89, Belege.

sellschaft"[117]. Bei einer neuen Schöpfung wird der „reine Geist" des Anfangs wiederhergestellt (Sib. VII 144f.).

Die sog. Apostolischen Väter (so genannt wegen ihrer Nähe zur Zeit der Apostel): Der Clemensbrief von einem unbekannten Verfasser, von der Gemeinde in Rom an die Gemeinde in Korinth, jedoch wohl von einem einzelnen Autor um das Jahr 100 geschrieben[118]. Er enthält die Aufforderung zu Respekt vor der Kirchenordnung und der zuständigen Autorität. Eschatologische Aussagen finden sich in den Kapiteln 23-28. Der Verfasser spricht Trost aus, weil sich die Parusie Jesu verzögert; es spricht von der künftigen Belohnung und Bestrafung, aber, sagt er, Einzelheiten gehen über menschliches Begreifen hinaus. Die „Heiligen", das sind die in der Liebe Vollkommenen, werden beim Kommen des Reiches Christi aus den Gräbern auferweckt. Die verstorbenen Märtyrer und glaubenstreuen Kirchenführer haben schon jetzt „einen sicheren Platz" in der Herrlichkeit (5,4.7; 6,2; 44,5). Mit der jüdischen Tradition sagt der Autor, dass die Zahl der Auserwählten bereits jetzt von Gott festgelegt ist (2,4; 59,2). Ein Textbeispiel[119]:

24. 1. Bedenken wir, Geliebte, wie der Herr uns fortwährend anzeigt, daß die künftige Auferstehung stattfinden wird, zu deren Anfang er den Herrn Jesus Christus machte, den er von den Toten auferweckte. 2. Betrachten wir, Geliebte, die zu bestimmter Zeit eintretende Auferstehung! 3. Tag und Nacht zeigen uns die Auferstehung an; die Nacht entschläft, der Tag steht auf; der Tag zieht ab, die Nacht kommt herbei. 4. Nehmen wir die Früchte; wie und auf welche Weise geschieht die Aussaat? 5. Es ging der Sämann aus und warf jedes der Samenkörner auf die Erde; diese fallen trocken und nackt auf die Erde und lösen sich auf; aus der Auflösung läßt sie dann die großartige Fürsorge des Herrn auferstehen, und aus dem einen erwachsen viele und bringen Frucht.

Zu den Apostolischen Vätern zählen auch der Barnabasbrief[120] und die „Didache"[121], ferner die sog. 7 Ignatiusbriefe eines Verfassers, von dem keine sicheren Lebensdaten bekannt sind[122]: Angesichts des nahen Weltendes sei eine ethische Entscheidung notwendig. Die bösen Gewalten seien zur Zerstörung im ewigen

---

117 Ebd. 90 Anm. 21 mit Belegen für das Interesse an diesem Zustand.
118 O. Schöllgen: LThK³ II (1994) 1229-1231.
119 Die Apostolischen Väter, griechisch und deutsch, hrsg., übertragen und eingeleitet von J. A. Fischer, München ⁷1976, 57.
120 Der Text eines unbekannten Verfassers (zwischen 130 und 132, vielleicht aus Alexandrien) versucht biblisch statt philosophisch zu argumentieren. Er sieht im Alten Testament eine bloße Ankündigung des Neuen; er spricht Israel jeden Heilswert ab: F. R. Prostmeier, in: LThK³ II (1994) 18. Die Auferstehung hält er für notwendig wegen der ausgleichenden Gerechtigkeit (21,1). In der neuen Schöpfung werden die Gläubigen über die Erde herrschen (6,17-19).
121 Die „Didache" ist die früheste erhaltene Kirchenordnung, Verfasser und Ort unbekannt, am ehesten um 100 entstanden: G. Schöllgen, in: LThK³ III (1995) 207f. Sünder sind von der kommenden Auferstehung ausgeschlossen: B. Daley, a.a.O. 92 Anm. 29 mit Textbeispielen und älterer Literatur.
122 Eine Überlieferung spricht von einem Martyrium eines „Ignatius" zu Beginn des 2. Jahrhunderts; F. R. Prostmeier: LThK³ V (1996) 407-409.

Feuer bestimmt. Martyrium sei ein Weg zu Gott (Ign. Rom. 1,2; 2,2 u. ö.) bzw.
zu Jesus Christus (ebd. 5,3) zur persönlichen Vereinigung mit ihm zu kommen.
Auferweckung aus dem Tod gebe es nur für die, die an die volle leibliche und gei-
stige Wirklichkeit Jesu glauben (Ign. Mag. 9,2; Ign. Sm. 5,2f.); die Leugner kä-
men als körperlose Schatten (Ign. Sm. 2,1) in das „unauslöschliche Feuer" (Ign.
Eph. 16,2). Für die Gläubigen habe die Auferstehung bereits begonnen (Ign.
Mag. 9,2), die Eucharistie sei die Medizin der Unsterblichkeit (Ign. Eph. 20,2).
Ein Textbeispiel[123]:

6. 1. Nichts werden mir nützen die Enden der Welt und die Königreiche dieses
Äons. Besser ist es für mich zu sterben auf Jesus Christus hin, als König zu sein
über die Enden der Erde. Jenen suche ich, der für mich starb; jenen will ich, der
unsertwegen auferstand. Das Gebären steht mir bevor. 2. Seid nachsichtig mit
mir, Brüder! Haltet mich nicht ab vom Leben, wollt nicht meinen Tod, ver-
schenkt den, der Gottes sein will, nicht an die Welt und verführt ihn nicht mit
der Materie! Lasst mich reines Licht empfangen! Dort angekommen werde ich
Mensch sein.

Auch der sog. Philipperbrief des Polykarp[124], das „Martyrium Polykarps"[125] sowie
der sog. 2. Clemensbrief[126] werden unter die Apostolischen Väter gerechnet.

Die „Oden Salomons"[127] lassen den Dichter sprechen, er habe Licht und Ruhe
des Herrn genossen und sei ins Paradies geführt worden (11,11-16, 38); er lädt
die Hörer ein, ihm dorthin zu folgen. Die Oden habe er gedichtet, weil er vom
Geist in den Himmel hochgehoben worden sei (36,1-2; vgl. 21,6-8). Er spricht
von einer grundlegenden Verwandlung und von Gekröntwerden, aber nicht von
Weltende, Gericht und Auferstehung der Leiber.

Der Hirt des Hermas[128]: Die Schrift enthält keine Einzelheiten der „jenseitigen" Welt. Die Gerechten werden mit dem Sohn Gottes wohnen (Herm.[s] IX
24,4), ihr Platz ist bei den Engeln (Herm. [s] IX 27,3), den Verfolgten wird ein
Ehrenplatz zur Rechten zuteil werden (Herm. [v] III 1,9 – 2,3).

Die „Apologeten" bilden eine eigene Gruppe kirchlicher Schriftsteller, die sich
mit Verteidigungsschriften an Nichtglaubende wandten, um sie vom Glauben zu
überzeugen, und die zum Teil mit diesem Ziel auch Dialoge führten. Als wichtig-

---

123 Aus dem Brief an die Römer. J. A. Fischer, a.a.O. 189.
124 Polykarp, Bischof von Smyrna, wirkte im 2. Jahrhundert: J. B. Bauer, in LThK³ VIII (1999)
     404f. Unter seinem Namen sind Briefe erhalten: Stilistische Nähe zu „Ignatius", kennt nur eine
     Auferstehung der „Würdigen", die den Willen des Herrn erfüllen (5,2) und „das lieben, was er
     liebte" (2,2).
125 B. Henze (unter dem Stichwort „Martyrer"): LThK³ VI (1997) 1438.
126 Siehe oben Anm. 112.
127 M. Lattke: LThK³ VII (1998) 972f., die früheste Sammlung christlicher liturgischer Dichtung,
     griechisch oder syrisch abgefasst, Edessa in der ersten Hälfte des 2. Jahrhunderts, eher semi-
     tisch, aber nicht apokalyptisch.
128 Eine Schrift um 140 mit allegorischen und apokalyptischen Formelementen, an alle Christen in
     Rom gerichtet: N. Brox, in: LThK³ IV (1995) 1448f.

ster von ihnen wird der Philosoph und Märtyrer Justin[129] bezeichnet. Er schrieb zwischen 155 und 165 und verwendete den geläufigen Wortschatz der Apokalyptik, das Schema Bestrafung (mit ewigem Feuer) – Belohnung (mit Befreiung vom Leiden, und zwar zunächst vorübergehend bis zum Gericht) (II Apol. 1). Die Gerechtigkeit Gottes fordert ein Gericht, durch dessen Feuer die Gerechten geläutert würden (Dial. 116). Die Seelen behielten nach dem Tod ihr Empfindungsvermögen; nach dem Tod seien die der Gerechten an einem besseren Ort, die der Ungerechten und Bösen an einem schlechteren (Dial. 5). Bei der Auferstehung würden die Menschen ihre eigenen Körper wieder erhalten (I Apol. 18). Der Kern der Belohnung bestehe in Unverweslichkeit und Gemeinschaft mit Gott (I Apol. 10), in Unsterblichkeit (ebd. 21 u. ö.), in Vitalität des Körpers, Erhalt seiner natürlichen Umwelt und der „inneren Kräfte"; die Sünder erhielten ihre Körper wegen der Bestrafung im ewigen Feuer (I Apol. 8 u. ö.). Justin wird auch ein Fragment „Über die Auferstehung" zugeschrieben[130]. Es nimmt Stellung gegen die gnostischen Einwände hinsichtlich der Auferstehung: physische Unmöglichkeit wegen des ständigen Wandels der Materie, Unangemessenheit, weil der Leib sündig ist, Überflüssigkeit. Der Verfasser argumentiert mit dem Auferstehungsleib und mit der Erlösung des ganzen Menschen.

Von Tatian[131] ist eine Rede an die Griechen nach 165 überliefert. Darin heißt es: Der Mensch wurde erschaffen mit einer Seele (psyche) und einem Anteil am Geist Gottes (pneuma); dieser letztere macht den Menschen zum Ebenbild Gottes wegen der Unsterblichkeit (7), während Körper und Seele von ihrem Wesen her sterblich sind (13). Die Seele verlor ihren Anteil am Geist, nämlich die Unsterblichkeit, weil sie sich den materiellen Gesetzen des Todes unterwarf (15). Nach der Vollendung von Welt und Geschichte im Feuer werden Körper und Seelen aller Menschen wiederhergestellt und unsterblich gemacht. In der Unsterblichkeit erhielten die Sünder ihre Bestrafung, die Gerechten Seligkeit in der Erkenntnis Gottes und in der Wiedervereinigung mit seinem Geist (13f.) an einem Ort, der jenseits der Beschränkungen der uns bekannten Welt liege (20). In diesem Zusammenhang wird das Motiv des „Gewandes" der Unsterblichkeit verwendet.

Von Athenagoras[132] stammt eine Bittschrift für die Christen, wohl um 177. Er kommt angesichts des Gerichts auf die moralische Bedeutung der Hoffnung auf Auferstehung und ewiges Leben zu sprechen, die auch den Wert des menschlichen Daseins bestätigen (12.31). Nur das göttliche Sein ist von seinem Wesen

---

129 Justinos, geboren in Samarien, war mittelplatonisch ausgebildet, wirkte vor allem in Rom, verfasste eine apologetische Petition, führte öffentlichen Lehrstreit mit paganen, gnostischen und jüdischen Schulen, denen er aber „Samenkörner der Wahrheit" zuerkannte: St. Heid, in: LThK³ V (1996) 1112f.

130 B. Daley, a.a.O. 100 mit Anm. 1.

131 Geboren um 120 in Syrien, Schüler des Justinos (s. Anm. 129), von griechischer Bildung, Apologet und Theologe; vgl. W. Cramer: LThK³ IX (2000) 1274f.

132 An die Kaiser adressiert. Die Absicht war, in philosophischer Argumentation den Kontrast aufzuzeigen zwischen dem Christentum und Religion sowie Ethos in der „heidnischen" Religion: C. Scholten: LThK³ I (1993) 1143f.

her ewig, aber ein Christ erwartet, dass er an der Unvergänglichkeit Gottes Anteil erhalten wird, „da wir bei Gott und mit Gott bleiben werden, von jedem Wandel oder Leid der Seele frei, nicht als Fleisch, obwohl wir Fleisch besitzen werden, sondern als himmlischer Geist" (31). Die Verurteilten werden im Feuer weiter existieren, keiner wird vernichtet werden (ebd.). – Eine Abhandlung „Über die Auferstehung der Toten" stammt möglicherweise von Athenagoras, vielleicht der „erste Versuch einer christlichen Anthropologie"[133]. Unter Auferstehung versteht diese Schrift die Wiederherstellung der jetzigen Körper und deren Wiedervereinigung mit den jetzigen Seelen (25). Gott hat die Möglichkeit und Fähigkeit, das trotz des Wandels der Materie zu bewirken (9). Zur Unsterblichkeit der Seele sei zu sagen: Die Menschen wurden für das ewige Leben geschaffen; da Leib und Seele zusammengehören, müssen beide weiterbestehen (13.15); wobei der Tod nur eine nicht dauerhafte Unterbrechung bedeutet. Die Forderung nach Gerechtigkeit verlangt das Weiterbestehen der ganzen Person, die Verantwortung für ihre Taten trägt (20f.).

Weniger philosophisch als biblisch schrieb Theophilus von Antiochien[134] „An Autolycus", wahrscheinlich um 180, über die eschatologische Hoffnung der Gläubigen, sie würden an Leib und Seele unsterblich gemacht, damit sie in einem neuen, unverweslichen Leben Gott würdig schauen können; der Ungläubige würde dagegen dem ewigen Feuer übereignet (1,7.14). Die Unsterblichkeit des Menschen ist reines Geschenk und lässt sich doch durch Glauben und Tun erwerben (2,27). Theophilus spricht als erster christlicher Theologe von der Vollendung als „Vergöttlichung" (theiosis). Der Ort der Verwandlung von der menschlichen zur göttlichen Lebensweise sei das Paradies, ein Ort „zwischen Himmel und Erde" (2,24): Dort kann man die ursprüngliche Harmonie der Schöpfung wieder entdecken, dort empfängt man die neuen Gaben, die die Teilhabe am Wesen Gottes möglich machen.

b) Die Auseinandersetzung mit der Gnosis

In der gnostischen Lehre wird fast überall das Heil als Wiedereinbringung der Lichtteile dieser Welt in ihren Platz im Pleroma, der „Fülle" der hierarchisch geordneten göttlichen Wesen gesehen. Die verbreitetsten Lichtteile sind die menschlichen Seelen. Nach Hippolyt[135] (Elench. 6,27,1-14) lehrte Basilides[136],

---

133 C. Scholten, a.a.O.; die Diskussion über die Authentizität geht bis heute weiter; B. Daley, a.a.O. 101f.

134 Theophilos war Bischof von Alexandrien, starb zwischen 181 und 188, wandte sich gegen den Hellenismus. Einzig von ihm erhalten „Ad Autolycum". Seiner Meinung nach war der Mensch weder sterblich noch unsterblich, sondern in einer mittleren Position erschaffen, die eine Wahl ermöglichte (ebd. II 24.27): M. Fiedrowicz, in: LThK³ IX (2000) 1472.

135 C. Scholten, Hippolyt von Rom: LThK³ V (1996) 147-149; seine Verfasserschaft bei der Schrift gegen Platon wohl authentisch, anderes ist umstritten, viele Werke nur in Fragmenten erhalten. Wie Tertullian und Novatian griff er auf die antike Auffassung vom Hades zurück.

diejenigen Geschöpfe, die nicht mit dem Grad der Vollendung (vereinigende Erkenntnis und Liebe) gesegnet sind, würden wenigstens den Trost einer „gewaltigen Unwissenheit" erhalten, so dass schließlich jede Ebene des Kosmos damit zufrieden sein wird, dass sie innerhalb der Beschränkungen des eigenen Wesens bleibt[137]. Die Belohnung der Erleuchteten, die die ihnen offenbare heilbringende Erkenntnis angenommen haben, wird oft als Ruhe, Licht und Herrlichkeit, als enge Gemeinschaft mit den anderen Geretteten und als liebende Vereinigung mit dem Vater aller Dinge gesehen (sie wird zuweilen auch als Vollzug einer mystischen Ehe verstanden, die in der gnostischen Initiationsliturgie rituell angedeutet ist)[138].

Bei dem großen „Gegenspieler" der Gnosis, Irenäus von Lyon[139], ist die Theologie wesentlich eine Lehre der Einheiten: Die Einheit Gottes als des Schöpfers und Erlösers im Gegensatz zu der markionitischen und gnostischen Neigung, die Welt als Schauplatz eines Kampfes zwischen streitenden überkosmischen Kräften zu sehen; die Einheit Jesu Christi als ewiges göttliches Wort, Bewirker der Schöpfung und doch voller Teilhaber am „fleischlichen" menschlichen Leben; die Einheit des Menschen als Geist und Fleisch, der in seiner Ganzheit von Jesus Christus zum Heil berufen ist; die Einheit und Kontinuität der Menschheitsgeschichte, die ihrem von Anfang an gesetzten Ziel, der dauerhaften Vereinigung mit Gott, nahe kommt[140]. „Der Mensch aber musste zuerst werden, dann wachsen, dann erstarken, dann sich vervielfältigen, dann genesen, dann verherrlicht werden und schließlich seinen Gott schauen. Die Anschauung Gottes nämlich ist unser Ziel und Ursache der Unvergänglichkeit, die Unvergänglichkeit aber führt uns in die Nähe von Gott" (Adv. Haer. IV 38,3, um 180 geschrieben). Die Auferstehung ist von zentraler Bedeutung, und zwar verlangt die göttliche Gerechtigkeit, dass sie die Menschen in ihrer Ganzheit erreicht, Gerechte und Ungerechte im eigenen Leib und in der eigenen Seele (Adv. Haer. II 33,5). Irenäus betont die fleischliche Wirklichkeit der auferstandenen Leiber, denn nur dadurch werde die biblische Verheißung der Erlösung des Fleisches ernst genommen[141]. Als ewige Wohnung der Gerechten werden ein neuer Himmel und eine neue Erde geschaffen werden (Adv. Haer. V 35,2; 36,1). Die Menschlichkeit der Geretteten wird in etwas unvorstellbar Schönes verwandelt werden (Adv. Haer. IV 39,2). Gemäß der gestuften Verheißung Jesu für die Belohnten (100-, 60-, 30fache Frucht: Mt 13,23) gibt es für die Gerechten verschiedene Stufen der Glückselig-

---

136 Basilides wird als führender Gnostiker bezeichnet, wirkte wohl in der ersten Hälfte des 2. Jahrhunderts, war platonisch und stoisch beeinflusst. Er plädierte für eine Weltdistanz ohne Weltverneinung: W. A. Löhr, in: LThK³ II (1994) 59.

137 B. Daley, a.a.O. 104.

138 Ebd. 105.

139 Irenäus war von kleinasiatischer Herkunft, historisch 177 greifbar als Presbyter der griechisch sprechenden Gemeinde in Lyon. In seinem Hauptwerk „Adversus haereses" geht es ihm um Entlarvung und Widerlegung der, wie er sagt, fälschlich so genannten Gnosis. Er übte theologisch großen, weit verbreiteten Einfluß aus: F. Dünzel, in: LThK³ V (1996) 583ff.

140 B. Daley, a.a.O. 106f.

141 B. Daley, a.a.O. 108.

keit, je nach ihren Verdiensten. Die Würdigsten werden in den „Himmel" gebracht, die nächsten ins „Paradies", womit wohl ein Ort zwischen Himmel und
Erde gemeint ist, und die am wenigsten Würdigen werden „die prachtvolle Stadt"
besitzen (Adv. Haer. V 36,1-2). Vielleicht gibt es nach dem Gericht eine Möglichkeit des Wachsens und Fortschreitens zu einer immer engeren Vereinigung
mit Gott, bis alle Unterschiede verschwinden (Adv. Haer. V 36,2; vgl. II 28,3).
Die wahre Belohnung der Gerechten besteht in der Gemeinschaft mit Gott, das
Empfangen Gottes als Leben und Licht, das Neugeschaffenwerden nach dem Bild
und Gleichnis Gottes[142].

c) Zum „Himmel" in der westlichen Theologie
in der ersten Hälfte des 3. Jahrhunderts

Die Theologie dieser Zeit hat aggressive und polemische Züge; die Angriffe gelten dem „Heidentum" und der Gnosis, moralisierend wird die zeitgenössische
Kultur abgelehnt. Immer noch hoch ist die Erwartung des Endes der alt und er-
schöpft gewordenen Welt. Bei der Erwartung des Kommenden werden biblische
Bilder systematisiert.

Tertullian[143] gilt wegen seiner Abwanderung in die rigoristische Sekte der
Montanisten nicht als „Kirchenvater", sondern nur als „Kirchenschriftsteller".
Mit anderen Theologen teilt er die Auffassung, die alt gewordene Welt werde im
Brand verzehrt werden. Gegen die skeptischen Heiden und die dualistischen
Gnostiker verteidigt er die materielle Auferstehung der Leiber, die an Belohnung
oder Bestrafung der Seelen teilnehmen müssen. Gegen die Erwartung einer See-
lenwanderung (oder Reinkarnation) stellt er die These auf: Wenn Gott uns aus
dem Nichts erschaffen konnte, kann er uns auch aus der Zersetzung wieder in
materieller Identität zusammensetzen (Apol. Kp. 48; Adv. Marc. Kp. 5)[144], aber
wir werden „engelgleich" sein (unter Bezug auf Lk 20,36): „wir werden dann au-
genblicklich in die Substanz der Engel verwandelt, sogar durch die Ausstattung
mit einer unverweslichen Natur" (Adv. Marc. 3,24 u. o.). Er spricht auch relativ
oft vom Hades. Der Hades ist ein „riesiger unterirdischer Raum, der tief im Erd-
inneren verborgen liegt", ein „Empfangsraum" für alle Toten, dort leben die Seelen der Verstorbenen – die Seele hat seiner Meinung nach eine echte, subtile,
sehr beschränkte körperliche Existenz – in der Verbannung bis zur Auferstehung
(Berufung auf die Erzählung vom reichen Mann und dem armen Lazarus Lk
16,19-31 und auf den Hadesabstieg Jesu in seinem Tod). Für die Seelen der Guten gibt es einen Trost in einer Art „sicherer Vorwegnahme der Herrlichkeit"[145].

---

142 Ebd. 109 mit vielen Stellenangaben.
143 Quintus Septimius Florens Tertullianus (um 160 – nach 220), ein polemischer Apologet: A.
 Fürst, in: LThK³ IX (2000) 1344-1348.
144 B. Daley, a.a.O. 111.
145 B. Daley, a.a.O. 113.

Von den zwei Regionen des Hades ist der Schoß Abrahams ein vorübergehender Behälter für die Guten. Gläubige Christen sehen dem Tod gelassen entgegen, „da wir, die wir sowohl maßvoll als auch sicher in der Großzügigkeit unseres Gottes sind, durch die Zuversicht, die uns seine jetzige Erhabenheit schenkt, zu der Hoffnung auf künftige Glückseligkeit ermutigt werden. So erstehen wir in Glückseligkeit und leben bereits in Erwartung der Zukunft" (Octav. 38)[146].

Unter den Texten, die unter dem Namen Hippolyts von Rom[147] laufen, wird die Abhandlung „Gegen Platon. Über die Ursache des Alls" aufgeführt, die gegen die Unsterblichkeits- und Seelenwanderungslehre der Griechen gerichtet ist[148]. Danach sähe die Vollendung der Guten so aus: Die Gerechten kommen an einen helleren, angenehmeren Teil der Unterwelt, in den „Schoß Abrahams", in die Gesellschaft der Engel und Patriarchen, und hätten Freude an der zukünftigen Belohnung. In der leiblichen Auferstehung würden sie mit den früheren, aber jetzt unverweslichen Körpern verbunden. Im „Himmelreich" erinnern sie sich an ihre früheren guten Werke; sie haben freien Zugang zum ganzen gastlichen All, erhalten Früchte der erneuerten Erde. Im „Elenchus" heißt es, der erlöste Glaubende erhalte Unsterblichkeit und Unverweslichkeit an Leib und Seele und: „wird Gott werden" (10,34,3 und 5)[149].

Cyprian, Bischof von Karthago[150], interessierte sich mehr als westliche Theologen vor ihm für die Größe des Lohns im Himmel für die Treuen. Die Glückseligkeit wird von ihm nicht lyrisch beschrieben, aber die „soziale Dimension" in der Vollendung wird betont. Im Himmel, den jeder Christ als seine eigentliche Heimat betrachten darf, „wartet eine große Schar unserer Lieben auf uns" zusammen mit den Patriarchen, Aposteln und Märtyrern (Ad Dem. 26 u. ö.)[151]. Es warten auf uns „die Umarmung und der Kuss des Herrn" (Ep. 6,4), wir dürfen mit ihm Freund und Miterbe sein (Ad Fort. 13). Aber Cyprians Lebensthema, die Einheit der Kirche, beeinflusst auch seine Sicht auf die Vollendung: Selbst der christliche Märtyrer außerhalb dieser Einheit wird nicht „gekrönt" werden (De unit. 15).

---

146 Ebd. 114f.
147 Vgl. oben Anm. 135.
148 B. Daley, a.a.O. 116.
149 Ebd.
150 G. W. Clarke, Cyprian von Karthago: LThK³ II (1994) 1364-1366; Bischof, Martyrium 258. Ad Dem. zur Verteidigung der Christen, Ad Fort. über Martyrium, De unitate ecclesiae catholicae und Briefe werden als echt angesehen.
151 B. Daley, a.a.O. 117.

d) Der kirchliche Osten

Klemens von Alexandrien[152] lehrte: Das Ziel des ganzen christlichen Bemühens ist es, die ewige Anschauung Gottes zu erlangen[153], „die transzendent klare und absolut reine, unersättliche Schau, die den innig liebenden Seelen vorbehalten ist" (Strom. 7,3, 13,1). Dieses bemühende Leben um die Gottesschau bringt Verwandlung, Heiligung, Sohnschaft, Freundschaft mit Gott hervor und schließlich eine „Angleichung an Gott" (Strom. 2,23,136,6). Am Ende werden alle Gerechten in ein Leben der Betrachtung mit den Engeln in das herrliche Licht des Himmels aufgenommen werden (Eklogai Prophetikai 56-67). Die Sonne wird mit der Wohnung des „herrschenden Engels" identifiziert (ebd.). Die Engel hatten vor dem Ende verschiedene Aufgaben in der Schöpfung, aber danach werden sie dort, „in ihrer ersten Heimat", wieder vereint sein und haben nur noch die Anschauung Gottes als Aufgabe. Die Menschen werden sich zu den „Thronen und Mächten" gesellen und – je nach dem Grad ihrer Erkenntnis – Gott wird „in ihnen ruhen". Die am meisten Fortgeschrittenen werden tausend Jahre lang Schüler der Engel sein und dann selber Engel werden und Menschen belehren (Strom. 6,13f.: im Himmel gibt es verschiedene Grade der Herrlichkeit der Menschen). Der wahre Gnostiker kann das bereits besitzen, was er ersehnt, denn „durch die Liebe ist die Zukunft für ihn bereits gegenwärtig" (Strom 6,9,77,1). Am Ende einer Homilie zeichnet Klemens ein Bild „der erhofften Auferstehung, wenn am Ende der Welt die freudestrahlenden Engel unter Lobgesang die Himmel öffnen und jene, die echte Reue zeigen, in die himmlischen Wohnungen aufnehmen werden, ihnen voran der Heiland selbst, der ihnen entgegengeht (...) und sie zum Schoß des Vaters, zum ewigen Leben und zum Himmelreich geleitet" (Quis dives 42)[154].

Origenes[155] wird von angesehenen Fachleuten als der bedeutendste Theologe im kirchlichen Osten angesehen. Wie alle wirklichen Theologen mühte er sich um ein Gottesbild, das nie fertig war und zu dem auch das Eingeständnis des eigenen Nichtwissens und Nichtbegreifens gehörte. Er schrieb Gott nie vor, wie er sein „müsse", und dachte groß auch von den Möglichkeiten des göttlichen Er-

---

152 E. Früchtel, Klemens von Alexandrien: LThK³ VI (1997) 126f. Die Lebensdaten von Titus Flavius Clemens sind ganz unsicher (um 159? – um 215?), die Werke nur zum Teil erhalten. Er benützte die Bibel und oft Philon von Alexandrien und dessen allegorische Methode, zitierte oft griechische Philosophen, bekämpfte die Gnosis. In einer Mahnrede an die „Heiden" hebt er die Bedeutung Jesu Christi als Logos-Erzieher hervor. Dazu: E. Früchtel, Hoffnung und Jenseitserwartung in der griechisch-christlichen Deutung des Clemens Alexandrinus: Perspektiven der Philosophie 29 (2003) 167-188.

153 B. Daley, a.a.O. 120.

154 Ebd. 121.

155 H.-J. Vogt, Origenes: LThK³ VII (1998) 1131-1135. Die Lebensdaten (um 185 – um 254) lassen sich nicht exakt eruieren. Origenes studierte Bibel und Philosophie in Alexandrien. Zu seinen wissenschaftlichen Leistungen gehören eine zusammenfassende Glaubenslehre (Peri archon), Bibelkommentare und eine Theorie der Schriftauslegung („Schriftsinne"). In der Spätphase befasste er sich kritisch mit der Gnosis. Vogt beschreibt auch sachgerecht die Gründe, die Jahrhunderte nach seinem Tod zu Verurteilungen geführt haben (1134).

barmens. Theologie ist seiner Überzeugung nach immer auf dem Weg, denn „das eine Corpus der ganzen Wahrheit darzustellen wird nie möglich sein"[156].

Und alle theologische Rede kann und soll unmittelbar in spirituelle Betrachtung „übersetzt" werden. Hier soll zunächst er selber zu Wort kommen in der kongenialen Übersetzung von Hans Urs von Balthasar[157]:

(997) Freunde lernen „von Angesicht" und nicht „durch Rätsel", nicht eine Weisheit, die in bloßen Worten und Sprüchen und Gleichnissen und Abbildern besteht, sie dringen durch bis zum Wesentlich-Geistigen und zur Schönheit des Wahren.

Mahnrede zum Martyrium 13.
(998) Erwäge denn, wie Großes, wie Gewaltiges es ist, was nicht nur „kein Mensch sehen" noch „hören" durfte, sondern selbst „in keines Menschen Herz aufgestiegen ist", das heißt, in seine Gedanken überhaupt nicht aufsteigen kann. Wolltest du mir also die Erde nennen oder den Himmel oder diese Sonne oder den Blitz dieses sichtbaren Lichts – : all das sieht das Auge und hört das Ohr, und so kann es nicht das sein, was „ein Auge nicht sah und ein Ohr nicht hörte und in eines Menschen Herz nicht aufstieg". Überschreite also all dies und steige hindurch durch alles, was immer du siehst, was immer du hörst, ja selbst was immer du dir vorzustellen vermagst, und von jenem wisse, dass es „denen, die Gott lieben", hinterlegt ist, was nicht einmal zur Ahnung deines Herzens aufzusteigen vermochte. So denke ich denn auch, dass man bei jenen Verheißungen an keines dieser leiblichen Dinge denken darf. Das Wesen der leiblichen Materie entgeht nicht durchaus dem Begreifen des menschlichen Denkens, jene Dinge aber können in kein Begreifen, in niemandes „Herz aufsteigen", die da in der einzigen Weisheit Gottes enthalten sind.

Num. Hom. 8
(999) Keins von den Dingen, die hier gesehen werden, ist für die Zukunft zu erhoffen. Denn „ein Auge hat nicht gesehen, was Gott denen bereitete, die ihn lieben". Es sieht aber das Auge den Himmel und die Erde, so darf man nicht von diesen Dingen, die gesehen werden, glauben, dass sie Gott „bereitet" hat; ein Himmel muss es sein, ja viele Himmel, die weit erhabener und höher sind, als dieses mit Augen sichtbare Firmament.

Röm.7,5
(1000) Denn da „das WORT Gottes lebendig ist und wirksam und durchdringender als jedes zweischneidige Schwert und einfahrend bis zur Trennung von Seele und Geist..", so warf Gott es zwischen das Bild des „Irdischen" und das Bild

156 Zit. von H.-J. Vogt, a.a.O. 1133.
157 Origenes. Geist und Feuer. Ein Aufbau aus seinen Schriften von Hans Urs von Balthasar, 2. durchgesehene Auflage Salzburg 1938. Die Bezifferung stammt vom Übersetzer. Die Zitate: ebd. 502-504.

des „Himmlischen", um jetzt das Himmlische von uns zu empfangen und dadurch in Zukunft, wenn wir verdienen, nicht mehr entzweigeschnitten zu werden, uns vollständig zu Überhimmlischem zu machen.

Mahnrede zum Martyrium 37
(1001) „Und kein Mensch wird da sein, wenn der Hohepriester eintritt durch den Vorhang ins Innere des Bundeszeltes". In welchem Sinn wird „kein Mensch da sein"? Ich fasse es so, dass, wer Christus folgen konnte und mit ihm ins Innere des Zeltes eintreten und die Höhen der Himmel ersteigen konnte, nicht mehr Mensch ist, sondern nach seinem Worte „wie ein Engel Gottes". Oder vielleicht erfüllt sich an ihm auch das Wort, das der Herr selbst gesprochen: „Ich sagte, ihr seid Götter und Söhne des Allerhöchsten alle." Sei es also, dass er, geistig geworden, „mit dem Herrn zu einem Geiste" werde, sei es, dass er durch den Glanz der Auferstehung in die Reihen der Engel rücke, gewiss ist er nicht mehr Mensch. Ein jeder aber ist selbst Ursache davon, ob er den Menschennamen übersteigt oder innerhalb dieser Bezeichnung eingerechnet wird. Wenn nämlich der „im Anfang" geschaffene Mensch auf das geachtet hätte, was ihm die Schrift sagt: „Siehe ich stelle vor deine Augen den Tod und das Leben, wähle das Leben", so wäre gewiss das menschliche Geschlecht nie in dieses sterbliche Schicksal gelangt. Aber weil es, das Leben verlassend, dem Tode folgte, ist der Mensch Mensch geworden, und nicht nur Mensch, sondern auch Erde, wie es denn auch von ihm heißt, dass er „zur Erde zurückkehre".. Und mir will scheinen, dass die menschliche Seele in sich selbst betrachtet weder sterben noch unsterblich genannt werden kann. Sondern sie wird, wenn sie das Leben wählt, durch Teilnahme am Leben unsterblich sein (ins Leben nämlich fällt der Tod nicht ein), wendet sie sich aber vom Leben ab und pflegt sie Gemeinschaft mit dem Tode, so macht sie sich selbst sterblich. Und darum sagt der Prophet: „Die Seele, die sündigt, die wird sterben", wenngleich wir diesen Tod nicht als Untergang des Daseins verstehen; sondern dies eben, dass sie von Gott, der das wahre Leben ist, fremd und verbannt ist, muss als ihr Tod angesehen werden.

Lev. Hom. 9,11
(1002) „Er muss herrschen, bis der letzte Feind zerstört ist, der Tod." Ist dieser zerstört, so „wird" nicht länger „der Tod vor dem Angesicht derer stehen", die gerettet werden sollen, sondern allein „das Leben, das geglaubt wird". Denn solange der Tod vor Augen steht, wird von denen, über die er Macht hat, nicht an das Leben geglaubt, ist aber der Tod zerstört, so wird das Leben von allen geglaubt.
(1003) Jetzt freilich „klebt meine Seele am Boden" und wurde zu Fleisch. Bei der Auferstehung aber wird das Fleisch der Seele anhängen und Seele werden, die bei der allgemeinen Auferstehung „dem Herrn anhängen" und mit ihm „ein Geist" sein wird, und so wird der Leib geisthaft.

Matth. 15,23
(1025) Ich glaubte, dass, wenn von Gott gesagt wird, er werde „alles in allen"
sein, dies auch bedeutet, er werde zugleich in jedem Einzelnen alles sein. In jedem
Einzelnen wird er aber auf diese Weise alles sein, dass, wenn einmal aller Schmutz
der Sünde ausgefegt ist, alles, was immer ein vernünftiger Geist fühlen oder einsehen oder denken kann, Gott ist, und er weiterhin nichts anderes sehen kann als
Gott, nichts anderes halten kann als Gott, dass Gott Weise und Maß jeder seiner
Regungen ist, und so „Gott alles" ist,.. und er fürderhin kein Begehren mehr
trägt, vom „Baume des Wissens von Gut und Böse" zu essen, weil er immer im
Guten ist.

Peri archon 3,6,3
(1026) Wenn uns der Schöpfer selbst geschenkt ist, wie würde uns nicht mit ihm
zugleich die ganze Schöpfung mitgeschenkt? Obschon dies Wort: „Mit ihm zusammen wird er uns alles schenken", einen doppelten Sinn haben kann, Denn es
kann auch dies meinen, dass uns, wenn wir Christus in uns haben, sofern er
WORT und Weisheit und Gerechtigkeit und Frieden ist und alles andere, was
die Schrift von ihm sagt, mit dieser Fülle der Tugenden auch alles andere mitgegeben wird, so dass wir nicht mehr einen vereinzelten Platz unter allen Geschöpfen, nicht mehr diesen engen Erdenort, den wir jetzt bewohnen, einnehmen,
sondern alles, was immer Gott schuf, Sichtbares und Unsichtbares, Verborgenes
und Offenbares, Zeitliches und Ewiges zugleich mit Christus besitzen werden. Es
kann dann das Wort: „Mit ihm zusammen wird er uns alles geben", auf andere
Weise so verstanden werden: ihm als „Erben" wird Gott alles Geschaffene zum
Genusse geben und ebenso uns, sofern wir seine „Miterben" sind.

Joh. 20,7
(1027) Wenn einer, den Sohn erblickend, „den Vater sieht, der ihn gesandt hat",
so sieht er den Vater im Sohne. Wenn er aber den Vater und was des Vaters ist,
so wie der Sohn sieht, dann wird er gleich wie der Sohn zu einem Augenzeugen
des Vaters und dessen, was des Vaters ist, und er erkennt nicht mehr an einem
Bilde das, was dieses abbildet. Und ich glaube, dies wird „das Ende" sein, „wenn
der Sohn das Reich Gott dem Vater übergeben wird und wenn Gott alles in allen
sein wird".

Joh. 1,16
(1028) Dann wird es für die, die zu Gott durch das WORT, das bei ihm weilt,
gelangten, nur noch eine einzige Tätigkeit geben. Alle werden in der Erkenntnis
des Vaters so gebildet sein.. wie jetzt einzig der Sohn, .. und sie „werden eins sein,
wie" der Vater und der Sohn „eins" sind.

Mehr als frühere christliche Schriftsteller betont Origenes die Kontinuität zwischen dem jetzigen christlichen Leben und dem eschatologischen Ziel; die
eschatologischen Aussagen der Schrift haben gegenwärtige und zukünftige Rele-

vanz[158]. Die Vollendung der Welt „soll nicht als plötzliches Ereignis aufgefasst werden, sondern als allmählich und schrittweise, während die endlosen und großen Zeitalter verstreichen und der Prozess der Vervollkommnung und Verbesserung in verschiedenen Einzelmenschen allmählich voranschreitet" (Peri archon 3,6,6 u. ö.). In denen, die dem Wort Gottes gehorchen, ist seine Herrschaft über die menschlichen Herzen schon Wirklichkeit (Or. 25,1). Alle Tugenden zusammen könne man auch „Himmelreich" nennen (Comm. In Mt 12,14). Vollendet ist das Reich Gottes erst dann, wenn die gottgegebene Ordnung der Erkenntnis und der Tugend in jedem Menschen vervollkommnet worden ist (Or. 25,2). Origenes sieht den Kern der eschatologischen Freude in der Anschauung Gottes als höchste Wahrheit und Schönheit. Dies ergebe sich aus der natürlichen und richtigen Sehnsucht des menschlichen Geistes, „die Wahrheit Gottes zu wissen und die Ursachen der Dinge zu erkennen. Wir empfingen von Gott die Sehnsucht nicht, damit sie unerfüllt, geschweige denn unerfüllbar bleiben sollte" (Peri archon 2,11,4). Das im Neuen Testament verheißene himmlische Gastmahl möchte Origenes auffassen als „Anschauung und Verstehen Gottes" je nach „den Maßen, die dieser Natur, die geschaffen ist, angemessen und entsprechend sind" (Peri archon 2,11,7).

In der Vollendung wird es nur eine Tätigkeit geben, nämlich Gott zu erfassen. „Dann wird man den Vater und die Dinge des Vaters selber sehen, wie der Sohn es tut, und (man wird) nicht mehr in dem Abbild die Wirklichkeit dessen erkennen, dessen Abbild es ist. Und ich glaube, dass dies das Ende (oder: das Ziel, telos) sein wird, wenn der Sohn seinem Vater das Reich übergibt und wenn Gott alles in allem sein wird" (Comm. In Joh. 20,7,47f.). Origenes stellt fest, „dass eine solche Erkenntnis aufgrund der Beschränkungen des menschlichen Geistes und der Unbegreiflichkeit Gottes nie vollständig sein wird. Wir können nie von unserer Erkenntnis Gottes sagen, sie sei zur Ruhe gekommen, ‚zu Hause angekommen'. Jene, die ‚den Weg der Weisheit Gottes gehen', sollen sich vielmehr als in ‚Zelten' wohnend betrachten, mit denen sie immer gehen und sich immer weiterbegeben, und je weiter sie gehen, desto länger wird der noch zurückzulegende Weg, der sich endlos erstreckt[159]. [...] Denn es geschieht nie, dass ein von dem Funken der Erkenntnis entzündeter Geist zur Ruhe kommen kann; er wird immer weiter gerufen, vom Guten zum Besseren und vom Besseren zu hoch Höherem" (Hom. In Num. 17,4)[160]. „Ich muss über diese Welt hinauskommen, um zu erkennen, was diese vom Herrn gemachten Zelte sind" (ebd.).

Gegen Kelsos bestreitet er, dass die Christen mit der Auferstehung der Toten bloß die Wiederherstellung der jetzigen materiellen Leiber erwarten: „Unsere

---

158 B. Daley, a.a.O. 123.
159 Origenes beginnt hier, eine dynamische Auffassung des Himmels zu begründen, die von seiner Beschäftigung mit dem Hohenlied inspiriert ist und die innerhalb seiner Eschatologie ein ausgleichendes Element gegenüber der rein kontemplativen Sicht darstellt. Gregor von Nyssa wird ihm darin folgen. B. Daley spricht ebd. von einer „eigenen Theorie der Glückseligkeit als ewige Selbsttranszendenz oder epéktasis" bei Gregor von Nyssa.
160 B. Daley, a.a.O. 125.

Hoffnung ist nicht eine, die für Würmer passend ist; auch sehnt sich unsere Seele nicht nach dem verwesten Leib" (Gegen Kels. 5,19)[161]. Origenes kann nicht pro oder contra bei der Alternative (jüdische) Auferstehung des Leibes – (griechische) Unsterblichkeit der Seele in Anspruch genommen werden. Wenn jemand, sagt er, den Auferstehungsglauben der Kirche ablehnt, aber hofft, dass die Seele „lebt und weiterlebt", dann ist das nicht vergeblich, denn bei der Auferstehung erhält die Seele „nicht diesen Leib, sondern einen ätherischen und höheren". Die Kontinuität zwischen der gegenwärtigen und der künftigen Gestalt des Leibes ist die Seele, die während des ganzen Lebens den Leib zusammenhielt, seine erkennbare Gestalt erwirkt hat und ihn bei der Auferstehung wieder zusammensetzen wird (Peri archon 2,10,3). Die unverwesliche Seele bekleidet den Leib mit ihrer eigenen Beständigkeit; der Leib ist nicht das Gewand der Seele (ebd. 2,3,2 u. ö.)[162]. Origenes lehrte, die Seelen würden, wo immer sie sich (nach dem Tod) befänden, ein aktives Interesse an den Lebenden haben (Comm. In Mt 15,35 u. ö.). Die Märtyrer und alle verstorbenen Gerechten würden mit ihren Gebeten am himmlischen Altar Fürbitte für die Lebenden einlegen und Jesus Christus bei der Läuterung der Lebenden helfen, so dass sich Ruhe und Aktivität nicht ausschließen. Zwischen Tod und Auferstehung fände eine ausgedehnte „Seelenschule" in den himmlischen Regionen statt, wobei Engel alle irdischen Ereignisse, aber auch schwer verständliche Bibeltexte erklärten, Aufschluss gäben über das Wesen der himmlischen Mächte und über den Plan, der allen „Regungen" des geschaffenen Kosmos zugrunde liege. Diese Seelenschule, die auf das Kommende vorbereiten solle, heiße in der Bibel „Paradies" oder auch „himmlisches Jerusalem" (Peri archon 2,11,3.6).

Der Vollendungszustand heißt bei Origenes „Apokatastasis". Diesen Begriff setzt er als bekannt voraus[163]. Bei ihm bedeutet er die Wiederherstellung einer ursprünglichen Harmonie und Einheit der Schöpfung (Hom. In Jer. 14,18 u. ö.). Er musste sich gegen die Unterstellung wehren, er habe an eine Allversöhnung einschließlich des Teufels und der Dämonen geglaubt.

In östlichen Mönchtum des 4. Jahrhunderts wurden häufige Meditationen über Tod und Gericht, Himmel und Hölle unternommen (Apophthegmata Patrum). Euagrios Pontikos[164] hat mit seinen Übertreibungen und Radikalisierungen der Auffassung des Origenes diesem schwer geschadet[165].

---

161 Ebd. 126.
162 Zum Leib-Seele-Verhältnis Genaueres ebd. 127.
163 Ebd. 133.
164 G. Bunge, Evagrios Pontikos: LThK³ III (1995) 1027f. Lebensdaten des Mönchs in der ägyptischen Wüste und geistlichen Schriftstellers: um 345-399.
165 B. Daley, a.a.O. 132.

e) Syrische Theologen

Die syrischen Theologen des 4. Jahrhunderts sind darum besonders wichtige Glaubenszeugen, weil sie, durch politische und ökonomische Umstände gezwungen, Zeugen der Weiterentwicklung des jüdischen und judenchristlichen Glaubens sind. Zwei von ihnen sollen hier zu Wort kommen.

Der Mönch und Seelsorger Aphrahat, der erste syrische Kirchenvater mit jüdischer Tradition, verfasste 337 Darlegungen an die Adresse von Mönchen und Seelsorgern[166]. Daraus stammt dieser Text:

6. Über die Bundessöhne
Sobald die Zeit der endgültigen Vollendung da ist und sich die Zeit der Auferweckung genaht hat, empfängt der Geist der Heiligkeit, der in Reinheit bewahrt worden ist, große Kraft aus seiner Natur und geht vor Christus her, stellt sich an den Eingang der Gräber, wo die Menschen begraben liegen, die ihn in Reinheit bewahrt haben, und wartet auf den Lärm. Sobald die Engel die Pforten des Himmels vor dem König geöffnet haben, erschallt das Horn und ertönen die Posaunen (vgl. 1 Kor 15,52). Der Geist, der auf den Lärm wartet, horcht auf und öffnet eilends die Gräber und richtet die Leiber auf und das, was in ihnen verborgen ist, und bekleidet (sie) mit der ihn begleitenden Herrlichkeit. Er (sc. der Geist) bleibt drinnen zur Aufrichtung des Leibes, die Herrlichkeit bleibt draußen zum Schmuck des Leibes. Verschlungen wird der sinnenhafte Geist im himmlischen Geist. Der ganze Mensch ist des Geistes (vgl. 1 Kor 15,54), wenn sein Leib in ihm ist. Verschlungen wird der Tod im Leben, und der Leib wird im Geist verschlungen. Der Mensch fliegt vom Geist (erfüllt), dem König entgegen (vgl. 1 Thess 4,17), und dieser nimmt ihn freudig auf. Christus nimmt die gute Beschaffenheit des Leibes, der den Geist rein bewahrt hat, entgegen.

15. Dieser Geist, mein Lieber, den die Propheten empfingen und auch wir gleichermaßen, ist aber nicht die ganze Zeit bei denen zu finden, die ihn empfangen haben, vielmehr wandert er bald zu dem, der ihn gesandt hat, bald kommt er zu dem, der ihn empfangen hat. Höre, was unser Herr gesagt hat: „Verachtet nicht einen von diesen Kleinen, die an mich glauben, denn ihre Engel im Himmel schauen allzeit das Antlitz meines Vaters" (Mt 18,10). Dieser Geist wandert allzeit und steht vor Gott und schaut sein Angesicht, und wer seinem Tempel, den er bewohnt, einen Schaden zufügt, den verklagt er vor Gott.

---

166 Aphrahat, Unterweisungen I. Erster Teilband. Aus dem Syrischen übersetzt und eingeleitet von P. Bruns (Fontes Christiani 5 / 1 5), Freiburg i. Br. 1991, Einleitungen 38f., 45, 50f.; Text 206f.

Ein weiterer Text Aphrahats[167] stammt aus dem Jahr 344:

Darlegungen
20. Über die Armenversorgung, Ziff. 12
Wenn es heißt, sie geleiteten ihn in „Abrahams Schoß", bedeutet dies das „Reich des Himmels". Wenn Abraham zum Reichen gesagt hat: „Es ist ein großer Abgrund zwischen uns und euch, so dass von euch niemand zu uns und von uns niemand zu euch kommen kann" (Lk 16, 26), dann hat er damit angezeigt, dass es nach Tod und Auferstehung keine Umkehr gibt. Weder kehren die Frevler um und gehen ein ins Reich, noch sündigen die Gerechten und gehen ein in die Qual. Das ist der große Abgrund. Er bat ihn, er möge ihm helfen. Doch wurde keiner zu seiner Hilfe ausgesandt (vgl. Lk 16,24). Damit hat er angezeigt, dass an jenem Tag keiner dem anderen helfen (kann). Er hat gesagt, jemand solle ins Haus seines Vaters gehen und ihnen verkündigen, nicht zu sündigen. Doch sprach Abraham, dass sie Mose und die Propheten hätten, worauf er erwiderte, jemand von den Toten solle hingehen, dass sie umkehren. Doch ist bekannt, dass das Volk nicht auf Mose und die Propheten gehört und auch nicht an Jesus, der von den Toten erstand, geglaubt hat (vgl. Lk 16,27-31).

22. Über den Tod und die letzten Zeiten
12. An jenem Ort vergessen sie diese Welt, dort haben sie keine Bedürftigkeit. Sie lieben einander in überströmender Liebe. Auf ihren Leibern ruht keine Schwere, da sie eilends dahinfliegen wie die Tauben zu ihren Luken (vgl. Jes 60,8). In ihrem Sinn denken sie nicht an das Böse, noch steigt in ihrem Herzen irgendeine Unreinheit auf. An jenem Ort findet sich keine natürliche Begierde, sie sind dort von allen Begierden befreit. In ihrem Herzen steigt weder Zorn noch Schmähung auf, alle sündengebärenden Dinge werden ihnen genommen. Es glüht in ihrem Herzen wechselseitige Liebe, kein Hass macht sich in ihrer Mitte fest. Sie brauchen dort keine Häuser zu bauen, da sie im Licht wohnen und in den Wohnungen der Heiligen. Sie brauchen kein gewobenes Gewand, da sie mit ewigem Lichtglanz umhüllt sind. Auch bedürfen sie nicht der Speise, da sie an seinem Tische liegen und auf ewig speisen.

Die Luft dort ist lieblich und prächtig, sein Licht strahlt schön und angenehm. Dort sind schöne Bäume gepflanzt, deren Früchte nicht abfallen und die ihr Laubwerk nicht abwerfen (vgl. Ps 1,3). Ihr Blattwerk ist herrlich, ihr Duft köstlich, ihres Geschmackes kann man nicht überdrüssig werden. Weit ist der Ort und unbegrenzt, seine Bewohner sehen das Ferne so, als ob es in ihrer Nähe wäre. Dort wird kein Erbe geteilt, keiner spricht zum anderen: „Das ist meins, das ist deins." Dort wird man nicht durch maßlose Gier gefesselt, dort irrt man nicht in bezug auf das Gedachte. Dort liebt keiner den anderen mit größerer Ehrfurcht, sondern überströmend liebt man einander in gleicher Weise.

---

167 P. Bruns: Aphrahat Unterweisungen II (Fontes Christiani 5 / 2 / II), Freiburg i. Br. 1991; Datierung Band I 39; Texte Band II 468, 508f., 510f.

Ziff. 13

An jenem Ort ist kein Bedürfnis und kein Mangel, keine Begierde und keine Geburt, kein Enden und kein Schwinden, kein Tod und keine Vernichtung, kein Altern, kein Hass, kein Zorn, keine Geltungssucht, keine Erschöpfung, keine Mühe, keine Finsternis, keine Nacht, keine Lüge.

An jenem Ort herrscht überhaupt keine Bedürftigkeit, sondern jener Ort ist voller Licht und Leben, voller Gnade, Fülle und Sättigung, voller Erneuerung und Erbarmen und aller guten Verheißungen, die zwar aufgeschrieben, aber nicht (genau) verzeichnet sind. Denn dort ist das, „was kein Auge gesehen, kein Ohr gehört und noch in keines Menschen Herz aufgestiegen ist" (1Kor 2,9), was nicht ausgesprochen wurde, was kein Mensch erzählen kann. Der Apostel hat gesagt: „Was Gott denen bereitet hat, die ihn lieben...", das können Menschen auch nicht mit sehr vielen Worten aussprechen.

Was das Auge nicht geschaut hat, kann man nicht erzählen. Was das Ohr nicht gehört hat, kann nicht mit dem verglichen werden, was das Ohr gehört hat und das Auge gesehen hat, und davon kann unmöglich gesprochen werden. Wer wagt es, darüber zu sprechen, was nicht im Herzen aufgestiegen ist? Doch schickt es sich für den Sprecher, Vergleiche anzustellen und jenen Ort Wohnung Gottes zu nennen, Ort des Lebens, vollkommener Ort, Ort des Lichtes, Ort stolzer Pracht, Sabbat Gottes, Tag der Ruhe, Ruhe der Gerechten, Erquickung der Aufrechten, Wohnstatt und Bleibe der Gerechten und Heiligen, Ort unserer Hoffnung, Haus unseres starken Vertrauens, Ort unseres Schatzes, Ort, der unsere Mühe tilgt, unsere Drangsal vernichtet und unsere Seufzer erstickt. Damit müssen wir den Ort vergleichen und ihn so benennen.

Die Glaubensbotschaft wird von Aphrahat in schlichte Narrativität und Bildhaftigkeit eingekleidet, deren eigentliche Intention jedoch leicht erkennbar ist.

Weitaus bekannter als Aphrahat ist ein anderer geworden: Ephräm der Syrer (um 306-373)[168].

Brian Daley gibt einige Zitate wieder[169], die Ephräms Auffassung von der hier interessierenden Thematik wiedergeben:

„Die Auferstehung ist der Augenblick, wenn die Seelen durch die Posaune des Engels und die gebietende Stimme Gottes aus dem Schlaf ‚geweckt' werden. Die Seele wird dann freudig in ihr ‚Haus' zurückgeführt, wo sie wieder ihr Licht durch die Augen des Körpers erstrahlen lassen wird; Farbe wird in die Haut zurückkehren, und die Zeichen des Alters und der Krankheit werden verschwinden.

---

168 W. Cramer: LThK³ III (1995) 708ff. Zum Diakon geweiht, wirkte er lehrend und beratend in Nisibis, später in Edessa (heute Urfa in der Türkei), wo er die Lehranstalt „Schule der Perser" leitete. Seine theologischen Dichtungen (erhalten sind mehrere hundert Hymnen) sind in der altsyrischen, ostaramäischen Sprache verfasst, seit 1955 in der Reihe „Corpus Scriptorum Christianorum Orientalium" in Übersetzungen von Edmund Beck OSB herausgegeben. Theologisch wandte er sich gegen gnostische und arianische Auffassungen; die griechische Philosophie lehnte er ab.

169 B. Daley, a.a.O. 145f.

Zusammen werden Leib und Seele wieder leben; die Seele, die die ‚stützende Säule' des Leibes ist, wird dem Leib Leben schenken und ihn als ihr Musikinstrument benutzen"[170]. Das Paradies umgibt die gegenwärtige Welt wie eine goldene Krone oder wie der Hof des Mondes, ist aber selber ein abgeschlossener Garten. Tore öffnen sich nach der Auferstehung nur für die Gerechten. Entsprechend ihren Verdiensten gibt es mehrere „Stockwerke" oder Ebenen der Herrlichkeit; sie wohnen im Garten, finden dort Bäume als „Zelte", vielfache Erquickungen, erfrischende Brisen, köstliche Düfte von Blumen und Früchten. „In der Mitte des Gartens steht Christus als Lebensbaum und beleuchtet das Paradies mit seinen Strahlen. Ephräm weiß, dass das „nur" Bilder sind; die Wirklichkeit ist nicht zu beschreiben, weil sie „vom Wesen her rein und geistig ist". Der einzige Hunger der Seelen im Paradies ist der Hunger nach Gott, den Gott mit seiner eigenen Herrlichkeit stillt, „so dass der menschliche Geist ‚das Abbild der göttlichen Majestät anziehen' und die Seele mit seiner Schönheit ‚bekleiden' wird, die dann ihrerseits den Leib bekleiden wird, bis der ganze Mensch von der Herrlichkeit Gottes verwandelt und vollkommen genährt wird"[171].

f) Die griechische Theologie seit der Mitte des 4. Jahrhunderts

Die griechische Theologie seit der Mitte des 4. Jahrhunderts zeigte, wie B. Daley feststellt, wenig unmittelbares Interesse an eschatologischen Themen. Von Kyrill von Jerusalem († 386)[172] ist der Ausspruch überliefert: „Wir werden daher alle mit unseren Leibern ewig auferweckt werden", die Gerechten, um „mit den Engeln Umgang zu pflegen"[173]. Der berühmte Kappadokier Basilius von Caesarea (um 330-379)[174] ließ Sympathie erkennen für die Neigung des Origenes, die traditionellen christlichen Hoffnungsbilder psychologisch oder spirituell zu interpretieren. Seine Homilien zu den Psalmen sind in ihrer allegorisierenden Interpretation geradezu „origenistisch"[175].

Sein Bruder Gregor von Nazianz (329/330-um 390)[176] schilderte in seiner Lobrede auf Basilius die Freuden des Himmels, indem er auf das Licht und die Gesellschaft von Engeln und Heiligen hinwies. Der Kern der Erfüllung in der Vollendung ist für ihn „der vollständigere Besitz und die vollkommenere Schau des Guten in der Höhe"; der ewige Bräutigam wird „den Seelen, die mit ihm ein-

---

170 Zit. ebd. 146.
171 Zit. ebd.
172 St. Heid, Cyrill von Jerusalem: LThK³ II (1994) 1370. Kyrill war wohl geboren um 313, Bischof von Jerusalem, bedeutender Prediger.
173 Zit. ebd. 148.
174 Ch. Kannengiesser, Basilius von Caesarea: LThK³ II (1994) 67-69. Basilius (329/330-379), Mönch und Bischof, sehr einflussreich, reichhaltiges Schrifttum, Briefe und Homilien.
175 B. Daley, a.a.O. 149.
176 B. Coulie, Gregor von Nazianz (d. J.): LThK³ IV (1995) 1004-1007. Gregor war Bischof und nahm 381 am Konzil von Konstantinopel teil, hinterließ ein umfangreiches Werk, das viel beachtet wurde.

getreten sind", noch unerträumte „Lehren" mitteilen[177]. Daley meint, Gregor von Nazianz sei im Grunde immer ein vorsichtiger Origenist gewesen. In der Theologischen Rede sagte Gregor: „Gott wird alles in allem sein zur Zeit der Wiederherstellung (apokatastasis). [...] Ich meine Gott als Ganzes zu einer Zeit, wenn wir nicht mehr viel sind, wie wir es jetzt in unseren Bewegungen und Passivitäten sind, die wir in uns gar nichts oder nur wenig von Gott tragen; dann werden wir ganz gottähnlich sein, für Gott als Ganzes und für Gott allein empfänglich sein. Dies ist letzten Endes die Vollkommenheit (teleiosis), wonach wir streben" (30,6)[178].

Gregor von Nyssa (um 338/339-nach 394)[179] war von diesen drei Kappadokiern derjenige, der am stärksten von Origenes beeinflusst war und diesen selbständig weiterdachte. Unter „Apokatastasis" verstand er die Wiederherstellung der geistigen Schöpfung zu einer „ursprünglichen" Einheit mit Gott und zu einer kontemplativen Seligkeit. „Ziel und Ende unserer Reise durch die Welt ist unsere Wiederherstellung (apokatastasis) zum alten Zustand, der nichts anderes war als Gleichheit mit der göttlichen Wirklichkeit" (Predigt über die Toten)[180]. Diese Wiederherstellung bedeutete jedoch nicht das Ende jeglicher Bewegung, die statisch-stumme Beschaulichkeit. Sie bedeutete auch die Verwirklichung der körperlichen und geistigen Eigenschaften, die Adam vor seiner Sünde besessen hatte, sie bedeutete Hoffnung auf universales Heil. „Es gibt in allen Seelen jeden Ranges eine gemeinsame Bewegung zur Seligkeit hin. [...] Es liegt in der Natur eines jeden Geschöpfes, sich in der Sehnsucht nach dem Seligen und Gelobten anzustrengen, [...] bis alle eins werden, indem sie dasselbe Ziel ihres Verlangens anschauen, und nichts Böses in irgend einem bleibt, und ‚Gott alles in allem' wird, während sie durch die Teilhabe am Guten mit einander vereinigt werden" (Hom. über das Hohelied)[181]. Das Böse ist nur eine Verunstaltung des Guten und nicht eine eigene Substanz, so dass es schließlich aufhören muss. „Vom Prozess des Alterns und Zerfallens befreit, wird der auferstandene Mensch von einem immer größer werdenden Verlangen nach Gott verzehrt sein und in ‚der schönen Leidenschaft der Unersättlichkeit' ständig seine eigenen Beschränkungen übersteigen. [...} Darin besteht eigentlich die Schau Gottes: nie in seinem Verlangen Sättigung zu erlangen; man muss immer durch das, was einem zu sehen möglich ist,

---

177 B. Daley, a.a.O. 151.
178 Ebd. 152.
179 W.-D. Hauschild, Gregor von Nyssa: LThK³ IV (1995) 1007f., Bruder Basilius' von Caesarea, Bischof, war auf Synoden im 4. Jahrhundert und auf dem Konzil von Konstantinopel 381 tätig. Für die Himmelsthematik wichtig ist außer seiner Mystik zum Hohenlied der Dialog „Über die Seele und die Auferstehung", wahrscheinlich von der Theologin Makrina verfasst. Unter Origenes-Einfluss lehrte er die Rückkehr alles Seienden in Gott (Apokatastasis). Er wurde in der mystischen Theologie viel beachtet. L. Karfíková, Die Unendlichkeit Gottes und der unendliche Weg des Menschen nach Gregor von Nyssa: Sacris Eruditi 40 (2001) 47-81.
180 B. Daley, a.a.O. 153.
181 Ebd. 154.

zum Wunsch, mehr zu sehen, hindurchschauen und entflammt sein" (Leben des Mose 2,239)[182].

Zwei Fragen hatten in der bisher skizzierten Eschatologie zentrale Bedeutung: Wie soll sich ein gläubiger Mensch hier auf Erden auf den Himmel vorbereiten? Wie wird die selige Vollendung im Himmel aussehen? Sie beschäftigten auch den berühmten Prediger Johannes Chrysostomus (349/350-407)[183]. Drei Beispiele seiner Antworten[184]:

[I/2] Leben auf Erden in Erwartung des Himmels
Du sollst ein Leben führen, würdig der Liebe dessen, der dich gerufen, würdig des Lebens im Himmel, würdig der Ehre, die dir erwiesen worden ist. Der Welt sollst du gekreuzigt sein, du sollst die Welt in dir selber kreuzigen und in vollkommener Unschuld leben, so wie man im Himmel lebt. Glaube nicht, du habest etwas mit der Erde gemein, weil du dem Leibe nach noch nicht in den Himmel entrückt bist; dein Haupt [Christus] thront ja schon dort oben. Deshalb führte der Herr bei seinem früheren Erscheinen hienieden die Engel mit sich und kehrte nach Annahme deiner Menschennatur in den Himmel zurück, damit du auch vor deinem Hinscheiden ins Jenseits wissest, dass du berufen und fähig bist, auf Erden zu leben, als wärest du schon im Himmel.

Bewahren wir also standhaft den Adel der Geburt, den wir im Anfang [in der Taufe] erhielten; streben wir Tag für Tag nach dem himmlischen Reiche und betrachten wir alles Irdische nur als Schatten und Traumbild. Wenn ein irdischer König dich aus einem armen Bettler plötzlich zu seinem Sohne machte, du würdest deine Hütte und deren Armseligkeit gar nicht mehr ansehen, und doch wäre der Unterschied dabei nicht sonderlich groß. So denke denn auch hier nicht an das, was du vorher besaßest; du bist ja zu weit Besserem auserwählt. Der dich ruft, ist der Herr der Engel; die Gaben, die er dir bereitet, übersteigen jede Vorstellung und Fassungskraft. Er versetzt dich ja nicht von einem Fleck Erde auf einen andern, wie ein König es macht, sondern aus dieser Welt in den Himmel; er gibt dir anstatt einer sterblichen Natur Unsterblichkeit und unaussprechliche Glorie, die wir erst dann in ihrer ganzen Herrlichkeit zu schauen vermögen, wenn wir sie einmal besitzen.

---

182 Ebd. 155.
183 P. Klasvogt, Johannes Chrysostomus: LThK³ V (1996) 889-892, Patriarch von Konstantinopel, gefeierter Prediger, bemüht um innerkirchliche Reformen, hinterließ ein umfangreiches Werk. A. Miranda, La risurrezione dei corpi nel Crisostomo (In 1 Cor 15): Una nuova percezione della realtà „corporanea" tra IV e V secolo: Angelieum 78 (2001) 387-404.
184 A. Heilmann (Hrsg.) unter wissenschaftlicher Mitarbeit von H. Kraft, Texte der Kirchenväter. Eine Auswahl nach Themen geordnet. IV. Band, München 1964. Der erste Text aus dem Matthäus-Kommentar 12,4-5, 387f.; der zweite Text aus den Homilien zum 1. Timotheusbrief 15,3-4, 405; der dritte Text aus dem Brief an Theodor 11, 588f.

I/13 Hinwendung zum Bleibenden
Suchen wir Gott, ich bitte euch, in echter Weise, nicht aus Furcht vor der Hölle,
sondern aus Sehnsucht nach dem Himmel!

Denn, sage doch: was kann ein größeres Glück sein, als Christus zu schauen,
als die ewige Seligkeit zu genießen? Nichts, gar nichts. Ganz natürlich. Denn:
„Kein Auge hat es geschaut, kein Ohr hat es vernommen, und in keines Menschen Herz ist es gekommen, was Gott denen bereitet hat, die ihn lieben" [1 Kor
6,9]. Nach jenen Gütern wollen wir trachten und die irdischen verschmähen.
Tausendmal beklagen wir uns über diese und sagen, es sei gar nichts mit dem
menschlichen Dasein. Aber warum jagst du dann diesem Nichts nach? Warum
mühst du dich um dieses Nichts? Du siehst glänzende Paläste, und dieser Anblick
berückt dich. Schaue doch gleich zum Himmel empor, wende das Auge von diesen Steinen und Säulen empor zu der Schönheit dort oben, dann wird dir das da
unten wie ein Werk von Ameisen und Mücken vorkommen. Wähle den Ge-
sichtspunkt der Weisheit. Steige hinauf zum Himmel und blicke von dort her-
unter auf die glänzenden Paläste: da wirst du sehen, dass sie nichts sind, ein Spiel-
zeug für kleine Kinder.

Weißt du nicht, wieviel dünner, wieviel leichter, wieviel reiner und durchsich-
tiger die Luft ist, je weiter man in die Höhe steigt? Dort oben haben jene, die
Barmherzigkeit üben, ihre Häuser und Zelte. Die da unten zerfallen am Tag der
Auferstehung zu Staub, oder vielmehr schon vor der Auferstehung hat sie der
Lauf der Zeit zerstört, weggewischt, vernichtet, ja, früher als der Zahn der Zeit
hat oft ein Erdbeben sie mitten in ihrer Frische und Pracht weggefegt, oder ein
Brand hat die ganze Herrlichkeit geschwärzt. Denn nicht nur im menschlichen
Leben gibt es einen vorzeitigen Tod, sondern auch bei Gebäuden.

[VI/7] Von der Herrlichkeit des ewigen Lebens
Erwägen wir den Zustand jenes Lebens, soweit der Gedanke ihn fassen kann. Um
ihn gebührend darzustellen, reicht unser Wort schlechterdings nicht aus, aber aus
dem, was wir hören, wollen wir wie in einem Rätsel ein dunkles Schattenbild
entnehmen. „Entwichen ist Trauer und Weh und Seufzen", heißt es [Jes 51,11].
Was kann es da Seligeres geben als ein solches Leben? Dort hat man keine Armut
zu fürchten und keine Krankheit. Dort sieht man keine Beleidiger und keine Be-
leidigten, keine Erbitternden und keine Erbitterten, keine Grollenden und keine
Neider. Dort glüht in keinem die ungeordnete Begierde, keiner entbehrt des
notwendigen Unterhaltes, keiner plagt sich um Amt und Macht. Denn der ganze
Sturm der Leidenschaften in uns erlischt und verschwindet. Alles wird in Frieden
und in Jubel und Freude sein, alles heiter und ruhig, alles Tag und Helligkeit und
Licht, und zwar nicht nur solches wie unser jetziges, sondern eines, das um so viel
heller ist, als dieses eine Lampe überstrahlt. Dort gibt es keine Nacht, keine Wol-
kenzusammenballungen verdüstern dort den Lichtglanz, kein Sonnenbrand ver-
sengt den Leib; denn es gibt dort weder Nacht noch Abend, weder Frost noch
Hitze, noch sonst einen Wechsel der Jahreszeiten. Dort tritt ein anderer Zustand
ein, den nur die Erwählten erfassen werden. Dort gibt es kein Alter und nicht die

Übel des Alters. Alles, was der Vergänglichkeit angehört, ist beseitigt; überall waltet die unvergängliche Glorie.

Und was noch größer ist als all dies: wir werden immerdar die Gemeinschaft mit Christus genießen, bei den heiligen Engeln und Erzengeln und himmlischen Mächten. Schau den Himmel an und durcheile in Gedanken, was über dem Himmel ist. Denke an die Verwandlung der gesamten Kreatur. Denn sie wird nicht so bleiben wie jetzt: sie wird viel herrlicher und glänzender werden. So groß der Unterschied ist zwischen dem Glanz des Bleies und des Goldes, um so viel wird der künftige Zustand besser und vorzüglicher sein als der gegenwärtige. Schon Paulus sagt: „Die Schöpfung wird erlöst werden aus der Knechtschaft des Verderbens" [Röm 8,21]. Weil sie jetzt noch mit Verwesung behaftet ist, widerfährt ihr manches, was solchen Leibern eben anhaftet; dann aber wird sie all das ausziehen und wird uns in unverwelklicher Glorie erscheinen. Die Schöpfung wird unverwesliche Leiber erhalten und selbst in einen besseren Zustand verwandelt werden. Nirgends herrscht Zwist und Widerstreit, die Eintracht der Schar der Heiligen ist vollkommen, weil alle immerdar gleichen Willens sind.

Daley stellt fest, dass für Chrysostomus die in 1 Kor 15 angekündigte Verwandlung der menschlichen materiellen Natur auch eine Verwandlung der ganzen materiellen Welt in einen unverweslichen Zustand mit sich bringe, „weil sie für mich gemacht wurde" (In Rom. Hom. 14,5). Die Stadt Gottes wird ein ewiges Fest feiern, aber nicht wie die lärmenden Feste: „es ist ein großes Ordnen aller Dinge in angemessener Harmonie, wie auf einer Lyra [...] und dort wird die Seele in die göttlichen Mysterien eingeweiht, als erfahre sie Glaubensgeheimnisse in irgend einem heiligen Tempel" (De b. Philogonio 6,1). Im Wesentlichen bestehen die himmlischen Freuden in der Nähe der Gerechten zu Gott, in ihrer Fähigkeit, Gott nicht durch einen Spiegel oder durch den Glauben, sondern von Angesicht zu Angesicht zu sehen[185].

Die Gesichtspunkte, nach denen gesagt werden kann, welche Menschen in den Himmel kommen werden bzw. dürfen, klären sich neu, nachdem die christliche Kirche ihre Freiheit erhalten hat und die christliche Welt der paganen Welt unter neuen Bedingungen begegnet. Diejenigen, die sich Hoffnung auf den Himmel machen dürfen, werden mit dem Sammelnamen „die Geretteten" bezeichnet, nämlich die in der Katastrophe des Untergangs der alten Schöpfung in ein neues Leben hinein Geretteten. Sie werden differenziert in „Erwählte" und „Gerechte", aber die Differenzierung besagt nur die Abfolge einer Einheit im Geschehen. Die erste und wichtigste Tat ist diejenige Gottes, der aus Liebe und Begnadigung Menschen als die Seinen erwählt. Gerecht gemacht sind sie wiederum aus Gnade, nämlich von Gott dazu befähigt, sich an seine Weisungen aus Tora und Evangelium zu halten und die Tugenden zu praktizieren. Die Christen kennen sie aus den Tugendkatalogen des Neuen Testaments und aus der philosophi-

---

185 B. Daley, a.a.O. 172.

schen Tugendlehre der vier Kardinaltugenden, über die man sich mit den „Heiden" verständigen kann.

Nach dem Urteil Daleys war Theodor von Mopsuestia (um 350-428)[186] der einflussreichste Vertreter der Antiochenischen Schule[187] und eschatologisch der Originellste. Die Hoffnung auf das Kommende, zu der die Christen in der Gnade berufen sind, ist die Aussicht, „ganz anders zu werden" als es im jetzigen Zustand möglich ist: „Sie werden nicht sterblich, sondern unsterblich sein, nicht verweslich, sondern unverweslich, nicht Sklaven, sondern frei, nicht Feinde, sondern Freunde [...]. Sie werden nicht mehr eine Erde bebauen, die Gestrüpp und Dornen hervorbringt, sondern weit entfernt von aller Traurigkeit und allen Seufzern im Himmel wohnen" (Hom. cat. 1,4). Unsterblichkeit, Unverweslichkeit und Unveränderlichkeit sind ein Geschenk des Heiligen Geistes; diese Eigenschaften kommen von Natur aus Gott allein zu (Hom. cat. 1,8; 9,16; 16,23ff.). Das sorgenfreie Leben in der „himmlischen Stadt" ist ein Leben in der Gesellschaft von „unzähligen Engeln und zahllosen Menschen, die alle unsterblich und unveränderlich sind" (Hom. cat. 12,12). Anders als manche Theologen im Westen beschränkt Theodor die Rettung nicht auf wenige Auserwählte. „Nunmehr unsterblich und unverweslich geworden, werden wir auf Christus allein schauen, an dessen Reich wir Anteil haben werden"(ebd. 13). Anders als die meisten Griechen sagt Theodor nirgends, die Heiligen würden im ewigen Leben die unmittelbare Schau Gottes als Gott genießen; Geschöpfe können Gott *nur* im Glauben „sehen" (ebd. 1,9)[188].

Auch Theodoretos von Kyrus (um 393-460)[189] lehrte, Gott werde ewig unerkennbar bleiben; Gegenstand unserer Anschauung im Himmel sei die auferstandene Menschheit Jesu Christi[190].

Zu diesem Thema sagte Diadochus von Photike († vor 486)[191], in der Gegenwart Gottes, die Herrlichkeit und Licht ist, würden die Geretteten die Liebe und Güte Gottes erfahren und dadurch Gott wahrhaft „kennen", ohne jemals das Wesen Gottes erfassen zu können (Vis. 13f.).

---

186 F. Thome – H. J. Vogt, Theodor von Mopsuestia: LThK³ IX (2000) 1414f. Der Syrer Theodor war Bischof, Exeget, Prediger und Kontroverstheologe von hohem Ansehen.

187 Th. Hainthaler, Antiochenische Schule: LThK³ I (1993) 766f. Es handelt sich nicht um eine Schule im strengen Sinn, sondern um den Sammelnamen für eine Gruppe „zusammengehörender" Theologen, die sich in Opposition gegen die in Alexandrien praktizierte allegorische Exegese um den Literalsinn und den historischen Kontext der Bibel bemühten.

188 Zu Theodors Eschatologie B. Daley, a.a.O. 177f.

189 A. Viciano, Theodoretos von Kyros: LThK³ IX (2000)1401-1404, war Bischof, wandte sich auf dem Konzil von Ephesus 431 gegen eine Verurteilung des Nestorius, wurde vom Konzil von Chalkedon 451 zum „rechtgläubigen Lehrer" proklamiert.

190 B. Daley, a.a.O. 180.

191 K. S. Frank, Diadochus von Photike: LThK³ III (1995) 177, altkirchlicher Schriftsteller.

g) Himmel in der lateinischen Theologie vom 4. Jahrhundert an.

Bei den vor-augustinischen lateinischen Theologen finden sich viele Ansichten, die sie mit den Griechen gemeinsam haben. Die Vorstellung, Menschen würden werden wie die Engel (aus dem Evangelium), war nicht leicht vereinbar mit der Überzeugung, die Auferstandenen müssten auch mit ihren Körpern mit den irdischen Menschen, die sie einmal waren, identisch sein. Daraus entstanden Spekulationen mit unterschiedlicher Plausibilität. Unverkennbar ist die immer wieder auftretende Tendenz zu totaler Vergeistigung.

Hilarius von Poitiers (um 315-367)[192] war der Meinung, die Gerechten würden „wie die Engel" in himmlischer Herrlichkeit auferstehen und an der unverweslichen „Substanz des Himmels" teilnehmen (In Mt 5,11f.). Der Auferstehungsleib werde „in die Natur der Seele übergehen, und die Schwere der irdischen Materie wird abgeschafft, um der Substanz der Seele Platz zu machen, so dass der Leib geistig wird" (In Mt 10,19). Gott werden die auferweckten Menschen „in einen einzigen, vollkommen gestalteten Menschentypus verwandeln, um alle Menschen gleich und einheitlich zu machen" (In Mt 5,10). „Die Körper aller, die auferstehen werden, werden nicht aus fremder Materie gestaltet, und es werden auch keine natürlichen Eigenschaften fremder Herkunft und aus außerhalb von ihnen liegenden Quellen verwendet; sie werden als dieselben herauskommen, nur jetzt zu ewiger Schönheit fähig, und das Neue wird durch Wandel und nicht durch Erschaffung zustande kommen" (In Ps. 55,12). Die „Hochzeit" des menschlichen Fleisches mit dem ewigen Bräutigam, dem Heiligen Geist, nennt er das Kommen ins „himmlische Sion" (In Mt 27,4).

Ambrosius von Mailand (um 334-397)[193] war davon überzeugt, im Himmel werde es ein Fortschreiten geben, von consolatio zu delectatio, zum dankbaren Bewusstsein der Berufung durch Gottes Barmherzigkeit, schließlich zur Anschauung Gottes und Teilnahme an seinem Reichtum (In Luc 5,61). Diese Konzeption erinnert an die „Vorstellung einer dynamischen, ständig wachsenden eschatologischen Erfüllung" bei Origenes und Gregor von Nyssa[194].

Hier folgt noch ein Textbeispiel aus Ambrosius[195]:

[VI/1] Von der siebenfachen Freude der Gerechten nach dem Tode
Die Freude der Seelen der Gerechten kann man sich in einer gewissen Reihenfolge denken. Vor allem freuen sie sich, dass sie das Fleisch besiegt und seinen Lokkungen widerstanden haben. Dann ist ihre Freude groß, weil sie zum Lohn für

---

192 M. Durst, Hilarius von Poitiers: LThK³ V (1996) 100-192. Bischof Hilarius verteidigte das Konzil von Nikaia 325, kannte die östliche Theologie und vermittelte sie zum Westen.

193 Ch. Jacob, Ambrosius von Mailand: LThK³ I (1993) 495-497. Bischof Ambrosius war philosophisch interessiert (Cicero, Plotin), theologisch "eklektizistisch" im Stil der Zeit, also um Vermittlung zur früheren Theologie bemüht.

194 B. Daley, a.a.O. 166.

195 Texte der Kirchenväter. Eine Auswahl nach Themen geordnet, eingeleitet und hrsg. von A. Heilmann unter wissenschaftlicher Mitarbeit von H. Kraft, IV. Band, München 1964, Text 580-582.

ihre Treue und für ihre Unschuld volle Sicherheit erlangen und nicht wie die Seelen der Gottlosen allerlei Verwirrungen anheimfallen, durch die Erinnerung an ihre Laster gequält und durch die Glut verzweifelnder Sorge gepeinigt werden. An dritter Stelle entspringt die Freude dem Bewusstsein, dass sie durch göttliches Zeugnis ihre Treue gegen die Gebote derart bestätigt sehen, dass sie nicht einen ungewissen Abschluss ihrer Lebensarbeit im höchsten Gericht zu fürchten brauchen. Dann folgt die Freude auf die Erkenntnis, dass sie der Ruhe und der ewigen Glorie teilhaft werden, und in diesem süßen Trost wird auch der Leib im Grabe unter dem Schutz der heiligen Engel im tiefsten Frieden ruhen.

Die fünfte Steigerung der Freude enthält eine Fülle reichsten Jubels, weil sie aus dem Kerker des gebrechlichen Leibes zum ewigen Licht, zur ewigen Freiheit gelangt sind und die ihnen verheißene Erbschaft in Besitz nehmen. Darin ist die Gewissheit der Ruhe und der künftigen Auferstehung eingeschlossen, wie der Apostel sagt: „Gleichwie in Adam alle sterben, so werden in Christus alle lebendig gemacht werden, jeder aber in seiner Ordnung. Der Erstling ist Christus, darnach folgen jene, die Christus angehören und an seine Ankunft geglaubt haben; dann ist das Ende" (I Kor 15,23). Es wird also eine verschiedene Ordnung der Herrlichkeit und Glorie sein nach der Verschiedenheit der Verdienste.

An sechster Stelle wird ihnen offenbar, dass ihr Antlitz zu leuchten beginnt gleich der Sonne und das Licht der Sterne überstrahlt, so dass sie von der Verwesung nichts mehr empfinden. Endlich aber werden sie mit vollem Vertrauen, ohne Wanken, in voller Gewissheit jubelnd sich freuen, weil sie hineilen, das Antlitz dessen zu schauen, dem sie den Dienst steter Treue gewidmet haben. Von ihm dürfen sie im Bewusstsein ihrer reinen Unschuld erhabenen Lohn für ihre geringe Arbeit und Mühe erwarten. Und damit fangen sie auch an zu erkennen, dass alle Leiden dieser Zeit nicht würdig sind, solch wunderbar seligen Lohn zu empfangen.

Das ist die Ruhe der Seelen der Gerechten nach den sieben Steigerungen, wie sie das Buch Esdras beschreibt. Das ist der erste Genuss der künftigen Glorie, bevor die Seele der Wiedervereinigung mit ihrer Leibeswohnung sich erfreut. Deshalb sagt auch der Prophet zum Engel: „Wird den Seelen, nachdem sie vom Leibe geschieden sind, wie du versicherst, Zeit gewährt, all dies zu erkennen?" Und der Engel erwidert: „Sieben Tage wird die Freiheit dieser Seelen währen, damit sie alles sehen, was ihnen in diesen Worten vorhergesagt ist; darnach werden sie in ihren Wohnungen Aufnahme finden" [4 Esra 9]. Es darf uns nicht wundern, dass diese Offenbarungen so ausführlich von den steigenden Freuden des Gerechten handeln, aber von den Qualen der Sünder schweigen; es ist ja weit besser zu erfahren, wie die Schuldlosen beglückt, als wie die Sünder gequält werden.

Weil also die Gerechten so wunderbaren Lohn empfangen, dass sie das Angesicht Gottes und jenes Licht schauen, das jeden Menschen erleuchtet, so wollen auch wir von jetzt an unausgesetzt darnach streben, dass unsere Seele Gott nahe kommt, dass unsere Gebete bei ihm weilen, dass unser Verlangen ihm gehört, dass wir nie von ihm getrennt werden. Solange wir hier auf Erden weilen, wollen

wir uns im Lesen, Betrachten und Wünschen mit Gott vereint halten, wollen bestrebt sein, ihn zu erkennen, so gut wir es vermögen.
Vom Segen des Todes 48-49

Hieronymus (um 347-420)[196] hielt an der Identität des Auferstehungsleibes mit allen irdischen Organen und Gliedern, sogar unter Wahrung der Geschlechtsunterschiede, fest. „Gleichheit mit den Engeln ist uns verheißen. Das heißt, dass die Seligkeit ihres Engelseins ohne Fleisch und Geschlecht uns in unserem Fleisch und mit unserem Geschlecht verliehen wird" (An Pammachius 31). Die Verstorbenen genießen die Gesellschaft Jesu, der Engel und der Heiligen, während sie um uns auf Erden besorgt sind und für uns Fürsprache einlegen (Ep. 39,2.7)[197].

Der geniale Augustinus (354-430)[198] zitiert, wie Brian Daley feststellt, in seinen eschatologischen Texten in den Einzelheiten eine Sicht, die er aus den gesammelten Traditionen der östlichen Kirche seit Origenes und der westlichen Kirche seit Tertullian, Hippolyt und der (nord-)afrikanischen Theologie kombiniert hatte. Sein eigener originärer Beitrag besteht darin, die unterschiedlichen „Teile" systematisiert, in eine bibeltheologische und philosophische Synthese gebracht, „spekulativ" weiter ausgebaut und mit seinen eigenen pastoralen Erfahrungen in Zusammenhang gebracht zu haben. Zentrale Schwerpunkte sind dabei: die denkerisch präzise Unterscheidung von Zeit und Ewigkeit; im Blick auf das je gegenwärtige Dasein der Menschheit in ihrer Geschichte, mit ihren Veränderungen und Zweideutigkeiten der Kontrast zu einem erhofften, von den Negativitäten von Raum und Zeit befreiten, endgültigen Dasein in beständiger Erkenntnis und Liebe bei Gott. Als Schnittpunkt, Trennungslinie zwischen der zeitlichen, empirisch erfahrbaren und der erhofften ewigen Seinsweise sieht er den Augenblick der Auferstehung der Toten an, wenn die materielle Wirklichkeit völlig umgewandelt wird[199]. Zu seinen konkreten Vorstellungen bzw. Begriffen ist noch zu sagen: Die Seelen der Gerechten sind „im Schoß Abrahams", aber Augustinus bekennt freimütig, er wisse nicht, wo dieser liegt (Conf. 9,3,6; De Gen. ad litt. 8,5; 12,33,63), er nennt ihn auch „den fernen geheimen Ort der Ruhe, wo sich Abraham befindet" (De Gen. ad litt. 12,33,63). Die Seelen sind im Paradies, das ist „ein allgemeiner Begriff, der einen glücklichen Lebenszustand bezeichnet", sie genießen Ruhe, Erquickung, den vollendeten Lohn, wobei es nicht deutlich wird, inwieweit sich ein „Zwischenzustand" im seelischen Befinden von der Auferstehung abhebt[200]. Die uns verheißene Seligkeit ist ein Sein „im Land der Lebenden". Nichts fängt dort an, nichts wächst dort; was dort ist, bleibt auf immer so, wie es

---

196 M. Durst, Hieronymus (Sophronius Eusebius Hieronymus): LThK³ V (1996) 91-93. Hieronymus war Presbyter, Bibelübersetzer, Klostergründer, hinterließ viele Schriften, war eine polemische Persönlichkeit.
197 B. Daley, a.a.O. 168).
198 Eine solide Erstinformation zu Augustinus ist der Beitrag von W. Geerlings, in: LThK³ I (1995) 1240-1247.
199 B. Daley, a.a.O. 193f.
200 Ebd. 201, zahlreiche Belege.

ist" (Serm. 45,4). Man gelangt nicht in diese neue Lebensweise ohne den Tod, ohne das absolute Ende des zeitlichen Daseins, der zugleich den Anfang einer neuen, unvergänglichen Seinsweise bedeutet. Der eigentliche Wesenskern der ewigen Seligkeit der Heiligen ist die unmittelbare kontemplative Gottesschau, nicht mit den verwandelten Augen, sondern innerlich als „Sehen mit dem Herzen", denn Gott ist nicht körperlich[201]. Die kontemplative Gottesschau ist nicht rein passiv, denn der Himmel hat nach Augustinus eine eigene Aktivität, die vollkommen vereinbar mit ewiger Ruhe ist, die Aktivität des Lobpreises im wieder hergestellten Leib, ein Lobpreis durch jede Faser und jedes Organ, eine Aktivität, die ganz „Amen" und „Halleluja" ist, die Feier der Weihe des ewigen Tempels Gottes. Die Teilnahme an der Ewigkeit des göttlichen Wesens bedeutet eine so große Freiheit, dass sie jede Möglichkeit der Sünde ausschließt (De civ. Dei 22,30). Die geretteten Menschen werden den Engeln gleich sein, eine Gemeinschaft mit ihnen bilden, eine einzige „gemeinsame Stadt Gottes"[202]. In dieser „Stadt" führen die Heiligen durchaus ein geselliges Leben (De civ. Dei 19,5) in der vollendeten Kirche. Es handelt sich nicht ausschließlich um ein individuelles Heil, sondern um eine Einheit der Menschen, die in der ewigen Liebe des Leibes Jesu Christi gesammelt sind. Ein Inbegriff dieser seligen Existenz ist „Frieden", nämlich „die bestgeordnete, einträchtige Gemeinschaft (societas) des Gottesgenusses und des gegenseitigen Genusses in Gott" (De civ. Dei 19,13)[203]

Hier folgen nun signifikante Augustinuszitate:

Der erste Text ist seinen „Bekenntnissen" aus den Jahren 397/398 entnommen. Etwa zehn Jahre nach dem Tod seiner Mutter Monnica (387 in Ostia gestorben) berichtete er im IX. Buch der „Confessiones" über ihr letztes Zwiegespräch[204].

Im Fortgang des Gespräches ergab sich uns, dass mit der Wonne des ewigen Lebens kein Entzücken unserer fleischlichen Sinne, wie groß es sei, wie köstlich es im irdischen Lichte gleiße, sich vergleichen, ja daneben auch nur nennen lasse: da erhoben wir uns mit heißerer Inbrunst nach dem „wesenhaften Sein"; und durchwanderten stufenweise die ganze Körperwelt, auch den Himmel, von dem herab Sonne, Mond und Sterne leuchten über die Erde. Und höher stiegen wir auf im Betrachten, Bereden, Bewundern Deiner Werke, und wir gelangten zu unserer Geisteswelt. Und wir schritten hinaus über sie, um die Gefilde unerschöpflicher Fülle zu erreichen, auf denen Du Israel auf ewig weidest mit der Speise der Wahrheit; und dort ist das Leben die Weisheit, die Weisheit, durch die alles Geschöpfliche entsteht, was je gewesen ist und was je sein wird; und sie selbst ist ohne Werden, sie ist, wie sie gewesen ist, und also wird sie stetsfort sein; viel-

---

201 Zum Thema der Verwandlung an der Schwelle zwischen Zeit und Ewigkeit viele Belege bei Daley, a.a.O. 202f.

202 Ebd. 204.

203 B. Daley, a.a.O. 205.

204 Augustinus Confessiones IX 10: Augustinus Confessiones – Bekenntnisse, lateinisch und deutsch. Eingeleitet, übersetzt und erläutert von J. Bernhart, München ²1960, 463, 465, 467.

mehr, es gibt in ihr kein Gewesensein noch ein Künftigsein, sondern das Sein allein (sed esse solum), weil sie ewig ist; denn Gewesensein und Künftigsein ist nicht ewig. Und während wir so reden von dieser ewigen Weisheit, voll Sehnsucht nach ihr, da streiften wir sie leise in einem vollen Schlag des Herzens. [...]

Wir sagten uns also: Brächte es einer dahin, dass ihm alles Getöse der Sinnlichkeit schwände, dass ihm schwänden alle Inbilder von Erde, Wasser, Luft, dass ihm schwände auch das Himmelsgewölbe und selbst die Seele gegen sich verstummte und selbstvergessen über sich hinausschritte, dass ihm verstummten die Träume und die Kundgaben der Phantasie, dass jede Art Sprache, jede Art Zeichen und alles, was in Flüchtigkeit sich ereignet, ihm völlig verstummte [...], wenn also nach diesem Wort das All in Schweigen versänke, weil es sein Lauschen zu dem erhoben hat, der es erschaffen, und wenn nun Er allein spräche, nicht durch die Dinge, nur durch sich selbst, so dass wir sein Wort vernähmen nicht durch Menschenzunge, auch nicht durch Engelsstimme und nicht im Donner aus Wolken, noch auch in Rätsel und Gleichnis, sondern Ihn selbst vernähmen, den wir in allem Geschaffenen lieben, Ihn selbst ganz ohne dieses, wie wir eben jetzt uns nach ihm reckten und in windschnell flüchtigem Gedanken an die ewige, über allen beharrende Weisheit rührten; und wenn dies Dauer hätte und alles andere Schauen, von Art so völlig anders, uns entschwände und einzig dieses den Schauenden ergriffe, hinnähme, versenkte in tiefinnere Wonnen, dass so nun ewig Leben wäre, wie jetzt dieser Augenblick Erkennen, dem unser Seufzen galt: ist nicht dies es, was da gesagt ist: „Geh ein in die Freude deines Herrn"? Und wann das? Dann, „wenn wir alle auferstehen, aber nicht alle verwandelt werden" (1 Kor 15, 51)?

[Über die Heiligen, die Menschen in der Vollendung Gottes][205]
XXII. 21. Wiederhergestellt wird auch, was von lebenden Körpern oder, nach dem Ableben, von Leichnamen abhanden gekommen ist. Alles, was zum alten seelischen Leib gehört hatte, wird also zugleich mit dem, was in den Gräbern als Überrest verblieben ist, in den neuen geistigen Leib verwandelt, auferstehen, bekleidet mit der Unverderblichkeit und Unsterblichkeit. Selbst wenn das Ganze, zum Beispiel durch einen schweren Unfall oder feindliche Rohheit völlig zu Staub geworden, womöglich in der Luft oder im Wasser aufgegangen ist und überhaupt kein denkbares Sein mehr hat: es kann trotzdem auf keine Weise der Allmacht des Schöpfers entzogen werden, es wird vielmehr kein Haar davon verlorengehen. Das geistige Fleisch wird dem Geiste unterworfen sein und trotzdem Fleisch bleiben, nicht Geist werden, so wie früher der Geist dem Fleische unterwürfig und daher fleischlich war und trotzdem Geist blieb, nicht Fleisch wurde.

29. Nun aber wollen wir endlich, soweit der Herr uns seine Hilfe leiht, sehen, was die Heiligen tun werden in den sterblichen geistigen Leibern, wenn ihr

---

205 Aurelius Augustinus, Der Gottesstaat – De Civitate Dei, Band II Buch XV–XXII [aus den Jahren 413/426]. In deutscher Sprache von C. J. Perl, Paderborn 1979, 823, 855, 861, 863, 867, 869, 875.

Fleisch dann nicht mehr fleischlich, sondern schon geistig lebt. Wie freilich dieses Tun oder, besser gesagt, wie ihre Ruhe, ihre Muße beschaffen sein wird: wenn ich die Wahrheit sagen soll, ich weiß es nicht. Ich habe es ja noch nie mit leiblichem Sinn gesehen. Würde ich aber sagen, ich hätte es mit dem Verstand, mit geistiger Einsicht gesehen: was wäre das? Was ist schon unsre Einsicht gegenüber solch einer überragenden Vortrefflichkeit? Denn dort ist „der Friede Gottes, der", wie der Apostel sagt, „jedes Begreifen übersteigt" (Phil 4,7). Und was kann das für ein Begreifen sein, wenn nicht unsres und wahrscheinlich auch das der heiligen Engel? Nicht aber das Gottes. Wenn die Heiligen erst im Frieden Gottes leben werden, wahrlich, dann werden sie in einem Frieden leben, der alles Begreifen übersteigt.

Wir werden uns also hüten zu sagen, die Heiligen würden im jenseitigen Leben bei geschlossenen Augen Gott nicht sehen, weil sie ihn ja mit dem Geiste immer sehen werden.

Ob sie Gott allerdings auch mit ihren leiblichen Augen sehen werden, wenn diese offen sind, wirft eine neue Frage auf. Wenn die Augen, die im geistigen Leibe doch jedenfalls auch geistig sein werden, nur so viel vermögen wie unsere Augen jetzt, dann kann Gott zweifellos mit ihnen nicht gesehen werden. Sie werden also eine wesentlich andre Kraft besitzen müssen, wenn mit ihnen jene unkörperliche Natur gesehen werden soll, die nicht im Räumlichen beschränkt, sondern überall in ihrer Ganzheit ist. Wenn wir nämlich sagen, Gott sei im Himmel und auf Erden – sagt er doch selbst durch den Propheten: „Ich erfülle Himmel und Erde" (Jer 23,14) –, so wollen wir damit nicht ausdrücken, dass ein Teil von ihm im Himmel, ein andrer hier auf Erden sei, sondern er ist ganz im Himmel und ganz auf Erden, und nicht zu verschiedenen Zeiten, sondern beides zu gleicher Zeit, was kein Körperwesen vermag. Es wird also den Menschen im Jenseits eine erhöhte Kraft der Augen zuteil werden, nicht dass sie dadurch eine größere Sehschärfe erhalten, wie sie angeblich Schlangen und Adler haben (denn bei all ihrer Sehschärfe sehen auch diese Tiere nur Körperhaftes), sondern damit sie auch Unkörperliches sehen. Und vielleicht ist diese große Sehkraft auch schon einmal für eine Zeit im sterblichen Leib den Augen jenes heiligen Mannes Job gegeben worden, damals, als er zu Gott sprach: „Ich hörte dich zuerst mit meinem Ohr, nun aber sieht dich auch mein Auge. Deshalb verachte ich mich, ich zergehe und sehe mich nur noch als Staub und Asche" (Ijob 42,56, Septuaginta). Allerdings können wir hier auch ohne weiteres das Auge des Herzens annehmen, von dem der Apostel spricht: „Er erleuchte die Augen unsres Herzens" (Eph 1,18). Dass mit ihnen Gott gesehen wird, sobald er zu sehen sein wird, daran zweifelt kein Christ, der an die Worte unsres göttlichen Lehrers glaubt: „Selig sind die Reinherzigen, denn sie werden Gott schauen" (Mt 5,8). Ob aber Gott dort auch mit leiblichen Augen geschaut werden wird, steht immer noch als Frage offen.

Daher ist es möglich und auch sehr glaubhaft, dass wir dereinst die weltlichen Körper des neuen Himmels und der neuen Erde ebenso sehen werden, wie wir Gott, den Allgegenwärtigen, der auch die gesamte Körperwelt lenkt mittels der

Körper, die wir tragen, schauen werden. Ihn und mit ihm alles Körperhafte, was immer uns vor Augen kommen wird, werden wir in hellster Klarheit erblicken: nicht so wie wir jetzt das Unsichtbare Gottes durch das, was geschaffen ist, im Geiste sehen (Röm 1,20), durch den Spiegel in rätselhafter Gestalt und stückweise (1 Kor 13,12), wobei mehr der Glaube, durch den wir glauben, in uns wirksam ist als der Anblick der körperlichen Dinge selbst, den uns die Augen vermitteln. Aber gerade so, wie wir, wenn wir die Menschen in unsrer Umgebung lebendig und beweglich sehen, nicht nur glauben, dass sie leben, sondern sie eben lebend sehen und, da wir ihr Leben ohne ihre Leiber nicht sehen könnten, gerade mit Hilfe der Leiblichkeit jedes Zweifels behoben sind, dass sie wirklich leben: ebenso werden wir, wo immer wir die geistigen Augen unserer künftigen Leiber hinwenden werden, durch unsere Leiber den unkörperlichen und alles leitenden Gott schauen. Entweder wird also Gott mit den geistigen Augen geschaut werden, weil sie zu einer solchen dem Geiste verwandten Vorzüglichkeit gelangt sind, durch die auch das unkörperliche Sein erschaut werden kann; eine Annahme freilich, die wir schwer, ja kaum durch Beispiele oder Zeugnisse aus der Heiligen Schrift belegen können, oder, was leichter zu begreifen ist, Gott wird uns kundgemacht und so sichtbar werden, dass er mit dem Geiste von jedem von uns in jedem von uns geschaut wird, geschaut von einem im andern, geschaut in sich selbst, geschaut im neuen Himmel und auf der neuen Erde, in jeder Kreatur, die dann noch sein wird; geschaut auch durch die Körper in jedem Körper, wohin immer die Augen des geistigen Leibes, soweit ihre Sehkraft reicht, gerichtet sein werden. Auch unsere Gedanken werden uns gegenseitig offen zutage liegen. Denn dann wird das erfüllt werden, was der Apostel an die Worte: „Richtet nichts vor der Zeit" anfügt: „bis dass der Herr kommt. Er wird auch das im Finstern Verborgene ans Licht bringen und die Geheimnisse der Herzen offenbar machen, und dann wird jedem sein Lob zuteil werden von Gott" (1 Kor 4,5).

30. Wie groß wird diese Seligkeit sein, in der es kein Übel mehr geben, kein Gut verborgen bleiben und jeder sich dem Lobpreis Gottes widmen wird, der alles in allem sein wird! Denn was sonst noch andres dort geschehen soll, wo wir nicht in Trägheit ruhen und nicht aus irgendeiner Not zu arbeiten haben werden, weiß ich nicht. Daran gemahnt mich auch das heilige Lied, in dem ich lese oder das ich höre: „Selig, die in deinem Hause wohnen, Herr, sie preisen dich in alle Ewigkeiten" (Ps 84,5). Alle Glieder des unvergänglichen Leibes und ebenso alle seine inneren Organe, die hier auf Erden ihren bestimmten Zwecken und Bedürfnissen zu dienen haben, werden einzig den Lobpreisungen Gottes dienen, denn dort wird keinerlei Bedürfnis mehr bestehen, sondern volle, gewisse, sichere und immerwährende Seligkeit. Alle jetzt noch verborgenen harmonischen Maßverhältnisse, von denen ich schon gesprochen habe, werden, ob innerlich oder äußerlich über den ganzen Körper verteilt, nicht mehr verborgen sein. Und mit all den übrigen Dingen, die in ihrer wundervollen Größe zur Erscheinung gelangen werden, werden die vernünftigen Geister, aus Entzücken über diese vernunftmäßige Schönheit entflammt, in das Lob des großen Künstlers einstimmen. Ich wage nicht anzugeben, welche Bewegungen diesen Körpern dereinst möglich

sein werden, weil ich es mir nicht ausdenken kann. Doch werden Bewegung und Haltung so wie die Erscheinung selbst in jeder Weise wohlgestaltet sein, da es nichts Unangemessenes geben wird. Sicher ist, daß der Leib, sobald der Geist es will, sofort zur Stelle sein wird, und der Geist wird nichts wollen, was dem Geiste oder dem Leibe nicht angemessen sein könnte. Dort wird der wahre Ruhm sein, wo keiner aus Irrtum dessen, der ihn lobt, oder aus Schmeichelei gepriesen sein wird. Dort wird die wahre Ehre sein, die keinem Würdigen versagt, keinem Unwürdigen dargebracht wird; und es wird sich auch kein Unwürdiger um sie bemühen, weil keiner zugelassen wird, der nicht würdig ist. Und schließlich wird dort auch der wahre Friede sein, weil keiner von sich selbst oder von einem andern wird Widriges zu erdulden haben.

Gott wird der Lohn der Tugend sein, er, der die Tugend verliehen und sich selbst als Lohn ihr verheißen hat, das Beste und Größte, was es geben kann.

[...]

Wie sich im übrigen die Grade von Ehre und Ruhm dereinst auf die verdienten Belohnungen verteilen werden, ist wohl kaum jemand imstande sich auszudenken, geschweige denn, darüber zu sprechen. Und trotzdem ist nicht daran zu zweifeln, dass es Abstufungen geben wird. Und auch das wird dieser selige Staat als großes Gut erleben, dass in ihm kein Geringerer einen Höheren beneiden wird, so wie auch jetzt die Erzengel nicht von den übrigen Engeln beneidet werden, Keiner wird sein wollen, was ihm nicht gegeben ist, er wird vielmehr in friedlichster Eintracht mit dem, dem es gegeben ist, verbunden sein, gleichwie auch im Leibe das Auge nicht sein will, was der Finger ist, da beide ja als Glieder zu der befriedeten Gesamtheit des ganzen Leibes gehören. Und wenn der eine auch ein geringeres Geschenk hat als der andre, wird ihm doch das Geschenk zuteil werden, dass er nicht mehr bekommen will.

Den Auferstandenen wird auch der freie Wille nicht fehlen, und zwar deshalb, weil die Sünde sie nicht mehr ergötzen kann. Dieser Wille wird nämlich um so freier sein, als er selbst befreit sein wird von der Ergötzung des Sündigens, die sich vielmehr in eine unabänderliche Freude am Nichtsündigen verwandeln wird. Jener freie Wille, der dem Menschen ursprünglich, als er aufrecht erschaffen war, gegeben wurde, hatte die Möglichkeit zu sündigen und nicht zu sündigen. Dieser aber wird um so mächtiger sein, als er überhaupt nicht wird sündigen können.

Danach wird Gott, gleichsam am siebenten Tage, ruhen, indem er diesen siebenten Tag, der wir sein werden, in sich, in Gott selbst wird zur Ruhe bringen. Von diesen Zeitaltern jetzt im einzelnen sorgfältig zu reden würde zu weit führen: dieses siebente jedenfalls wird unser Sabbat sein. Sein Ende wird kein Abend sein, sondern der Herrentag als achter ewiger Tag, der durch Christi Auferstehung geheiligt ist, die nicht nur die ewige Ruhe des Geistes, sondern auch des Leibes vorausgebildet hat. Da werden wir feiern und schauen, schauen und lieben, lieben und preisen. Siehe, das wird das Endziel ohne Ende sein. Denn was ist andres unser Ziel, als zu dem Reiche hinzugelangen, das kein Ende hat?

[Aus dem „Enchiridion"[206] für einen gebildeten Christen, 421 oder 423/424]

63. Wenn wir aber den Engeln Gottes gleich sein werden, dann werden wir wie sie von Angesicht zu Angesicht schauen, und wir werden mit ihnen in einem so großen Frieden leben, wie sie mit uns. Denn wir werden sie so sehr lieben, wie wir von ihnen geliebt werden.

Ihr Friede wird uns deshalb kein Geheimnis mehr sein, denn auch unser Friede wird von derselben Art und Größe sein und dann unsere Einsicht nicht übersteigen. Und dennoch wird der Friede Gottes, der dort mit ihnen ist, ihre und unsere Einsicht übersteigen. Denn von (Gott) hat jedes vernunftbegabte Geschöpf ohne irgendeine Ausnahme seine Seligkeit.

85. Zuerst erhebt sich die Frage nach den Frühgeburten, die zwar schon im Schoße der Mutter geboren sind, aber nicht so, dass sie wiedergeboren werden könnten. Wenn wir von ihnen behaupten wollen, dass sie auferstehen werden, so kann diese Meinung irgendwie geduldet werden, vorausgesetzt, dass ihre Formen schon entsprechend ausgebildet sind. Was aber die betrifft, die noch unausgebildet sind, wer möchte von ihnen nicht eher annehmen, dass sie zugrunde gehen wie die Samen, die nicht zur Empfängnis kommen? Wer möchte auf der anderen Seite leugnen, auch wenn er es nicht zu behaupten wagt, dass es Wirkung der Auferstehung sein kann, bei ihnen das zu ergänzen, was ihnen an der Formvollendung fehlt? So würde ihnen keine Vollkommenheit fehlen, die ihnen erst mit der Zeit zugekommen wäre, ähnlich wie auch die Fehler nicht da wären, die sich mit der Zeit eingestellt hätten. So würde die Natur des Menschen nicht um das betrogen, was die kommende Lebenszeit an geeigneten und entsprechenden (Vollkommenheiten) noch gebracht hätte, und sie würde auch nicht entstellt durch das, was die künftigen Lebenstage an widerwärtigen und widersprechenden (Fehlern) noch hätte bringen können. Es würde einfach vollständig, was noch nicht vollendet war, wie ja auch das, was entstellt war, wiederhergestellt werden wird.

86. Es steht den Gelehrten frei, mit aller Sorgfalt zu untersuchen und Streitgespräche darüber zu führen, wann der Mensch im Mutterleib zu leben anfängt und ob es dort schon eine Art Leben gibt, und zwar ein verborgenes Leben, das sich noch nicht in Lebensbewegungen äußert. Ich weiß aber nicht, ob von einem Menschen eine Lösung dieser Frage gefunden werden kann. Allerdings halte ich es für eine allzu große Unverfrorenheit, einfach den unentwickelten Leibesfrüchten das Leben abzusprechen, die gliedweise aus dem Mutterschoß der Schwangeren herausgeschnitten und hinausgeworfen werden, damit sie nicht, wenn sie tot zurückbleiben, auch die Mütter töten. In dem Augenblick, in dem ein Mensch zu leben angefangen hat, kann er sicher auch schon sterben. Ich kann daher nicht verstehen, wie ein Toter, wo immer ihn der Tod treffen mag, nicht an der Auferstehung der Toten teilnehmen sollte.

---

206 Aurelius Augustinus, Enchiridion de Fide Spe et Caritate, Handbüchlein über Glaube, Hoffnung und Liebe. Text und Übersetzung mit Einleitung und Kommentar von J. Barbel, Düsseldorf 1960, 119, 149, 151, 153, 155.

87. Das gilt auch für die Missgeburten, die lebend geboren werden, dann aber, wenn auch noch so schnell, sterben. Man darf nicht leugnen, dass sie auferstehen werden. Man darf aber auch nicht meinen, dass sie so auferstehen werden, wie sie gewesen sind, sondern ihre Natur wird verbessert und berichtigt. Es kommt nicht in Frage, dass dieses Doppelwesen im Osten, von dem uns vertrauenswürdige Brüder aus eigener Anschauung berichtet haben und über das auch der Priester Hieronymus heiligen Angedenkens eine Schrift hinterlassen hat, als ein Doppelmensch aufersteht wird [mit 2 Köpfen, 4 Händen, 2 Beinen: Hieronymus, Ep. 72,2]. Vielmehr müssen wir annehmen, dass zwei Menschen auferstehen werden, denn zwei wären sie geworden, wenn sie als Zwillinge geboren worden wären. Ähnlich wird es sich mit denen verhalten, die bei ihrer Geburt entweder ein Glied zuviel oder eines zuwenig haben oder die wegen ihrer allzu großen Entstellung Missgeburten genannt werden. Sie kehren bei der Auferstehung zu wohlgeformter menschlicher Gestalt zurück. Und zwar werden die einzelnen Seelen ihre eigenen Körper erhalten, und sie werden auch nicht mehr zusammenhängen, wie groß auch die Verwachsungen gewesen sein mögen, mit denen sie geboren worden waren. Sie werden jeder einzelne seine eigenen Glieder haben, die zur Vollständigkeit des menschlichen Leibes gehören.

88. Vor Gott geht kein irdischer Stoff verloren, aus welchem das Fleisch des Sterblichen geschaffen ist. Welches auch immer der Staub oder die Asche sein mögen, in die (der Stoff) aufgelöst wurde, mag er in alle Winde zerstreut, in die Substanz anderer Körper oder auch in die Grundstoffe verwandelt worden sein, welches auch immer die Tiere oder selbst die Menschen sein mögen, denen er als Speise gedient und in deren Fleisch er umgewandelt worden ist, in einem festgesetzten Zeitpunkt kehrt er zu der Menschenseele zurück, die ihn zuerst beseelt hatte, dass er Mensch werden und leben und wachsen konnte.

89. Dieser irdische Stoff, der zum Leichnam wird, wenn die Seele entweicht, kehrt zwar zu dem Leibe zurück, von dem aus er verstreut worden ist. Er wird aber bei der Auferstehung nicht in der Weise wiederhergestellt werden, dass das, was verstreut war und sich in je verschiedene Gestalten und Formen der verschiedensten Dinge gewandelt hatte, nun zu genau demselben Teil des Körpers zurückkehren muss, zu dem es gehört hatte. Denn wenn die Haare, die bei dem häufigen Haarschnitt entfernt wurden, und auch die so oft abgeschnittenen Nägel ihren Platz wieder einnehmen müssten, dann würden jene, die maßlos und ungehörig denken, und die deshalb an die Auferstehung des Fleisches nicht glauben, sich mit Recht an dieser Missgestalt stoßen. Es verhält sich damit eher wie mit einem Standbild aus irgendeinem lösbaren Metall, das im Feuer geschmolzen oder zu Staub zerstoßen oder zu einer (unförmlichen) Masse zusammengeschlagen wurde, und das jetzt ein Künstler aus derselben Stoffmasse wiederherstellen möchte. Dabei wäre es für die Vollständigkeit (des Standbildes) völlig unerheblich, welcher Stoffteil einem bestimmten Glied des Standbildes zugeteilt würde, wenn nur bei der Wiederherstellung die gesamte Stoffmasse wiederverwendet würde, aus der es bestanden hatte. Das gilt auch für Gott, den wunderbaren und unsagbaren Künstler. Er wird mit wunderbarer und unsagbarer Schnelligkeit un-

sere Leiblichkeit aus dem ganzen (Stoff) wiederherstellen, aus dem sie bestanden hatte. Bei dieser Wiederherstellung kommt es nicht darauf an, ob Haar wieder zu Haar oder Nagel wieder zu Nagel wird oder ob das, was von diesen zugrunde gegangen war, für das Fleisch oder für andere Teile des Körpers bestimmt wird. Die Vorsehung des Künstlers wird schon dafür sorgen, dass nichts Ungeziemendes geschieht.

90. Es folgt daraus auch nicht, dass die Körpergestalt der einzelnen Wiederauflebenden aus dem Grunde verschieden sein müsse, weil sie zu ihren Lebzeiten verschieden war. Etwa, dass ein schlanker Mensch in derselben Schlankheit und ein beleibter Mensch in derselben Körperfülle wieder zum Leben zurückkehren müsse. Es liegt im Sinne des Schöpfers, dass das eigentümliche Aussehen und eine erkennbare Ähnlichkeit gewahrt bleiben, im übrigen aber die körperlichen Gaben gleichmäßig verteilt werden. Die Stoffbestandteile der einzelnen Körper werden so behandelt, dass von ihnen nichts verloren geht, und was einem fehlen sollte, das wird der ergänzen, der auch aus dem Nichts schuf, was er wollte. Wenn aber so bei den Leibern der Auferstandenen eine vernünftige Ungleichheit bestehen bleibt, zum Beispiel bei den Stimmen, durch die der wohlklingende Gesang zustande kommt, so wird sich diese aus dem jedem Körper eigenen Stoff ergeben. Auf diese Weise wird der Mensch den englischen Chören zurückgegeben, und nichts Unpassendes wird deren Sinnen dargeboten werden. Nichts Hässliches wird sich dort finden. Was dort sein wird, wird auch schön sein, denn es würde nicht sein, wenn es nicht schön wäre.

91. Die Leiber der Auferstehenden werden also ohne jeden Makel und ohne jede Unförmlichkeit, wie auch ohne jede Verderblichkeit und Schwere und Hemmung auferstehen. Ihre Schwerelosigkeit wird ihrer Glückseligkeit entsprechen. Deshalb werden die Körper auch geistige (Körper) genannt, obschon sie ohne Zweifel Körper und nicht Geister sein werden. Denn wie jetzt der Körper beseelt genannt wird, obschon er Körper ist und nicht Seele, so wird er dann ein geistiger Körper sein, immer aber Körper und nicht Geist. Demnach wird es, wenn man die Verderbnis bedenkt, die jetzt die Seele beschwert und die Laster, mit denen das Fleisch gegen den Geist aufbegehrt, in diesem Sinn kein Fleisch mehr geben, sondern (nur noch) Körper. Man spricht auch von himmlischen Körpern. In diesem Sinn wird auch (von der Schrift) gesagt: „Fleisch und Blut werden das Reich Gottes nicht besitzen". Und wie um das näher darzulegen, heißt es dann weiter: „Noch wird die Verderblichkeit die Unverderblichkeit erben". Was zuerst „Fleisch und Blut" genannt wurde, wird jetzt „Verderblichkeit" genannt, und was zuerst mit „Reich Gottes" bezeichnet wurde, wird jetzt als „Unverderblichkeit" gekennzeichnet. Wenn man aber auf die Substanz schaut, so wird es auch dann noch „Fleisch" geben. Aus diesem Grunde wird ja auch der Leib Christi nach der Auferstehung „Fleisch" genannt. Deshalb sagt auch der Apostel: „Gesät wird ein seelischer Leib, auferweckt ein geistiger Leib". Es wird dann eben eine solche Übereinstimmung zwischen Fleisch und Geist bestehen, dass der Geist ohne jedes Bedürfnis nach Hilfe das ihm untergebene Fleisch lebendig machen wird, ohne dass uns aus uns selbst heraus Widerstand entgegenge-

setzt wird. Wir werden weder von außen her Feinde erdulden müssen, noch im
Innern uns selbst (feind sein).

h) Griechisches Ende der Kirchenväterzeit

Die letzten Theologen, die in der Alten Kirche etwas zum Thema „Himmel" bei-
zutragen hatten, waren Dionysius Areopagites[207] und Johannes von Damaskus[208].

Zu Dionysius sei zuerst eine Zusammenfassung von B. Daley zitiert: „Nach
dem dionysischen System ist es das Ziel alles geschaffenen Seins, die verlorene
Einheit vernunftbegabter Geschöpfe mit Gott in betrachtender Erkenntnis und
Liebe wiederherzustellen, das heißt eine Einheit zu erlangen, die im Geschöpf das
Abbild Gottes gestaltet (Div. Nom. 7,3; Cael. Hier. 3,2; Eccl. Hier. 2,1). Indem
Gott seine Geschöpfe im ‚ewigen Kreis' durch das Geschenk der Erschaffung einerseits und der Anziehung zur Vereinigung andererseits erreicht (Div. Nom.
4,13; vgl. 4,17), erweckt er in ihnen eine Erfahrung seiner göttlichen Wirklichkeit, die sie in beständigem ‚Aufstieg' (z. B. Div. Nom. 4,5), in ständiger ‚Erleuchtung' (z. B. Eccl. Hier. 1,1) und ‚Vergöttlichung' (z. B. Eccl. Hier. 1,3f.) zu
dieser Vereinigung hinführt"[209].

Im folgenden Zitat spricht der unbekannte Verfasser selber[210]:

Himmlische Hierarchie
Kap. II 5: Die mystischen Verfasser der inspirierten Schriften kleiden nicht bloß,
wie wir finden werden, die Offenbarungen über die himmlischen Ordnungen
(Chöre) heilig in diese Bilder ein, sondern bisweilen sogar auch die Mitteilungen
über die Urgottheit. Bald gehen sie bei deren Schilderung von den glänzenden
äußeren Erscheinungen aus, wenn sie dieselbe zum Beispiel Sonne der Gerechtigkeit, den Morgenstern, der heilig im Geiste aufsteigt, das Licht, welches unverhüllt und geistig herniederstrahlt, nennen. Bald bedienen sie sich der mittleren
Gattung (der sinnlich wahrnehmbaren Gegenstände) und reden von der Gottheit
als dem Feuer, das leuchtet ohne zu schaden, als von dem Wasser, das die Fülle
des Lebens spendet und, um sinnbildlich zu sprechen, in den Leib eintritt und
unerschöpflich fortquellende Ströme (des Lebens) ergießt. Dann hinwieder neh-

---

207 B. R. Suchla, Dionysios Areopagites: LThK³ (1995) 243f. Der bis heute nicht identifizierte
Verfasser schrieb unter dem Pseudonym des Atheners Dionysius (Apg 17,34) in griechischer
Sprache. Werkimmanente Untersuchungen wiesen bisher auf die Zeit um 500 hin. Er war von
dem Neuplatoniker Proklos beeinflusst. Für das Himmelsthema muss eines seiner Hauptwerke,
„Über die himmlische Hierarchie" genannt werden. Seine Ausführungen sind durch eine Mi-
schung von spekulativer und mystischer Theologie gekennzeichnet. In der Scholastik, auch bei
Thomas von Aquin, galt er als große Autorität (B. R. Suchla, a.a.O. 243).

208 Zu ihm hier im Ersten Teil (Geschichte des Paradieses).

209 B. Daley, a.a.O. 226.

210 Zitiert nach J. Stiglmayr, Des heiligen Dionysius Areopagita angebliche Schriften über die beiden Hierarchien. Aus dem Griechischen übersetzt, Kempten – München 1911. Texte aus
„Himmlische Hierarchie" 15f., 41f., 76f.; aus „Kirchliche Hierarchie" 197f.

men sie die niedrigsten Dinge zum Ausgangspunkt, wie zum Beispiel die wohlriechende Salbe oder den Eckstein. Ja sogar Tiergestaltung wenden sie auf sie an, legen ihr die Eigenart des Löwen und Panthers bei und sagen, sie werde ein Pardel
und eine der Jungen beraubte Bärin sein. Ich will auch noch hinzufügen, was
niedriger und ungeziemender als alles andere zu sein scheint, dass nämlich die in
göttlichen Dingen bewanderten Männer uns von der Gottheit überliefert haben,
dass sie sich selbst die Gestalt des Wurmes beilegt.

Auf diese Weise entrücken alle Gotteskundigen und Ausleger der geheimen Inspiration „das Heilige der Heiligen" (Sancta sanctorum) unberührbar den Uneingeweihten und Unheiligen und halten jene abweichende heilige Gestaltenbildung
hoch, damit weder das Göttliche den Profanen leicht in die Hände falle, noch die
eifrigen Beschauer der heiligen Bilder an den Typen hängen bleiben, als ob diese
wahr wären. Der weitere Zweck ist, dass das Göttliche durch die negativen Aussagen und durch die disparaten Anähnelungen, welch sogar bis an die äußerste
Grenze des entsprechenden Nachhalls gehen, geehrt werde. Und so ist es also gar
nicht ungereimt, wenn die heiligen Schriften auch für die himmlischen Wesen
aus den widersprechenden unähnlichen Ähnlichkeiten wegen der erwähnten
Gründe bildliche Züge entnehmen.

Kap. VII 4: Diese also ist, soweit ich es verstehe, die erste Ordnung der himmlischen Wesen. Sie *steht unmittelbar in der Runde um Gott und um Gott her*, in
unablässigem Reigen bewegt sich ihr einfaches Denken in der ewigen Erkenntnis
Gottes, wie es der immer bewegten, höchsten Rangstellung unter den Engeln entspricht. Sie genießt reinen Blickes viele wonnevolle Anschauungen, sie wird von
einfachen und unmittelbaren Strahlen funkelnd erleuchtet und mit göttlicher
Speise gesättigt, die zwar in der ersten Ergießung aus der Quelle eine reiche Fülle
darstellt, aber bei der Einheitlichkeit der urgöttlichen Labung, welche kein Vielerlei kennt und in Eins verwandelt, doch nur *eine* ist. Diese (höchste Triade) ist
einer intensiven Gemeinschaft und Mitwirksamkeit mit Gott infolge der möglichsten Verähnlichung ihrer herrlichen Eigenschaften und Tätigkeiten mit ihm
gewürdigt; sie erkennt in bevorzugter Weise viele Geheimnisse des Göttlichen
und ihr ist, soweit es statthaft ist, die Teilnahme an göttlichem Wissen und Erkennen gewährt.

Kap. XV 2: Wir müssen aber die Rede beginnen und im Eingang unserer Erläuterung der Typen untersuchen, warum, wie sich herausstellt, die Offenbarung
Gottes vor allen andern gerade *das vom Feuer entlehnte heilige Bild bevorzugt*. Du
wirst wenigstens finden, dass sie nicht bloß feurige Räder schildert, sondern auch
feuerglühende Lebewesen und Männer, die gleichsam von Blitzen zucken, dass sie
sogar um die himmlischen Wesen her Haufen feuriger Kohlen und lodernde Feuerströme mit unermesslichem Rauschen anbringt. Auch von den Thronen sagt
sie, dass sie feurig seien und selbst bei den höchsten Seraphim deutet sie durch
den Namen an, dass sie feurig erglühen und legt ihnen die Eigenart und Wirkung
des Feuers bei. Überhaupt liebt sie allerorts die vom Feuer hergenommene bildliche Darstellung in vorzüglichem Grade. Meine Ansicht ist nun, dass das Charakteristische des Feuers die größte Gottähnlichkeit der himmlischen Geister an

deute. Denn die heiligen inspirierten Schriftsteller schildern die überwesentliche und gestaltlose Wesenheit vielfach im Bilde des Feuers, weil dieses, (wenn man so sagen darf), von der urgöttlichen Eigentümlichkeit viele Abbilder im Sichtbaren darbietet. Das sinnlich wahrnehmbare Feuer ist nämlich sozusagen in allen Dingen und durchdringt unvermischt alle und ist allen entrückt. Während es ganz Licht und zugleich verborgen ist, ist es an und für sich unerkennbar, wenn ihm nicht ein Stoff vorgelegt wird, an dem es seine eigentümliche Wirkung offenbaren kann. Es ist unbezwingbar und unerkennbar, Herr über alles und zieht alles, woran es kommt, in seine eigene Wirkung hinein. Es hat die Kraft zu verwandeln, sich allem mitzuteilen, was irgendwie in seine Nähe kommt, mit seiner feurig belebenden Wärme zu verjüngen, mit seinen unverhüllten Strahlungen zu erleuchten, unbesiegt, unvermischt, zertrennend, unveränderlich, aufwärts steigend, scharf durchdringend, hochgehend, keinerlei Niedersinken zum Boden duldend, immer beweglich, selbstbewegt, anderes bewegend, umfassend, selbst nicht umfasst, keines andern bedürftig, unvermerkt sich selbst vergrößernd, an den aufnahmefähigen Stoffen seine gewaltige Größe zeigend, wirksam, mächtig, allem unsichtbar gegenwärtig. Wenn man sich nicht darum bemüht, scheint es nicht da zu sein, über dem Reiben aber flammt es, gleichwie wenn es sich suchen ließe, seiner Natur und Eigenart entsprechend plötzlich auf und entflattert hinwieder ohne Bleibens, unvermindert bei all seinen allbeglückenden Mitteilungen. Noch viele andere Eigentümlichkeiten des Feuers möchte einer ausfindig machen, insofern sie in sinnlichen Bildern der urgöttlichen Wirksamkeit entsprechen.

Kirchliche Hierarchie
Kap. VII 5: Derart nun sind meines Erachtens offenbar die glückseligsten Ehrenpreise der Heiligen. Denn was könnte es geben, das sich mit der gänzlich leidlosen und glorreichen Unsterblichkeit vergleichen möchte? Haben doch die allen menschlichen Verstand überragenden Verheißungen, auch wenn sie mit den stärksten, unsern Vorstellungen entsprechenden Ausdrücken bezeichnet werden, nur weit hinter der Wahrheit zurückbleibende Namen. Denn man muss an der Wahrheit jenes Schriftwortes festhalten: „Kein Auge hat es gesehen, kein Ohr hat es gehört und es ist in keines Menschen Herz gekommen, was Gott denen bereitet hat, die ihn lieben".

Ebenso wie Dionysius lehnt sich Johannes von Damaskus, der die Glaubensauffassungen früherer Zeiten gesammelt hat, an verschiedene biblische Texte an, kombinierte sie aber mit dem Seelen-Gedanken. Die Seele der Gerechten wird im Tod von irdischen Leidenschaften gereinigt und den Engeln ähnlich. Vom Licht der göttlichen Dreieinigkeit erleuchtet nimmt sie an der Gotteserkenntnis der Engel teil. Die Heiligen sind in ihren Seelen und sogar in ihren begrabenen Leibern vom Heiligen Geist erfüllt, werden mit der Gottheit Jesu Christi vereint und werden dadurch ihm so ähnlich, dass sie wirklich „Götter" genannt werden können[211].

i) Eine Zusammenfassung

Brian Daley berichtet von einem mit Augustinus befreundeten Bischof Quodvultdeus († 453). Dieser stellte in „Liber de promissionibus et praedictionibus Dei" zusammen, was man in der Alten Kirche zu den eschatologischen Verheißungen rechnete (ohne dass darüber ein Konsens bestand):

1. „Einen neuen Himmel und eine neue Erde", wo die Gerechten wohnen werden;
2. Ein ideales Alter von etwa dreißig Jahren für alle Auferstandenen;
3. Ein neues, von Schmerzen befreites Jerusalem;
4. Dort werden die Gerechten leuchten wie die Sonne
5. mit unterschiedlichen Graden der Heiligkeit;
6. Einen besonderen Ort in dieser Stadt für Jungfrauen;
7. Unvorstellbare Belohnungen jedes einzelnen Menschen;
8. Die Belohnungen konzentrieren sich auf die Anschauung Gottes.
9. Die Menschen werden verwandelt, damit sie dem Abbild Gottes vollkommener entsprechen;
10. Die Übergabe der Königsmacht durch den Sohn an den Vater;
11. Ein ununterbrochenes Singen des „Halleluja" durch die Heiligen;
12. Die Erneuerung des Kosmos, damit er von ewiger Dauer sei, und den beständigen Beistand Jesu Christi für die Heiligen;
13 Einen Endzustand, in dem Gott alles in allem sein wird. „Dieses werden die Gottlosen (impii) nicht erleben"[212].

7. Der Himmel in der mittelalterlichen Theologie

Vorbemerkung: Es ist hier leider nicht möglich, auf die Kultur-, Sozial- und Mentalitätsgeschichte des Mittelalters einzugehen. Wichtige Erkenntnisse zu diesen Komplexen kommen bei der Glaubens- und Theologiegeschichte des Himmels „nebenbei" zur Sprache. In größeren Zusammenhängen und mit einer Fülle von Einzelheiten behandelt Arnold Angenendt dieses Thema[213]. Speziell von der Theologiegeschichte handeln Ludwig Ott und Erich Naab[214]. In seiner Monogra-

---

211 B. Daley, a.a.O. 241f., mit Belegen.
212 B. Daley, ebd. 209f.
213 A. Angenendt, Das Frühmittelalter. Die abendländische Christenheit von 400 bis 900, Stuttgart 1990, ³2001; ders., Geschichte der Religiosität im Mittelalter, Darmstadt 1997, ³2005.
214 L. Ott, Eschatologie in der Scholastik, aus dem Nachlass bearbeitet von E. Naab (HDG IV/7b), Freiburg i. Br. 1990.

phie zum Frühmittelalter diskutiert Angenendt die Frage der Periodisierung des Mittelalters und damit zusammenhängende Probleme[215]. Eine stärkere Fokussierung findet sich in seiner „Geschichte der Religiosität im Mittelalter" speziell zum „Religionsgeschichtlichen Mittelalter"[216].

Zutreffend ist Angenendts das ganze Mittelalter betreffende Feststellung: „In der Beschreibung des Himmels ist das Mittelalter eher verhalten geblieben, ganz anders als in der Höllenbeschreibung, bei welcher sich die Realistik zu unausdenklichen Torturen und grausamsten Quälereien steigerte. Die Beschreibung des Himmels in gleicher Weise ‚realistisch' zu steigern, musste ohne Wirkung bleiben, denn dabei wäre nur ein noch massiveres Diesseits herausgekommen. Tatsächlich bedeuteten die Jenseitsvorstellungen etwa der germanischen Krieger nur mehr die Fortsetzung der diesseitigen Welt; die fränkischen und angelsächsischen Kriegerfürsten ließen sich mit Waffen, Pferden und Biereimern beerdigen, glaubten also ihr gewohntes Heldenleben ungebrochen weiterführen zu können. Erst wo ‚ewige Momente' nicht mehr nur im Kampfesrausch erfahren wurden, sondern in geistigen und ethischen Erfahrungen, etwa in der Lauterkeit des Gewissens, in der Zeitlosigkeit der Musik, in der Klarheit der geistigen Erkenntnis oder in der Verschmelzung personaler Liebe, da wurden auch neue Himmelsvorstellungen formuliert. Solche Steigerungen haben sich aber erst im Prozess des Mittelalters vollzogen, und tatsächlich erscheinen dieselben sofort in der hochmittelalterlichen Frömmigkeitsbewegung und besonders in der Mystik: der Himmel als ewige Glückseligkeit"[217].

a) Das Frühmittelalter

Eine kurze Charakteristik: Der Ruin nach dem Untergang des Römischen Reiches war komplett. Nach dem Ende des weströmischen Kaisertums ereignete sich eine Aufsplitterung des Ganzen im Entstehen einzelner germanischer Reiche. Das Christentum zog sich aus der ihm verloren gegangenen Stadtkultur zurück, mit großem Schaden für den Bereich der Bildung. Klöster wurden in der „Einsamkeit" gegründet[218]. Zugänge zur christlichen Buchreligion oder zu den philosophischen und historischen Voraussetzungen der kirchlichen Dogmen gab es nicht mehr. An dieser Stelle soll ein Leidtragender, der trotz allem seine Pflichten erfüllte, Papst Gregor I., zu Wort kommen[219].

---

215 A. Angenendt, Das Frühmittelalter, §§ 1-6, S. 23-52; in § 6 finden sich der heutige Forschungsstand und ein Blick auf „heutige Entwürfe".
216 A. Angenendt, Geschichte der Religiosität 1. Kapitel. Im 2. Kapitel hält er an der Periodisierung Frühmittelalter – Hochmittelalter – Spätmittelalter fest.
217 A. Angenendt, Religiosität 750.
218 A. Angenendt, a.a.O. 31. Zitiert wird hier im Wortlaut eine Klage des Papstes Gregors I.
219 Besonders bekannt wurde Gregor (590 Bischof von Rom geworden, † 604) durch seine „Dialoge" in vier Büchern. Heute ist umstritten, in welchem Sinn sie wirklich von ihm stammen, doch kann hier auf dieses Problem nicht eingegangen werden. Vgl. dazu M. van Uytfanghe,

Beweise für das Leben der Seele nach dem Tod
Gregorius: Hätten wohl die heiligen Apostel und Märtyrer Christi das gegenwärtige Leben verschmäht und ihre Seele dem leiblichen Tod hingegeben, wenn sie nicht gewusst hätten, dass ein sichereres Leben für die Seele darauf folgt? Du selbst sagst, dass du das Leben der im Körper weilenden Seele aus den Bewegungen des Körpers erkennst; nun siehe, diejenigen, welche die Seelen in den Tod hingaben und glaubten, dass es ein Leben der Seele nach dem Tode gebe, glänzen durch tägliche Wunder! Denn zu ihren entseelten Leibern kommen Kranke und werden gesund, kommen Meineidige und werden vom bösen Feind gequält, da kommen Besessene und werden befreit, kommen Aussätzige und werden rein; dahin bringt man Tote, und sie werden erweckt! Nun also erwäge, ob ihre Seelen im Jenseits weiterleben, wenn die toten Leiber schon hier in so vielen Wundern leben! Wenn du also das Leben der Seele, solange sie im Körper weilt, aus der Bewegung der Glieder erkennst, warum schließest du nicht auch aus den wunderkräftigen toten Gebeinen, dass die Seele lebt, auch nachdem sie den Körper verlassen? Dial. IV 6

Ob die Seelen der Gerechten schon vor der Auferstehung des Fleisches in den Himmel aufgenommen werden
Gregorius: Denn es gibt Seelen von Gerechten, welche noch einige Stationen vom Himmelreich entfernt sind. Dieses Hingehaltenwerden beweist, dass ihnen etwas von der vollkommenen Gerechtigkeit gefehlt hat. Steht es doch als sonnenklare Wahrheit fest, dass die Seelen der vollkommenen Gerechten in die himmlischen Wohnungen aufgenommen werden, sobald sie die Schranke des Leibes verlassen, was auch die ewige Wahrheit selbst bezeugt, indem sie spricht: „Wo immer ein Leib da ist, da versammeln sich auch die Adler". Denn wo unser Erlöser selbst sich dem Leibe nach befindet, dort versammeln sich ohne Zweifel die Seelen der Gerechten. So sehnt sich Paulus, aufgelöst zu werden und bei Christus zu sein. Wer also nicht zweifelt, dass Christus im Himmel ist, der leugnet auch nicht, dass dort die Seele des Paulus ist. Paulus spricht ja von der Auflösung seines Körpers und von dem Aufenthalt im himmlischen Vaterlande mit den Worten: „Wir wissen, dass, wenn diese unsere irdische Wohnung aufgelöst wird, wir ein Gebäude von Gott empfangen, ein Haus, nicht von Händen gemacht, sondern ein ewiges im Himmel".
Petrus: Wenn aber die Seelen der Gerechten jetzt schon im Himmel sind, welchen Lohn werden sie dann am Tage des Gerichtes für ihre Gerechtigkeit empfangen?

L'eschatologie des dialogues grégoriens: Experiences potentielles, assisses idéelles, fiction littéraire, in: Gregorio Magno nel XIV centenario della morte (Atti dei Convegni Lincei 209), Rom 2004, 257-279. – Die Texte aus Dialogi IV werden zitiert nach Gregor d. Gr., vier Bücher Dialoge, aus dem Lateinischen übersetzt von J. Funk, München 1933. Die Zitate der Reihenfolge nach: 195f., 216f., 231, 234f., 205-207

Gregorius: Sie bekommen eben das noch als Steigerung hinzu, dass, wie jetzt ihre Seele, dann auch ihr Leib die Seligkeit genießt, so dass sie sich nun auch im Fleische freuen, in welchem sie Schmerzen und Peinen um des Herrn willen gelitten haben. Von dieser zweifachen Herrlichkeit steht geschrieben: „In ihrem Lande werden sie Doppeltes besitzen". Darum heißt es auch in der Schrift von den Seelen der Heiligen vor dem Tag ihrer Auferstehung: „Es ward einem jeden von ihnen gesagt, dass sie noch eine kurze Zeit ruhen sollten, bis die Zahl ihrer Mitknechte und Brüder voll würde". Die also jetzt *ein* Gewand erhalten haben, werden beim Gerichte zwei haben; denn jetzt erfreuen sie sich nur der Glorie ihrer Seelen, dann aber der Glorie der Seele und des Leibes.   Dial. IV 25

Über die Erkenntnis der Verstorbenen
Gregorius: Die Freude der Guten steigert sich, wenn sie diejenigen als Genossen ihrer Freude sehen, die sie geliebt haben; und an den Bösen nagt nicht nur ihre eigene Strafe, sondern auch die Strafe derer, die sie in der Welt mit Hintansetzung Gottes liebten und die nun mit ihnen gepeinigt werden. Bei den Auserwählten aber geschieht etwas noch Wunderbareres; sie erkennen nämlich nicht bloß jene, die sie in der Welt gekannt haben, sondern auch alle Guten, als hätten sie diese schon früher gesehen und gekannt, wenngleich sie sie niemals zu Gesicht bekommen haben. Wenn sie also in jenem ewigen Erbe die Altväter erblicken, so werden sie ihnen keine unbekannte Erscheinung sein, da sie in ihren Werken sie immer gekannt haben. In gemeinsamer Klarheit schauen sie dort Gott – was sollten sie dort nicht kennen, wo sie den Allwissenden kennen?   Dial. IV 33

Von der unterschiedlichen Seligkeit
Gregorius: „Im Hause meines Vaters sind viele Wohnungen". Wenn nämlich in der ewigen Glückseligkeit die Vergeltung nicht eine verschiedene wäre, so gäbe es dort nur *eine*, nicht viele Wohnungen. Es gibt also viele Wohnungen, und darin genießen die verschiedenen Ordnungen der Guten die ewige Freude, und zwar in Gemeinschaft wegen ihrer gleichartigen Verdienste; und dennoch erhält jeder Arbeiter nur *einen* Zehner. In viele Wohnungen sind sie eingeteilt, weil zwar die Seligkeit, die sie dort empfangen, *eine* ist, aber verschieden die Beschaffenheit des Lohnes, den sie durch verschiedene Werke empfangen.   Dial. IV 35

Vom Hingang der Dienerin Gottes Romula
Ich erinnere mich an ein Ereignis, das ich gleichfalls in den Homilien erzählt habe. Mein Mitpriester Speciosus, der von der Sache wusste, hat mir meine Erzählung bestätigt. Zu der Zeit nämlich, als ich ins Kloster ging, lebte eine alte Frau namens Redempta als Klosterfrau und hielt sich in der Nähe der Kirche der heiligen allezeit jungfräulichen Maria auf. Sie war eine Schülerin jener Herundo, welche, reich an großen Tugenden, in den Pränestinerbergen ein Einsiedlerleben geführt haben soll. Bei dieser Redempta lebten zwei Schülerinnen, gleichfalls im Ordensgewande, eine namens Romula und eine andere, die noch lebt und die ich zwar von Angesicht, nicht aber dem Namen nach kenne. Diese drei hatten eine

gemeinsame Wohnung und führten ein Leben reich an Tugenden, aber arm an irdischen Gütern. Die vorgenannte Romula aber übertraf ihre Mitschülerin noch durch ihren höchst verdienstlichen Lebenswandel. Denn sie war wunderbar geduldig, bis ins kleinste gehorsam, beobachtete das Stillschweigen und betete ununterbrochen. Aber für gewöhnlich haben solche Menschen, welche man schon für vollkommen hält, doch noch in den Augen des höchsten Bildners etwas Unvollkommenes an sich; kommt es ja doch oft vor, dass wir bei mangelhaftem Kunstverständnis unfertige Siegelstöcke besichtigen und sie loben, als wären sie schon fertig, während doch der Künstler sie noch immer beschaut und feilt und nicht aufhört, den nachbessernden Meißel anzusetzen, obwohl er schon ihr Lob hört. Geradeso wurde Romula von einer körperlichen Krankheit, die die Ärzte mit einem griechischen Worte Paralysis nennen, heimgesucht; viele Jahre lang war sie bettlägerig und konnte fast gar kein Glied regen. Auch diese Heimsuchung konnte ihre Seele nicht zur Ungeduld verleiten. Gerade der Verlust des Gebrauches ihrer Glieder gereichte ihr zum Wachstum in der Tugend; denn sie wurde um so eifriger in der Übung des Gebetes, je weniger sie irgend etwas anderes zu tun imstande war. Einmal rief sie nachts die erwähnte Redempta, welche die beiden Schülerinnen wie Töchter aufzog, mit den Worten: „Mutter, komm! Mutter, komm!" Diese stand sogleich mit der anderen Mitschülerin auf. Beide haben dann später den Vorgang erzählt; so ist er vielen bekannt geworden und auch ich habe ihn damals erfahren. Während sie also mitten in der Nacht am Bett der Kranken standen, kam plötzlich *ein Licht vom Himmel* und erleuchtete die ganze Zelle; der Lichtglanz war so groß, daß die Umstehenden innerlich vor Furcht ganz erschauderten und, wie sie nachher erzählten, am ganzen Körper erstarrten und in jähem Schrecken dastanden. *Denn man vernahm ein Geräusch, als ob eine große Menge von Leuten eintrete*, und die Türe der Zelle ging auf und zu, gleich als ob sie von einer eintretenden Schar benützt würde. Nach ihrer Aussage hatten sie zwar das Gefühl, als ob viele Leute hereinkämen, sehen konnten sie diese aber vor großem Schrecken und wegen des Lichtglanzes nicht; denn wegen des Schreckens schlugen sie die Augen nieder und vom Lichtglanz waren sie ganz geblendet. Auf das Licht folgte auf einmal ein wunderbarer *Wohlgeruch*, und ihr Herz, das der Lichtstrom in Schrecken versetzt hatte, erfreute sich nun an dem süßen Wohlgeruch. Da sie den hellen Glanz nicht ertragen konnten, tröstete Romula ihre zitternde Tugendlehrerin Redempta mit freundlichen Worten und sprach: „Fürchte dich nicht, Mutter, ich sterbe jetzt nicht!" Während sie dies öfter wiederholte, verschwand allmählich das Licht, das sich verbreitet hatte, aber der später hinzugekommene Wohlgeruch blieb. So verging der zweite und der dritte Tag, ohne dass der liebliche Geruch gewichen wäre. In der vierten Nacht rief sie wieder ihre Lehrerin, bat um die heilige Wegzehrung und empfing sie. Noch waren aber Redempta und die andere Schülerin nicht von dem Bette der Kranken weggegangen, siehe, da standen plötzlich auf dem Platz vor ihrer Zellentüre zwei psalmensingende Chöre; man konnte nach ihrer Aussage in den Stimmen verschiedene Geschlechter erkennen; die *Männer* sangen den Psalmvers vor, während die *Frauen* respondierten. Während vor der Zellentüre sich diese *himmlische Besingnis* vollzog, schied die heilige Seele vom Leibe. Die Sängerchöre begleiteten sie gen Himmel, und je höher sie hinaufkamen, desto leiser hörte man den Psalmengesang, bis der Gesang und der Wohlgeruch wegen der Entfernung schließlich ganz aufhörten.   Dial. IV 15

[Auslegung des Hohenliedes][220]
19. Freilich ist gewiss der Kuss seines Mundes die Vollendung selbst des inneren Friedens: Wenn wir zu ihm gelangt sind, wird nichts weiter bleiben, was wir suchen könnten. Daher wird auch passend hinzugefügt: „Denn deine Brüste sind besser als Wein". Wein nämlich ist das Wissen um Gott, das wir empfangen haben, da wir in dieses Leben gestellt wurden. Die Brüste des Bräutigams umarmen wir aber dann, wenn wir ihn im ewigen Vaterland bereits in der Umarmung seiner Gegenwart schauen. Die Seele mag also sagen: „Deine Brüste sind besser als Wein". Und sie mag auch sagen: Groß ist freilich das Wissen, das du über dich mir in diesem Leben gegeben hast; groß ist der Wein der Kenntnis von dir, mit dem du mich berauschst; aber deine Brüste sind besser als Wein; denn dann wird durch den Anblick und die Erhabenheit der Schau alles überstiegen, was man über dich nur durch den Glauben weiß.

Was die Theologie angeht, so besagt ein Konsens der Theologiehistoriker, dass das Frühmittelalter keine originäre Leistung hervorbrachte, dass es aber wegen der Bewahrung des Früheren Anerkennung verdiene „Es handelt sich unverkennbar um eine Zeit der Wiederholung, die zwar durchaus um die Vätertheologie bemüht ist, aber nur selten mehr als die Exzerpierung und Sammlung von Sentenzen bietet. Jedwede Frage gilt als beantwortet, sobald man ihr einen Satz aus der Vätertheologie entgegengestellt hat. Ein weiterführendes Eigenbemühen ist in diesem Zeitalter nur als Abfall von der hohen Väterweisheit erschienen".[221] Selbstverständlich darf aus der Konzentration auf die Theologie und ihre Stagnation nicht auch auf das Leben des Glaubens und der Kirche geschlossen, dürfen nicht einfach negative Urteile über diese gesprochen werden. Es gibt Zeugnisse über eine weiter existierende Volksfrömmigkeit und über liturgische Praxis. Aber der Abbruch der kulturellen Bildung hatte Folgen auch in diesen Bereichen. Angenendt betont in diesem Zusammenhang zwei Fakten: Die Veränderung im Verständnis der biblischen Metaphorik hatte Auswirkungen auf das Verständnis des Himmels, die sich nur paradigmenhaft erfassen lassen. So führt Angenendt das Beispiel der Himmelsschlüssel des Apostels Petrus (Mt 16,18f.) an[222]. Die Metapher wurde als wörtlich zu nehmende Redeweise verstanden. Man nahm ein „oben" existierendes Himmelstor an, zu dem Petrus reale Schlüssel besäße und je

---

220 Das Hohelied. Eingeleitet und übersetzt von K. S. Frank, Einsiedeln 1987. Gregor folgt hier der Väter-Tradition, wahrscheinlich in Predigten in Rom zwischen 594 und 598 vorgetragen (Frank 81). Zitat im Text 109.
221 A. Angenendt, a.a.O. 34, mit Belegen 34f. aus der Dogmengeschichte (A. v. Harnack, A. M. Landgraf u. a.).
222 Ebd. 36.

nach eigenem Gutdünken Einlass gewähre oder nicht. Eine Systematik der damaligen populären Himmelsvorstellungen existiert nicht. Das zweite Faktum in der Volksreligion des Frühmittelalters ist ein „formelhafter Ritualismus". Auch dieser hatte insofern mit dem Himmel zu tun, als nur angehäufte Riten und zwar in peinlich korrekter Ausführung die Garantie dafür boten, in den Himmel eingelassen zu werden.

Angenendt unterscheidet drei „historische Kristallisationspunkte" des ganzen Mittelalters: das 9., das 12. und das 15. Jahrhundert. Die desolate Situation erlebte im 9. Jahrhundert, also im Frühmittelalter, wenigstens auf bestimmten Sektoren Elemente der Besinnung und eines neuen Aufbruchs. Stichwort dafür ist die „Karolingische Renaissance". Aber gerade von den besten kirchlich-religiösen Reformern muss festgestellt werden, dass sie über das Erlernen und Reproduzieren von Formeln nicht hinauskamen[223]. Daher ist für die Geschichte des Himmels vom Frühmittelalter nichts weiter zu erwarten,

b) Das Hochmittelalter im ganzen

Nach dem Jahr 1000 (eine schematische Festsetzung) besserten sich die Lebensbedingungen in Europa. Städte entstehen mit Licht- und Schattenseiten. Auf der einen Seite ist größere Freiheit mit Räumen für weitergehende Interessen zu konstatieren, auf der anderen Seite nehmen die sozialen Unterschiede zu. Die Glaubenswelt der „Gebildeten" ist nicht mehr einfach identisch mit der Volksfrömmigkeit. Die Suche nach einem verbindlichen Recht führt zur ersten Gründung von Universitäten mit Schwerpunkten in der Jurisprudenz. Eine „buchbesessene Wissenschaft" entsteht, eine Diskussionskultur, die zu dem Gebilde „Scholastik" führt. Eine entschieden personale Mystik blüht auf. So setzt mit dem 12. Jahrhundert ohne Zweifel auf vielen Gebieten und so auch in der Theologie eine schöpferische Phase ein[224].

c) Noch einmal „Weltbild"

Frühere und fremde „Weltbilder" sind vom jeweils heutigen Standpunkt aus nicht adäquat zu begreifen, die Texte darüber werden unwillkürlich vom heutigen „Weltbild" aus interpretiert. Auch die religiös-theologischen „Weltbilder" sind abhängig vom jeweiligen Bewusstseinzustand.

Die Kosmographie ist aus der Theologie nicht einfach verschwunden. Sie wurde mit der jeweiligen Kultur weitergetragen. Aber sie war von vornherein mit dem Interesse am Glauben und, soweit es sie gab, mit der Theologie verbun-

---

223 Ebd. 41.
224 Ebd. 44f.

den[225]. Die bevorzugten Orte, an denen sich Kosmographie und Theologie in der mittelalterlichen Theologie berührten, waren das Lehrstück über die Schöpfung und die Eschatologie. Natürlich wurden die Ansichten der angesehenen Kirchenlehrer Basilius, Hieronymus, Augustinus und Johannes von Damaskus weiter tradiert. Aber sobald Fragen der Kosmographie näher berührt wurden, waren im 12. Jahrhundert Platon, vom 13. Jahrhundert an Aristoteles (vermittelt durch die Araber) die Autoritäten. Ihre Auffassungen wurden nicht kritiklos übernommen.

Im aristotelisch-ptolemäischen Weltbild[226], das von der scholastischen Philosophie und Theologie übernommen wurde, sprach man „wissenschaftlich", also durch Vernunft erkennbar, von einer Mehrzahl von Himmeln (meist 8), zusammengesetzt aus 7 Planetensphären und dem Fixsternhimmel. In den Texten heißen die 8 Himmel manchmal zusammengefasst „Gestirnhimmel" (caelum sidereum). Die Planetensphären dachte man sich als 7 konzentrische Kreise, in deren Mittelpunkt die Erde steht als Zentrum ihrer Kreisbewegungen. Der Fixsternhimmel umfasst die Planetensphären und hält sie zusammen. Seit der Antike betrachtet man den Äther, eine unveränderliche, unvergängliche Materie, als Aufbaustoff der Himmelswelt.

Die Scholastik lehnte die (aristotelische) Lehre, dass die Gestirne beseelt seien, strikt ab; sie nannte die Sternenwelt eine große Maschine (machina mundana). Allerdings erklärten Theologen des Hochmittelalters (Bonaventura[227], Thomas von Aquin[228], Johannes Duns Scotus[229] und andere) die Himmelsbewegungen nicht aus der Gravitationskraft, sondern sie lehrten, Gott bewege die Gestirne durch die Engel.

Zum Wesentlichen der mittelalterlichen Himmelsauffassung gehörte eine Unterscheidung: Der Gestirnhimmel, von dem die Kosmographie spricht, ist nur der „Vorraum" des höheren Himmels, der nur und ausschließlich durch den Glauben

---

225 Vgl. hierzu N. Wicki, Himmel: Lexikon des Mittelalters Bd. V, München-Zürich 1991, 22-24; J. A. Aertsen – A. Speer (Hrsg.), Raum und Raumvorstellungen im Mittelalter, Berlin 1997; D. Zeller (Hrsg.), Religion und Weltbild (Marburger religionsgeschichtliche Beiträge 2), Münster 2002; Welt, Weltanschauung, Weltbild: TRE 35 (2003) IV. Weltbild 562-611 (Literatur!); H. A. Müller (Hrsg.), Kosmologie. Fragen nach Evolution und Eschatologie der Welt, Göttingen 2004; Ch. Seife, Die Suche nach Anfang und Ende des Kosmos, Berlin 2004; D. Evers, Chaos im Himmel. Die Entwicklung der modernen Kosmologie und ihre Tragweite für die christliche Rede vom Himmel: JBTh 20 (2007) 35-58.

226 Vgl. zur Erstinformation die Beiträge in LexMA und TRE.

227 B. de Armellada, Bonaventura (um 1217-1274): LThK³ II (1949) 570-572. Omin, Theologe und Mystiker.

228 W. Kluxen (Thomas) – K. Obenauer (Thomismus), Thomas von Aquin OP, Thomismus: LThK³ IX (2000) 1509-1517. Thomas (1225-1274) war ohne Zweifel im Hoch- und Spätmittelalter die einflussreichste theologische Autorität. Durch nachdrückliche amtliche römische Empfehlungen, vor allem durch Leo XIII. 1879 und den Codex Iuris Canonici 1917, kam seiner Lehre im katholischen Bereich bis weit ins 20. Jahrhundert besonderes Gewicht zu (Obenauer 1519).

229 Vgl. unten Anm. 252.

erkennbar ist. Es ist der Himmel der Engel. Wie Beda Venerabilis[230] und Strabo[231] lehrten, ist er das erste Schöpfungswerk Gottes (Gen 1,1). Durch Petrus Lombardus[232] und dessen Kommentatoren wurde diese Auffassung Gemeingut der mittelalterlichen Theologie: „Jenseits" der 8 Himmel befindet sich der Himmel der Engel und der Seligen (die Seligen wurden in die Theorie einbezogen, weil man der Meinung war, auch die Seligen brauchten einen Ort der Ruhe). Dieser Himmel heißt „Caelum empyreum" (Feuerhimmel, weil er ganz Licht ist, aber er besteht aus Äther). Ihm eignen Unbewegtheit, Gleichförmigkeit und Lichtfülle, er bildet die Grenze des geschaffenen Universums.

Nach Thomas von Aquin ist das Caelum empyreum innerhalb der Schöpfung ein Vorausbild der zukünftigen Herrlichkeit. Er vergleicht das mit der Seligkeit (beatitudo) der Engel, in denen die geistige Kreatur die kommende Herrlichkeit schon im voraus empfangen hat.

Die theologischen Äußerungen der Scholastik über den geglaubten Himmel als Ort der Seligen sind insofern metaphorisch, als Gott selber als „Ort" des Lebens der Seligen angesprochen wird. Thomas von Aquin hält es für unrichtig, der Seele oder einem anderen körperlosen Wesen einen körperlichen Ort zuzusprechen[233].

Wenn die mittelalterlichen Theologen den Himmel innerhalb der Eschatologie besprechen, dann kommt für sie der Himmel als körperlicher Ort nicht in Frage. Auch die „vielen Wohnungen" im himmlischen Vaterhaus (Joh 14,2) besage nichts über den Himmel als einen körperlichen Ort, vielmehr würden dadurch die verschieden Stufen der Seligkeit bezeichnet. Auch dann, wenn mit der Tradition über den Himmel als Caelum S. Trinitatis gesprochen wird, dann meint das nicht einen gegenständlichen Ort (angeführt wird Ps 8,2 nach der Vg, wonach Gott über allen Himmeln thront). Ohne Zweifel treten auch Aussagen auf, die im Widerspruch zu dem eben Gesagten stehen können. Konkretionen gehen auf biblische Aussagen in ihrer spezifischen Konkretheit zurück: die Himmelsleiter mit auf- und nieder steigenden Engeln, die Himmelfahrt Jesu Christi[234], das himmlische Paradies, die himmlische Stadt Jerusalem. Deren Darstellungen in der Kunst trugen mit dazu bei, den geglaubten Regionen „oben" doch eine Art körperlich-gegenständlicher Qualität zuzuschreiben. Des weiteren förderten Berichte von Visionärinnen und Visionären über Himmelsrei-

---

230 H. Vollrath, Beda Venerabilis: LThK³ II (1994) 116f. Bekanntes Lebensdatum: 731 vollendete er sein Hauptwerk „Historia ecclesiastica gentis Anglorum", Mönch und fundierter Geschichtsschreiber.

231 W. Berschin, Walahfrid Strabo („der Schieler"), LThK³ X (2001) 946f. OSB-Abt der Reichenau, Dichter (807?-848). Eschatologische Gehalte in der von ihm aufgezeichneten, viel beachteten „Visio Wettini".

232 S. unten Anm. 243.

233 Belege für die Theologen-Aussagen bei N. Wicki, a.a.o. 22ff. Speziell zu Thomas: P.-Y. Maillard, La vision de Dieu chez Thomas d'Aquin. Une lecture de l'In Ioannem à la lumière de ses sources augustiniennes, Paris 2001.

234 J. Engemann – G. Jászai – M. Restle, Himmelfahrt Christi: LexMA Bd. V, München – Zürich 1991, 24-26.

sen/Gedanken an unterschiedliche räumliche Ausstattungen (mit Liturgien, Engelskonzerten usw.).

Den Untergang der antiken und mittelalterlichen Kosmographie hat Dirk Evers meisterhaft beschrieben[235]. Das kann hier nicht ausgeführt werden. In diesem Zusammenhang stellt er fest: „In der Konsequenz der mit der kopernikanischen Wende anhebenden neuzeitlichen Kosmologie jedoch liegt die Auflösung und Entzauberung des Himmels als des Wohnorts Gottes, der Engel und der Seligen. Welten über Welten offenbaren sich dem mit dem Teleskop bewaffneten Auge, der sphärische Himmel der Theologen öffnete sich ins Unendliche und verlor seine Mitte, und die kategorische Differenz zwischen kosmischer und irdischer Physik verschwand. Die Erde wurde ein Himmelskörper unter anderen am Rande einer von Milliarden von Galaxien in der Weite des Alls"[236]. Dieses Urteil ist nur zum Teil gerecht. Es mag die Volksreligion treffen, die (vielleicht?) der Meinung war, wenn man hoch genug fliege, komme man doch noch zu Gottes Wohnort. Die scholastische Theologie hat im Ernst einen Wohnort Gottes, der Engel und der Seligen nicht angenommen. Die Erkenntnisse von Nicolaus Copernicus (1473-1543), Johannes Kepler (1571-1630) und Isaac Newton (1642-1727) mögen für manchen Christen, auch für manchen Physicotheologen, schmerzhaft gewesen sein, den Bereich oder die Dimension Gottes betrafen sie nicht. Evers zitiert einen Ausspruch von David Friedrich Strauß (1808-1874): „...als die Welt sich in eine Unendlichkeit von Weltkörpern, der Himmel in einen optischen Schein auflöste, da erst trat an den alten persönlichen Gott gleichsam die Wohnungsnoth heran"[237]. Der Spott war überflüssig. Evers kommt am Ende eines eher pessimistisch gestimmten Überblicks nicht nur über den Niedergang des antik-mittelalterlichen „Weltbildes", sondern über die gegenwärtig erfahrbare Unmöglichkeit von „Weltbildern" überhaupt doch zu dem Schluss: „Und doch ist und bleibt der kosmische Himmel über unserer Erde ein Gleichnis, um das zum Ausdruck zu bringen, was sich Fingerzeig und Augenschein entzieht. Der Verweis empor zum offenen Himmel und in die Weite des Alls ist der gleichnishafte Verweis auf den unsichtbaren Schöpfer, dem wir uns verdanken und auf den wir zugehen, und kann als recht verstandene analogia fidei in seiner

---

235 S. oben Anm. 225.
236 D. Evers, a.a.O. 35. Ebd. 42 zum Caelum empyreum.
237 Ebd. 51 Anm. 58. Von dem Arzt Adolf Kussmaul (1822-1902) wird das Gedicht „Der Spaziergang" überliefert:

> „Ging ein Wiener Mediziner
> mit dem Freunde durch die Flur.
> Rief der Freund: Wie toll und heiter
> lacht der himmlische Azur!
> Sprach der Wiener Mediziner:
> Einen Himmel giebt es nicht,
> nur von irdischen Planeten
> reflektiertes blaues Licht".

Leider konnte ich den Fundort nicht mehr ausfindig machen.

anschaulichen und lebensweltlich orientierenden Prägnanz durch abstrakte Theoriebildungen wohl kaum ersetzt oder gar überboten werden"[238].

d) Zur systematischen Theologie und speziell zu Thomas von Aquin

Das erkenntnisleitende Interesse der Theologie zeigte sich nicht in der Frage nach dem, was es alles „gibt", sondern in der Frage nach dem Glück[239]. Eine erste theologische Grundlegung dazu ergibt sich aus den Betrachtungen über das „frui", das Genießen, bei Augustinus[240]. Im „Elucidarium" widmete Honorius Augustodunensis, der etwa 1151 starb[241], das 3. Buch ganz dem zukünftigen Leben mit volkstümlichen Ausführungen über den glücklichen Zustand der Seligen. Man erfährt daraus, wie abseits der hohen Theologie bei einfachen Menschen über den Himmel gesprochen wurde. Hier zeichnet sich eine Fragestellung ab, die lange Zeit virulent blieb: Wie könnte man den Unterschied der verschiedenen Grade der Seligkeit formulieren? Die Frage hatte einen praktisch-seelsorglichen Hintergrund: Wie könnte man Menschen anspornen, das immer Höhere und Bessere anzustreben? Dadurch, dass man ihnen unterschiedlich große Belohnungen in Aussicht stellte? Honorius gibt darüber Aufschluss. An höchster Stelle stehen die „Vollkommenen", das sind Märtyrer, Mönche und Jungfrauen, Menschen, die nach den sogenannten Evangelischen Räten (Armut, Keuschheit, Gehorsam) gelebt hatten. Ihre Seelen gelangen sogleich nach dem Tod in ein geistiges Paradies, in eine geistige Wohnung, die ihnen von der ewigen Weisheit von Anfang an für sie bereitet worden war, an einem Ort in einem intellektuellen Himmel, wo sie Gott von Angesicht zu Angesicht schauen. Danach kommen die nicht ganz Vollkommenen, die nicht nach den „Räten", wohl aber nach den Geboten gelebt haben. Sie kommen unter dem Geleit von Engeln in ein irdisches Paradies, wo sie mit geistiger Freude beglückt werden. Die Unvollkommenen, die Verheirateten, die im Leben „Verdienste" für den Himmel angesammelt haben, gelangen in sehr anmutige Wohnorte. Es besteht die Möglichkeit für die zwei unteren Gruppen, dass eine Steigerung ihrer Herrlichkeit möglich ist, durch die Fürbitte von schon vollendeten Heiligen oder durch Almosen (Spenden für Arme), die lebende Menschen für sie entrichten. Nach der allgemeinen Auferste-

---

238 Ebd. 58.
239 Vgl. dazu K. Schlögl-Flierl, Das Glück. Literarische Sensorien und theologisch-ethische Reaktionen. Eine historisch-systematische Annäherung an das Thema des Glücks, Münster 2007.
240 Vgl. auch seine Ausführungen über den Unterschied der Seligkeit vor und nach der Auferstehung: De Genesi ad litteram XII 35,68.
241 Vgl. W. Hartmann: LThK³ V (1996) 265. Bei Honorius handelt es sich wahrscheinlich um ein Pseudonym. Das zwischen 1098 und 1101 entstandene „Elucidarium" war eine Art Katechismus in Dialogform, weit verbreitet und in viele Volkssprachen übersetzt.

hung der Toten werden alle den Engeln beigesellt; sie gelangen nun alle zur Anschauung Gottes[242].

Einblicke in die Fragen und Antworten der höheren Theologie erlangt man, indem man mit Ludwig Ott die Fragen nach dem Glück differenziert. Von Augustinus her, den Petrus Lombardus[243]in das Hochmittelalter vermittelte, lehrte die Scholastik, dass alle Menschen nach Glückseligkeit streben, dass aber nicht alle wissen, worin die wahre Glückseligkeit besteht (Augustinus hatte gesagt: Der ist glücklich, der alles hat, was er will, und der das nicht auf schlechte Weise will, De trin. XIII 5,8). Zur Frage nach Gleichheit oder Ungleichheit gilt, dass die Seligen in der Anschauung Gottes alles das sehen, was sie zu ihrer Glückseligkeit kennen müssen, dass aber in der Art und Weise, wie sie erkennen, in der Klarheit Unterschiede bestehen. Ein oft zitiertes Wort lautet: Bei den Seligen herrscht trotz ungleicher Klarheit der Erkenntnis gleiche Freude (Prosper von Aquitanien[244]: in dispari claritate par gaudium). Von Augustinus war zu lernen, dass im Himmel kein Neid, sondern nur Mitfreude existiert. Die Frage, wie sich Erkenntnis Gottes und Liebe Gottes zueinander verhielten, musste offen bleiben. Von Augustinus her und über Petrus Lombardus herrschte Konsens darüber, dass nach dem letzten Gericht die Glückseligkeit der Heiligen größer, die Qual der Schlechten schwerer wird. In der Frage, was die Heiligen wissen, folgte man Augustinus nicht. Dieser hatte gemeint, die Heiligen wüssten nichts von den Ereignissen auf der Erde, außer wenn sie durch Gott oder Engel eine spezielle Offenbarung darüber erhalten. Gregor I.[245] setzte sich mit seiner Meinung durch, dass es in den Geschöpfen nichts gebe, was diejenigen nicht sehen, die den sehen, der alles sieht[246]. Die Heiligen haben auch die Möglichkeit, ihre Bitten für Lebende vor Gott zu bringen. In der Frage, ob die Heiligen Mitleid mit den Verdammten hätten, lehrte man von Gregor I. an, der Anblick der Strafe und Qualen verdunkle die Seligkeit der Seligen nicht, weil sie kein Mitleid (compassio) mit den Verdammten haben.

Die theologische Thematik erfuhr Änderungen – durch die Araber. Robert Grosseteste[247] hatte die Ethik Aristoteles' und Kommentare aus dem Griechischen über-

242 Ott-Naab, a.a.O. 70f.

243 St. E. Brown, Petrus Lombardus, Theologe, Bischof von Paris (um 1095/1100-1169): LThK³ VIII (1999) 128f. Seine erfolgreiche Sammlung theologischer Fragestellungen und Positionen „Sententiae in IV libris distinctae" galt mehrfach als Lehrbuch und wirkte bis zu Ph. Melanchthon in der Reformationszeit.

244 D. Ramos-Lissón, Prosper von Aquitanien, LThK³ VIII (1999) 644 f., Laientheologe (Ende 4. Jh.-nach 455). Korrespondierte mit Augustinus, den er exzerpierte und dessen Gnadentheologie er vertrat

245 W. M. Gessel, Gregor I. Papst (540-604): LThK³ IV (1995) 1010-1013. Die Bibel steht im Zentrum seiner Theologie, am zweifachen Schriftsinn interessiert. Die „Dialogi de vita et miraculis patrum Italicorum" in vier Büchern (um 594) sammeln wundersüchtig Erzählungen von Visionen und Prophezeiungen.

246 Ott-Naab, a.a.O. 73-85.

247 R. Schenk, Robert Grosseteste, englischer Bischof, Theologe, Philosoph, Jurist und Naturwissenschaftler (um 1170-1253): LThK³ VIII (1999) 1219f. Er übersetzte und kommentierte Aristoteles, Johannes von Damaskus und besonders Dionysius Areopagita

setzt[248]. Von dort her rezipierte man den Unterschied zwischen moralischer und intellektueller Tugend; da die Seele geistig ist, ist ihre vollkommene Tugend die des Geistes: die Klugheit. Aristoteles hatte gelehrt, dass man die Klugheit nicht vollkommen haben könne ohne alle anderen Tugenden. Die intellektuelle Glückseligkeit sah er in der Vollkommenheit des Aktes der spekulativen Intelligenz zusammen mit der Freude der Kontemplation, wobei es notwendig ist, innere und äußere Hindernisse zu beseitigen. So kam in die Überlegungen zum Thema Glück die Überzeugung, dass die Seligkeit ohne Tätigkeit, ohne Aktivität nicht möglich ist. Im Anschluss an Boethius[249] lehrte Thomas von Aquin, dass Glückseligkeit das letzte Ziel des menschlichen Lebens sei, nun sei aber das Ziel eines jeden Dinges die eigene Tätigkeit oder das, was es durch seine Tätigkeit erlangt. Demnach ist das Prinzip der menschlichen Tätigkeit die vernünftige Seele, daher besteht „die Glückseligkeit in den Tätigkeiten der vernünftigen Seele oder in den Gütern, zu denen der Mensch durch die Akte der vernünftigen Seele bereitet wird"[250]. Da die letzte Vollkommenheit des Menschen immer Tätigkeit ist und Gott die Ursache der menschlichen Tätigkeit, muss die Schau Gottes Tätigkeit sein, aber sie ist nicht sukzessive, das heißt durch die Zeit zu messende Tätigkeit; ihr Maß ist die von Gott geschenkte Ewigkeit. Mit Boethius lehrte Thomas von Aquin, dem Geist des Menschen sei das Verlangen nach dem wahren Guten, das heißt der Glückseligkeit, von Natur aus eingepflanzt. Alle geschaffenen Dinge, nicht nur die Menschen, gehen von Gott als dem Urheber alles Guten aus; vom Schöpfer sind sie auf das ihrer Art entsprechende Gute hin vorgeprägt worden, ein Kreislauf vom Guten zum Guten. Nur in den vernünftigen Geschöpfen, die Gott durch Erkenntnis und Liebe erreichen, ist dieser Kreislauf vollkommen, und darin besteht ihre Glückseligkeit[251].

Von Aristoteles her erbte die Scholastik die Auffassung, die letzte Glückseligkeit bestehe in der Betrachtung der Wahrheit. Wenn der Intellekt Gott schaut, dann entsteht gleichsam ein gewisser Kontakt Gottes mit dem Intellekt, weil das Erkannte im Erkennenden ist. Dieser „Vorgang" wird durch den Affekt der Liebe „nur noch" vervollkommnet. (In der Scholastik bestand fortan ein Streit zwischen Dominikanern und Franziskanern, ob in der Schau Gottes dem Intellekt, wie Thomas wollte, oder dem Willen, der Liebe, der Primat zukomme, wie Johannes Duns Scotus[252] lehrte.) Eine gewisse Abrundung dieser intellektualistischen Theorie findet sich bei Petrus Aureoli[253]: „Die Glückseligkeit besteht in einer vollkommenen Vereinigung der Seele mit Gott. Die Seele vereinigt sich mit Gott,

---

248 Dazu Ott-Naab, a.a.O. 192-258.

249 M. Dreyer, Boethius (Anicius Manlius Torquatus Severinus Boethius), Philosoph und Politiker (um 475/480-524) römischer Herkunft: LThK³ II (1994) 547f.

250 Ott-Naab, a.a.O. 193, mit Belegen.

251 Ott-Naab, a.a.O. 198 mit Belegen zu Thomas.

252 Johannes Duns Scotus OFM (um 1265/1266-1308), schottischer Theologe, Lehrtätigkeit in Oxford, Paris und Köln: L. Honnefelder: LThK³ III (1995) 403-406. Auseinandersetzung mit der aristotelisch-arabischen Metaphysik auf hohem Niveau. Als Theologe des Willens (der Liebe) sah er in der Inkarnation das Ziel der Schöpfung, nicht deren Korrektur.

253 J.A. Söder, Petrus Aureoli OFM (um 1280-1322), französischer Theologe, LThK³ VIII (1999) 111.

und Gott vereinigt sich mit der Seele. Durch den Akt des Intellektes vereinigt sich das Geschaute mit dem Schauenden, durch den Akt des Willens der Liebende mit dem Geliebten. Das Erkennen ist eine Bewegung der Sache zur Seele, das Wollen aber eine Bewegung der Seele zur Sache. Durch den Akt des Intellektes wird Gott gleichsam Besitz der Seele, durch den Akt der Liebe wird die Seele mit Gott vereinigt, aufs innigste in ihn umgestaltet und zum Besitz Gottes"[254].

Zwei wesentliche Kapitel der scholastischen Himmelstheorie fehlen hier noch, die Anschauung Gottes als solche und das „Glorienlicht". Was die Anschauung Gottes betrifft, so war der Maßstab von Joh 1,18 vorgegeben: Gott hat niemals jemand gesehen. Von den Vätern her erbte die Scholastik die Ansicht, dass Gott mit dem Verstand, vermittelt durch die Geschöpfe oder durch den Glauben „gesehen" werden könne, oder er werde gesehen in seiner Tätigkeit oder in seiner Herrlichkeit, Güte und Wahrheit, nicht aber in seinem Wesen[255]. Von Augustinus her kam die Formulierung, man könne Gott zwar erkennen, aber nicht begreifen (comprehendere), das besagt: etwas wird von jeder Seite her erkannt, seine Grenzen können wahrgenommen (begriffen) werden[256]. Thomas von Aquin argumentierte mit Dionysius Areopagita von der Unendlichkeit Gottes aus: Gott ist erhaben über jede menschliche Erkenntnis. Unser Intellekt wird mit Gott *als dem Unbekannten* vereinigt. Unser Intellekt kann nicht erkennen, was Gott ist, sondern nur, was Gott nicht ist, daher gibt es keine „komprehensive" Schau Gottes[257].

Von Ps 35,10 („In deinem Licht sehen wir das Licht") kam die Theorie vom Glorienlicht auf. Thomas lehrte, ein geschenktes, „eingegossenes" Licht vervollkommne den Intellekt so, dass er Gott in seiner Wesenheit erkennen kann. Die dabei nötige Disposition übersteige jede Fähigkeit der Natur, daher die Bezeichnung „lumen gloriae". Von ihm her betrachtet Thomas das „Objekt" der Gottesanschauung: das „Licht der Glorie" kann unterschiedlich groß sein, manche können Gott klarer sehen als andere. Auch die Heiligen sehen nicht alles, was Gott in sich selber sieht, sonst würden sie ihn ja begreifen. Gott sieht in seiner Wesenheit alles was ist, was gewesen ist und was sein wird, auch alles das, was er machen könnte, auch wenn er es niemals machen wird.. Der Beginn dieser Anschauung Gottes war seit der Kirchenväterzeit umstritten. Müssen die Verstorbenen auf die endgültige Seligkeit warten bis zum Jüngsten Gericht? Eine Auskunft bei Johannes Chrysostomus lautete beispielsweise: Die Heiligen haben in der Seele bereits den Lohn für Ausdauer und Mühen empfangen; nun erwarten sie, dass auch ihr Leib verherrlicht wird bei der Auferstehung aller Toten. Thomas von Aquin lehrte: Wie der Körper durch seine Schwere oder Leichtigkeit sogleich an seinen Ort gebracht wird, wenn man nicht anders über ihn verfügt, so erhält

---

254 Ott-Naab, a.a.O. 213.
255 Ott-Naab, a.a.O. 218 mit Belegen.
256 Ott-Naab, a.a.O. 219 mit Belegen. Hier auch Übersichten über Alexander von Hales und Albert d. Gr.
257 Ott-Naab 221. Ein Sehen der Wesenheit Gottes lehrten Bonaventura und Johannes Duns Scotus: ebd. 224f.

die Seele „sogleich nach der Lösung der Fessel des Fleisches" Lohn oder Strafe, wenn kein Hindernis vorliegt. Ist sie (nur) noch mit einer lässlichen Sünde belastet, so muss diese beseitigt werden vor der Belohnung[258].

Ein in der Scholastik offen gebliebenes Problem war die Frage, was die Auferstehung der Toten für Auswirkungen auf die Anschauung Gottes habe, ob es für diese noch ein Wachstum gebe? Sogar Thomas von Aquin hatte dazu zwei Meinungen[259].

Der Authentizität halber sei nun ein Thomas-Text in extenso zitiert. Das System von Frage und Antwort ist leicht erkennbar. Er findet sich in dem Supplementum zur „Summa theologiae" und wurde von Reginald von Priverno[260] wörtlich aus dem Sentenzenkommentar (Thomas' Frühwerk) zusammengestellt[261]:

Quaestio 69: Der Ort der Seelen nach dem Tod

Art.1: Zuweisung bestimmter Aufenthaltsorte nach dem Tod ?

Resp.: „Obwohl nun den Seelen nach dem Tode keine Körper zugewiesen werden, deren Formen oder zugehörige Beweger sie sind, so werden ihnen doch körperliche Orte bestimmt im Sinne einer Angemessenheit entsprechend dem Grad ihrer Würde; und darin sind sie gleichsam am Orte auf die Weise, in der unkörperliche Dinge an einem Orte sein können, insofern sie näher an die Urwesenheit (ad primam substantiam) herankommen, der auf Grund der Angemessenheit ein höherer Ort zugeschrieben wird, nämlich an Gott, als dessen Sitz die Schrift den Himmel (caelum) bezeichnet. Und darum glauben wir, dass die Seelen, die der Gottheit auf eine vollkommene Weise teilhaftig sind, sich im Himmel befinden; wir sagen hingegen von den Seelen, die an dieser Teilhabe gehindert werden, dass sie an den entgegengesetzten Ort verwiesen werden."

Art. 2 Resp.: Dies tritt sofort nach dem Tod ein.

Art. 3 Resp.: Ein Verlassen des Paradieses ohne Rückkehr gibt es nicht. [n. b.: Paradies identisch mit Himmel benützt]. Aber: „Auf Anordnung der göttlichen Vorsehung hingegen werden vom Leibe getrennte Seelen bisweilen nach dem Verlassen ihrer Aufenthaltsorte (receptacula) dem Anblick der Menschen freigegeben" (Bezugnahme auf Augustinus und Gregor I.).

Art. 4 Der Ort der Unterwelt und der Schoß Abrahams

Resp.: Vor der Ankunft Christi waren der Ruheort der Unterwelt und der Schoß Abrahams eins, da fehlte noch etwas an der Ruhe. Nach der Ankunft Christi haben sie vollkommene Ruhe (plenam quietem) im Schoß Abrahams. (Lk 16, 22).

---

258 Ott-Naab, a.a.O. 243 mit Belegen. Über den Konflikt, den Johannes XXII. in Predigten seit 1331 auslöste, und über die Lehrentscheidung Benedikts XII. „Benedictus Deus" 1336 Ott-Naab 244-253.

259 Zu diesem Problem Ott-Naab 253-258.

260 V. Tengle-Wolf, Reginald von Priverno (Piperno) OP: LThK³ VIII (1999) 971, starb um 1285/1295, war Theologe und ständiger Mitarbeiter bei Thomas.

261 Thomas von Aquin, Auferstehung des Fleisches. Summa Theol. Suppl. 69-86, kommentiert von A. Hoffmann, Heidelberg-Graz 1956 (Deutsch-lateinische Thomas-Ausgabe Bd. 35).

Art. 5 über den Ruheort (limbus) und die Hölle (wegen des Höllenabstiegs Christi)

Art. 6 über den Ruheort (limbus) der Kinder.

Art. 7 über die Unterscheidung der Aufenthaltsorte (receptacula).

Resp.: „Die Aufenthaltsorte der Seelen werden nach ihrem verschiedenen Stand unterschieden. Nun befindet sich die mit dem Leibe vereinigte Seele im Stande des Verdienens (status merendi); ist sie des Leibes aber ledig, so befindet sie sich in dem Stande, je nach Verdienst (pro meritis) Gutes oder Böses zu empfangen. Also befindet sie sich nach dem Tode entweder in dem Stande, die endgültige Belohnung zu empfangen, oder in dem Stande, der sie daran hindert. Befindet sie sich in dem Stande, die endgültige Vergeltung zu empfangen, so auf zweifache Weise. entweder hinsichtlich des Guten, dann ist es das Paradies, oder hinsichtlich des Bösen, und dann ist es bei persönlicher Schuld die Hölle, bei Ur-schuld (ratione actualis culpae: infernus, ratione originalis: limbus puerorum) der Ruheort der Kinder. Befindet sie sich hingegen in dem Stande, der sie daran hin-dert, die endgültige Vergeltung zu erhalten, so ist es entweder – wegen eines Mangels der Person – der Reinigungsort (purgatorium, wird in der Erläuterung des Thomas unter 9 ausdrücklich als Ort, „locus", bezeichnet), in dem die Seelen zurückgehalten werden, so dass sie wegen der begangenen Sünden die Belohnung nicht sofort empfangen; oder es ist – wegen eines Mangels der Natur – der Ru-heort der Väter (limbus Patrum), in dem die Väter von der Erlangung der Herr-lichkeit (gloria) zurückgehalten wurden wegen einer Verschuldung der menschli-chen Natur, die noch nicht gesühnt werden konnte".

Quaestio 70: Die Beschaffenheit der vom Leib getrennten Seele (und das Straf-leiden durch körperliches Feuer).

Art. 1: Bleiben in der vom Leibe getrennten Seele die sinnlichen Vermögen (potentiae sensitivae)?

Resp.: Es bestehen dazu mannigfache Meinungen. Thomas: „Die Sinnesver-mögen und andere ähnliche Vermögen bleiben in der vom Leibe getrennten Seele nur in bestimmter Hinsicht, nämlich wie in ihrer Wurzel (in radice), das heißt in der Weise, wie das Begründete im Begründenden ist (principiata in principiis)". Diese Auffassung scheint der Vernunft mehr zu entsprechen.

Art. 2: Bleiben in der vom Leibe getrennten Seele die Betätigungen der Sin-nesvermögen (actus sensitivarum potentiarum)?

Resp.5: Liebe, Trauer, Freude allenfalls „als Willensakte im verstandhaften Teil (actus voluntatis, quae est in parte intellectiva)".

Quaestio 71: Die Fürbitten für die Toten

Quaestio 72: Das Gebet der Heiligen in der ewigen Heimat (in patria)

Quaestio 73: Die Zeichen, die dem Gericht vorausgehen

Quaestio 74: Der Weltbrand am Ende der Zeiten

Quaestio 75: Die Auferstehung

Art. 1: Wird es einst eine Auferstehung der Leiber geben ?

Thomas setzt sich mit denen auseinander, die eine Auferweckung der Leiber für unnötig zur Glückseligkeit halten. Er widerlegt sie mit Aristoteles (in der Resp.): dieser beweise, dass die Seele dem Leib geeint ist wie die Form dem Stoff (ostendens animam corpori sicut formam materiae uniri). Wenn der Mensch in diesem Leben nicht selig sein kann, muss man notwendig die Auferstehung annehmen. Der Zustand der Seele im Leib ist vollkommener als der Zustand außerhalb des Leibes (ad 4).

Art.2:

Die Auferstehung wird alle Menschen erfassen (Resp.), denn was in der Artnatur (natura speciei) begründet ist, muss in allen sein, die der gleichen Art angehören. Die Seele erreicht die letzte Vollkommenheit der Artnatur nicht im Zustand der Trennung vom Leib.

Art. 3: Wird die Auferstehung natürlich sein ?

Resp.: Die Natur kann nicht Ursprung der Auferstehung sein, sie kann sie nicht hervorbringen. Sie ist schlechthin wunderbar (miraculosa).

Quaestio 76: Die Ursache der Auferstehung

Art. 1: Ist die Auferstehung Christi Ursache unserer Auferstehung?

Resp.: Ja, weil er Gott und Mensch zugleich ist, kann er (und nur er) nächste und gleichsam artgleiche Ursache unserer Auferstehung sein (causa proxima et quasi univoca).

Art. 2: Ist der Klang der Posaune Ursache unserer Auferstehung?

Art. 3: Werden die Engel auf irgendeine Weise zur Auferstehung beitragen?

Quaestio 77: Die Zeit und Weise der Auferstehung

Art. 1 Auferstehung aller erst am Ende der Welt?

Resp.: Nicht aus der Bibel, sondern aus philosophischen Überlegungen zur Bewegung schließt Thomas, dass „die Auferstehung der menschlichen Leiber bis zum Ende der Welt aufgeschoben (wird), an dem die Bewegung des Himmels aufhören wird".

Art. 2 Ist jene Zeit verborgen?

Resp.: Ja, sie ist weder aus der Offenbarung noch durch die Vernunft erkennbar.

Art. 3 Wird die Auferstehung nachts erfolgen?

Resp.: Mit ziemlicher Wahrscheinlichkeit bei der Morgendämmerung, wenn die Sonne im Osten, der Mond im Westen steht, ehe sie zurückkehren.

Art. 4 Erfolgt die Auferstehung plötzlich oder allmählich?

Resp.: Was durch den Dienst der Engel geschieht, erfolgt nicht in einem „Nu" (= unteilbare Zeiteinheit); was unmittelbar durch göttliche Kraft geschieht, erfolgt plötzlich.

Quaestio 78: Der Ausgangspunkt der Auferstehung

Art. 1: Wird der Tod bei allen der Ausgangspunkt (terminus a quo) sein?

Resp.: Die Meinung, dass alle sterben und vom Tod auferstehen werden, ist sicherer und allgemeiner.

Art. 2: Wird die Auferstehung aller von Asche ihren Ausgang nehmen?

Resp.: Bei einigen kann es ein besonderes Gnadenvorrecht geben.

Art. 3: Hat der Staub, aus dem der menschliche Leib wiederhergestellt werden wird, eine natürliche Hinneigung (inclinatio naturalis) zu der Seele, die mit ihm vereinigt werden soll?

Resp.: Nein. Dass die Asche mit der Seele vereinigt wird, beruht auf einer göttlichen Anordnung.

Quaestio 79: Die Seinsbedingungen (conditiones) der Auferstehenden, zuerst ihre Selbigkeit (identitas)

Art. 1: Wird die Seele bei der Auferstehung der Zahl nach denselben Leib wieder annehmen?

Resp.: Ja, denn wenn die Seele nicht denselben Leib wieder annimmt, kann man nicht von Wiederauferstehung (= resurrectio) sprechen, sondern von der Annahme (= assumptio) eines neuen Leibes.

Art. 2: Wird der auferstehende Mensch der Zahl nach derselbe sein?

Resp.: Ja, nur die Wiederherstellung desselben Menschen ist eine Auferstehung im eigentlichen Sinn.

Art. 3: Muss der Staub des menschlichen Leibes bei der Auferstehung zu demselben Körperteil zurückkehren, der in ihn aufgelöst wurde?

Resp.: Bei den wesentlichen und organischen Teilen (partes essentiales et organicae) ist das wahrscheinlicher, vielleicht nicht bei außerwesentlichen Teilen wie Haaren und Nägeln.

Quaestio 80: Die Unversehrtheit (integritas) der Auferstehungsleiber

Art. 1: Ob alle Glieder des menschlichen Leibes auferstehen?

Resp.: Nach Aristoteles verhält sich die Seele zum Leib wie die Kunst zum Kunstwerk. Was im Kunstwerk ausdrücklich dargestellt wird, ist als Ganzes ursprünglich und einschlussweise in der Kunst enthalten, ebenso die Teile des Leibes in der Seele. Daher muss der Mensch vollkommen, mit allen Gliedern, auferstehen.

Art. 2: Auch Haare und Nägel?

Resp.: Sie dienen nur zum Schutz der anderen Teile (wie die Werkzeuge in der Kunst), gehören aber doch (sekundär) zur Vollkommenheit, daher müssen sie mit dem Menschen auferstehen.

Art. 3: Und die Säfte (humores) im Leib?

Resp.: Nicht alle Säfte gehören zur Vollkommenheit: Urin, Schweiß, Eiter, Sperma und Muttermilch gehören nicht dazu und werden nicht auferstehen. Blut und andere sind auf die Natur selber und nicht nur auf ihre Erhaltung hingeordnet, sie werden auferstehen. Drittens ist eine Flüssigkeit im Leib schon zur Vollendung gelangt, der Schleim, er wird auferstehen.

Art. 4: Wird alles, was im menschlichen Leib zur Wahrheit der Menschennatur (de veritate humanae naturae) gehört, in ihm auferstehen?

Resp.: Dasjenige, was durch Verzehr in die „Wahrheit der menschlichen Natur" verwandelt wurde, zum Beispiel verzehrtes Fleisch.

Art. 5: Wird alles, was stofflich zu den Gliedern des Menschen gehörte, ganz auferstehen?

Resp.: Das hängt von der Hinordnung auf die „Wahrheit der menschlichen Natur" und damit auf die Geistseele ab. Der Stoff des Fleisches (materia carnis) hat eine solche Hinordnung.

Quaestio 81: Die Beschaffenheit (qualitas) der Auferstehenden

Art. 1: Werden alle in demselben Alter, nämlich in der Blüte der Jahre (aetate iuvenili), auferstehen?

Resp.: Ja (das Kind hat die letzte Vollendung noch nicht erreicht, der Greis hat sich von ihr schon wieder entfernt).

Art. 2: Werden alle in derselben Leibesgröße auferstehen?

Resp.: Nein. „Ein jeder wird in der Größe auferstehen, die er am Ende des Wachstums erreicht hätte, wenn die Natur nicht fehlgegangen wäre oder versagt hätte. Was aber beim Menschen zuviel ist oder fehlt, wird die göttliche Macht wegnehmen oder ergänzen".

Art. 3: Werden alle im männlichen Geschlecht auferstehen?

Resp.: Die Verschiedenheit des Geschlechts bleibt wegen der Natur des Einzelwesens erhalten. Aber es wird „die Beschämung des gegenseitigen Anblicks fehlen, weil die böse Lust (libido) fehlen wird, die zu schlechten Handlungen treibt, durch welche die Beschämung entsteht".

Art. 4: Werden die Auferstehenden am sinnenhaften Leben durch Ernährung und Fortpflanzung teilnehmen?

Resp.: Was nicht auf die Verursachung oder Bewahrung der ersten Vollkommenheit der menschlichen Natur hingeordnet ist, wird fehlen: Essen, Trinken, Schlafen und Sich-Fortpflanzen. Der auferstandene Christus hat nur ausnahmsweise, zu Demonstrationszwecken gegessen (ad 1). Die leibliche Lust gehört nicht zur Vollkommenheit der Seligkeit, nur die geistige Lust ist nach Aristoteles zur Seligkeit erforderlich (ad 4).

Quaestio 82: Die Seinsbedingungen (conditiones) der Seligen, die auferstehen.

Art. 1: Werden die Leiber der Heiligen nach der Auferstehung leidensunfähig sein?

Resp.: Im übertragenen Sinn heißt jedes Empfangen (omnis receptio) Leiden (passio), davon ist hier nicht die Rede. Im eigentlichen Sinn ist mit Johannes von Damaskus Leiden eine Bewegung außerhalb der (Absicht der) Natur (motus praeter naturam). Sie ist möglich „durch den Sieg des Wirkenden über das Leidende", ein Einwirken gegen die Natur, und dem werden die Heiligen nicht ausgesetzt.

Art. 2: Wird die Leidensunfähigkeit bei allen gleich sein?

Resp.: In sich ja, allerdings liegt die Ursache dafür in der Herrschaft der Seele über den Leib, und die ist auch bei Heiligen ungleich.

Art. 3: Schließt die Leidensunfähigkeit die Sinneswahrnehmung im verklärten Leib aus?

Resp.: Irgendeine Sinneswahrnehmung ja, sonst wäre der Auferstehungszustand eher ein Schlafen. Und zwar durch Aufnahme von Dingen, die außerhalb der Seele liegen, aber die Natur des Aufnehmenden nicht verändern.

Art. 4: Werden im Himmel alle Sinnesvermögen betätigt werden?

Resp.: Ja, auch Geruchs- und Gehörssinn, aber manche Sinnesvermögen – die nicht vollkommen sind – müssen verändert werden.

Quaestio 83: Die Feinheit (subtilitas) des Leibes der Seligen

Art. 1: Feinheit als Eigentümlichkeit des verklärten Leibes

Resp.: Feinheit ist von der Durchdringungskraft (virtus penetrandi) her zu verstehen. Einige haben dem verklärten Leib Feinheit zugeschrieben, weil er Geist sei (Zitation von 1 Kor 15, 44. 46). Das ist falsch. Ein Körper kann nicht Geist werden, weil sie beide nicht in einer „materia" übereinkommen; weil ein in Geist verwandelter Mensch nicht Mensch wäre; weil Paulus sonst die Auferstehungsleiber auch „seelische Leiber" nennen würde (corpora animalia). Fein ist der verklärte Leib, weil er dem Geist gänzlich unterworfen ist (wie der Stoff der Form, und weil die Seele Beweger ist (anima est motor).

Art. 2: Kann deshalb der Leib zugleich mit einem andern, nicht verklärten Leib am selben Ort sein?

Resp.: Nicht durch seine Feinheit, wohl aber durch eine Tätigkeit der göttlichen Kraft.

Art. 3: Kann es durch ein Wunder geschehen, dass zwei Körper an demselben Ort sind?

Resp.: Nicht von Natur aus, nur durch göttliche Kraft.

Art. 4: Kann der verklärte Leib mit einem andern verklärten Leib zugleich an demselben Ort sein?

Resp.: Es wäre durch göttliche Allmacht möglich, aber nicht angemessen (conveniens).

Art. 5: Kann dem verklärten Leib aufgrund seiner Feinheit die Notwendigkeit genommen werden, in einem (ihm) gleich großen Ort zu sein?

Resp.: Von seinem Stoff ist nichts abgetrennt, daher wird er sich immer in einem ihm gleich großen Ort befinden. (Dass man ihn nicht sehen kann, ändert an seinem Leib selber nichts.)

Art. 6: Ist der verklärte Leib aufgrund seiner Feinheit unbetastbar?

Resp.: Er hat Beschaffenheiten, die darauf angelegt sind, auf den Tastsinn einzuwirken, ob er das aber tut, liegt in seiner Macht, weil er dem Geist gänzlich unterworfen ist. Vgl. den auferstandenen Jesus.

Quaestio 84: Die Behendigkeit (agilitas) des Auferstehungsleibes der Seligen

Art. 1: Wird der verklärte Leib behende sein?

Resp.: Er ist der verherrlichten Seele gänzlich unterworfen. Sie ist aber auch sein Beweger.

Art. 2: Werden sie ihre Behendigkeit bisweilen zur Bewegung gebrauchen?

Resp.: Ja, nach dem Beispiel des Auferstandenen, und weil sie nur so Sinnes-
wahrnehmungen machen können.

Art. 3: Bewegen sie sich im Nu?

Resp.: Wahrscheinlich ist, dass sich der verklärte Leib in der Zeit bewegt, jedoch in einer wegen ihrer Kürze nicht wahrnehmbaren Zeit, und zwar in kürze-
ster Zeit; die Zeit ist so kurz man sie annimmt ins Unendliche teilbar (tempus,
quantumcumque parvum accipiatur, est in infinitum divisibile).

Eine ganz andere Art des theologischen Denkens, Wissens (Nichtwissens) und
Sprechens findet sich bei Meister Eckhart[262], Dominikaner wie Thomas von
Aquin.

Vom Einssein der Seele mit Gott[263]

Gott und ich, wir sind eins. Durch das Erkennen nehme ich Gott in mich hinein;
durch die Liebe hingegen gehe ich in Gott ein. Manche sagen, die Seligkeit liege
nicht im Erkennen, sondern allein im Willen. Die haben unrecht; denn läge sie
allein im Willen, so handelte es sich nicht um Eines. Das Wirken und das Werden aber ist eins. Wenn der Zimmermann nicht wirkt, wird auch das Haus nicht.
Wo die Axt ruht, ruht auch das Werden. Gott und ich, wir sind eins in solchem
Wirken; er wirkt, ich werde. Das Feuer verwandelt in sich, was ihm zugeführt
wird, und dies wird zu seiner Natur. Nicht das Holz verwandelt das Feuer in sich,
vielmehr verwandelt das Feuer das Holz in sich. So auch werden wir in Gott verwandelt, so dass wir ihn erkennen werden, wie er ist (1 Joh 3,2).

Vom ewigen Sein des Menschen[264]

Ein großer Meister sagt, dass sein Durchbrechen edler sei als sein Ausfließen, und
das ist wahr. Als ich aus Gott floss, da sprachen alle Dinge: Gott ist. Dies aber
kann mich nicht selig machen, denn hierbei erkenne ich mich als Kreatur. In
dem Durchbrechen aber, wo ich ledig stehe meines eigenen Willens und des
Willens Gottes und aller seiner Werke und Gottes selber, da bin ich über allen
Kreaturen und bin weder „Gott" noch Kreatur, bin vielmehr, was ich war und
was ich bleiben werde jetzt und immerfort. Da empfange ich einen Aufschwung,
der mich bringen soll über alle Engel. In diesem Aufschwung empfange ich so
großen Reichtum, dass Gott mir nicht genug sein kann mit allem dem, was er als
„Gott" ist, und mit allen seinen göttlichen Werken; denn mir wird in diesem
Durchbrechen zuteil, dass ich und Gott eins sind.

---

262 A. M. Haas, Meister Eck(e)hart: LThK³ III (1995) 441-446. Um 1260 geboren, war in Or-
densämtern und Lehrer, als Prediger und Beichtvater tätig, starb 1328; war von Augustinus,
Dionysius Areopagita und jüdisch-arabischen Traditionen beeinflusst.

263 Deutsche Predigten und Traktate, hrsg. und übers. von J. Quint, München ⁴1977, Pr. 7, 185f.

264 Ebd. Pr. 32, 308f.

133-137 „Gespräch zwischen Schwester Kathrei und dem Beichtvater"[265]
133f.: Himmel, alles nur Bild

Sie sprach: Wo ich stehe, da kann keine Kreatur in kreatürlicher Weise hinkommen.

Er sprach: Berichte mich besser.

Sie sprach: Ich bin da, wo ich war, ehe ich geschaffen wurde, da ist bloß Gott
und Gott. Da gibt es weder Engel und Heilige, noch Chöre noch Himmel. Manche Leute sagen von acht Himmeln und von neun Chören; davon ist da nichts,
wo ich bin. Ihr sollt wissen, alles was man so in Worte fasst und den Leuten mit
Bildern vorlegt, das ist nichts als ein Mittel, zu Gott zu locken. Wisset, dass in
Gott nichts ist als Gott; wisset, dass keine Seele in Gott hineinkommen kann, bevor sie nicht so Gott wird, wie sie Gott war, bevor sie geschaffen wurde.

171. Vom Seligwerden der Seele. Fragment 15: Wo sieht man Gott? Wo nicht
Gestern noch Morgen ist, wo ein Heute ist und ein Jetzt, da sieht man Gott. Was
ist Gott? Ein Meister spricht: Wenn das notwendig sein muss, dass ich von Gott
rede, so sage ich, dass Gott etwas ist, was kein Sinn begreifen oder erlangen kann;
sonst weiß ich nichts von ihm. Ein anderer Meister sagt: Wer das von Gott erkennt, dass er unbekannt ist, der erkennt Gott. Wenn ich in Paris predige, so sage
ich und darf es wohl sagen: Alle hier in Paris können mit all ihrer Wissenschaft
nicht begreifen, was Gott in der geringsten Kreatur, auch nur in einer Mücke, ist.
Aber ich sage jetzt: Die ganze Welt kann es nicht begreifen. Alles was man von
Gott denken kann, das ist Gott ganz und gar nicht. Was Gott an sich selbst ist,
dazu kann niemand kommen, der nicht in ein Licht entrückt wird, das Gott
selbst ist. Was Gott den Engeln ist, das ist gar fern, und niemand weiß es. Was
Gott in einer Gott liebenden Seele ist, das weiß niemand als die Seele, in der er
ist. Was Gott in diesen niedrigen Dingen ist, das weiß ich ein wenig, aber sehr
schwach. Wo Gott in der Erkenntnis wohnt, da fällt alle natürliche Sinnlichkeit
ab. Dass wir so in ein Licht entrückt werden, das Gott selber ist, um darin in
Ewigkeit selig zu sein, das walte Gott. Amen.

Über Bilder[266]

Alle jene Bilder und Vorstellungen aber sind der Balken in deinem Auge. Drum
wirf sie hinaus, alle Heiligen und Unsere Frau aus deiner Seele, denn sie sind alle
Kreaturen und hindern dich an deinem großen Gott. Ja, selbst deines gedachten
Gottes sollst du quitt werden, aller deiner doch so unzulänglichen Gedanken und
Vorstellungen über ihn wie: Gott ist gut, ist weise, ist gerecht, ist unendlich; Gott
ist nicht gut, ich bin besser als Gott; Gott ist nicht weise, ich bin weiser als er;
und Gott ein Sein zu nennen, ist so unsinnig, wie wenn ich die Sonne bleich oder
schwarz nennen wollte. Alles, was du da über deinen Gott denkst und sagst, das

---

265 Meister Eckhart, Mystische Schriften. Aus dem Mittelhochdeutschen übertragen und mit ei-
    nem Nachwort versehen von G. Landauer, Frankfurt 1991.
266 Zitat bei F. Heer, Abschied von Höllen und Himmeln. Vom Ende des religiösen Tertiär, Mün-
    chen 1970; 9 Meister Eckhart.

bist du mehr selber als er, du lästerst ihn, denn, was er wirklich ist, vermögen alle jene weisen Meister in Paris nicht zu sagen. Hätte ich auch einen Gott, den ich zu begreifen vermöchte, so wollte ich ihn niemals als meinen Gott erkennen.

Meister Eckhart war zweifellos ein kenntnisreicher, belesener Theologe, aber viel mehr war er ein Mystiker, und zwar nicht ein Mystiker der Sensationen, sondern ein Mystiker einer Gotteserfahrung, bei der nicht Gefühl oder Ekstase triumphierten, sondern die Erfahrung reflektiert, verstandesmäßig kontrolliert und soweit möglich und notwendig (wie es zu einem Prediger und Beichtvater gehört) ins Wort gebracht wurde. Dabei konnte er auf die Meister der großen apophatischen (negativen) Theologie verweisen, insofern diese nicht bei der bloßen Verneinung stehen blieben. Eindringlich mühte er sich um die „Gottesgeburt in der Seele", wobei er an Origenes anknüpfen konnte. Traktate (Lehrstücke) wie sein Ordensbruder Thomas musste er nicht vortragen, und so war er auch nicht gezwungen (und ließ sich von niemandem zwingen), Dinge auszusagen, die man nicht wissen kann, und doch so zu tun, als wisse man über sie Bescheid.

8. Mystik und Visionenliteratur

Der Begriff „Mystik" (gebildet vom Griechischen: Lehre vom Verborgenen) kann in mehrfacher Hinsicht verstanden werden[267]. Vor allem wird er oft im Sinn außerordentlicher Phänomene (Entrückungen, Ekstasen, Halluzinationen usw.) verwendet. Man kann darin eine nicht sachgemäße Engführung sehen. Hier meint er zunächst eine innerliche, vorübergehende Erfahrung einer einenden Begegnung eines Menschen mit der ihn und alles Seiende begründenden göttlichen Unendlichkeit, in Judentum, Christentum und Islam mit dem Du des persönlichen Gottes. Die Umschreibung der Mystik als „innerliche Erfahrung" ist gleichfalls missverständlich. Sie besagt nicht eine „rein geistige" Erfahrung; sie besagt nicht, dass nicht der ganze Mensch mit seinen sinnlichen Konstitutiva und seiner Lebensgeschichte beteiligt wäre. Die Wurzeln dieser Umschreibung reichen weit in das antike griechische Denken zurück. „Die Frage nach dem höchsten Gut, eine der zentralen Fragen der antiken Philosophie, wurde in der platonischen Tradition zugunsten des Weges innerer Erkenntnis anstelle der Handlung in der Welt entschieden – eine der Voraussetzungen des Mönchtums wie auch der kontemplativen Mystik"[268]. Bei Plotin war diese Sicht kurz und bündig zusammengefasst: „Alles ist innen". Seneca, der von Thomas von Aquin 75mal zi-

---

267 Standardliteratur: P. Dinzelbacher, Christliche Mystik im Abendland. Ihre Geschichte von den Anfängen bis zum Ende des Mittelalters, Paderborn 1994; K. Ruh, Geschichte der abendländischen Mystik, 3 Bde., München 1990-1996; A. M. Haas, Mystik als Aussage. Erfahrungs-, Denk- und Redeformen christlicher Mystik, Frankfurt 1996; A. Angenendt, Geschichte der Religiosität im Mittelalter, Darmstadt 1997 (umfangreiche Literaturangaben); A. Paus u. a., Mystik: LThK³ VII (1998) 583-597 (Literatur).
268 P. Dinzelbacher 1994, 37.

tiert wird, formulierte: „Gott ist in dir"[269]. Es ist nicht möglich, hier theologiegeschichtlich auf die Einzelheiten der christlichen Rezeption, die besonders bemer-
kenswert bei Augustinus und Dionysius Areopagita greifbar ist, einzugehen; es
muss auf die monumentalen Forschungen Dinzelbachers verwiesen werden.
Nicht alle Varianten der christlichen Mystik weisen über den Tod hinaus, in die
Thematik des Himmels hinein. Zu nennen sind hier die früher zitierten Ausle-
gungen des Hohenlieds des Alten oder Ersten Testaments, die Christusmystik bei
Paulus, die Einigungsmystik bei Johannes.

Manchmal wendet sich der innerlichen, mystischen Erfahrung eine gedankli-
che Reflexion zu. Wenn diese kommunikabel gemacht werden soll, geschieht das
mit Hilfe der geläufigen theologischen Kategorien. Man spricht in solchen Fällen
von einer theologischen Mystik[270]. Theologische Reflexion der innerlichen mystischen Erfahrung ist von großer Bedeutung für die Eingrenzung von Subjektivis-
men und für die Konfrontation des innerlich Erfahrenen mit dem Forum der
Vernunft. Die Redeweise der theologischen Mystik ist dadurch stärker durch Ab-
straktionen geprägt als die einer intuitiven, emotionalen Mystik. Aber gerade dadurch sind zum Thema des Himmels eher weniger Zeugnisse aus der theologischen Mystik und auch weniger Originalität zu erwarten.

Anders verhält es sich mit der Welt der Visionen und der Visionenliteratur.
Hierzu seien einige Feststellungen allgemeiner und historischer Art angebracht.
Nach Peter Dinzelbacher wurden im Mittelalter Visionen ernst genommen als
Mitteilungen aus einer tatsächlich existierenden jenseitigen Welt (er möchte sie
heute eher auf einen komplexen Prozess im Unterbewussten der Seher zurückführen)[271]. Der Begriff „Vision" meint ein psychisches Erleben der Versetzung in einen anderen Raum. Da alle Sinne an diesem Erleben beteiligt sind, wird es für
Realität gehalten; nach dem „Erwachen" aus dem visionären Zustand wird es als
Vision erkannt. Es gibt auch Traumvisionen. Im Mittelalter galten Visionen in
diesem Sinn als eingegeben von einer übermenschlichen Macht, von Gott oder
vom Teufel. Die Zeugnisse aus diesem Bereich sind von unschätzbarem Wert für
die Mentalitäts-, Frömmigkeits- und Sozialgeschichte. Die Erzählungen hatten
bedeutende Konsequenzen für das öffentliche Leben und auch Folgen für bestimmte Stände in der Christenheit, wenn zum Beispiel Visionärinnen zu einem
Ansehen kamen, das Frauen im allgemeinen verwehrt war, oder wenn einfache
Bauern von Visionen berichteten. Erst im Spätmittelalter (14. / 15. Jahrhundert)
begannen Zweifel, ob es sich um unmittelbare Botschaften Gottes handelte[272]. Sie
wurden genährt durch das Auftauchen rein literarischer Fiktionen (Dante).

---

269 Ebd. 38f.
270 Dinzelbacher unterscheidet zwischen einer theoretischen Mystik und einer Erlebnismystik:
    Ders., Vision und Visionsliteratur im Mittelalter, Stuttgart 1981, 55.
271 P. Dinzelbacher, Himmel, Hölle, Heilige. Visionen und Kunst im Mittelalter, Darmstadt
    2002, 9-39.
272 Ebd. 2002, 10. Nach Dinzelbacher kommen in heutiger Zeit die „Sterbeerfahrungen" am ehe-
    sten den alten Visionsberichten gleich: P. Dinzelbacher, An der Schwelle zum Jenseits. Sterbevi-
    sionen im interkulturellen Vergleich, Freiburg i. Br. 1989.

Mit der Vision ist die „Erscheinung" aufs engste verwandt, aber nicht identisch. Bei der Erscheinung handelt es sich um das plötzliche Auftauchen meist einer Person; ein ekstatischer Zustand des Sehenden ist meist nicht vorausgesetzt. Anders als die Vision kann die Erscheinung auch in der Form einer kollektiven Erfahrung bestehen. Für Vision und Erscheinung gilt, dass der vermittelte „Offenbarungs"-Text durch die Kunst begleitend oder interpretierend in ein zweites Medium umgesetzt wird. Visionen und Erscheinungen können von Abbildungen inspiriert sein (Marienerscheinungen!)[273].

Generell gilt, dass Hölle und Fegefeuer in den Visionen des Mittelalters mehr Raum einnehmen als Himmel und Paradies. Die mittelalterliche Mentalität war deutlich mehr von Jenseitsangst als von Vorfreude auf das Himmelreich geprägt. Den Aufzeichnungen von Visionen vom 7. bis 13. Jahrhundert ist gemeinsam, dass die Peinstätten ausführlicher geschildert werden als die himmlischen oder paradiesischen Regionen[274]. Auch die charismatischen Minnemystikerinnen (Francesca von Rom, Hildegard von Bingen, Birgitta von Schweden, Mechtild von Magdeburg) „schwelgten oft und oft in genau denselben Rachephantasien wie ihre männlichen Kollegen. Seiten um Seiten beschrieben sie [...] die Martern in der Unterwelt mit größter Detailfreude (was freilich in heutigen Darstellungen fast regelmäßig mit Absicht verschwiegen wird)"[275]. Kompensationen für das asketische und arme Leben im Diesseits sind ebenfalls leicht zu erkennen: „Was das irdische Dasein an Glück und Gerechtigkeit verweigerte, wurde in die andere Welt projiziert"[276]. Von Interesse ist auch ein Blick auf die Gruppen der Personen, von denen Visionen erzählt werden. Im Mittelalter ist Vision ein Phänomen, das bereits in der Kindheit auftritt. Im ganzen Mittelalter haben Klosterangehörige, Tertiaren und ähnliche Formen (Beginen) einen Anteil von gut zwei Dritteln an den Visionen; dazu kommen knapp ein Dutzend Laien und ein minimaler Anteil an Weltpriestern. Vom 6. / 7. Jahrhundert an bis Mitte des 12. Jahrhunderts sind die Visionen fast reine Männersache, seit dem 13. Jahrhundert werden sie vorwiegend von Frauen berichtet[277].

Historisch bedeutsam ist Dinzelbachers Einteilung der Visionen in zwei Typen, in zwei Klassen des Erlebens. Im ersten Typ, der vorwiegend im Früh- und Hochmittelalter vertreten ist, verraten die Erzählungen ein Interesse an „stimmiger Jenseitstopographie", die beschriebenen Räume müssen zu einander passen. In Gestalt einer eigenen literarischen Gattung „Visionsliteratur" findet sich der erste Typ seit dem letzten Drittel des 7. Jahrhunderts[278]. Der Beginn eines zweiten Typs ist durch das 12. Jahrhundert markiert[279]. Im Hoch- und dann im Spätmit-

---

273 A.a.O. 2002, 14-19.
274 P. Dinzelbacher, Die letzten Dinge, Freiburg i. Br. 1999, 10f., 39.
275 Ebd. 146f.
276 Ebd. 171.
277 P. Dinzelbacher, Vision und Visionsliteratur 224-226.
278 P. Dinzelbacher, „Revelationes" (Typologie des sources du Moyen Âge occidental Fasc. 57), Turnhout 1991, 28.
279 Es gilt auch für A. Angenendt, a.a.O., als Wende und zugleich als produktivste Zeit.

telalter ist das Interesse der Handlung, nicht der Topographie zugewendet; die Räume sind durch Abstraktion gekennzeichnet. In der ersten Art des Erlebens ist der visionäre Mensch aktiv, er bewegt sich durch weite Räume. In der zweiten Art ist er in Ruhe, passiv[280]. Die Schreckensvisionen dauern weiter an, aber es gibt positivere Elemente. Die Begegnungen mit Positivem (Brautmystik, Einheit von kirchlicher, seelischer und himmlischer Liturgie, die Sorge um die „armen Seelen") überwinden die Egozentrik[281].

Die Visionen der ersten Phase hatten oft Umkehr und Besserung zur Folge, die der zweiten dienten eher der Bestätigung und Bekräftigung des bisherigen frommen Lebens[282].

Was das Thema des Himmels in der Visionenliteratur anlangt, so wird um 678 oder 679 von einer Vision einer Seelenreise durch himmlische Regionen berichtet geschaut von dem fränkischen Mönch Barontus. Die Aufmerksamkeit gilt Aufstiegshilfen in den Himmel, besonders der „Himmelsleiter". Die häufigste Gestaltung der Himmelsreise findet der Moment, wo Engel die gute Seele empfangen und mit ihr den Höhenflug beginnen. Der Himmel wird je nach dem Stand der Kosmographie erwähnt; wirkliche Aufmerksamkeit findet aber das Empyreum, die Wohnstätte der Engel und Seligen. Ersehntes Ziel ist die Schau Gottes; die Gerechten erwartet Verklärung des Körpers am Ende der Zeiten und ein Heiligenschein. Der Himmel ist hierarchisch gegliedert. Wichtige biblische Bilder sind die Mahlgemeinschaft (nach Lk 13 und 22) und das himmlische Jerusalem[283]. Im Spätmittelalter werden Gespräche mit Jesus und Maria sowie die Liebesvereinigung mit Jesus wichtig, eingebettet in Symbole und Bilder des Paradieses[284].

Die historisch erste Mystikerin, die nun zu Wort kommen soll, ist die bedeutende Benediktinerin Hildegard von Bingen (1098-1179). Sie hatte bereits als Kind Visionen, wuchs heran zur Ratgeberin, Predigerin und selbständigen Theologin[285]. Dinzelbacher nennt ihr Werk mit seiner Systematik symbolischer Bedeutungen ein umfangreiches kosmisch-heilsgeschichtliches System, einen „erratischen Block" in der visionären Landschaft des Mittelalters[286]. Der erste Text stammt aus ihrem Werk „Scivias"[287]:

---

280 P. Dinzelbacher, Vision und Visionsliteratur 131ff.

281 Ebd. 136-158.

282 Ebd. 208.

283 Ebd. 41ff., 59-71.

284 Ebd. 119-127.

285 M. Schmidt: LThK³ V (1996) 105-107. Zu Hildegards Visionen: H. M. Gosebrink, Hildegard – Hochkonjunktur II. 2. Mystisches und Visionäres, in: Anzeiger für die Seelsorge 106 (1997) 479-487 (Lit.).

286 P. Dinzelbacher, Vision und Visionsliteratur 173f.

287 Hildegard von Bingen, SCIVIAS – Wisse die Wege. Eine Schau von Gott und Mensch in Schöpfung und Zeit. Übersetzt und hrsg. von Walburga Storch OSB, Augsburg 1990. Zitierte Texte: S. 94, 587f.
    Erste Vision ab 1141; Mahnbuch für ein gottgefälliges Leben. Visionen von Eugen III. auf der Trierer Synode von 1147 / 1148 mit Respekt behandelt und zur Niederschrift ermutigt (IX).

6. Vision des 1. Teils
Die Chöre der Engel
Darauf sah ich in der Erhabenheit der himmlischen Geheimnisse zwei Chöre überirdischer Geister in großem Glanz erstrahlen. Im ersten Chor hatten sie Flügel an der Brust und menschliche Antlitze, in denen sich, wie in klarem Wasser, Menschengesichter spiegelten. Im zweiten Chor hatten sie gleichfalls Flügel an der Brust und Menschenantlitze, in denen auch das Bild des Menschensohnes wie in einem Spiegel aufleuchtete. Doch konnte ich in keinem der beiden Chöre mehr von ihrer Gestalt erkennen. Diese Chöre aber umgaben wie ein Kranz fünf weitere Chöre. Im ersten Chor trugen die Geister ein Menschenantlitz und funkelten von der Schulter abwärts in hellem Glanz; im zweiten Chor zeigten sie sich von solcher Herrlichkeit, dass ich sie nicht anzuschauen vermochte. Im dritten erschienen sie wie weißer Marmor, hatten menschliche Häupter, über denen sich brennende Fackeln zeigten, und unterhalb der Schulter waren sie von einer eisenfarbenen Wolke umgeben. Im vierten Chor hatten sie ein menschliches Antlitz und Menschenfüße. Auf dem Kopf trugen sie einen Helm und waren mit einem marmorschimmernden Gewand bekleidet. Im fünften Chor hatten sie keine Menschengestalt und leuchteten wie Morgenrot. Mehr konnte ich von ihrer Gestalt nicht erkennen. Doch auch diese Chöre wurden in Kranzform von zwei weiteren umgeben. In dem einen erschienen die Geister voller Augen und Flügel, hatten in jedem Auge einen Spiegel, in dem ein Menschenantlitz aufleuchtete, und erhoben ihre Flügel gleichsam zum Emporschwingen in himmlische Höhen. Im anderen Chor brannten sie wie Feuer und hatten viele Flügel, auf denen wie in einem Spiegel alle Ränge der kirchlichen Stände zu erkennen waren. Doch mehr konnte ich weder da noch dort unterscheiden. Und all diese Chöre verkündeten mit wunderbaren Stimmen jeder Art von Wohlklang die Wunder, die Gott in den Seelen der Seligen wirkt, und sie verherrlichten Gott auf erhabene Weise.

12. Vision des 3. Teils
Der Tag der großen Offenbarung
15. Wie sich die Elemente, die Sonne, der Mond und die Sterne nach beendetem Gericht zum Besseren wandeln und es keine Nacht mehr geben wird
Und wie du siehst, werden die Elemente, nachdem dies alles geschehen ist, in größter Klarheit und Schönheit erstrahlen, das heißt alle hinderliche Schwärze und Schmutzigkeit ist verschwunden. Das Feuer wird dann nämlich ohne Glut wie Morgenrot schimmern und die Luft ohne Trübung ganz rein und glänzend sein; das Wasser wird ohne heftigen Erguss und Überfließen durchsichtig und ruhig daliegen und die Erde wird ganz unverwüstlich und ohne Verunstaltung fest und eben erscheinen, wenn das alles in große Ruhe und Schönheit übergegangen ist.

Doch auch die Sonne, der Mond und die Sterne werden wie kostbare Edelsteine auf Goldhintergrund sehr klar und mit großem Glanz am Firmament schimmern und nicht mehr auf ihrer unruhigen Kreisbahn Tag und Nacht zu trennen haben. Denn am Weltende sind sie nunmehr unbeweglich, so dass von

jetzt an keine nächtliche Finsternis erscheint, weil der Tag dann nicht zu Ende
geht; so bezeugt und spricht auch mein geliebter Johannes.

16. Worte des Johannes darüber:
„Und es wird keine Nacht mehr geben und sie benötigen kein Lampen- und
Sonnenlicht, weil Gott der Herr ihnen leuchtet" (Offb 22,5). Das ist so: Wer einen Schatz besitzt, verbirgt ihn zuweilen und bringt ihn zuweilen auch zum Vorschein, wie auch die Nacht das Licht verdeckt (celat) und der Tag die Finsternis
verscheucht und den Menschen Licht bringt. So wird es beim Übergang der Zeiten (in die Ewigkeit) nicht sein. Denn dann wird der Schatten der Nacht verscheucht, so dass von nun an keine nächtliche Finsternis mehr auftritt, denn auch
jene umgewandelte Welt (transmutatio illa) benötigt nicht mehr jenes Licht, das
sich die Menschen anzünden, um die Schatten der Finsternis zu vertreiben. Es
hängt auch dann nicht vom Sonnenstand (mutabilitas solis) ab, der sogleich jene
Zeiten beeinflusst, die dem Schatten gehören (in umbra habentur). Denn dann
wird der Tag ohne irgendwelche Veränderung bestehen, weil jetzt auch der Herrscher über alles mit dem Licht seiner Gottheit, das keine Veränderlichkeit ver-
dunkelt, die erleuchtet, welche auf Erden durch seine Gnade die Finsternis vertrieben haben.

Der zweite Text ist dem „Liber Vitae Meritorium" entnommen[288]:

Die Herrlichkeit der Heiligen
In dieser Herrlichkeit der Seligen nahm ich nun eine noch viel größere, unermessliche Herrlichkeit wahr. Wie ich genauer darauf achten wollte, wurde mir
klar, dass der Glanz ihres Strahlens eine solche Schönheit in allem Schmuck, eine
solche Lieblichkeit aller Lieblichkeiten und Wonne über Wonne an Glückseligkeit in sich trug, dass kein Auge es sehen, kein Ohr es hören, noch je es im Herzen eines Menschen aufsteigen könnte, solange dieser im gebrechlichen Leibe
weilt. Daher wurde mir auch eine Art von Siegel vorgesetzt, durch das mir weitere Erscheinungen und noch mehr Wunder solcher Art verborgen wurden, als ich
sie schon zuvor sehen durfte. Lediglich so, wie ich dies sah, wurde es auf mich zu-
rückgeworfen. Und ich sah dies wirklich, und ich verstand es durch den lebendigen Geist.
    Und aus dem lebendigen Licht hörte ich abermals die Stimme zu mir spre-
chen: Alles das, was du da siehst, ist wahr, und es ist so, wie du es siehst, und es
ist noch viel mehr. Und siehe: Ich hörte den äußerst süßen und lieblichen Klang
einer Stimme, die mich wie Balsam durchträufelte und also zu mir sprach: „Ich
bin die Kraft der Gottheit vor aller Ewigkeit und vor aller Zeit. Keinen Ursprung
einer Zeit trage Ich in Mir. Denn Ich bin der Gottheit Kraft, durch die Gott alles
aus Seiner Entscheidung und mit Seiner Bestätigung erschaffen hat. Ich bin auch

---

288 Hildegard von Bingen, Mystische Texte der Gotteserfahrung. Hrsg. und eingeleitet von Hein-
     rich Schipperges, Olten – Freiburg i. Br. 1978. Liber Vitae Meritorium 1158 / 1163 im Stil
     traditioneller Psychomachie zwischen Tugend und Laster. Text S. 204-207:

der Spiegel der Vorsehung für alles. Mit allgewaltiger Macht ertönte Ich, da Ich ja das tönende Wort bin, jenes ‚Es werde!' nämlich, durch das die ganze Welt hervorgegangen ist. Mit lebendigen Augen habe Ich die Zeiten der Zeit unterteilt, wohl bewusst, was sie sein können und wie das alles sei. Mein Mund gab Meinem eigens berufenen Werke den Kuss, jenem Gebilde, das Ich aus dem Erdenlehm machte. In einzigartiger Weise habe Ich dieses Werk liebend umarmt. Und so habe Ich es durch den feurigen Geist zu einem Leibe verwandelt. Und ihm gab Ich alle Welt zu Diensten. Nachdem Ich zur Ruhe gekommen und wahrgenommen, wie dieser Mensch durch die List der Schlange betrogen ward, trat Ich voller Leidenschaft von neuem auf. Im Schoße der Jungfrau kam ich abermals zur Ruhe... Aus dem Schoße der Jungfrau hervorgegangen, holte Ich in der Taufe Fluten den Menschen abermals heim. Auf diese Weise habe Ich den Samen des Mannes mit dem gleichen Wasser rein gemacht, wie auch das Feuer Wasser herauszieht, und so habe Ich alles geläutert. Mein Rad setzte Ich in Umlauf, um auch andere Geschlechter zu erneuern... Und so habe Ich durch die wahrhaftige Läuterung die wirklich Gläubigen und die wahrhaft Seligen zurückgeführt in die Herrlichkeit des Paradieses, zur vollen Herrlichkeit der himmlischen Freuden...

Jener machtvolle Glanz aber, den du seines übermächtigen Strahlens wegen nicht anschauen kannst, weil ein sterblicher Verstand ihn nicht wahrnehmen könnte, geht von des Himmels Höhe aus, aus welcher Luzifer mit seinen Engeln herausgeworfen wurde. Dieser Glanz durchdringt und durchstrahlt die Herrlichkeit Paradieses und erhält sie – wie du siehst – in der Lebenskraft der Grünheit und Schönheit... Dort im Himmelreich befinden sich alle Seelen, die auf der Welt unter der Last des tagtäglichen Lebens im Leibe gedient haben, um dabei doch im Geiste das Himmlische lieb zu gewinnen... In ihrer Anhänglichkeit an den Schöpfer und von ihm begeistert haben sie ihr Tagwerk vollendet und empfangen so die Wonne aller Wonnen und die Schönheit unaussprechlichen Schmuckes. Sie sind die Gesegneten, und sie werden beim Richterspruch der Auferstehung von Meinem gebenedeiten Vater aufgerufen werden, um alsdann noch höhere Freuden zu empfangen, als sie jetzt schon haben. Denn jetzt können sie sich lediglich in ihrer seelischen Existenz freuen, dann aber werden sie mit Seele und Leib die Freuden genießen, die so unaussprechlich sind, dass kein sterbliches Geschöpf sie im sterblichen Zeitraum auszudrücken vermöchte.

Solcher Freuden Schmuck ist geistlicher Natur, und er dauert ewig und kann nicht abgeschätzt werden. Dabei finden sich keineswegs Gold, edles Gestein oder Geschmeide aus irdischer Asche in der Ewigkeit des Himmels vor, vielmehr werden die Auserwählten mit den guten und gerechten Werken auf geistliche Weise geschmückt, so wie ja auch ein Mensch sich nur körperlich mit kostbarem Geschmeide schmückt. Ich aber, der Baumeister der Welt, gab Meinem eigentlichen Werk, dem Menschen, mit jenem Wissen, das Ich in ihm angelegt habe, die Möglichkeit, seine eigenen Werke zu wirken, auf dass er mit Hilfe der Erde und des Wassers, über die Luft und das Feuer, aus denen er auch selber besteht, seine Werke zur Vollendung brächte. Immer wenn er Gutes wirkt, wird ihm der Schmuck aus seinen guten Taten in der Herrlichkeit des unausschöpflichen

Lichtes auf ewig bereitet, so wie auch das Firmament mit den Gestirnen und die Erde mit den Blüten hier in der Zeit geschmückt werden...

In der himmlischen Heimat aber gibt es überaus viele Wohnstätten immer neuer und den Menschen unfassbarer Wonnen. Sie bleiben bestehen ganz nach den Handlungen der Menschen, die sie durch Gottes Huld gewirkt haben. Der menschlichen Gebrechlichkeit können sie nicht gezeigt und erklärt werden, weil sie über jede menschliche Einsicht hinausgehen. Denn hier befinden sich in der Tat jene Wohnungen, die das Herz des Menschen nicht fassen kann und die keinem Wesen, das durch einen Körper beschwert ist, gezeigt werden könnten, wie dir auch weder sie selbst noch ihr Inhalt in ihrem Geheimnis enthüllt und – sei es auch noch auf die geringste Weise – eröffnet werden. Denn das Fleisch, von der Schuld niedergedrückt, erträgt nicht die Mysterien der himmlischen Dinge, es sei denn, dass es durch die Gnade der göttlichen Kräfte gestärkt würde. Die Pracht und die Freuden der himmlischen Wunderdinge aber erschaut kein Mensch, der von sterblichem Fleische beschwert ist, auf vollkommene Weise, noch könnte er sie im Bewusstsein seines Verstandes überhaupt ertragen, es sei denn, dass Gottes Wille dies – wie gewissen Heiligen und Propheten in der Vision – offenbart.

Der dritte Text ist dem Buch „De operatione Dei" entnommen[289]:

Vierte Schau
Von der Gliederung des Leibes
Alle Dinge, die auf Erden des Menschen Umwelt bilden, werden mit ihm auf der Erde ausharren, bis jene Zahl vollendet ist, die Gott ursprünglich bestimmt hat. Nach der kommenden Auferstehung aber benötigt der Mensch nichts mehr für seine natürliche Entwicklung und Unterhaltung. Denn dann wird er in jener Herrlichkeit weilen, die nimmer vergeht und an der sich nichts mehr ändern wird. Alsdann wird der selige Mensch von der Heiligen Dreifaltigkeit in strahlende Herrlichkeit gekleidet; er wird Den anschauen, der niemals von Anfang und Ende begrenzt ward. Nicht mehr wird der Mensch dann von Alter und Überdruss befallen; lobsingend wird er immerzu neue Lieder anstimmen.

So wird – wie gesagt – das Fleisch durch die Lebenskraft lebendig. Einzig und allein durch diese lebendige Kraft lebt es als Fleisch. Fleisch und Leben und das Leben mit dem Fleische sind ein einziges Leben. Dies war Gottes Absicht, als Er in Adam durch den Geist, den Er ihm einhauchte, Fleisch und Blut kräftigte; denn schon damals hatte Er jenes Fleisch im Auge, in das Er sich einzuhüllen gedachte. Und Er hatte es brennend lieb.

---

289 Hildegard von Bingen, Welt und Mensch. Das Buch „De Operatione Dei". Aus dem Genter Kodex (1170 / 1173) übersetzt und erläutert von Heinrich Schipperges, Salzburg 1965. Texte S. 182f., 262, 275. Visionen mit einer Gesamtschau der Welt (in späteren Manuskripten: „Liber divinorum operum").

Siebente Schau
Vorbereitung auf Christus
Vom Reifen des Gotteswerkes in der Geschichte
16. Der Sohn Gottes wandelte auf den Schwingen der Winde, da die Propheten
die Schwingen der Worte des Heiligen Geistes waren. Wie der Heilige Geist sie
inspiriert hatte, so prophezeiten sie mit ihren Worten. Darin gaben sie ein Beispiel für den Sohn Gottes. Was sie von Ihm vorausgesagt hatten, wirkte Er auf
der Welt und trug den Menschen auf Seiner Schulter zum Himmel und, wie
vorhergesagt, an den Ort des Paradieses zurück.

Auf diese Weise schuf Gott eine überirdische Wohnung und ein Paradies, so
wie ein Mensch es macht, der seinen Untergebenen eine Wohnung baut. In diese
Heimat trug der Sohn Gottes auf Geheiß Seines Vaters die Seelen der Gläubigen,
nachdem Er sie der Hölle entrissen, so wie es der Mensch macht, der zunächst
seine Stadt noch mit wenigen Bürgern belegt, sie dann aber mit einer gewaltigen
Menge anfüllt.

Neunte Schau
Vollendung des Kosmos
Wie Gott die Welt gefestigt hat
Denn Gott wirkt seine Werke unablässig, Er hört nicht damit auf, bis die Zahl
seiner Auserwählten inmitten der himmlischen Harmonie aufgefüllt ist. Gottes
Angesicht wacht über dieser Harmonie, die nie zu Ende gehen kann, wie sie auch
nichts durch sich, sondern alles nur als Hinweis auf das göttliche Antlitz zu tun
vermag, genauso, wie auch der Schatten im Spiegel nicht durch sich etwas erscheinen lässt, sondern durch die Gestalt, von der er ausgeht.

Und sie heißen „Himmel", die da Gott schauen, und „Himmel", die Ihn weis-
sagen; und es war „Himmel", als der Sohn Gottes sich in Seiner Menschheit
zeigte. „Himmel" werden auch die genannt, die aus dem Leuchten von Gottes
Angesicht wie Funken vom Feuer widerstrahlen und durch die Gott all Seine
Feinde überwunden hat. Als Gott aber den Himmel und die Erde schuf, da setzte
Er mitten in das Weltall den Menschen. Der Mensch sollte als Herr über das alles
verfügen. Diese Mittelstellung bezieht sich auf jene Mitte, in der der Sohn Gottes mitten im Herzen des Vaters ist. Und wie ein Entschluss (consilium) aus dem
Herzen des Menschen kommt, so ging auch der Sohn aus Gott, dem Vater, her-
vor. Denn das Herz hat seinen Entschluss, und der Entschluss sitzt im Herzen:
Beide sind nur eines, und keine Teilung ist da möglich.

Eine Mystikerin ganz anderer Art war Mechtild von Magdeburg (um 1207-um
1282)[290]. Mit 12 Jahren machte sie ihre erste mystische Erfahrung, mit 20 wurde sie
Begine in Magdeburg, war nicht Theologin und kannte kein Latein. Vom Beichtvater ermutigt schreibt sie im mittel-niederdeutschen Dialekt ihre jahrzehntelangen
Gotteserfahrungen auf, die schon bald nach ihrem Tod ins Lateinische übersetzt

---

290 M. Heimbach-Steins, Mechtild von Magdeburg: LThK³ VII (1998) 25-27.

wurden. Ihren Lebensabend verbrachte sie im Zisterzienserinnenkloster Helfta. Ein längeres Zitat soll Einblicke in ihre (stark erotische) Mystik geben[291]

Drittes Buch
1. Vom Himmelreich und den neun Chören und wer den leeren Raum füllen wird.
Vom Thron der Apostel, Sankt Marien und Christi.
Vom Lohn der Prediger, Märtyrer und Jungfrauen,
und von den ungetauften Kindern

Die Seele sprach also zu ihrem Verlangen:
„Eia, fahr hin und sieh, wo mein Lieber weilt.
sag ihm, ich möchte minnen."

Da fuhr das Verlangen eilig von hinnen,
Denn es ist von Natur aus schnell,
Und kam zu der Höhe
Und rief:
„Großer Herr, tu auf
Und lass mich ein!"

Da sprach der Herr:
„Was willst du, dass du so heftig drängst?"
„Herr, ich künde Dir:
Meine Herrin kann nicht lange so leben.
Würdest Du fließen, so könnte sie schwimmen.
Der Fisch kann im Sand nicht lange treiben
Und dabei frisch bleiben."

„Fahr wider, ich lass dich nicht herein,
Du bringest mir denn die hungrige Seele,
Nach der mich verlangt vor allen Dingen."

Als der Bote wiederkam
Und die Seele den Willen des Herrn vernahm,
Eia, wie selig sie da über sich kam.
Sie erhob sich im gleitenden Fluge
Und in lustvollem Zuge.

Da erschienen ihr sehr rasch zwei geschmückte Engel; die sandte ihr Gott in herzlicher Liebe entgegen. Und sie sprachen zu ihr: „Frau Seele, was sucht Ihr so weit oben? Ihr seid ja noch mit der finsteren Erde bekleidet."

---

291 Mechthild von Magdeburg, Das fließende Licht der Gottheit. Eingeführt von Margot Schmidt mit einer Studie von Hans Urs von Balthasar, Einsiedeln – Zürich – Köln 1955. Texte: S. 123-130, 389-391. – Vgl. Mechthild von Magdeburg, „Das fließende Licht der Gottheit". Hrsg. von H. Neumann, München – Zürich 1990.

Da sprach sie: „Je, ihr Herren, schweigt davon nur still, und grüßt mich ein wenig huldvoller! Ich will minnen gehn. Je tiefer ihr zur Erde sinkt, um so mehr verbergt ihr euren holden Himmelsglanz. Und je höher ich steige, je glänzender scheine ich." Da nahmen sie die Seele zwischen sich und führten sie fröhlich von hinnen.

> Und die Seele schaute der Engel Land,
> Da ist sie ohne Gefahr bekannt.
> Der Himmel wurde ihr aufgeschlossen:
> Da stand sie, in ihrem Herzen zerflossen
> Und sah ihren Liebsten an und sprach:
> „O Herr, ich sehe Dich und muss Dich preisen
> Ob Deiner wundervollen Weisheit.
> Wo bin ich hingekommen?
> Bin ich in Dir verloren?
> Ich kann der Erde nicht gedenken
> Noch irgend meines Herzeleids.
> Ich dachte, wenn ich Dich erschaute,
> Dir von der Erde viel zu klagen.
> Nun hat mich, Herr, Dein Anblick erschlagen,
> Du hast mich ganz über meinen Adel empor getragen."

Dann kniete sie nieder und dankte ihm für seine Gnaden und nahm die Krone von ihrem Haupte und legte sie auf die rosenfarbenen Narben seiner Füße und bat, dass sie ihm näher treten dürfe. Da nahm er sie in seine göttlichen Arme und legte seine väterliche Hand auf ihre Brust und schaute in ihr Antlitz. In dem Kusse wurde sie dann entrückt in die höchste Höhe über alle Chöre der Engel.

> Die kleinste Wahrheit,
> Die ich dort gesehen, gehört und erkannt,
> Gleicht nicht der höchsten Wahrheit,
> Die auf Erden je ward genannt.

Ich sah dort unerhörte Dinge, wie meine Beichtväter sagen, obwohl ich der (heiligen) Schrift ungelehrt bin. Ich fürchte aber Gott, wenn ich schweige, und fürchte aber (auch) unverständige Menschen, wenn ich schreibe. Liebe Leute, was kann ich dafür, dass mir dies geschieht und oft geschehen ist? In der demütigen Einfalt und in der verlassenen Armut und in der drückenden Schmach hat mir Gott seine Wunder gezeigt.

Da sah ich die Schöpfung und die Ordnung des Gotteshauses, das er selber mit seinem Munde erbaute. Dahinein setzte er das Liebste, das er mit seinen Händen erschuf. Die Schöpfung des Hauses heißt Himmel. Die Chöre dort innen heißen die Reiche, darum nennt man es insgesamt Himmelreich.

Das Himmelreich hat in seiner Satzung ein Ende, aber an seinem Wesen wird nie ein Ende gefunden. Der Himmel umfasst die Chöre, und zwischen dem Himmel und den seligen Chören sind die weltlichen Sünder geordnet, immer in ähnlicher Höhe den Chören, dass sie sich bessern und bekehren. Die Chöre sind so fein und heilig und wunderbar, dass ohne Keuschheit und Minne und Verzicht auf alle Dinge niemand dort hineingelangt. Denn es waren alle heilig, die dort herausfielen und darnach müssen sie alle heilig sein, die wieder hineinkommen.

Alle getauften Kinder bis sechs Jahre füllen den Zwischenraum nicht höher als bis zum sechsten Chor. Darnach, bis zu den Seraphinen werden die Jungfrauen den Raum füllen, die sich in kindischer Absicht befleckten und die Tat in Wirklichkeit nicht verübten und die sich in der Beichte reinigten. Sie können sich davon noch nicht (ganz) erholen, denn sie haben die Lauterkeit verloren. Die aber reine geistliche Jungfrauen sind, werden nach dem Jüngsten Tag den Raum über den Seraphinen füllen, wo Luzifer und seine Nächsten (durch die Kraft des Allerhöchsten) verstoßen wurden.

Luzifer beging drei Hauptsünden zugleich: Hass, Hoffart und Geiz. Diese schlugen den Chor so geschwind in den Abgrund, als man Alleluja ausrufen kann. Da erschrak das ganze Reich, und alle Säulen des Himmels erzitterten, und es stürzten auch einige. Diese Abgeschiedenheit ist noch frei und leer. Niemand ist dort drinnen. Sie ist ganz lauter in sich selbst und glänzt von Wonne Gott zu Ehren. Darüber wölbt sich der Thron Gottes in (aller) Gotteskraft in blühender, leuchtender, feuriger Klarheit bis hernieder zum Himmel der Cherubim, so dass der Gottesthron und der Himmel ein herrliches Haus bilden, das die neun Chöre und den abgeschiedenen Raum (des Luzifer) einschließt.

Über diesem Gottesthron ist nichts weiter als Gott, Gott, Gott, der unermesslich große Gott. Oben am Throne sieht man den Spiegel der Gottheit, das Bild der Menschheit, das Licht des Heiligen Geistes und erkennt, wie die drei ein Gott sind und wie sie sich in eins fügen. Mehr kann ich hiervon nicht sagen.

Luzifers Platz wird Johannes Baptista einnehmen und in dieser seligen Abgeschiedenheit über den Seraphim seine Herrlichkeit besitzen; und allen lauteren Jungfrauen ist mit ihm dieses ferne Land noch vorbehalten. Unsere heilige Frau Maria braucht am Throne (Gottes) keine Lücke zu füllen, denn sie hat mit ihrem Kinde aller Menschen Wunden geheilt, und es war ihnen Gnade gewährt, die sie behalten wollten und konnten. Ihr Sohn ist Gott und sie ist Göttin; es kann ihr niemand gleich kommen. Die Apostel wohnen dem Gottesthron am nächsten und haben die Abgeschiedenheit von den Seraphim zum Lohne, in dem Maße sie rein sind. Johannes der Täufer ist auch am Throne (Gottes) ein Fürst. Die Engel wohnen nicht höher als im Chore der Seraphim; darüber werden nur Menschen sein. Die heiligen Märtyrer, Gottesprediger und geistlich Liebenden kommen in die Chöre, wenngleich sie keine Jungfrauen sind. Ja, sie kommen wahrlich zu den Cherubinen. Bei ihnen sah ich unverhofft die Herrlichkeit der Prediger, wie sie (ihnen) in der Zukunft erstrahlen wird. Ihre Sitze sind wunderbar, ihr Lohn ist übergroß. Die vordersten Stühle sind zwei brennende Lichter. Sie bezeichnen die Liebe und das heilige Vorbild und die reine innere Absicht. Die Lehne der Sitze ist so angenehm frei und in wonnevoller Ruhe so süß, dass sie zum strengen Gehorsam, dem (die Prediger) auf Erden untertan waren, in kein Verhältnis gesetzt werden kann.

Die Füße (der Sitze) sind mit manch kostbarem
Gestein geschmückt.
Überaus schön; ich wäre wahrlich entzückt,
Würde mir eine so wundervolle Krone.
Diese haben sie für die Mühsal
Ihrer Füße im Erdental.

O Prediger, wie regt ihr eure Zungen jetzt so unwillig, und wie schwerfällig neigt ihr euer Ohr zu des Sünders Mund!

Ich sah vor Gott, was im Himmel geschehen wird: Ein Odem wird aus eurem Munde hervorgehen. Er wird sich erheben aus den Chören vor dem Thron und wird den himmlischen Vater für die Weisheit verherrlichen, die er euren Zungen verlieh und den Sohn für seine ehrenvolle Gesellschaft grüßen, da er selbst ein Prediger war, und dem Heilgen Geist für seine Gnade danken, da er ein Herr aller Geschenke ist. Dann werden die Gottesprediger und die heiligen Märtyrer und die minnenden Jungfrauen sich erheben, denn ihnen ist die größte Herrlichkeit gegeben an einzigartigen Gewändern, lieblichen Gesängen und an wundervollen Kränzen, die sie tragen Gott zu Ehren.

Der Jungfrauen Gewand ist weiß und lilienrein,
Der Prediger-Gewand ist feurig, klar wie der Sonnenschein,
Der Märtyrer-Gewand ist leuchtend, rosenrot,
Denn sie erlitten mit Jesus den blutigen Tod.
Der Jungfrauen-Kranz steht in Farbenpracht schön,
Der Märtyrer Krone ist groß zu sehn.

Der Prediger Kranz ist voll von Blumen, das sind die Gottesworte, durch die sie die große Ehre erlangten. In diesem Schmuck singen und jubilieren die Seligen dieser drei Stände im Angesichte der Heiligen Dreifaltigkeit und tanzen im holden Reigen.

Da fließt auf sie von Gott
Eine dreifaltig spielende Flut,
Die erfüllet ihr Gemüt.
Und sie besingen die Wahrheit,
Selig ohne Beschwerlichkeit,
Wie sie Gott an ihnen aufgezeigt.

Also singen die Prediger: „O auserwählter Herr, wir folgten Deiner verschwenderischen Güte in williger Armut und haben Deine verirrten Schafe heimgeholt, die Deine gedungenen Hirten abseits vom rechten Wege ließen."

Also singen die Märtyrer: „Herr, Dein unschuldiges Blut vollendete unseren Tod, dass wir Deiner seligen Marter Mitleidende sind".

Die Seligen, die jetzt im Himmel schweben
Und so wonnevoll dort leben,
Sind alle umfangen von einem Lichte

Und sind durchflossen von einer Minne
Und sind vereint in einem Willen.
Doch ist ihnen die Ehre und Würde noch vorenthalten,
Die sie beim Einnehmen der herrlichen Sitze erhalten.
Sie ruhen in der Gotteskraft
Und fließen in die Wonne
Und halten sich Gottes Atemzug
Wie die Luft in der Sonne.

Aber nach dem Jüngsten Tage, da Gott sein Abendmahl einnehmen will, wird man den Bräuten Sitze bei ihrem Bräutigam bereiten, und dann wird Lieb zu Lieb kommen, der Leib zur Seele, und dann volle Herrschaft in der ewigen Herrlichkeit besitzen.

O du anmutiges Lamm und wonnevoller Jüngling Jesus, des himmlischen Vaters Kind, wenn Du Dich alsdann erhebst und alle neun Chöre durchziehst und den Jungfrauen liebend zuwinkst, dann folgen sie Dir feierlich zu dem allerwonnevollsten Ort, von dem ich niemandem je etwas sagen kann. Wie sie dann mit Dir spielen und sich in Deiner Minnelust verzehren, das ist von so himmlischer Süßigkeit und so zarter Innigkeit, dass ich dergleichen nicht kenne,

Auch die Witwen folgen in herrlicher Lust. Und im süßen Anschauen lassen sie sich aufs höchste befriedigen und können sehen, wie das Lamm sich den Jungfrauen vereinigt.

Die Eheleute werden auch inniglich schauen in dem Maße, als es ihrem Adel nach sein kann. Denn je mehr man sich hier der irdischen Dinge sättigt, desto mehr wird uns die himmlische Wonne entzogen.

Die Chöre haben alle ein besonderes Leuchten in ihrem Glanz und der Himmel seinen eigenen Schein. Das Leuchten ist so einzig herrlich, dass ich darüber nicht schreiben mag noch kann. Den Chören und dem Himmel ist von Gott große Würde verliehen. Von jedem kann ich nur ein Wörtlein sagen, das nur soviel enthält, als eine Biene Honig an ihren Füßen aus einem vollen Stock tragen kann.

In dem ersten Chore ist die Seligkeit
Das Höchste, was sie haben
Unter allen Gaben.
In dem zweiten Chore die Sanftmütigkeit,
In dem dritten Chore die Lieblichkeit,
In dem vierten Chore die Süßigkeit,
In dem fünften Chore die Fröhlichkeit,
In dem sechsten Chore die edle Hingabe,
In dem siebten Chore der Reichtum,
In dem achten Chore die Würde,
In dem neunten Chore das Minnebrennen,
In der seligen Abgeschiedenheit ist die reine Heiligkeit.

Das Höchste an dem Thron ist das machtvolle Ansehen und die starke Herrschaft. Das Höchste über allem, was je im Himmel ward, ist das Staunen, das Höchste was ist: dass sie schauen können, was jetzt ist und immer sein wird.

Eia, die herrliche Macht und die süße Ewigkeit und das klare Durchschauen aller Dinge und die besondere Vertraulichkeit, die zwischen Gott und jeder Seele ohne Unterlass hin- und hergeht, ist von so unaussprechlicher Zartheit; hätte ich aller Menschen Weisheit und aller Engel Stimme, ich könnte sie nicht aussprechen.

Die ungetauften Kinder unter fünf Jahren empfangen eine besondere Würde, die ihnen Gott aus seinem Reiche verleiht.

> Aber sie haben nicht den Leib
> Von Erwachsenen von dreißig Jahren.
> Weil sie keine Christen mit Christus waren.
> Sie haben keine Kronen,
> Denn Gott kann ihnen nichts lohnen.
> Er hat ihnen jedoch seine Güte gegeben,
> Dass sie in großem Frieden leben.
> Das Höchste, was sie haben,
> Ist die Fülle der Gnaden.
> Sie singen also:
> Wir preisen den, der uns erschaffen,
> Wenngleich wir ihn nie sahen.
> Müssten wir Leid ertragen,
> Würden wir immer klagen.
> Nun aber dürfen wir uns wohl gehaben.

Nun werden sich einige Leute verwundern, wie ich sündiger Mensch dazu komme, eine solche Rede zu schreiben. Ich sage euch aber fürwahr: hätte es Gott vor sieben Jahren in außerordentlicher Gnade im meinem Herzen nicht angeregt, ich schwiege noch und hätte es nie getan. Bisher aber gereichte es mir durch Gottes Güte nie zum Schaden. Dies kommt von dem Spiegel meiner unverhohlenen Nichtigkeit, die ganz deutlich vor meiner Seele offenliegt, und von der Vorzüglichkeit der Gnade, die in der wahren Gottesgabe liegt.

Siebentes Buch
Etwas vom Paradiese
Dies wurde mir gezeigt, und ich sah, wie das Paradies beschaffen war. An der Breite und an der Länge fand ich kein Ende. Zuerst kam ich an einen Ort, der zwischen dieser Welt und dem Paradiese lag. Da sah ich Bäume, Laub und Klee, aber kein Unkraut. Einige Bäume trugen Äpfel, die meisten aber nur Laub von edlem Duft. Schnelle Wasser ziehen hindurch, und der Südwind gen Norden. In den Wassern begegneten sich irdische Süßigkeit, gemischt mit himmlischer Wonne. Das war die Luft süßer, als ich aussprechen kann. Hierinnen waren we-

der Tiere noch Vögel, denn Gott hat es dem Menschen allein übergeben, dass er in Annehmlichkeit hier wohnen könne.

Da sah ich zwei Männer hierinnen, das waren Enoch und Elias. Enoch saß und Elias lag auf der Erde in großer Innigkeit. Da redete ich Enoch an und fragte ihn, ob sie nach menschlicher Art lebten. Da sprach er: „Wir essen ein wenig von den Äpfeln und trinken ein wenig Wasser, damit der Leib am Leben bleibe, aber das meiste erhalten wir aus Gottes Kraft." – Ich fragte ihn: „Wie kamst du hierher?" – „Ich war hier, ohne dass ich wusste, wie ich herkam und wie mir vorher war, ehe ich hier saß." – Ich fragte nach seinem Gebet. – „Glaube und Hoffnung, daraus beten wir." – Ich fragte ihn, wie er sich fühle, ob ihn nicht mitunter verdrieße, hier zu sein. – Das sprach er: „Mir ist gänzlich wohl und nirgend weh." – „Fürchtest du dich nicht vor dem Kampf, der in der Welt noch ausbrechen wird?" – „Gott wird mich mit seiner Kraft bewaffnen, dass ich den Stichen standzuhalten vermag." – „Betest du für die Christenheit?" – „Ich bete, dass sie Gott von den Sünden erlöse und sie in sein Reich bringe." – Elias richtete sich auf, da war sein Antlitz schön, feurig, vom himmlischen Glanze, wie weiße Wolle war sein Haar. Sie waren wie arme Männer gekleidet, die mit dem Stabe um ihr Brot ausgehn, Da fragte ich Elias, wie er für die Christenheit bete. – „Ich bete barmherzig, demütig, getreu und gehorsam." – „Bittest du auch für die Seelen?" – „Ja, wenn ich flehe, wird ihre Pein gemindert, wenn ich bitte, verschwindet ihre Pein." – „Werden sie auch erlöst?" – „Ja, viele." – „Warum hat euch Gott hierher gebracht?" – „Dass wir vor dem Jüngsten Tage der Christenheit und Gottes Helfer sind."

Ich sah ein zweifaches Paradies. Von dem irdischen Teile habe ich gesprochen; der himmlische ist oberhalb und beschützt den irdischen Teil vor allem Ungewitter.

In dem höchsten Teile sind die Seelen, die des Fegefeuers nicht bedürftig waren und doch nicht in Gottes Reich eingingen.

Sie schweben in der Wonne
Wie die Luft in der Sonne.
Herrschaft und Ehre,
Lohn und Kronen
Besitzen sie noch nicht,
Bevor sie in Gottes Reich eingehen.
Wenn die Erde vergeht
Und das irdische Paradies nicht mehr besteht,
Wenn Gott sein Gericht einmal gehalten,
Bleibt auch das himmlische Paradies nicht erhalten.
Alles soll im gemeinsamen Hause wohnen,
Was zu Gott kommen wird.
Und es wird kein Krankenhaus mehr geben,
Denn wer in Gottes Reich eingeht,
Der ist von aller Krankheit frei.

Gelobt möge Jesus Christus sein,
Der uns sein Reich gegeben hat!

Birgitta von Schweden (1303-1373)[292] aus reicher Familie, hatte mit 7 Jahren eine erste Vision, danach Teufelserscheinungen, verheiratet und 8 Kinder. Ihr
Mann trat in ein Zisterzienserkloster ein. Sie gründete einen neuen Orden (Bir-
gittinnen), lebte und starb in Rom. Ein positiver Text ihrer manchmal von Ängsten durchsetzten Mystik[293] aus „Liber revelationum coelestium":

2. Das Geheimnis der Dreipersönlichkeit Gottes

Birgitta berichtet: „Ich schaute einen großen Palast von unbegreiflicher Größe,
ähnlich dem heiteren Himmel. In diesem Palast befanden sich zahllose Personen.
Sie saßen auf Stühlen und waren mit weißen wie Sonnenstrahlen glänzenden
Kleidern angetan. Im Palast erblickte ich einen wunderbaren Thron, auf dem einer saß wie ein Mensch, heller leuchtend als die Sonne, ein Herr von unbegreiflicher Schönheit und unermesslicher Macht. Sein Glanz war nach Länge, Tiefe
und Breite nicht zu erfassen. Neben dem Thron aber stand eine Jungfrau, die in
wunderbarem Glanz erstrahlte und eine kostbare Krone auf dem Haupt hatte.
Und alle, die dabeistanden, dienten dem auf dem Throne Sitzenden, lobten Ihn
mit Hymnen und Liedern, und ehrten die Jungfrau voll Ehrerbietung als Königin
des Himmels. Jener aber, der auf dem Throne saß, sprach zu mir mit besonders
ehrenvoller Stimme: ,Ich bin der Schöpfer des Himmels und der Erde, mit dem
Vater und dem Heiligen Geist der eine wahre Gott. Denn Gott ist der Vater,
Gott ist der Sohn und Gott ist der Heilige Geist. Es sind aber nicht drei Götter,
die drei Personen sind vielmehr der *eine* Gott'".

Caterina von Siena (1347-1380)[294] war Laien-Dominikanerin, Kirchenkritikerin
und –reformerin, Visionärin. Kennzeichnend für sie ist ihre Brautmystik. Außer
Briefen und Gebeten verfasste sie „Dialogo della divina provvidenza", dem dieser
Text entnommen ist[295]:

(Aus Nr. 131 Antwort Gottes auf eine dritte Bitte): Freilich klagt sich die Seele in
Demut selber an, weil sie in der letzten Stunde die Kostbarkeit der Zeit und die
Kleinodien der Tugenden besser erkennt und es ihr vorkommt, sie habe diese
Zeit wenig genutzt; doch dies ist kein betrübender, sondern ein nährender

---

292 T. Nyberg: LThK³ II (1994) 478f.
293 F. Holböck, Gottes Nordlicht. Die heilige Birgitta von Schweden und ihre Offenbarungen,
Stein am Rhein ²1988. Text S. 220. – Vgl. zu Birgitta jetzt die vorzüglich gearbeitete Biographie: Günther Schiwy, Birgitta von Schweden. Mystikerin und Visionärin des späten Mittelalters. Eine Biographie, München 2003.
294 B. Acklin-Zimmermann, Caterina von Siena: LThK³ V (1996) 1333f.
295 Caterina von Siena, Gespräch von Gottes Vorsehung. Eingeleitet von Ellen Sommer – von Sek-
kendorff und Hans Urs von Balthasar, Einsiedeln 1964. Text S. 176f.
Caterina hatte ihre erste Vision mit 7 Jahren, in der kritischen Lage der italienischen Republi-
ken arbeitete sie unermüdlich für den Kampf gegen die Türken und für die Rückkehr des Papstes aus Avignon nach Rom. Dienst an Armen und Kranken.

Schmerz, der bewirkt, dass die Seele sich ganz in sich sammelt und das Blut des demütigen und unbefleckten Lammes, Meines Sohnes, sich vor Augen hält. Und sie wendet sich nicht zurück, um auf ihren vergangenen Wandel zu blicken, denn sie kann und will ihre Hoffnung nicht auf das eigene Gut gründen, sondern einzig auf das Blut, worin sie Meine Barmherzigkeit gefunden hat. Wie sie im Gedanken an das Blut gelebt hat, so berauscht und versenkt sie sich in der Todesstunde in das Blut.

Wenn die Teufel sehen, dass die Seele in glühender Liebe ganz in das Blut eingegangen ist, dann können sie sie nicht mehr ertragen und schießen ihre Pfeile nur noch aus der Ferne. Somit schadet ihre Feindschaft und ihr Getümmel der Seele nicht, die bereits beginnt, das ewige Leben zu verkosten. Mit dem Geistesauge, dessen Pupille das heilige Glaubenslicht ist, erblickt sie Mich, ihr unendliches und ewiges Gut, in Erwartung, es aus Gnade und nicht aus Verdienst, in der Kraft des Blutes Christi, Meines Sohnes, zu besitzen. Und so breitet sie die Arme der Hoffnung aus und fasst es mit Händen der Liebe und nimmt davon Besitz, bevor sie noch darin eintritt. Getaucht in das Blut, gelangt sie alsogleich durch die enge Pforte des Wortes zu Mir, dem Meer des Friedens; und Ich, das Meer, und die Pforte sind beieinander, weil Ich und Meine Wahrheit, Mein eingeborener Sohn, eins sind.

Welche Freude erfüllt die Seele, die sich in diesem Übergang so sanft geleitet sieht: sie verkostet das Glück der Engel! Und wie sie in brüderlicher Liebe mit ihrem Nächsten gelebt hat, so gewinnt sie nun teil am Gut aller wahren Beglückten in gegenseitiger Bruderliebe. Alle empfangen es, die so sanft hinübergehen; Meine Diener aber, die wie Engel lebten, in noch weit höherem Maße, weil ihre Erkenntnis sowie ihr Verlangen nach Meiner Ehre und dem Heil der Seelen in diesem Leben größer war. Und dies nicht bloß im Hinblick auf das Tugendlicht, das jeder haben kann, sondern weil sie zu diesem Licht rechten Wandels, das ein übernatürliches Licht ist, das Licht der heiligen Wissenschaft hinzufügten, in dem sie Meine Wahrheit tiefer erkannten. Und wer mehr erkennt, der liebt auch mehr, wer aber mehr liebt, wird auch mehr erhalten. Was ihr verdient, wird am Maß eurer Liebe gemessen.

Der deutsche Dominikaner Heinrich Seuse (1293/1303-1366)[296] vertrat eher die Mystik und Theologie der Mönche als die zu seiner Zeit höchst anerkannte Scholastik. Hier zunächst Teile eines Dialogs aus seinem von Bernhard von Clairvaux beeinflussten „Büchlein der ewigen Weisheit"[297]:

---

296 P. Dinzelbacher, Heinrich Seuse: LThK³ IV (1995) 1397f.

297 Heinrich Seuse, Deutsche mystische Schriften. Aus dem Mittelhochdeutschen übertragen und hrsg. von Georg Hofmann, Düsseldorf 1966.

12. Kap.: Von der unermesslichen Freude des Himmelreiches

Die ewige Weisheit: Nun richte deine Augen in die Höhe und schau, wohin du gehörst; du gehörst in das Vaterland des himmlischen Paradieses; du bist auf Erden ein fremder Gast, ein heimatloser Pilger. Und darum, so wie ein Pilger in seine Heimat zurückstrebt, wo die geliebten guten Freunde nach ihm ausschauen und mit großem schmerzlichen Verlangen auf ihn warten, so sollst auch du in das Vaterland eilen, wo man dich so gern sähe, wo man so innig sich nach deiner freudigen Gegenwart sehnt, wo sie dich liebevoll begrüßen, zärtlich empfangen und dich für ewig in ihren freudenreichen Kreis aufnehmen. Sieh, wüsstest du, wie sie nach dir verlangen, wie sie wünschen, dass du im Leiden dich wacker haltest und dich ritterlich zeigest in aller Widerwärtigkeit, die sie selbst überwunden haben – sie denken mit großer Freude an die schweren Jahre, die sie erlebt -, dir wäre alles Leiden um so erträglicher; denn je schwerer du gelitten hast, um so trefflicher wird man dich empfangen. Ja, wie tut die Ehrung so gut, wie durchdringt Freude Herz und Sinne, wenn die Seele von mir vor meinem Vater und vor allen Himmelsbewohnern so ehrenvoll gerühmt, gelobt und gepriesen wird, dafür dass sie in der Kampfzeit auf Erden so viel erlitten, so viel gestritten und überwunden habe, was manchem, der nichts erlitten hat, so fremd erscheint. Wie wird die Krone so herrlich strahlen, die auf Erden so sauer verdient wurde, wie werden Wunden und Zeichen so hell glänzen, die dort unten aus Liebe zu mir empfangen wurden. Schau, du bist in *diesem* Vaterlande so sehr als Freund geschätzt, dass der fremdeste der unzähligen Bewohner des Himmels dich gütiger und treuer liebt, als je ein Vater oder eine Mutter ihr einziges herziges Kind im Erdenleben geliebt hat.

Der Diener: Ach, Herr, dürfte ich doch um deiner Güte willen von dir begehren, dass du mir noch mehr von diesem Vaterlande sagtest, damit ich noch schmerzlicher danach verlangte und alles Leiden um so besser erduldete! Wie, lieber Herr, ist dies Leid beschaffen, oder was tut man da? Sind ihrer viel dort, oder wissen sie etwa so gut, wie es hier um uns steht, wie deine Worte mir doch wohl andeuten.

Die ewige Weisheit: Nun mache dich auf mit mir, ich will dich in einer Betrachtung dahin führen und will dich von ferne einen Blick tun lassen nach einem ungefähren Gleichnis.

Sieh, über dem neunten Himmel, mehr denn hunderttausendmal größer als die ganze Erde, ist noch ein anderer Himmel, der feurige genannt, nicht vom Feuer so genannt, sondern von dem unübertreffbaren durchstrahlenden Glanz, den er von Natur hat, unbeweglich, unzerstörbar. Und in diesem herrlichen Hofe wohnt das himmlische Heer, dort loben mich die Morgensterne zusammen mit allen jubelnden Gotteskindern. Dort stehen in unfassbarem Glanze die ewigen Throne, von denen die bösen Geister verstoßen wurden und die für die Auserwählten bestimmt sind. Sieh, die herrliche Stadt glänzt von Gold, mit Edelsteinen besetzt, sie leuchtet von edlen Perlen, ist mit edlem Gestein geschmückt, ganz durchsichtig wie ein Kristall, widerscheinend von roten Rosen, weißen Lilien und allerlei lebenden Blumen. Nun blicke selber auf die Himmelsheide: Ja, hier herrscht die ganze Wonne des Sommers, hier ist des hellen Maien Wiese, hier das Tal rechter Freude! Hier blicken fröhliche Augen von Lieb zu Lieb, hier klingen Harfen, tönen Geigen, hier hört man Gesang, schaut Springen und Tanzen, Reigen und ganze Freude; hier findet jeder Wunsch Erfüllung, hier herrscht in immerwährender Sicherheit Freude ohne Schmerz. Schau um dich, nimm die unzählbare Menge wahr, wie sie aus dem lebendigen, rauschenden Brunnen trinkt nach Herzenslust. Sieh, wie sie unverwandt in den lauteren klaren Spiegel der höchsten Gottheit schauen, in dem alle Dinge kund und offenbar sind.

Geh unbemerkt näher und betrachte, wie die liebliche Königin des Himmels, die du so herzlich liebst, in Herrlichkeit und Freude über allem himmlischen Heere schwebt, freundlich geneigt zu dem, welchen sie liebt, umgeben von Rosen und Lilien des Tales. Sieh, wie ihre wonnevolle Schönheit Lust und Freude und Verwunderung allen Himmlischen verleiht. Ja, und nun schau – es wird dir Herz und Sinne erhöhen – und sieh, wie die Mutter der Barmherzigkeit ihre mitfühlenden Augen so mild auf dich gerichtet hat und auf alle Sünder, und wie sie sie mächtig schützt und versöhnt mit ihrem geliebten Kinde.

Nun blick hin mit den Augen der lauteren Erkenntnis und sieh, wie die hohen Seraphim und die liebevollen Seelen desselben Engelchores ohne Unterlass gleich lodernden Flammen heiß verlangend in mein Inneres hineinzüngeln, wie die strahlenden Cherubim und ihr Kreis ein helles Einfließen und Ausströmen meines ewigen unbegreiflichen Lichtes genießen, wie der Chor der Throne und ihre Schar ein mildes Ruhen in mir und ich in ihnen habe. So schaue denn, wie die Dreiheit der anderen Chöre, die Herrscher, Kräfte und Gewalten in Ordnung durchführen die köstliche ewige Einrichtung in der Allheit der Natur; sieh auch, wie die dritte Schar Engelsgeister meine hohe Botschaft trägt und mein Gesetz verkündet in den einzelnen Teilen der Welt. Ach, und nun betrachte, wie herrlich, köstlich und unterschiedlich die große Menge geordnet ist: Welch schöner Anblick ist das!

Wende dein Auge und sieh, wie meine auserwählten Jünger und meine allerliebsten Freunde in so großer Ruh und Ehrenhaftigkeit auf den ehrenvollen Richterstühlen sitzen; die Blutzeugen in ihren rosenroten Gewändern erstrahlen, die Bekenner in grünender Schönheit leuchten, die zarten Jungfrauen in engelhafter Lauterkeit glänzen, wie all die Himmlischen vor göttlicher Güte schier vergehen. Ja, welch eine Gemeinschaft, welch frohes Land! Glücklich, der geboren ward, um immer hier zu wohnen!

Siehe, in dieses Vaterland führe ich meine liebe Angetraute [die menschliche Seele] heim in meinen Armen aus dcr Verbannung mit dem großen Reichtum ihrer kostbaren Morgengabe. Inwendig schmücke ich sie mit dem Gewand des Glorienlichtes, das sie über alle ihre natürlichen Kräfte emporhebt. Außen kleidet sie der verklärte Leib, siebenmal heller als der Sonnenschein, schnell, zart, leidensfrei. Ich setze ihr eine köstliche goldene Krone auf, und darauf ein goldenes Kränzlein.

Der Diener: Lieber Herr, was ist das, die Morgengabe, die Krone und das goldene Kränzlein darauf?

Die ewige Weisheit: Die Morgengabe ist ein deutliches Schauen dessen, was du hier (auf Erden) nur glaubst, ein gegenwärtiges Erfassen dessen, was du hier hoffst, ein liebliches lustvolles Kosten dessen, was du hier liebst. Die Krone ist also wesentlicher, das schöne Kränzlein zufallender Lohn.

Der Diener: Herr, was soll ich darunter verstehen?

Die ewige Weisheit: Zufallender Lohn bedeutet die sonderliche Freude, welche die Seele durch besondere, ehrenwerte Werke gewinnt, mit deren Hilfe sie hier gesiegt hat, wie die hohen Lehrmeister, die starken Blutzeugen, die vollkommenen Jungfrauen; wesentlicher Lohn aber bedeutet schauende Vereinigung der Seele mit der lauteren Gottheit, denn die Seele findet nicht eher Ruhe, bevor sie nicht über all ihre Kräfte und Möglichkeiten hinausgeführt wird und in die natürliche Wesenheit der (drei göttlichen) Personen und die einfache Lauterkeit (göttlichen) Wesens eingeht [Theorie des Thomas von Aquin]. Und dadurch findet sie Befriedigung und ewige Seligkeit. Und je losgelöster, je freier der Ausgang (der Seele aus dem Leibe) ist, um so kürzer ist ihr Weg in die wilde Wüste und den tiefen Abgrund der weiselosen Gottheit, in die die Seelen versenkt, mit der sie verschmolzen und vereint werden; sie wollen dann nichts anderes als das, was Gott will, und das ist dasselbe Wesen wie das, was Gott ist: Sie sind selig durch Gottes Gnade, wie er selig ist kraft seiner Natur.

So, nun hebe deinen Blick voll Freude zur Höhe, vergiss eine Weile all dein Leid, lass dein Herz sich laben in der unbegreiflichen Stille, an der lieben Gemeinschaft, die du so heimlich schaust, und sieh, wie rosenrot, wie durch und durch köstlich die Angesichter scheinen, die hier (auf Erden) um meinetwillen so oft schamrot wurden. Lass dein Herz sich freuen und sprich: „Wo ist nun die bittere Scham, die eure reinen Herzen so ganz durchdrang, wo sind nun die geneigten Häupter, die niedergeschlagenen Augen, das verborgene Herzeleid, inniges Seufzen, bittere Tränen?" Wo ist nun das bleiche Angesicht, die große Armut, der Mangel; wo die erbarmenswerte Stimme: „Ach, Herr und Gott, mir ist so von Herzen weh!" Wo sind nun alle, die euch niedrig behandelten und bedrückten? Man hört nicht mehr: „Auf zum Kampf, zum Streit, ins Gefecht!", Tag und Nacht wie bei denen, die gegen die Heiden zu Felde liegen. Wo ist nun die Zeit, als ihr in der Gegenwart von Gottes Gnade innerlich wohl tausendmal sprachet: „Bist du bereit, fest zu bleiben in der Verlassenheit?" Hört man doch nicht mehr euren kläglichen Ruf der Hilflosigkeit: „O Gott, warum hast du mich verlassen!" Ich höre in euren Ohren lieblich die Worte erklingen: „Kommt her zu mir, ihr meine Lieben, und besitzet für ewig das Reich, das euch von Beginn der Welt bereitet ist." Wohin ist nun alles Leiden, aller Schmerz, alles Ungemach, das ihr auf Erden je erlittet? Ach, Gott, wie ist das alles, schnell wie ein Traum, hinweggeschwunden, als hättet ihr nie Leid erfahren! Wahrlich, teurer Gott, wie sind deine Gerichte der Welt so verborgen! Ja, ihr Auserwählten, nun braucht ihr euch nicht mehr in die Ecken zu verkriechen und euch vor den anderen stumpfen Menschen zu verbergen. Ach, wären doch alle Herzen nur eines, sie könnten die große Ehre nicht fassen, die überschwengliche Würde, das Lob, die Herrlichkeit, die ihr immerdar haben werdet. Ja, ihr Himmelsfürsten, ihr edlen Könige und Kaiser, ihr ewigen Gotteskinder; wie ist euer Antlitz so herrlich, wie sind eure Herzen so fröhlich, wie seid ihr so frohgemut, wie erklingt aus eurem Munde so fröhlich der

Gesang: „Dank und Lob, Heil und Seligkeit, Gnade und Wonne und immerwährende Ehre sei ihm dargeboten, von Ewigkeit zu Ewigkeit, aus dem tiefsten
Grunde unseres Herzens ihm, durch dessen Gnade wir dies alles für alle Ewigkeit
erhalten haben!" – Sieh, hier ist Vaterland, hier vollkommene Ruhe, herzlicher
Jubel, unergründliches, ewiges Lob!

Der Diener: O größtes aller Wunder! Ach, unergründliches Gut, was bist du?
Wahrlich, lieber, auserwählter, gütiger Herr, wie ist hier so gut sein! Ach, du
mein einziges Lieb, lass uns hier bleiben!

Die ewige Weisheit: Deines Bleibens ist hier noch nicht, du musst noch durch
manchen Streit tapfer hindurch. Dieser Anblick ward dir nur gegeben, dass du in
all deinem Leiden eine rasche Umkehr vollziehen könnest – sieh, nun kannst du
nie mehr verzagen – und vergisst all deine Leiden und eine Antwort habest auf
die Klage der unverständigen Menschen, die da sagen, ich mach es meinen
Freunden schwer. Sieh, welch ein Unterschied zwischen meiner und irdischer
Freundschaft ist und wie unvergleichlich (viel) besser ich in Wahrheit das Geschick meiner Freunde gestalte: Ich will nicht von der großen Not sprechen, der
Mühsal und manch schweren Leiden, in dem sie Tag und Nacht stecken, durch
das sie Tag und Nacht sich hindurchkämpfen müssen, dass sie davon so benom-
men sind, dass sie dessen Sinn nicht verstehen. Es liegt in meiner ewigen Ordnung, dass ein aus den Fugen geratener Menschengeist sich selbst eine Qual und
schwere Strafe ist [Theorie des Augustinus]. Meine Freunde leiden körperliches
Ungemach, besitzen aber den Frieden des Herzens; die Freunde dieser Welt aber
suchen leibliches Behagen und tauschen dafür Unglück des Herzens, der Seele,
des Geistes ein.

Der Diener: Die, welche deine wahre Freundschaft und die der falschen Welt
miteinander vergleichen, weil du so wenig Freunde besitzest, sind töricht und
stumpf. Sie klagen immer über irgendein Leiden. Daran ist doch nur ihre große
Blindheit schuld. Oh, wie liebenswert ist deine väterliche Rute. Glücklich der, an
dem du sie nicht gespart hast. Nun sehe ich wohl, Herr, dass Leiden nicht von
deiner Härte, sondern von gütiger Liebe kommt. Niemand sage, du habest deine
Freunde vergessen. Du hast *die* vergessen – denn du hast sie ihrem Schicksal
überlassen – denen du hier Leiden ersparst. Herr, denen, die du dort vor ewiger
Not beschirmen, denen du dort ewige Freude schenken willst, soll von Rechts
wegen hier nie ein guter Tag, nie Freude und Behagen zuteil werden. O Herr, gib
mir, dass die Erinnerung an diese beiden Anblicke nie aus meinem Herzen weiche, dass ich deine Freundschaft nie verliere.

Eine ganz bedeutende Frau in der Kirche war Teresa von Ávila (1515-1582)[298], spanische Mystikerin, Gründerin der Ordensgemeinschaft der „Unbeschuhten Karmeli-
ter". Textbeispiele sind zunächst ihrer Autobiographie „Vida" entnommen[299]:

---

298 U. Dobhan, Teresa von Ávila: LThK³ IX (2000) 1487-1490.
299 Vida, endgültige Fassung von 1565 auf Wunsch verschiedener „Seelenführer" verfasst: Sämtliche
     Schriften der hl. Theresia von Jesus, übers. und bearb. von A. Alkofer, Bd I München ²1952.

27. Hauptst. Ziff. 13 (I 256)
Die Seligen des Himmels:
„Und je mehr einer getan hat, desto größer wird auch seine Glorie und Freude sein. Wie reich wird sich der finden, der um Christi willen alle Reichtümer verlassen? Wie hochgeehrt jener, der um seinetwillen die Ehre verschmäht und mit Freuden sich in tiefer Erniedrigung erblickt hat? Wie weise wird dort sein, wer sich freute, dass man ihn für einen Toren hielt, weil auch der, der die Weisheit selbst ist, sich so nennen ließ?"

28. Hauptstück, Ziff. 1 (I 261)
Die erste Vision Jesu, zuerst nur die Hände. „Wenige Tage danach schaute ich auch sein göttliches Angesicht, worüber ich vor Staunen ganz außer mir zu sein schien". Ziff. 2: „Die verherrlichten Leiber sind so übernatürlich schön und erstrahlen von einer solchen Glorie, dass man bei ihrem Anblick ganz außer sich gerät". Ziff. 3 (I 262): „Wenn es im Himmel zur Ergötzung der Augen nichts anderes gäbe als den Anblick der verherrlichten Leiber, besonders der Menschheit unseres Herrn Jesu Christi, so wäre dies schon eine überaus große Seligkeit."

10. Hauptstück Ziff. 3 (I 100)
Diese Freuden des Gebetes mögen den Freuden der Himmelsbewohner ähnlich sein. Da diese noch nicht mehr geschaut haben, als ihnen der Herr ihren Verdiensten gemäß zu schauen gibt, und da sie zugleich einsehen, wie gering diese sind, so ist jeder mit seinem Platze zufrieden. Denn zwischen der einen und der anderen Freude im Himmel besteht ein überaus großer Unterschied, ein weit größerer als hienieden zwischen den einen und den anderen geistlichen Freuden, die ebenfalls außerordentlich voneinander verschieden sind.

Aus dem „Camino de profección – Weg der Vollkommenheit" 1565, praktisch-asketische Abhandlung zur Erziehung der Schwestern[300]:

30. Hauptstück Ziff. 5
Meine Anschauung ist nun folgende: Meines Erachtens besteht das große Gut unter den vielen anderen Gütern im Himmelreiche darin, dass man unbekümmert um alles Irdische Ruhe und Herrlichkeit in sich selbst findet; man freut sich über die Freude aller, genießt einen ewigen Frieden und empfindet eine große Wonne in sich selbst darüber, dass alle den Namen des Herrn heiligen, loben und preisen und niemand Gott beleidigt. Alle lieben ihn, und die Seele selbst beschäftigt sich mit nichts anderem als damit, dass sie ihn liebt; und sie kann nicht aufhören, ihn zu lieben, weil sie ihn kennt. Auch wir hienieden würden, obwohl nicht so vollkommen und ununterbrochen, doch ganz anders, als es in Wirklichkeit geschieht, Gott lieben, wenn wir ihn kennen würden.

---

300 A. Alkofer, a. a. O. Bd VI, München 1956, 153f.

Damit seien die Einblicke in die Gedanken- und Gefühlswelt der älteren Mystik (einschließlich der Visionen) abgeschlossen. Repräsentativ konnten die Beispiele nicht sein. Ein eindeutiges Profil des Himmels ergibt sich jedenfalls nicht. Manche Texte deuten eher auf ein Wissen-Wollen, andere, im Gefolge der apophatischen Theologie, auf ein Nicht-Erkennen hin. Subjektivitäten (zum Beispiel der unterschiedliche Bildungsstand, aber auch unausgewogenes Verhältnis von Denken und Empfinden) treten zutage.

Eine enzyklopädische Darstellung der Welt der Mystik und Visionen müsste außer den von Dinzelbacher festgehaltenen Typen auf sprachliche Eigentümlichkeiten im einzelnen eingehen: Deutsche (und Niederländische), Spanische, Italienische Mystik. Dazwischen gibt es immer wieder Einzelpersönlichkeiten, die sich einer Einordnung widersetzen, wie Bernhard von Clairvaux (1090-1153), französischer Theologe und Zisterzienserabt, der als Mystiker die Brautmystik entwickelt hat[301].

Als Konstanten in dieser Pluralität sind festzuhalten: Es herrscht eine große Freiheit in Auffassungen und Ausdrucksweisen, vorausgesetzt, Gott selbst werde als letztes Ziel des Menschen, das Suchen und Finden Gottes als Sinn des Menschenlebens erkannt, und der Weg dorthin werde von Christozentrik geprägt.

Keinesfalls vergessen werden dürfen die evangelischen Mystiker wie der Pfarrer Valentin Weigel (1533-1588), der Schuhmacher und Mystiker Jakob Böhme (1575-1624) und der berühmte Kirchenlieddichter, Prediger und Archidiakon Paul Gerhardt (1607-1676).

9. Der Himmel in der älteren Dichtung

„Ältere Dichtung" meint hier die Zeit vom 14. bis zum 19. Jahrhundert. Sie beginnt daher mit Dante. Gewiss ließen sich nicht wenige noch ältere Dichtungen finden, in denen der Himmel besungen wird, liturgische Hymnen vor allem, aber die Rücksichtnahme auf notwendige Raumbegrenzungen verbietet ein weiteres Ausholen .

Dante Alighieris (1265-1321) Dichtung, erst später „Göttliche Komödie" genannt, hatte eine längere Entstehungszeit. Sie verarbeitete historische und mythologische Stoffe zu einer großen Synthese, die zwar auch religiöse Absichten hatte, in erster Linie aber Dantes politische Auffassung zur Geltung bringen und Abrechnung mit seinen Gegnern halten wollte. Unter Verwendung vieler Allegorien, die schwer zu entschlüsseln sind, erdichtete Dante eine visionäre Jenseitsreise, bei der Dante fiktiv die drei jenseitigen Regionen der Hölle (Inferno), des Läuterungsberges (Purgatorio) und des Himmels (Paradiso) eingehend zu sehen bekommt. Der Dichter lässt diese Reise am Karfreitagmorgen des Jahres 1399, des ersten von einem Papst verkündeten „Heiligen Jahres", beginnen und am

---

301 J. Leclercq, Bernhard von Clairvaux: LThK³ II (1994) 268-270.

Donnerstag der Woche nach Ostern enden. Entsprechend den drei Regionen hat die Dichtung drei Teile („cantiche") von je dreiunddreißig Gesängen. Zusammen mit einem Einleitungsgesang hat sie 14 233 Verse. Zunächst lässt er die Reise in den Bereichen spielen, die dem damaligen bekannten naturwissenschaftlichen Weltbild zugehören, der Himmel aber ist das Empyreum des Glaubens. Der Gesang über das „Paradiso" wurde 1321, kurz vor Dantes Tod, vollendet. Hier werden nicht die langen Dialoge wiedergegeben, sondern nur die Passagen, die von dem sprechen, was „gerettete" Menschen im Himmel erwartet[302]:

> 1. Gesang[303]
> Die Glorie dessen, der mit seinem Finger
> Bewegung schafft, durchdringt das All und gleißt
> An einer Stelle mehr und sonst geringer.
>
> Im Himmel, der ihr Licht am klarsten weist,
> Hab ich geweilt; und Dinge sah ich viele,
> Die wiedersagt kein heimgekehrter Geist.
>
> Denn unser Intellekt, wenn seinem Ziele
> Er näher kommt, dringt dann in Tiefen ein,
> Wohin Erinnerung folgt nicht seinem Kiele.
>
> Jedoch, was ich in meines Geistes Schrein
> Mir eingeprägt vom heiligen Gelände,
> Das soll nun Stoff zu meinem Sange sein.
>
> (Eine Seele erklärt)[304]
> XIV. Gesang
> „Solange wir in Paradiesfreuden,
> Solange wird sich unserer Liebe Flut
> Mit solcher Strahlenhülle rings bekleiden.
>
> Sein Glanz entspricht in uns der Liebesglut,
> Die Glut dem Schaun, und dieses ist so reich,
> Wie zum Verdienst hinzu noch Gnade tut.
>
> Sobald das ruhmgekrönte, heilige Fleisch
> Uns neu umkleidet, wird hier unser Wesen
> Gott lieber sein, da alles es zugleich;

---

302 Dante Alighieri, Die Göttliche Komödie. Aus dem Italienischen übertragen von G. Hertz, München 1978.
303 Ebd. 311.
304 Ebd. 370f.

Drum wird noch wachsen dann, was uns erlesen
Das höchste Gut an gnadenreichem Licht,
An Licht, das uns befähigt, drin lesen;

Daher muss wachsen noch die Kraft der Sicht;
Die Glut muss wachsen, die sich dran entzündet;
Der Strahl muss wachsen noch, der daraus bricht!

Der Kohle gleich, die Glut aus sich entbindet,
Und sie doch überstrahlt in hellem Schein,
So dass sie sichtbar bleibt und nicht verschwindet,

Wird einst den Strahl, der hier uns schon hüllt ein,
Das Fleisch durch seinen Glanz noch überwinden,
Das noch bedeckt ist von der Erde Schrein;

Nicht kann an solchem Lichte man erblinden!
Des Leibs Organe werden völlig reichen
Für alles das, woran wir Freude finden."

XXXI. Gesang[305]
In der Gestalt dann einer weißen Rose
Erblickte ich vor mir die heilige Schar,
Der Christus sich verlobt mit seinem Lose;

Die andere, die im Flug singt und nimmt wahr
Den Ruhm von ihm, der sie entzückt, die Güte,
Die sie erschuf so groß und wunderbar,

Sank wie ein Bienenschwarm, der bald zur Blüte
Herniedersinkt, bald wieder heimwärts eilt,
Wo er in Würze wandelt, was ihn mühte,

Zur großen Blume nieder, die sich teilt
In soviel Blätter, und erhob sich wieder
Nach dort, wo ihre Liebe ewig weilt.

Ihr Antlitz flammte lebhaft, ihr Gefieder
War lauteres Gold; sonst waren sie so weiß,
Dass nie auf Erden fällt solch Schnee hernieder.

Wenn sie zur Blume sanken, Kreis um Kreis,
Da gaben sie vom Frieden und vom Lieben,
Was sie im Fluge eingesammelt, preis.

Dass zwischen Gott und Blume sich einschieben
Solche beschwingten Wesen im Verein,
Vermochte Sicht und Glanz dort nicht zu trüben;

---

305 Ebd. 446f.

Denn Gottes Licht tritt überall hinein,
Wie je des Weltalls Werte es erheischen,
So dass ihm gar nichts kann entgegen sein.

Ein Augenblick nur gibt mir mehr Entzücken[306],
Als zweieinhalb Jahrtausend, die versunken,
Seit Neptun staunte über Argos Rücken.

So schaute ich, ganz in die Sicht versunken,
Erstarrt und aufmerksam und unbeweglich,
Und mehr und mehr ward ich vom Schauen trunken.

Von diesem Lichte wird man so unsäglich,
Dass, danach je zu andrer Sicht zu kommen
Ist zuzustimmen einem ganz unmöglich.

Das Gut, das Wollen sich zum Ziel genommen,
Vereint sich ganz in ihm, und mangelhaft
Ist außerhalb, was dort ist ganz vollkommen.

Mein Sprechen hat von jetzt geringre Kraft,
Nur die Erinnerung mir auszulösen,
Als eines Kinds, das von der Brust nimmt Saft.

Nicht weil mehr als ein Anblick ist gewesen
In dem lebendigen Strahl, der mich durchronnen;
Denn er bleibt immer, wie er war, im Wesen!

Nein, sondern weil mein Blick an Kraft gewonnen
Bei meiner Einschau, hat des einzigen Scheins -
Bei meiner Wandlung – Wandlung da begonnen.

Den Grund des tiefen ungetrübten Seins
Des hehren Lichts sah ich drei Kreise hegen,
An Farbe dreifach und an Umfang eins:

Der eine spiegelte, gleich Irisbögen,
Den andern Kreis; es schien der dritte Ring
Ein Feuer, das aus beiden schlägt entgegen.

Was ist das Wort ein klein armselig Ding
Vor dem Gedanken! und vergleichst ihn du
Der Schau, sagt man zu wenig durch „gering"

O ewiges Licht, das du in dir nur Ruh,
Nur dich verstehst und nur von dir verstanden,
Dich liebst verstehend und dir lächelst zu!

---

306 Ebd. 458-460.

Vom Kreis, der so mir schien in dir entstanden,
Gleichwie erscheint ein reflektiertes Licht,
Und den da meine Augen kurz umwanden,

Erschien mir da, von Färbung anders nicht,
Des Menschen Ebenbildnis ganz umründet,
Dass von ihm hingerissen mein Gesicht.

Gleichwie der Geometer sich entzündet,
Sucht er den Kreis zu messen, und den Satz,
Den er bedarf, wie er auch denkt, nicht findet,

So ging es mir bei diesem neuen Schatz:
Ich wollte sehn, wie überein zu bringen
Das Bildnis mit dem Kreis, und wo sein Platz.

Doch genügten nicht dazu die eigenen Schwingen:
Wenn nicht getroffen hätte meinen Geist
Ein Blitz, darin sein Wille fand Gelingen.

Die Kraft der hohen Phantasie hier spleißt!
Doch folgte schon mein Wunsch und Wille gerne,
So wie ein Rad, das ebenmäßig kreist,

Der Liebe, die bewegt die Sonn und Sterne!

Jeffrey Barton Russell, der seit Jahren an der University of California, Santa Barbara, die Geschichte der Himmelsvorstellungen erforscht, erklärte[307], Dantes Paradiso sei der bis heute unerreichte Höhepunkt der christlichen Tradition, und ließ daher seine Monographie über die Geschichte des Himmels mit Dante enden[308]. An dieser Stelle sei Russells Resümee dessen, was nach seinen ausgedehnten Forschungen Himmel ist, wiedergegeben:

„Der Himmel ist übernatürlich *und* natürlich zugleich. Nur Menschen werden erlöst *und* der gesamte Kosmos. Die Erlösung gilt allen, aber gleichzeitig erlangen sie nur die Auserwählten. Eine Person wird auserwählt durch die Gnade *und* durch den freien Willen. Die Erwählten sind im Himmel gleich und nicht gleich. Der Himmel ist jetzt *und* in der Zukunft. Der Himmel ist ein ewiges Jetzt *und* ist noch ein Modus in der Raum-Zeit, die eine andere als unsere sein kann oder am Ende der Welt erscheint. Der Himmel ist *zugleich* in der Zeit *und* in der Ewigkeit (ähnlich wie man heute annimmt, dass das Licht Welle *und* Teilchen sei). Der Himmel ist statisch *und* dynamisch. Er ist Bewegung *und* Stillstand. Er ist Stille *und* Gesang. Der Himmel beginnt im Moment des Todes *und* am Ende der Welt. Das himmlische Paradies ist *und* ist nicht das irdische Paradies. Der Him-

---

307 J. B. Russell, Geschichte des Himmels, Wien 1999, 11.
308 Seine Ausführungen zu Dante ebd. 143-170.

mel ist eine Rückkehr zum Paradies, *und* er ist eine Erneuerung des Paradieses *und* etwas ganz Neues. Der Himmel ist ein Tempel *und* ein Garten *und* eine Stadt *und* eine Weide *und* der physische Himmel. Der Himmel ist Jerusalem im wörtlichen *und* im symbolischen Sinn. Der Himmel ist das irdische *und* das himmlische Jerusalem"[309]. Über das Wiedersehen mit den Geliebten und mit anderen Menschen:

„Die Liebe jedes Liebenden berührt die Liebe jedes anderen, sie verbreitet sich und wächst in unermesslicher Vervielfältigung der Kraft der Liebe. Der Himmel kennt keine Grenzen und hat überall seine Mitte. Die Freude und die Liebe vervielfachen sich jenseits jeder Vorstellung, so wie das Universum der Liebe in einem wirbelnden Strudel immer nach außen hin strebt, dennoch immer näher und näher zu dem Punkt, der selbst die erfüllte Liebe ist. So sind diejenigen, die wir nie gekannt haben, oder mit denen wir uns gestritten haben, selbst diejenigen, die wir gehasst haben, für uns alle zu Liebenden geworden. Was in ihnen böse war, ist nun gereinigt. Was bleibt, ist reine Güte, die Gott gemacht hat. Das ist die vollkommene Liebe. Die Liebe Gottes wird nicht dadurch vermindert, dass er andere gleichermaßen liebt. Auch die Liebe eines Menschen für einen anderen wird nicht dadurch geschmälert, dass er oder sie noch andere liebt. Vielmehr vermehrt Liebe die Liebe und lässt sie wachsen": Das gilt auch für die Frage nach der Gerechtigkeit![310]

Zu den älteren Himmelsdichtungen gehören diejenigen von Angelus Silesius (eigentlich Johannes Scheffler) (1624-1677)[311]. Aus seinen umfangreichen Dichtungen seien hier den Himmel betreffende Verse zitiert[312]:

> 10
> Glückselger Pilger, der du hast
> Den Weg hierher genommen
> Und bist zu deiner Ruh und Rast
> In diese Herberg kommen.
> Hier kannst du deine matte Brust
> Für alle Müh ergötzen
> Und dir mit tausendfacher Lust
> Die kurze Qual ersetzen.
>
> 42
> Erstaunungsvoll sieht man allda
> Die heilgen Leiber schweben,

---

309 Ebd. 172.
310 Ebd. 173.
311 L. Gnädinger, Angelus Silesius: LThK³ I (1993) 656. Der schlesische Mediziner konvertierte 1653 zur katholischen Kirche, wurde Priester und geistlicher Schriftsteller.
312 Angelus Silesius, Sämtliche poetische Werke, hrsg. und eingel. von H. L. Held, Bd. III: Sinnliche Beschreibung der vier letzten Dinge .München neu überarbeitete 3. Auflage 1949.

Man glaubts nicht, was sie fern und nah
Für Aussehn von sich geben.
Der eine strahlt mit großem Licht,
Durchleuchtend wie die Sonne,
Ein andrer hat ein Angesicht
Ganz wie des Himmels Wonne.

50
Es kann kein Weh in ihn'n entstehn
Noch Krankheit sie beladen,
Sie können in die Hölle gehn
Ohn Brand und eingen Schaden.
Es kann kein Waffen, Spieß noch Schwert
Sie schneiden und durchstechen,
Kein Hammer auf der ganzen Erd
Ihr kleinstes Beinlein brechen.

51
Sie sind subtiler als die Luft,
Die Berge sie durchdringen,
Sie gehn durch Steine, Maur und Gruft,
Nichts hält noch kann sie zwingen.
Sie können wie mit einem Ball
Mit Sonn und Monde spielen,
Die Erde hindrehn überall,
Kann sie nicht einst vervielen.

52
Sie sind so hurtig und geschwind,
Unsäglich, sehr behende,
Sie können sein, eh als der Wind
In allem Ort und Ende.
Sie sind in einem Augenblick,
Wo sie nur hingedenken,
Und können gleich so stracks zurück,
Sollts tausend Meiln sein, lenken.

53
Sie dürfen die Dreifaltigkeit
Nicht mehr im Glauben ehren,
Man darf sie keine Heimlichkeit
Noch etwas anders lehren.
Sie sehn es klar und können nu
Selbst urteiln ohne wanken,
Sie können auch noch schaun dazu
Die innersten Gedanken.

54
Sie leben sicher und gewiß,
Dass sie darinnen bleiben,
Sie fürchten keinen Fall noch Riss,
Der sie kann raus vertreiben.
Sie wissen, dass noch Krieg noch Feind,
Noch Pest zu ewgen Tagen,
So lange Gottes Sonne scheint,
Von dannen sie kann jagen.

55
Daraus entstehet solche Freud
Und Trost in ihrn Gewissen,
Dass sie vor großer Süßigkeit
Fast in sich selbst zerfließen.
Sie haben Gott, die höchste Lust,
Sie können ihn umfassen,
Sie halten ihn an ihrer Brust
Und wolln ihn nimmer lassen.

56
Da höret auf all ihr Begehrn,
Da stirbet alls Verlangen,
Da stehn sie ewig im Gewährn
Und ewig im Empfangen.
Da sitzen sie zu ewger Zeit
In höchster Ruh und Friede,
In Zufluss und Genüsslichkeit
Und werdens niemals müde.

60
Sie leben in Vertraulichkeit
Wie Kinder miteinander,
Wie Tauben in Holdseligkeit
Und günstigem Gewander.
Es ist ein Herz, ein Geist und Sinn,
Ein Will und Wohlgefallen
Im Tun und Lassen her und hin
Aufs höchst in ihnen allen.

61
Es mehret auch noch diese Freud,
Daß sie das Herz und Sinnen
Mit klarem Sehn und Unterscheid
Im Nächsten kennen können.
Sie sehn, wie ers so treulich meint,

Wie er so herzlich liebet,
Wie er der ist, der außen scheint
Und den er von sich gibet.

62
Sie gehen öfters auf das Feld
Und die gestickten Auen,
Die Wunder Gotts, die neue Welt
Und was darin zu schauen.
Da sehn sie mit Verwundrung an
Der Sonnen neue Pferde,
Des Monds Gesicht, den neuen Plan
Der kristallinen Erde.

63
Da machen sie ein Feldgeschrei
Der Allmacht Gotts zu Ehren,
Da singen sie so vielerlei
Der Weisheit Lob zu mehren.
Da spielen sie nach aller Lust
Mit jauchzendem Gemüte,
Da laben sie Mund, Sinn und Brust
Und preisen seine Güte.

64
In diesem setzen sie sich fein
Zusammen in den Schatten
Und sprechen von der Freud und Pein,
Die sie auf Erden hatten.
Sie sagen, wie sie auf die Bahn
Des wahren Lebens kommen,
Was ihnen Gott für Guts getan,
Wie er sie angenommen.

129
Dann kommt er voller Günstigkeit
Und tut, eh sies gedenken,
Zur Mehrung ihrer Seligkeit
Ganz reichlich sie beschenken.
Den setzt er über ein ganz Land,
Den über dreißig Städte,
Den in den höchsten Ritterstand,
Dem gibt er viel Geräte.

130
Vieln schenket er ein fürstlichs Schloß,
Vieln goldene Paläste,
Vieln eine Burg wie's Kaisers groß,
Auch vieln den Kreis der Erden,
Vieln laßt er Land, Herrschaften gleich,
Vieln auch nur Dörfer werden.

131
Dem Frauenzimmer wirft er an
Die teuersten Geschmeide
Von Gold und Perln, die er gewann,
Da er ging im Leide.
Jedwedem, was der hier verdient
In diesem Jammerleben,
Wird, wenn er nunmehr dorten grünt,
Doch reichlicher gegeben.

132
Da mehrt sich Freude über Freud,
Da stehn sie voller Dankens
Und ewiger Genüglichkeit
Im Zirk dies selgen Schrankens.
Sie sehen alle, dass ihn' ist
Mit hunderten vergolten
Mehr worden, als sie selbst erkiest
Und selber wünschen wollten.

133
Drauf gibt man mit Trompetenschall
Den Ton zum Hochzeitsmahle,
Da komm'n die lieben Engel all
Und dienen in dem Saale.
Die Heilgen, jeder wie er kann,
Springt auf vor großen Freuden,
Sie mahnen all einander an:
Kommt, nun wolln wir uns weiden.

134
Nun wollen wir des ewgen Guts
Mit ewger Lust genießen,
Nun wolln wir recht sein guten Muts
Und uns aus uns ergießen.
Nun wolln wir uns mit bestem Wein
Und bestem Balsam füllen,
Mit Rosen krönen und die Pein
Des vorgen Leides stillen.

141
Da können sie sich ohn Verdruss
Mit Speis und Trank anfüllen,
Doch nie mit allem Überfluss
Den süßen Hunger stillen.
Sie werden trunken von dem Wein
Und wolln doch immer trinken,
Bis sie in Vaters Schoß hinein
Unds ewge Bett versinken.

142
Da liegen sie in ewger Lust
Und ewigem Genießen,
Da muss das Herz in ihrer Brust,
Leib, Seel und Geist zerfließen,
Sie schwimmen wie die Fisch im Meer
Der ewgen Süßigkeiten
Und darf sie niemand hin und her
Zu einem Brunnen leiten.

143
Da sehen sie Gott, wie er ist,
Wie Vater in dem Sohne,
Und wie er ewig sie erkiest
Zu seinem Freudenthrone.
Da schmecken sie den heilgen Geist
Und fühln seins Stromes Wogen,
Da sind sie ihnen ganz entreist
Und ganz in Gott gezogen.

144
Sie werden da ein Gott in Gott,
Ein Wesen, eine Wonne,
Sie sind daselbst das Himmelsbrot
Und selbst die ewge Sonne.
Sie werden eine Seligkeit
Mit ihm, ein Geist und Leben,
Ein Licht und eine Herrlichkeit,
Ein einiges Erheben.

145
Da werden sie in' dunklen Grund
Der Reichtümer verzucket
Und von dem allersüßsten Mund
Der ewgen Lieb verschlucket.
Da fället hin die Anderheit,

Da ist nur eins zu spüren,
Da muss man sich in Ewigkeit
Vor Wollust selbst verlieren.

Ein Kuriosum in der Geschichte geistlicher Dichtung ist, dass die westfälische Dichterin Annette von Droste-Hülshoff (1797-1848)[313] sich zu einem Gedicht veranlasst sah, das auf Angelus Silesius Bezug nimmt[314]:

Nach dem Angelus Silesius (1855)

Des Menschen Seele du, vor Allem wunderbar,
Du Alles und auch Nichts, Gott, Priester und Altar,
Kein Pünktchen durch dich selbst, doch über alles Maß
Reich in geschenktem Gut, und als die Engel baß;

Denn höher steht dein Ziel, Gott ähnlich sollst du werden;
So, Seele, bist du's schon; denn was zum Glück und Ruhm
In dir verborgen liegt, es ist dein Eigenthum,
Ob unentwickelt auch, wie's Keimlein in der Erden
Nicht minder als der Baum, und wie als Million
Nichts Andres ist die Eins, bist du ihm gleich, sein Sohn,
So wie dem Tropfen Blut, der aus der Wunde quillt,
Ganz ähnlich ist das Roth, das noch die Adern füllt;
Nicht Kletten trägt die Ros', der Dornstrauch keine Reben,
Drum, Seele, stürbest du, Gott müsst' den Geist aufgeben.

Ja, Alles ist in dir, was nur das Weltall beut,
Der Himmel und die Höll', Gericht und Ewigkeit,
Gott ist dein Richter nicht, du musst dir selbst verzeihn,
Sonst an des Höchsten Thron stehst du in ew'ger Pein;
Er, der dem Suchenden noch nie verlöscht die Spur,
Er hat selbst Satan nicht verdammt nach Zeit und Ort;
Dess unergründlich Grab ist seine Ichheit nur.
Wär' er des Himmels Herr, er brennte ewig fort,
Wie Gott im Höllenpfuhl wär' selig für und für,
Und, Seele, bist du treu, so steht dies auch bei dir.

Also ist deine Macht auch heute schon dein eigen,
Du kannst, so oft du willst, die Himmelsleiter steigen,
Ort, Raum sind Worte nur, von Trägheit ausgedacht,
Die nicht Bedürfnis in dein Worterbuch gebracht.
Dein Aug' ist Blitz und Nu, dein Flug bedarf nicht Zeit,

---

313 W. Woesler, Annette von Droste-Hülshoff: LThK³ III (1995) 380.
314 Angelus Silesius, Sämtliche poetische Werke, hrsg. und eingel. von H. L. Held, Bd. I, München 3. erw. Auflage 1952, 182f.

Und im Moment ergreifst du Gott und Ewigkeit;
Allein der Sinne Schrift, die musst du dunkel nennen,
Da dir das Werkzeug fehlt, die Lettern zu erkennen;
Nur Geist'ges fasst der Geist, ihm ist der Leib zu schwer,
Du schmeckst, du fühlst, du riechst, und weißt um gar nichts mehr!

Hat nicht vom Tröpfchen Thau die Eigenschaft zu messen
Jahrhunderte der Mensch vergebens sich vermessen?
Drum, plagt dich Irdisches, du hast es selbst bestellt,
Viel näher als dein Kleid ist dir die Geisterwelt!

Fasst's nicht zuweilen dich, als müsstest in der That
Du über dich hinaus, das Ganze zu durchdringen,
Wie jener Philosoph um einen Punkt nur bat,
Um dann der Erde Ball aus seiner Bahn zu schwingen?
Fühlst du in Demuth so, in Liebesflammen rein,
Dann ist's der Schöpfung Mark, lass dir nicht leide sein!
Dann fühlst du dich von Gott als Wesenheit begründet,
Wie Quelle an dem Strand, wo Ocean sich ründet.

So sei denn freudig, Geist, da Nichts mag größer sein,
So wirf dich in den Staub, da Nichts wie du so klein!
Du Würmchen in dir selbst, doch reich durch Gottes Hort,
So schlummre, schlummre nur, mein Seelchen, schlummre fort!

Was rennst, was mühst du dich, zu mehren deine That?
Halt nur den Acker rein, dann sprießt von selbst die Saat;
In Ruhe wohnt die Kraft, du musst nur ruhig sein,
Durch offne Thür und Thor die Gnade lassen ein;
Dann wird aus lockerm Grund die Myrth' und Balsam steigen,
Er kömmt, er kömmt, dein Lieb, gibt sich der Braut zu eigen,
Mit sich der Krone Glanz, mit sich der Schlösser Pracht,
Um die sie nicht gefreit, an die sie nicht gedacht!

Friedrich Hölderlins (1770-1843) Gedichte enthalten gedanklich-poetische Reflexionen über die „jenseitige" Vollendung des Menschen:

Hyperion oder der Eremit in Griechenland[315]
   Eines zu sein mit allem, das ist Leben der Gottheit, das ist der Himmel des Menschen.
   Eines zu sein mit allem, was lebt, in seliger Selbstvergessenheit wiederzukehren ins All der Natur, das ist der Gipfel der Gedanken und Freuden, das ist die heilige Bergeshöhe, der Ort der ewigen Ruhe, wo der Mittag seine Schwüle und der

---

315 Zitiert nach Münchner Ausgabe, eingel. von K. Waselowsky, München 1957, 127.

Donner seine Stimme verliert und das kochende Meer der Woge des Kornfeldes gleicht.

Eines zu sein mit allem, was lebt! Mit diesem Worte legt die Tugend den zürnenden Harnisch, der Geist des Menschen den Zepter weg, und alle Gedanken schwinden vor dem Bilde der ewigeinigen Welt, wie die Regeln des ringenden Künstlers vor seiner Urania, und das eherne Schicksal entsagt der Herrschaft, und aus dem Bunde der Wesen schwindet der Tod, und Unzertrennlichkeit und ewige Jugend beseliget, verschönert die Welt.

An Zimmern[316]

Die Linien des Lebens sind verschieden
Wie Wege sind, und wie der Berge Grenzen.
Was hier wir sind, kann dort ein Gott ergänzen
Mit Harmonien und ewigem Lohn und Frieden.

Novalis (Friedrich von Hardenberg) (1772-1802) dichtete[317]:

Zum ewgen Leben hin
Von innrer Glut geweitet
Getrost das Leben schreitet
Verklärt sich unser Sinn.
Die Sternenwelt wird zerfließen
Zum goldnen Lebenswein
Wir werden sie genießen
Und lichte Sterne sein.

Die Lieb' ist frei gegeben
Und keine Trennung mehr
Es wogt das volle Leben
Wie ein unendlich Meer -
Nur Eine Nacht der Wonne
Ein ewiges Gedicht -
Und unser aller Sonne
Ist Gottes Angesicht.

Von dem bedeutenden Dichter Heinrich Heine (1797-1856) seien zwei den Himmel tangierende Texte zitiert. In seiner Pariser „Matratzengruft" dachte er positiver über religiösen Glauben:

---

316 Ebd. 124.
317 Hymnen an die Nacht V 1799 / 1800: Schriften, hrsg. von P. Kluckhohn – R. Samuel, I. Bd. Stuttgart ³1977, 130ff.

Fromme Warnung[318]
Unsterbliche Seele, nimm dich in Acht,
Dass du nicht Schaden leidest,
Wenn du aus dem Irdischen scheidest,
Es geht der Weg durch Tod und Nacht.

Am goldnen Tore der Hauptstadt des Lichts,
Da stehen die Gottessoldaten,
Sie fragen nach Werken und Taten,
Nach Namen und Amt fragt man hier nichts.

Am Eingang lässt der Pilger zurück
Die stäubigen, drückenden Schuhe –
Kehr ein, hier findest du Ruhe,
Und weiche Pantoffeln und schöne Musik.

Die andere Welt[319]

In der anderen Welt des Swedenborg werden sich auch die armen Grönländer behaglich fühlen, die einst, als die dänischen Missionare sie bekehren wollten, an diese die Frage richteten: ob es im christlichen Himmel auch Seehunde gäbe? Auf die verneinende Antwort erwiderten sie betrübt: der christliche Himmel passe als dann nicht für Grönländer, die nicht ohne Seehunde existieren könnten. [...] Sei getrost, teurer Leser, es gibt eine Fortdauer nach dem Tode, und in der anderen Welt werden wir auch unsere Seehunde wiederfinden.

Es sei hier noch einmal auf die ältere Dichtung zum Paradies (von John Milton beispielsweise) aufmerksam gemacht, die im Ersten Teil angeführt wurde. Außerdem darf an die evangelischen Kirchenlied-Dichter erinnert werden, deren Werke in den Gemeinden zum Teil bis heute weiterleben.

10. Der Himmel im Zeitalter der Reformation

a) Reformatoren

Eine Zusammenfassung der Eschatologie Martin Luthers, zu der die Vollendung des menschlichen Lebensweges und somit der „Himmel" als wesentliche Bestandteile gehören, stellt fest, dass Luthers Theologie zutiefst eschatologisch geprägt war[320]: Ewige Erwählung oder Verwerfung war eine überaus wichtige Alternative für ihn. Das Leben des Glaubenden ist ganz auf zukünftige (eschatologi-

---

318 H. Heine, Werke, I. Band, Frankfurt 1968, 182f.
319 Ebd.: Nachwort zum „Romanzero" 1851, 232f.
320 E. Kunz, Protestantische Eschatologie von der Reformation bis zur Aufklärung (HDG IV/7c, 1. Teil), Freiburg i. Br. 1980 (viele Literatur beider Konfessionen!), 3-17.

sche) Erfüllung hin orientiert; das diesseitige Leben gilt Luther nur als Weg und Übergang dorthin. Das „jenseitige" Ziel legt sich erfahrungsmäßig nahe in der Erfahrung der Todesangst, auch in der „Anfechtung" durch Verzweiflung. Die moderne Frage, „ob überhaupt etwas nach dem Tod" kommt, stellt sich für ihn nicht; an dem „Dass" hatte er keinerlei Zweifel, wohl aber fragte er, „wie" in Angst und Verzweiflung das ewige Leben erreicht werden könne. Die Situation der Anfechtung kann nur überwunden werden durch das von Gott bewirkte Vertrauen, das allein geoffenbart wurde in Jesus Christus. In seinem Blut, in seinem Tod und seiner Auferstehung hat er uns „den Himmel eröffnet"[321]. Solange wir leben, kann es über das Jenseits kein Wissen geben; sicher ist nur, dass es ganz anders sein wird als das jetzige Leben. Häufig findet sich bei Luther die Mahnung, sich nicht mit törichten Spekulationen über das Jenseits abzugeben[322]. Wo er auf die Seligkeit des Himmels zu sprechen kommt, da konzentriert er sich auf den Zustand des Gewissens: Man wird an Gott allein genug haben, beschenkt mit allen geistlichen Gütern, mit ewiger Gerechtigkeit, Trost und Freude des Gewissens; man wird nie mehr Schrecken oder Unruhe verspüren[323]. Um Luther selber zu Wort kommen zu lassen, sei aus den Schmalkaldischen Artikeln zitiert. In seiner Vorrede zu diesen Artikeln von 1537 sagt er:

Ach, lieber Herr Jesus Christus, halte du selber Konzil und erlöse die Deinen durch deine herrliche Wiederkunft! Es ist eine verlorene Sache mit dem Papst und den Seinen[324].

Die Christenheit wartet auf völlige Heiligung durch die Auferstehung[325]
Einstweilen aber, solange die Heiligkeit erst anfangsweise da ist und erst täglich zunehmen muss, warten wir darauf, dass unser Fleisch getötet und mit allem Unflat begraben werde, aber herrlich hervorkomme und auferstehe zu ganzer und völliger Heiligkeit in einem neuen, ewigen Leben. Denn für jetzt bleiben wir erst halb und halb rein und heilig; deshalb muss der Heilige Geist immerfort an uns arbeiten durch das Wort und täglich Vergebung austeilen bis in jenes Leben, wo es keine Vergebung mehr geben wird, sondern ganz und völlig reine und heilige Menschen: voller Rechtschaffenheit und Gerechtigkeit, von der Sünde, dem Tode und allem Unglück befreit und losgemacht, in einem neuen, unsterblichen und verklärten Leib. Sieh, das alles soll des Heiligen Geistes Amt und Werk sein: auf Erden fängt er die Heiligkeit an und mehrt sie täglich durch die zwei Stücke, die christliche Kirche und die Vergebung der Sünde; wenn wir aber der Verwesung anheimfallen, wird er in einem Augenblick es ganz vollenden und uns ewig dabei erhalten durch die letzten zwei Stücke. Dass aber hier „Auferstehung des

---

321 Ebd. 10.
322 Viele Belege ebd. 15.
323 Ebd. 17. Hier 20f. zu Luthers Meinung über den sog. „Seelenschlaf".
324 Martin Luther, Der große Katechismus (1529). Die Schmalkaldischen Artikel. München – Hamburg 1964.
     Band 1 der Calwer Luther-Ausgabe, hrsg. von Prälat D. Wolfgang Metzger, 179.
325 Zwischentitel vom Herausgeber. Texte S. 102f.

Fleisches" steht, das ist auch nicht gut Deutsch geredet. Denn wenn wir Deutschen „Fleisch" hören, denken wir nicht weiter als an Fleischerläden. Auf recht Deutsch aber würden wir so sagen: „Auferstehung des Leibes (oder Leichnams)". Doch kommt darauf nicht viel an, wenn man nur die Worte recht versteht.

Der dritte Artikel beschreibt uns ein gegenwärtiges Geschehen
Das ist nun derjenige Artikel, der immerfort wirksam sein und bleiben muss. Denn die Schöpfung haben wir nun hinter uns, ebenso ist auch die Erlösung vollbracht; der Heilige Geist dagegen treibt sein Werk ohne Unterlass bis zum Jüngsten Tag. Dazu richtet er auf Erden eine Gemeinde ein, durch die er alles redet und tut. Denn er hat seine Christenheit noch nicht vollständig zusammengebracht und hat die Vergebung noch nicht ganz verteilt. Darum glauben wir an den, der uns täglich durch das Wort herzuholt und der durch das nämliche Wort und durch die Vergebung der Sünden den Glauben gibt, mehrt und stärkt, um uns dann, wenn das alles ausgeführt ist und wir dabei bleiben und der Welt und allem Unglück absterben, schließlich völlig und ewig heilig zu machen. Darauf warten wir jetzt im Glauben um des Wortes willen.

Luther sagte einmal, der Schweizer Reformator Huldrych Zwingli (1484-1531) sei „ganz und gar zum Heiden geworden", denn Zwingli hatte gelehrt, die ewige Seligkeit bestehe erstens in der Erkenntnis oder Schau und im Genuss Gottes; das Gute, das wir genießen werden, sei unendlich und könne sich nicht erschöpfen, sei immer neu und doch dasselbe; und zweitens erkenne man in der Seligkeit die Gemeinschaft aller heiligen und vortrefflichen Menschen, Christen, Gläubige des Alten Bundes und Heiden wie Hercules, Theseus, Socrates, Numa und andere. „Überhaupt, es hat kein trefflicher Mann gelebt, es wird kein frommes Herz, keine gläubige Seele geben, vom Anfang der Welt bis zu ihrem Untergang, die du nicht dort bei Gott sehen wirst"[326].
     Bemerkenswert ist, dass Johannes Calvin (1509-1564) im Unterschied zu Luther ausdrücklich die Unsterblichkeit der Seele lehrt. Bei ihm wie auch bei Zwingli zeigt sich darin der Einfluss des Humanismus, von dem Nord- und Mitteldeutschland kaum berührt worden waren. Die Menschen sind in seiner Sicht zum Streben nach dem ewigen Lohn geschaffen. Die Vollendung der Glückseligkeit des Menschen besteht in seiner Vereinigung mit Gott[327]. Unter Ablehnung der Fegefeuerlehre spricht Calvin von einem Vollendungsgeschehen an den Seelen der Verstorbenen. Das Ziel der Auferstehung ist die ewige Seligkeit, die Calvin in der Gemeinschaft mit Gott konzentriert sieht; die Seligen werden ihn schauen und er wird „mit ihnen gewissermaßen in Eins zusammenwachsen"; er teilt ihnen die Fülle seiner Güter mit und wird „alles in allem sein". Das Maß der ewigen Herrlichkeit wird aber nicht bei allen gleich sein; Calvin spricht

---

326 E. Kunz, a.a. O. 30.
327 Ebd. 32f.

auch von denen, die besonderen Lohn und eine besondere Krone empfangen werden[328].

Die Ausrichtung auf das ewige Leben war zentral für die „altprotestantische Orthodoxie"; darüber bestand Gewissheit, weil die Orientierung auf das ewige Leben einschließlich des Lohngedankens eindringlich im Neuen Testament thematisiert wird. Die Beschäftigung mit der Bibel stand unter dem Vorzeichen der „Verbalinspiration": Alle Begriffe und jedes Wort der Heiligen Schrift seien unmittelbar vom Heiligen Geist diktiert[329], viele Fragen müssen unbeantwortet bleiben. Im Glaubenden hat das ewige Leben „jetzt schon" begonnen[330]. Die Vernunft wird nicht als unnütz angesehen, daher wird über die Unsterblichkeit der Seele nachgedacht; man spricht über Möglichkeiten der Seele nach dem Tod[331].

Von der Himmelfahrt Jesu und vom Sakrament des Abendmahls ausgehend, ist der Ort der vom Leib getrennten Seelen Gegenstand heftiger Kontroversen zwischen Lutheranern und Reformierten. „Für die Reformierten ist der Himmel, in den Christus aufgefahren ist, in dem sich die Engel und die Seelen der verstorbenen Gläubigen befinden und in dem Gott sich von Angesicht zu Angesicht zu erkennen gibt, ein wirklicher Raum, der an einem bestimmten Ort, nämlich oberhalb der Sphären des Firmamentes, gelegen ist, eine von Gott geschaffene ‚Wohnung', zwar wesentlich anderer Natur als die Himmel der Sterne, dennoch nicht unkörperlich". Diese Sicht sei vom wörtlichen Bibelverständnis her verlangt[332]. Bei den Lutheranern findet sich ein weniger wörtliches Bibelverständnis. Für sie ist der in den Himmel aufgefahrene Christus „außerhalb jedes Raumes, unsichtbar, unräumlich und der menschlichen Vernunft unfassbar", so der Reformator Johannes Brenz (1499-1570) und viele, die ihm darin folgten[333]. Für den lutherischen Theologen, Liederdichter und Komponist Philipp Nicolai (1556-1608) bezeichnet „Himmel" die schon auf Erden erfahrbare liebende Gegenwart Gottes; im Tod werde nur das jetzt Verborgene enthüllt. Der lutherische Theologieprofessor Johann Gerhard (1582-1637) veröffentlichte mit seinen 9 Bänden „Loci theologici" die umfassendste Dogmatik der lutherischen Orthodoxie. Theologiegeschichtlich interessant ist das Werk auch deshalb, weil er die aristotelische Schulphilosophie in die theologische Methodik aufnahm[334]. Gerhard unterschied „Himmel" als Bezeichnung des Zustands der Glückseligkeit und „Himmel" als Bezeichnung des Bereichs, in dem der glückselige Mensch existiert, ein Ort, ein bestimmtes „Wo", das körperlich-physikalisch jedoch nicht zu erfassen ist[335]. Diese Unbestimmtheit wurde in der lutherischen Glaubenslehre beibe-

---

328 Ebd. 40.
329 Ebd. 46.
330 Ebd. 47.
331 Ebd. 51ff.
332 Ebd. 53 mit vielen Belegen.
333 Ebd. 54.
334 M. Friedrich, Johann Gerhard: LThK³ IV (1995) 512f. Als „Kontroverstheologe" mühte er sich auch um das Verständnis der katholischen Theologie.
335 E. Kunz, a.a.O. 54.

halten. Eine Kontroverse unter reformatorischen Theologen bezog sich auf die Frage, ob am Ende der alten Weltgeschichte nur eine Veränderung oder aber eine Vernichtung des Kosmos stattfinden werde. Seit Johann Gerhard war es allgemeine lutherische Auffassung, die Schrift lehre, dass die alte Welt vernichtet werde („annihilatio mundi"). Der irenisch gesinnte lutherische Theologe Georg Calixt (1586-1656) lehrte, ein neuer Himmel und eine neue Erde würden nicht geschaffen, die Schrift meine damit nur den verklärten Zustand der Kirche und der Seligen; „nichtig" sei die Welt als bloße Bühne. Die als Glaubende sterben, werden seiner Auffassung nach am Jüngsten Tag mit Leib und Seele ins ewige Leben aufgenommen und erlangten damit den höchsten Grad der Glückseligkeit, den Calixt mit der früheren Tradition in der unverhüllten Erkenntnis des dreieinigen Gottes sah. Dem einzelnen Gläubigen werde die Gottesschau in der Gemeinschaft der Kirche zuteil; er werde völlig mit Licht, Leben, Weisheit und Freude erfüllt und verherrliche Gott. Den Kern dieser komplexen Wirklichkeit stellt die „visio" mittels des „lumen gloriae" dar, ein vollkommenes Erfassen Gottes, aber nicht eine „cognitio comprehensiva". Daran seien nach Calixt gleichrangig Verstand und Wille, der zur Liebe und zur „fruitio" Gottes bewegt wird, beteiligt. Die Sinnestätigkeit werde vervollkommnet in einem erfüllenden Umgang mit Jesus Christus, mit den Engeln und allen seligen Menschen, in beglückenden Gesprächen, auch über die vergangenen Schmerzen auf der Erde. Gott belohne verschiedene Taten verschieden, daher bestünden auch Unterschiede in der „Klarheit" der vollendeten Körper.

b) Trient und „Gegenreformation"

Zur Zeit des Auftretens der ersten Reformatoren und bis zum Konzil von Trient (1545-1563, zweimal jahrelang unterbrochen) fanden in der katholischen Theologie die Fortsetzung der scholastischen Schulstreitigkeiten und der Beginn einer Auseinandersetzung mit reformatorischen Positionen („Kontroverstheologie") statt. „Gelegentlich kommt die Sprache auf das Einzelgericht, die Wiederkunft Christi und die Auferstehung des Fleisches"[336]. Einzelne Theologen setzten sich mit den Fragen um das Fegefeuer auseinander, aber eigentlich konfessionstrennende Themen kamen nicht vor. Der wohl bedeutendste katholische Theologe jener Zeit, Johann Gropper (1503-1559), befasste sich unpolemisch mit dem Zentrum des christlichen Glaubens und erkannte: Der Glaube an die Auferweckung des Fleisches ist das unterscheidend Christliche gegenüber dem Unglauben[337]. Die Vermittlung zum ewigen Leben sieht Gropper entschieden christozentrisch. Hinsichtlich dessen, was den gläubigen Menschen „danach" erwartet, bestand unter den Theologen jener Zeit keine Uneinigkeit: „Das ewige Leben ist Besitz des Reiches, das Gott von Anfang an

---

336 Ph. Schäfer, Eschatologie. Trient und Gegenreformation (HDG /V / 7c, 2. Teil), Freiburg i. Br.1984, 14f.
337 Ebd. 21.

bereitet hat, es ist ewige Glückseligkeit und ewiges Glück. Dieses Leben, in dem Körper und Seele vereint sind, wird niemals enden. Die Seligkeit und das Glück dieses Lebens besteht in der Schau Gottes. Sie sättigt in überströmender Freude. Gott wird alles in allem sein. Ihn schauend, werden die Seligen sich seiner Gemeinschaft und seiner wärmsten Liebe erfreuen. Die Schilderung des ewigen Lebens als vollkommene Schau und glückseliger Genuss Gottes als vollkommenes Sattsein wiederholt sich immer wieder"[338].

Diese frühe katholische Kontroverstheologie bemühte sich, bibel- und traditionsgetreu zu sein, ohne sich in die gewohnten scholastischen Wissensauskünfte und Spitzfindigkeiten zu verlieren. Ein Konsens besteht darin, dass die kommenden Ereignisse im gegenwärtigen irdischen Leben eine Rolle als Drohung und Verheißung spielen. Im ganzen partizipiert auch Erasmus von Rotterdam (1469-1536) an dieser Charakteristik einschließlich der Christozentrik der „Letzten Dinge"[339].

Bestens dokumentiert stellt Philipp Schäfer zum Konzil von Trient, das die Anliegen der Reformatoren kritisch prüfend aufgreifen wollte, fest: „Ausdrücklich hat sich das Konzil von Trient mit den Themen der Eschatologie nicht befasst. [...] Aussagen zum Fegfeuer hat das Konzil im Gedränge der letzten Sitzung innerhalb von Reformdekreten gemacht. Die Frage nach der Ausrichtung des Glaubens auf die Letzten Dinge wurde im Zusammenhang mit den Fragen um Erbsünde und Konkupiszenz und in den langwierigen Verhandlungen um das Rechtfertigungsdekret behandelt. In diesen beiden Bereichen ging es letztlich darum, wie Gnade und Heil dem glaubenden und getauften Christen hier in seinem geschichtlichen Dasein gegeben sind"[340]. Man darf hinzufügen: Katholischerseits galt die Frage, wer „in den Himmel" kommt und wer nicht, seit der Lehrentscheidung Benedikts XII. von 1336 als entschieden, wenn auch nie eine exakte und lebensnahe Erklärung vorgelegt wurde, was eine „schwere Sünde" ist, die den Menschen letztlich vom Himmel fernhält[341].

Das Erste, was für die katholische Theologie nach dem Konzil von Trient festzuhalten ist und was das Thema des Himmels tangiert, ist der sogenannte Trienter Katechismus (1566), ein Summarium der gesamten Glaubenslehre, das in der Situation mancher Verunsicherungen nach der Reformation sichere Wegweisungen geben wollte. Dieses wichtige Dokument wird hier unter 13 („Kirchenamtliche Texte") zitiert.

Spanische Jesuiten bemühten sich um die Erneuerung der katholischen Theologie. Schäfer hebt zwei besonders hervor, Francesco de Vitoria (1483/93-1546) und Domingo de Soto (1495-1560). Von ihnen her kam auch in Mittel- und Südeuropa eine erneuerte Scholastik zur Geltung. Die beiden genannten Theologen legten ihrer Theologie die „Summa theologiae" von Thomas von Aquin und

---

338 Ebd. 23f.
339 Zu Erasmus Ph. Schäfer ebd. 25f.
340 Ebd. 30.
341 Zur Fegefeuerlehre des Konzils ebd. 35-40.

die Sentenzenbücher von Petrus Lombardus zugrunde[342]. Eine wirklich erneuerte Theologie des Himmels findet sich in dieser nachtridentinischen Theologie nicht; auch die Berufungen der „Jansenisten" auf Augustinus brachten keine tiefere Beachtung der augustinischen Theologie. „Eine geschlossene und umfassende Darstellung der Letzten Dinge des Menschen, die mit den anderen Traktaten der Theologie verbunden ist, gibt in der nachtridentinischen Theologie nur der Sentenzenkommentar des Domingo de Soto"[343]. In diesem Kommentar hat er die Darstellung der Letzten Dinge erweitert und viele neue Einzelfragen dazugenommen. Dabei ergeben sich wichtige Einsichten in die damalige Anthropologie und in die Auffassung des Verhältnisses von Natur und Gnade. Was den Himmel betrifft, so zählt de Soto fünf verschiedene Aufnahmeorte der Seelen auf[344]. Bis zu Jesus Christus gab es die Vorhölle, den „limbus patrum". Den Himmel beschrieb de Soto mit Hilfe von kosmographischen Vorstellungen in verschiedenen Schichten und Stufen. Wenn so etwas Mitte des 16. Jahrhunderts noch möglich war, dann kann man sich leicht denken, welche Auswirkungen das neue naturwissenschaftliche Weltbild auf eine Theologie dieser Art haben musste. Der oberste Himmel ist bei de Soto für die Engel und die Menschen bestimmt; seine Gestalt empfängt er von der Schau Gottes. Der „limbus puerorum", der Ort für die unmündigen Kinder, die in der Erbsünde sterben, ist in der Finsternis unter der Erde, in der Nähe des Fegefeuers. Die Hölle liegt unter der Erde. Schließlich ist noch das Fegefeuer, der Ort für die Seelen, die mit lässlichen Sünden belastet sterben, zu nennen.

Einen großen Konsens kann man für die großen Zeiträume von der hochmittelalterlichen Scholastik bis über das Konzils von Trient und über die „Barockscholastik" hinaus feststellen: Der Inbegriff des Himmels und damit der erhofften ewigen Seligkeit ist und bleibt die Schau Gottes („visio Dei beatifica").

Schäfer beschließt seinen Blick auf die nachtridentinische Theologie mit einem Exkurs über die spanische Mystik[345]. Sie kam hier bereits unter 8 kurz zu Wort. Schäfer fasst seine Sicht kurz so zusammen: „Teresa (von Ávila) und Johannes vom Kreuz beschreiben den Weg des Menschen hier auf Erden zur mystischen Vereinigung mit Gott. Auch bei ihnen ist von Verheißung, von Auferweckung und Kommen der Seligkeit nur im Nebenbei die Rede. Es geht um die Vereinigung des Menschen, der hier auf Erden lebt, mit Gott durch das Gebet"[346]. Zur spanischen Mystik zählt Schäfer auch den Gründer der Jesuiten, Ignatius von Loyola (1491-1556). Zweifells war er eher ein Praktiker mystischer Übungen und Seelsorger denn ein Theologe. Seine Briefe an hochgestellte Damen zeigen, wie er mit der Perspektive über den Tod hinaus umging; dafür einige Beispiele[347]:

---

342 Vgl. hierzu das Kapitel über den Himmel in der mittelalterlichen Theologie, oben unter 7.
343 Ph. Schäfer, a.a.O. 41. Schäfer wendet einen großen Teil seiner Monographie der Eschatologie bei de Soto zu: ebd. 44-55.
344 Ebd. 50.
345 Ebd. 83-85.
346 Ebd. 83.
347 Hugo Rahner S. J., Ignatius von Loyola. Briefwechsel mit Frauen. Freiburg i. Br. 1956.

An Madonna Violante in Bologna zum Tod ihres Sohnes Camillo, vom 22. 12. 1554[348]

Meine hochgeborene Herrin in unserem Herrn!

Die höchste Gnade und ewige Liebe Christi unseres Herrn sei mit Eurer Gnaden zu Gruß und Heimsuchung mit ihren heiligsten Gaben und geistlichen Gnaden.

Ich hörte von der Erkrankung des verewigten Magisters Camillo und kurze Zeit darauf von seinem Heimgang aus diesem Erdenleben in das Leben der Ewigkeit. Bei beiden Nachrichten haben alle hier in unserem Professhaus und im Kolleg für ihn in den heiligen Messen und Gebeten recht herzlich und dringlich zu Christus unserem Gott und Herrn gefleht. Dazu trieb uns nicht nur die Liebe an, die wir allen Menschen schuldig sind, sondern die besondere Zuneigung, zu der uns die vielen Wohltaten und der liebende Sinn, den Euer Gnaden uns gegenüber so lange und so ausdauernd beweisen, verpflichtet halten.

Und ich habe die feste Hoffnung in Ihm, der unser wahres Heil und Leben ist, dass Er uns erhört hat, nicht indem Er ihm das zeitliche Leben ließ, das vielen Mühen und Gefahren und schließlich doch dem Tod ausgesetzt ist, sondern indem er ihm rascher jenes Leben schenkte, das ewig dauert und ganz sicher und glückselig ist, für das allein Er uns geschaffen und mit dem Preis seines Blutes erlöst hat – jenes Leben, auf das alles Sehnen nach dem wahren Glück für uns und für den Nächsten hinzulenken ist.

An die Witwe Boquet in Barcelona zum Tod ihres Gatten, vom 16. 8. 1554[349]

IHS

Die Gnade und ewige Liebe Christi unseres Herrn sei immerdar mit uns zu Huld und Hilfe. Amen.

Unter den mannigfachen Zeichen eines lebendigen Glaubens und einer festen Hoffnung auf das ewige Leben ist eines der untrüglichsten: dass wir uns nicht maßlos betrüben über den Tod eines Menschen, den wir sehr lieb hatten. Wir überlassen es denen, sich in Trauer zu vergraben, die da wähnen, mit dem leiblichen Tod höre der ehemals Lebendige ganz auf, zu sein. Bei so tiefgreifendem Irrtum muß dann freilich der Tod das größte aller Übel sein. Nicht so bei denen, die mit dem Buch Ekklesiastikus sagen: „Besser der Tod als das Leben" (30,17). Denn sie wissen, dass der Tod nur eine kurze Überfahrt ist aus irdischem Leid und Elend zur Ruhe und Glorie des ewigen Lebens, für jene zumal, die als Christen leben und sterben. Darum hat Gott der Herr dem heiligen Johannes den Befehl gegeben: „Schreibe auf: Selig die Toten, die im Herrn sterben" (Offb 14,13). Wenn es uns also selbstverständlich ist, dass wir nicht weinen sollen über das selige Glück eines Menschen, den wir liebhaben – nun, dann sollen wir auch nicht weinen über ihren Tod, denn der Tod ist der Beginn oder doch ein zum Ziel führender Weg zu seligstem Glück.

---

348 Ebd. 255.
349 Ebd. 284f.

Dies habe ich gesagt, verehrte Herrin, weil, wenn der Tod des Don Juan Boquet, der uns allen in Christus so teuer war, ein Unglück wäre, mir ein Großteil
der Trauer über sein Sterben zufallen müsste; denn ich habe den Verstorbenen in
Jesus Christus unserem Herrn herzlich geliebt. Allein ich habe die feste Hoffnung, wegen der Barmherzigkeit Gottes, der ihn geschaffen und mit seinem Blut
erlöst hat, der ihn im Todeskampf mit den für das ewige Leben notwendigen Sakramenten gestärkt hat, dass er an den Ort der Auserwählten gelangen wird. So
empfinde ich keine Trauer, sondern große Freude in unserem Herrn. Dort ist er
nun, ohne jeden Schmerz, erfüllt von Entzücken an Christus unserem Herrn, der
uns einst sterbend die Furcht vor dem Sterben nahm, der durch seine Auferstehung und Himmelfahrt gezeigt hat, welches das wahre Leben sei, zu dem man
durch den Tod eingeht, und wohin es führt: nämlich zur Teilnahme an seinem
Reich und an seiner Glorie. Wenn wir also auf den Verstorbenen schauen, zerrinnt jeglicher Grund zur Trauer.

An Isabel de Vega in Palermo zum Tod ihrer Mutter, vom 19. 7. 1550[350]

IHS

Meine Herrin in unserem Herrn!

Die höchste Gnade und ewige Liebe Christi unseres Herrn sei Ihnen zum
Gruß und suche Euer Gnaden heim mit seinen heiligsten Gaben und geistlichen
Gnaden.

Da ich einen Brief, den mir Euer Gnaden schrieben, bereits beantwortet habe,
habe ich mich nicht mehr beeilt, Ihnen wieder zu schreiben. Aber deswegen
fühlte ich mich keineswegs der Pflicht entbunden, in meinen Gebeten eindringlich und ohne Unterlass Gott unserem Herrn alle Anliegen Eurer Gnaden zu
empfehlen. Und dies wie einer, den es vor Seiner Göttlichen Majestät sehnlich
danach verlangt, Gottes Gaben in Eurer Gnaden Seele wachsen zu sehen. Denn
mit solchem Fortschreiten ist es gegeben, dass im inneren Licht und in dem stets
zunehmenden feinen Sinn für die geistlichen und ewigen Dinge die Aufdring-
lichkeit des Sehnens nach leiblichen und irdischen Dingen immer schwächer
wird. So wird es Euer Gnaden nicht nur dazu bringen, den Verlust weniger zu
empfinden, dass Gott unser Herr die gebenedeite Seele der Doña Leonor von
dieser Erde zu sich in den Himmel genommen hat. Sie werden sich vielmehr ge-
tröstet freuen an der seligen Ruhe, in die Ihre Herrlichkeit eingegangen ist. Ja Sie
werden es einsehen lernen, dass man diesen Tod gar nicht einen Verlust nennen
kann. Denn dort, wo die Mutter jetzt ist, kann sie Ihnen viel helfen, die gleiche
Glückseligkeit zu erreichen, die sie selbst besitzt – da ihre Gebete und ihr Verlangen wirksamer sind vor der Göttlichen Majestät. (...)[351]

Was die heiligen Messen an privilegierten Altären betrifft, die Euer Gnaden
bestellt haben, so habe ich persönlich die Sorge für deren ordnungsgemäße Ver-

---

350 Ebd. 533.
351 Fortsetzung ebd. 534.

richtung übernommen. Außerdem haben wir allein hier im Professhaus mehr denn dreihundert Totenmessen für die Verstorbene dargebracht. Da möchte mir nun vorkommen, als müssten wir uns fast schämen, für eine Seele so viel Sühnegebete aufzuopfern, die doch bereits in ihrer Glorie ist und von dort aus hilft durch ihre Fürsprache. Darum habe ich befohlen, dass von nun an alle heiligen Messen und Gebete hier im Professhaus in der Intention verrichtet werden sollen, dass Gott seine Hilfe und seinen Schutz auf Don Juan de Vega und seine Kriegsflotte herabsenden möge; und im gleichen Sinne lasse ich an die anderen Häuser der Gesellschaft schreiben.

c) Vorausblick auf die evangelische Theologie vom 16. Jahrhundert bis zur Aufklärung

Die unmittelbar auf die Reformation folgende Zeit sah mehrere religiöstheologische Strömungen, die zum Teil gleichzeitig existierten. Es ist hier nicht möglich, auf die einzelnen Phänomene dieser Art einzugehen oder gar eine historisch-genetische Linie zu ziehen. Von denen, die für das Thema des Himmels von Bedeutung sind, muss hier der Pietismus genannt werden (ohne dass sein genaueres Verhältnis zu dem komplexen Gebilde „Aufklärung" zur Sprache gebracht werden könnte).

Impulse des späteren klassischen Pietismus sind schon im 16. Jahrhundert zu erkennen, vor allem der Wunsch, durch das Spätere, nach dem Tod zu Erwartende, nicht abgelenkt zu werden von den Aufgaben des christlichen Glaubens in der Gegenwart. So kann man als einen Vorläufer des Pietismus den lutherischen Pfarrer Valentin Weigel (1533-1588) ansehen, der auch zu den evangelischen Mystikern gerechnet wird. Er lehrte bzw. predigte, der Himmel sei inwendig im Menschen; entscheidend sei die Vereinigung des Menschen mit Gott im Heiligen Geist. Im Glauben leben heiße, im Willen Gottes existieren. Ganz auf das gegenwärtige Leben konzentriert war auch der in lutherischen Kreisen sehr einflussreiche Theologe, Pastor und Mystiker Johann Arndt (1555-1621): Im Hier und Heute der Gegenwart will das Reich Gottes inwendig in den Glaubenden Eingang finden. Der vielseitige Gelehrte und Theologe Johann Valentin Andreae (1586-1654) verfasste eine utopische Darstellung „Christianopolis" (1619): Diejenigen, die in der Hoffnung auf die himmlische Gemeinschaft schon auf Erden durch Schaffung einer „christlichen Gesellschaft" alles dem himmlischen Vaterland angleichen, empfangen schon jetzt die Früchte des ewigen Lebens[352].

Der Pietismus im engeren Sinn ist mit den Namen Spener und Francke verbunden. Philipp Jacob Spener (1636-1705) war als Prediger in Straßburg, Frankfurt, Dresden und Berlin ungemein einflussreich nach den Verwüstungen im Zusammenhang mit dem Dreißigjährigen Krieg. Der von ihm mitgegründete Pietismus

---

352 Für diese Vorläufer des Pietismus: E. Kunz, a.a.O. 71.

war die erste evangelische Reformbewegung nach der Reformation. Er lehrte: Das Christenleben ist Weg und Reise zum himmlischen Vaterland; die Vollendung der Vereinigung mit Gott, der alles in allem sein wird, ist zu ersehnen und zu erhoffen, denn in einem christlichen Leben beginnt schon die Seligkeit. Die Urchristen hatten schon den Himmel auf Erden! Ein Sieg des Guten innerhalb der Geschichte ist möglich[353]. Ähnliche Gedanken finden sich bei dem Theologen und Pädagogen August Hermann Francke (1663-1727), der für eine christlich inspirierte Gesellschaftsreform arbeitete. Diese Hoffnung auf das Errichten des Reiches Gottes in dieser Welt teilten auch die bedeutenden Gelehrten Johann Amos Comenius (1592-1670) und Gottfried Wilhelm Leibniz (1646-1716), der „deutsche Frühaufklärer". Tief von der Mystik geprägt war der zeitweilige Pfarrer Gottfried Arnold (1666-1714). Für ihn ist der Glaube ein Prozess (Reinigung, Erleuchtung, Einigung), der in der mystischen persönlichen Vereinigung mit Gott vollendet wird und eben darin bestehe das Reich des Heiligen Geistes (Gedanken von Joachim von Fiore). Arnold vertrat in diesem Zusammenhang die Lehre von der Allversöhnung (Apokatastasis), die durch Gottes Treue und Erbarmen möglich werde[354]. Zu nennen wären unter diesen führenden Theologen des Pietismus noch Johann Albrecht Bengel (1687-1752) und Friedrich Christoph Oetinger (1702-1782). Ausführlicher als andere seiner Zeit hat sich Bengel zur Eschatologie geäußert, deren „Bauplan" an der Apokalypse ersichtlich sei und der es um die Heilswege für den einzelnen Menschen und für die Menschheit gehe. Auch er möchte beim Bedenken der biblischen Eschatologie mehr auf das Gegenwärtige als auf das Zukünftige achten. Oetinger gilt als besonders konsequenter Denker des Pietismus. Ausgehend von dunklen Passagen bei Paulus spekuliert er über zwei Leiber des Menschen. Im natürlichen Leib soll durch christliches Leben ein geistlicher Leib gebildet werden, der im Sterben nicht zugrunde gehe. In einem Wartestand nach dem Tod erfolge seine stufenweise Vollendung; es handelt sich für Oetinger nicht um einen leib-lose Seele. Der „inwendige Mensch" habe Glieder und Gefühle (wie man aus Lk 16 entnehmen könne). Nichts von der alten Schöpfung Gottes werde vernichtet werden. Offen und entschieden vertritt Oetinger diue „Wiederbringung aller Dinge" (Apokatastasis); der Gott der Liebe rette alle. Die Vollendung in der Anschauung Gottes wird als ein individuelles und soziales Geschehen aufgefasst. „Im Himmel ist eine ganze Welt, auf der neuen Erde sind Gärten, Paradies, Früchte [...] Man wird Gott nicht nur in seiner ‚bloßen Essenz' schauen, sondern auch in den Geschöpfen, welche im Zusammenschluss mit Christo eine Harmonie ausmachen. Da wird Gott nicht ein Wesen sein, nicht bloß geistlich zu sehen, sondern in herausgesetzter Offenbarung Gottes in der körperlichen Fülle der Gemeinde, welche da ist sein Leib, die Erfüllung dessen, der alles in allem erfüllet"[355]. „Leiblichkeit ist das Ende

353 E. Kunz ebd. 74. H. Krauter-Dierolf, Die Eschatologie Philipp Jakob Speners (Beiträge zur historischen Theologie 131), Tübingen 2005.
354 Kunz 80.
355 Ebd. 87f.

der Werke Gottes"[356]. Vollendung sei nicht zu denken als immanente Entfaltung der geschöpflichen Anlagen, sondern nur durch das permanente Wirken Gottes und Jesu Christi, immer von innen heraus und von außen hinein, bis Gott alles in allem sein wird. Von der verheißenen Zukunft her müssten die Gegenwart und ihre Aufgaben verstanden werden. Die Gläubigen müssten beitragen zum Kommen des Reiches Gottes, dessen Ankunft mit vorbereitet werden kann. Damit meint Oetinger eine neue Sicht der Geschichte vortragen zu können, die auf ein Ziel zulaufe, das, im Unterschied zu Luther, die Rückkehr zum Paradies des Anfangs sein werde. Gott wirke nicht nur im Wort, sondern auch in menschlicher, geschöpflicher Wirklichkeit. Gegenüber der protestantischen Orthodoxie tritt der Gedanke der ewigen Vergeltung im Jenseits zurück. Die Klammer von Jenseits und Diesseits sei nicht die Idee der Gerechtigkeit, sondern der Glaube an die Liebe Gottes, die am Ende angekommen sei, wenn sie unvergängliches Leben mitgeteilt habe[357].

Dieser Abriss sollte in etwa deutlich machen, welche große Rolle dem Pietismus in der Auseinandersetzung mit den unterschiedlichen Impulsen der Aufklärung zukam. Im Pietismus erfuhr das menschliche Individuum eine Stärkung durch die Betonung („Aufwertung") der religiösen Erfahrung; Gewalt und Zwang wurden auf allen Ebenen abgelehnt; im Zugang zur Bibel und in der Reflexion des Glaubens setzte sich ein praktisch orientiertes Verständnis durch; man konnte den pietistischen Christen nicht Weltflucht und theologische Abwertung der Gegenwart zugunsten der Zukunft vorwerfen; die angestrebten und praktisch angezielten reformerischen Bestrebungen im kirchlichen Bereich trugen das Ihre zur Erkenntnis der universalen Menschenrechte bei.

11. Die Folgen der Aufklärung für das Thema des Himmels

Das komplexe Gebilde der Aufklärung kann hier nicht zur Sprache gebracht werden. Ein enzyklopädischer Überblick[358] macht eingangs in einer Grobeinteilung auf die großen Unterschiede der englischen, französischen und deutschen Aufklärung aufmerksam, die es nicht zuließen, deren komplexe Erscheinung unter einen Nenner zu bringen. Als Kennzeichen der englischen Aufklärung werden ausfindig gemacht: Ausgang von der menschlichen Erfahrung, Zurückführung auf ihre Möglichkeitsbedingungen. Im religiösen Bereich wird die „geoffenbarte Religion" einem Rationalisierungsverfahren unterzogen, bei dem sie alle „übernatürlichen" Elemente verliert und auf wenige, rational verwertbare Wahrheiten beschränkt wird, während alles andere als Betrug, Aberglaube oder interessebedingte kirchliche Erfindung gilt. Dass Gott sich geoffenbart habe, wird nicht strikt abgelehnt,

---

356 So Oetinger in seinem „Biblischen Wörterbuch" von 1776 s. v. Leib, zitiert von E. Kunz, a.a.O. 89.
357 E. Kunz, a.a.O. 90ff.
358 R. Giafardone – R. Reinhardt – A. Schilson, Aufklärung: LThK³ I (1993) 1207-1216.

aber die menschliche Vernunft gilt als ein Kriterien setzendes Organ dieser Erfahrung. Die Ethik wird aus der menschlichen Natur begründet.

Die französische Aufklärung übernahm zwar die Erkenntnisprinzipien aus der englischen, wandte sie aber ungleich schärfer und radikaler an. Es ergaben sich zwei Tendenzen, eine Bejahung der natürlichen Religion, inspiriert vom englischen Deismus, und ein Materialismus, der nur der Materie ein wirkliches Dasein zuerkannte und damit im Atheismus endete.

Die deutsche Aufklärung, als deren Begründer Christian Thomasius (1655-1728), Jurist und Philosoph, Kämpfer gegen Hexenprozesse und Folter, gilt, stand in starkem Gegensatz zur englischen und französischen. Weder kam es zur Leugnung eines jeden transzendenten Wertes noch zu einem Kampf gegen die Religion überhaupt wie in Teilen Frankreichs noch zur Theorie einer rein natürlichen Religion. In der deutschen Aufklärung galt die Religion als einer der wichtigsten Faktoren der Menschenbildung. Ziele waren die vollständige Bildung des Individuums und der Aufbau einer gerechteren Gesellschaft. Die Bestimmung des Menschen wurde nicht in der Suche nach der Wahrheit und in deren Betrachtung, sondern in der Tätigkeit gesehen.

Sehr summarisch kann man zu den (gemeinsamen) Folgen dieser Strömungen für das Thema des Himmels sagen, dass der Himmel eines der größten Opfer der Aufklärung war. Die europäische Aufklärung stand unter dem Vorzeichen einer Anerkennung der modernen Naturwissenschaften und ihrer Methoden. Die kirchlich empfohlene Scholastik und mit ihr der anerkannte Kirchenlehrer Thomas von Aquin hatte an der modifizierten aristotelischen Kosmographie festgehalten; Thomas unterschied 10 Sphären des Himmels, das caelum empyreum, das caelum cristallinum und das caelum siderium, aufgeteilt in die Fixsternsphäre und die 7 Planetensphären[359]. Diese theoretische Konstruktion wurde Zug um Zug demontiert: durch Nikolaus Kopernikus (1473-1543)[360], der die Sonne als Mittelpunkt der Himmelssphären sah, aber das aristotelische Grundprinzip der konzentrischen Kreisbewegungen im allgemeinen beibehielt[361], durch Johannes Kepler (1571-1630), der noch theologische Interessen hatte und in der Sonne, Mittelpunkt des Universums, den „Wohnort des göttlichen Intellekts" annahm[362]; durch Galileo Galilei (1564-1647), der für seine naturwissenschaftlichen Erkenntnisse keine Offenbarung benötigte – er zitierte wiederholt C. Baronius (1535-1607), in der Schrift sage der Heilige Geist „come si vadia al cielo e non come vadia il cielo"[363] – und durch Isaac Newton (1642-1727) vollendet: die Gravitationsgesetze gelten irdisch wie kosmisch[364]. Eine zunächst naheliegende Konsequenz hat Dirk Evers formuliert: „Der ins Unendliche entgrenzte Himmel

---

359 Hier sei noch einmal verwiesen auf die gründlich dokumentierte Darstellung von D. Evers, Chaos im Himmel, in JBTh 20 (2007), zur Scholastik und bei Thomas von Aquin ebd. 42.
360 Zu ihm D. Evers, a.a.O. 44ff.
361 Ebd. 46.
362 Ebd. 49.
363 Ebd. 50 und Anm. 53.
364 Ebd. 51.

hat seine Funktion als Verweis auf eine den irdischen Raum übersteigende, doch ihn zugleich auch bergend begrenzende göttliche Sphäre verloren"[365]. Jedoch – was heißt genau „Verweis"? Evers fährt fort: „Nicht die Kontemplation der erhabenen Ordnung des Himmels klärt nach Immanuel Kant (1724-1804) den Menschen über seine Bestimmung auf und erhebt ihn über die Natur – eher ‚vernichtet' der ‚bestirnte Himmel über mir ... meine Wichtigkeit' – , sondern die Besinnung auf seine Vernunftnatur: ‚Zum Genießen, oder zum Anschauen, Betrachten und Bewundern ..., als dem letzten Endzweck, warum die Welt und der Mensch selbst da ist, geschaffen zu sein, kann die Vernunft nicht befriedigen: denn diese setzt einen persönlichen Werth, den der Mensch sich allein geben kann, als Bedingung, unter welcher allein er und sein Dasein Endzweck sein kann, voraus'. Als die Menschheit entdeckte, dass in der Tat der menschliche Verstand die Himmelsphänomene nicht nur zu retten, sondern zu durchschauen und als Fortsetzung der ihm zugänglichen irdischen Physik zu begreifen vermag, zerbrach durch die Entgrenzung des Kosmos die Synthese von Himmelserscheinungen und göttlicher Vernunft und die Symbolkraft des Himmels und seiner Ordnung als Wohnort und Ausdruck des Göttlichen verschwand"[366]. Hier handelt es sich um eine These, die Evers nicht zu „beweisen" vermag. Zum einen zeigt die neueste Diskussion über Evolution, dass nicht generell kein theologisches Denken mehr existiert, dem es um eine Synthese von Himmelserscheinungen und göttlicher Vernunft geht. Und zum andern existieren genug Zeugnisse aus der christlichen Glaubenspraxis, die beweisen, dass die Symbolkraft des Himmels weiterexistiert. Denen, die sich kommunikativ mit dem Wort „Himmel" verständigen, darf nicht einfach unterstellt werden, sie nähmen den „Himmel" (etwa kosmographisch) ernst oder sie seien nicht imstande, die Symbolkraft des von ihnen verwendeten Wortes von vornherein zu durchschauen. Oder anders gefragt: Muss das „caelum empyreum", der geglaubte, transzendente Himmel, um jeden Preis in ein naturwissenschaftliches „Weltbild" eingeordnet werden?

Insofern das der Fall gewesen sein sollte, muss dieser Versuch nach Kopernikus – Kepler – Newton freilich als gescheitert angesehen werden; zu dieser Erkenntnis hat die Aufklärung das Ihre beigetragen.

Ein zweiter Themenkreis in Glaube und Theologie, in dem die Kritik der Aufklärung ernst zu nehmen war, bestand in dem Bekenntnis zu einer „Auferstehung des Fleisches". Trotz mancher Versuche, zum Beispiel in Glaubensformulierungen, zu einem Konsens der Glaubensgemeinschaft zu gelangen, waren zur Zeit der Aufklärung die theologischen Positionen, welche Identität dem Auferstehungsleib (1 Kor 15) im Verhältnis zum irdischen Leib auf Grund welcher Prinzipien zukomme, stark von einander entfernt. Die Aufklärung (so darf man in diesem Fall verallgemeinernd sagen) schob das Bekenntnis zur „Auferstehung des Fleisches" kurzerhand dem Bereich eines wissenschaftlich keinesfalls haltbaren

---

365 Ebd. 52.
366 Ebd. 52f. In den Anm. 60 und 61 weist Evers die Kant-Zitate nach.

Aberglaubens zu. Die Folgen für die Anschauungen vieler Theologen über Aussehen und Betätigung der Seligen im Himmel waren natürlich erheblich. Dazu trug das Aufkommen der historisch-kritischen Methode in der Bibelexegese erheblich bei. Die neutestamentlichen Erzählungen über die Erscheinungen des auferstandenen Jesus wurden in die kritische Sichtung mit einbezogen.

Die wenigsten Aufklärer im deutschen und im englischen Bereich waren bereit, aus den kritischen Positionen radikal-materialistische Schlussfolgerungen im Hinblick auf den menschlichen Tod zu ziehen. Zu den neu entstandenen Wissenschaften, die den Kriterien einer Wissenschaftlichkeit genügten, gehörte die Psychologie. Mit ihrer Hilfe suchte man einen neuen Weg der Vereinbarkeit von Wissenschaft und Glauben und man meinte ihn zu finden in der bereits im antiken Griechenland geläufigen Theorie von der Unsterblichkeit der Seele. Sie sollte für eine geraume Zeit die Aufmerksamkeit für „Himmel" und „Auferstehung des Fleisches" verdrängen. Für die Aufmerksamkeit gegenüber dem uralten neuen Thema mögen hier zunächst einige Texte stehen.

Hermann Samuel Reimarus (1694-1768), Gymnasialprofessor für orientalische Sprachen in Hamburg, Vertreter des „Deismus", Wegbereiter der wissenschaftlichen Bibelkritik, versuchte zentrale Glaubenswahrheiten wie die Existenz Gottes und die Unsterblichkeit der Seele, mit den Mitteln der „natürlichen Vernunft" zu beweisen. Zu diesen zählte er die angeborene Sehnsucht des Menschen nach einem dauerhaften Leben, verbunden mit einem angstfreien Gottesbild[367]:

Wozu diente uns das Voraussehen, oder die Vorstellung des zukünftigen Zustandes, als uns damit zu quälen, dass alles ganz gewiss bald ein Ende haben werde; und uns also auch das gegenwärtige Leben bitter zu machen? Sind wir aber für ein künftiges dauerhafteres Leben geschaffen, so ist uns die weite Aussicht in die entfernten Zeiten ein fröhlicher Blick, der den Genuss des gegenwärtigen Guten durch die Hoffnung einer unaufhörlich steigenden Vollkommenheit desto angenehmer macht, und alle Widerwärtigkeiten, ja selbst die Furcht des Todes, leicht überwinden hilft.

Was nützte uns Wahrheit und Wissenschaft zu einer solchen Zufriedenheit, als wir wünschen, da wir bei jedem kleinen Wachstume in derselben nur desto mehr wahrnehmen, wie vieles wir nicht wissen, oder uns mit desto mehreren Zweifeln beunruhigen; wenigstens unsere Begierde zu der mannigfaltigen Erkenntnis der Dinge in der Welt, und deren Gewissheit, in diesem Leben nimmer ersättigen können? Ist aber dieser Erdboden, dieses erste Haus, das wir bewohnen, bloß eine Schule, darin wir die Anfangsgründe der Wissenschaften fassen, um darnach zu höheren Dingen geführt zu werden: so legt dieses Erkenntnis den Grund zu einer weiteren Einsicht, und wir können uns in dem geringen Vorschmacke der Wahrheiten schon die süße Vorstellung machen, wie wir dereinst im Reiche des

---

367 Abhandlungen von den vornehmsten Wahrheiten der natürlichen Religion, Hamburg ⁵1781, 641ff.

Lichtes die ganze Natur und alle uns noch verborgenen göttlichen Geheimnisse mit erleuchteteren Augen beschauen werden.

Würden wir Gott nicht auch besonders in dem hauptsächlichen Vorzuge der Menschen, welcher die Erkenntnis der Religion betrifft, als unbarmherzig und grausam darstellen, wenn wir zu keiner näheren und dauerhafteren Verbindung mit ihm gelangen sollten? Die unvernünftigen Tiere sind wie die Fündlinge in einem Waisenhause: die wissen nicht, wie sie in die Welt gekommen sind, kennen keinen Vater, können sich also auch keine Gedanken zum künftigen Anteile an irgend einige Güter in den Sinn kommen lassen; unterdessen haben sie ihre Notdurft, und sind bei ihrer Lebensart fröhlich und vergnügt. Gesetzt, ein vornehmer Herr hätte ein Kind darunter; das würde zweifelsohne, in der Unwissenheit von seinem Vater, ganz wohl zufrieden sein, wenn es gleich nur zu einer schlechten Lebensart bestimmt wäre. Nun aber gibt sich der Fürst dem Kinde zu erkennen, und lässt ihm einen Begriff von seinem hohen Stande und seiner Glückseligkeit machen, als seine Gefährten sich machen können? Aber nein, es soll nimmer vor ihn kommen, es soll an der großen Herrlichkeit nicht den geringsten Anteil haben, es soll ein Leben lang im Staube kriechen. Kann ein solch Vaterherz sein, das sich seinem Kinde als Vater offenbaret, nur damit es sich nicht väterlich beweise, damit es sein Kind quäle? Und wenn es möglich wäre, was würde Unbarmherzigers und Grausamers sein können?

Sehet! Die Tiere wissen auch nicht, wer sie erschaffen hat oder ernähret; sie haben keinen Begriff von dem Urheber ihres Wesens, noch Empfindung von seiner Güte, oder Verlangen sich ihm zu nähern; und Gott macht sich doch ein Vergnügen daraus, allerlei Lebendige, die ihn nicht erkennen, noch ihm danken können, mit Wohlgefallen, ihrer Natur gemäß, zu sättigen. Uns Menschen aber gibt er sich allein als unser Schöpfer zu erkennen; er offenbaret uns seine Vollkommenheiten in dem Spiegel seiner Natur, er hat uns sein Bild und seine Ähnlichkeit eingeprägt, und unser Verlangen nach einem göttlichen Leben gereizet. Wer kann sich ihn dabei so unbarmherzig gedenken, dass er diese höhere Einsicht und Begierde bloß zu unserer Betrübnis und Qual bei uns erwecket habe? Hätte er sich denn nur darum zu erkennen gegeben, damit er sich uns auf ewig entziehen möchte? Hätte er uns nur deswegen höhere Güter von ferne gezeiget, damit wir wüssten, dass sie uns versaget sein sollen? Hätte er unsere Sehnsucht zu einem besseren und dauerhafteren Leben nur zu dem Ende erreget, damit uns die Verzweiflung an demselben auch das gegenwärtige Leben vergällen möchte? Nein: wir haben gar zu viel Beweise von Gottes väterlicher Liebe und Güte gegen uns: er würde sich uns ganz gewiss nicht zu erkennen gegeben haben, wenn wir nicht an seinen unvergänglichen Gütern einen näheren Anteil haben sollten.

Moses Mendelssohn (1729-1786), preisgekrönter deutsch-jüdischer Philosoph, Denker der Aufklärung, befreundet mit Gotthold Ephraim Lessing, der ihm in „Nathan der Weise" ein literarisches Denkmal setzte. Der Text zeigt die Annäherung des Denkens an Gott in der Überlegung, dass dieses auch in der Ewigkeit nicht enden wird[368]:

Alles, was lebt, und denkt, kann nicht unterlassen, seine Erkenntnis und seine Begehrungskräfte zu üben, auszubilden, in Fähigkeiten zu verwandeln, mithin mehr oder weniger, mit stärkern oder schwächern Schritten sich der Vollkommenheit zu nähern. Und dieses Ziel, wann wird es erreicht? Wie es scheinet niemals so völlig, dass der Weg zu einem fernern Fortgange versperrt sein sollte: indem erschaffene Naturen niemals eine Vollkommenheit, über welche sich nichts gedenken ließe, erreichen können. Je höher sie klimmen, desto mehr ungesehene Fernen entwölken sich ihren Augen, die ihre Schritte anspornen. Das Ziel dieses Bestrebens besteht, wie das Wesen der Zeit, in der Fortschreitung. Durch die Nachahmung Gottes kann man sich allmählich seinen Vollkommenheiten nähern, und in dieser Näherung besteht die Glückseligkeit der Geister; aber der Weg zu denselben ist unendlich, kann in Ewigkeit nicht ganz zurückgeleget werden. Daher kennet das Fortstreben in dem menschlichen Leben keine Grenzen. [...]

Dieses endlose Bestreben, das sein Ziel immer weiter hinausstreckt, ist dem Wesen, den Eigenschaften, und der Bestimmung der Geister angemessen, und die wundervollen Werke des Unendlichen enthalten Stoff und Nahrung genug, dieses Bestreben in Ewigkeit zu unterhalten: je mehr wir in ihre Geheimnisse eindringen, desto weitere Aussichten tun sich unsern gierigen Blicken auf; je mehr wir ergründen, desto mehr finden wir zu erforschen; je mehr wir genießen, desto unerschöpflicher ist die Quelle.

Immanuel Kant (1724-1804), der bedeutendste Philosoph der deutschen Aufklärung, befasste sich bereits 1755 mit einer „Allgemeinen Naturgeschichte und Theorie des Himmels". Er war bewandert in den Schriften von Kopernikus und Newton wie in den metaphysischen Spekulationen seit der Antike. Nach seiner „Kritik der reinen Vernunft" gibt es keine metaphysischen Beweise für die Unsterblichkeit der Seele und auch keine sinnlich fundierte Erkenntnis davon. Aber die Vernunft bringt die drei „transzendentalen Ideen" Unsterblichkeit (Seele), Freiheit (Kosmos) und Unendlichkeit (Gott) hervor, deren Existenz weder bewiesen noch widerlegt werden kann. Gott lässt sich nicht beweisen, doch konsequentes moralisches Handeln ist ohne Glauben an diese drei Ideen nicht möglich. Die Frage nach der Würdigkeit der Glückseligkeit spielte bei Kant eine große Rolle. Aus der Erkenntnis, dass niemand in dieser Welt der Glückseligkeit würdig ist, folgt das Postulat einer anderen Welt (ähnlich das Verhältnis der Kürze des Lebens zu den unbegrenzten Talenten des Verstandes), da nichts in der Natur „umsonst" ist. Kant geht hier auch auf den Himmel ein, der für ihn überall, aber kein Ort ist[369]:

---

368 Gesammelte Schriften Bd. 3, Stuttgart 1972, 120ff.
369 Aus den „Vorlesungen über Metaphysik": Gesammelte Schriften (Krit. Ausg. der Berliner Akademie) 4. Abt. IV Bd.1 passim – T. De Franco, Kants „Theorie des Himmels": Filosofia oggi 24 (2001) 149-173.

Hier kommt nun die Theologie oder die Erkenntnis von Gott zu Hilfe. Ich sehe ein absolut notwendiges Wesen ein, welches im Stande ist, mir diejenige Glückseligkeit zu erteilen, der ich mich durch Beobachtung des moralischen Gesetzes würdig gemacht habe. Da ich nun aber sehe, dass ich dieser Glückseligkeit, der ich mich würdig gemacht habe, in dieser Welt gar nicht teilhaftig werden kann, sondern sehr oft durch mein moralisches Verhalten und durch meine Rechtschaffenheit vieles meiner zeitlichen Glückseligkeit habe aufopfern müssen; so muss eine andere Welt sein, oder ein Zustand, wo das Wohlbefinden des Geschöpfs dem Wohlverhalten desselben adäquat sein wird.

Ferner reicht die Kürze des menschlichen Lebens nicht zu, von allen den Wissenschaften und Erkenntnissen, die man sich erworben hat, Gebrauch zu machen. Das Leben ist zu kurz, sein Talent völlig auszubilden. Wenn man es in den Wissenschaften am höchsten gebracht hat, und jetzt den besten Gebrauch davon machen könnte; so stirbt man. Wenn zum Exempel ein Newton länger gelebt hätte; so hätte er allein mehr erfunden, als alle Menschen zusammen in 1000 Jahren nicht würden erfunden haben. Allein da er es in den Wissenschaften am höchsten gebracht hatte; so stirbt er. Nach ihm kommt wieder einer, der vom ABC anfangen muss, und wenn er es ebenso weit gebracht hat, so stirbt er auch; und mit dem folgenden geht es eben so. Demnach hat die Kürze des Lebens gar keine Proportion zu dem Talente des menschlichen Verstandes. Da nun nichts in der Natur umsonst ist; so muss auch dieses für ein anderes Leben aufgehoben sein. Die Wissenschaften sind der Luxus des Verstandes, die uns den Vorschmack von dem geben, was wir im künftigen Leben sein werden.

Örter sind nur Verhältnisse körperlicher aber nicht geistiger Dinge. Demnach ist die Seele, weil sie keinen Ort einnimmt, in der ganzen Körperwelt nicht zu sehen; sie hat keinen bestimmten Ort in der Körperwelt, sondern sie ist in der Geisterwelt; sie steht in Verbindung und im Verhältnis mit andern Geistern. Wenn nun diese Geister wohldenkende und heilige Wesen sind, und die Seele in ihrer Gemeinschaft ist; so ist sie im Himmel. Ist die Gemeinschaft der Geister aber bösartig, in der sie sich befindet; so ist die Seele in der Hölle. Der Himmel ist also allerwärts, wo solche Gemeinschaft heiliger geistiger Wesen ist; er ist aber nirgends, weil er keinen Ort in der Welt einnimmt, indem die Gemeinschaft nicht in der Körperwelt errichtet ist. Demnach wird der Himmel nicht der unermessliche Raum sein, den die Weltkörper einnehmen, und der sich in blauer Farbe zeigt, wo man durch die Luft hinfahren müsste, wenn man hinkommen wollte; sondern die Geisterwelt ist Himmel; und in dem Verhältnis und der Gemeinschaft mit der Geisterwelt stehen, heißt: im Himmel sein.

Johann Gottfried Herder (1744-1803), Dichter, Theologe, Geschichts- und Kulturphilosoph, wandte sich nach ursprünglicher Sympathie gegen Kant, den er wegen fehlender Sprachphilosophie kritisierte. Sein Lebens- und Bildungsideal hieß „Humanität". Mit Johann Georg Hamann (1730-1788) und Friedrich Schiller (1759-1804) gründete er die gegen die Aufklärung gerichtete Bewegung

„Sturm und Drang". Er pflegte ausgedehnte Bibelstudien. Deren Einfluss zeigt der folgende Text[370]:

Der auf die Welt kam, Unsterblichkeit nicht zu lehren, sondern zu erweisen, und zwar Auferstehung der Toten zu erweisen, nicht bloß Unsterblichkeit, bei der uns fast der Begriff schwindet – selbsterweckt hat er sich gezeigt und ist unser lebendiger Vorgänger worden in die Gegenden des Lichts und Lebens. Wie ist mir dieser vom Himmel also erwiesnen Lehre die feinste überirdische Hoffnung zugleich in eine so edle Sinnlichkeit verwandelt, dass gewiss nicht bloß der Kunst, sondern auch der ganzen Aussicht und den Gefühlen unsres Lebens der bestimmteste Gedankenkreis geworden! Nicht mehr mit Träumen von Ruhe oder Vernichtung, nicht mehr mit Ahndungen von Verwandlung und Durchwinden durch Klüfte des Todes und der Nacht, Versetzung auf den oder jenen Lichtstern, neuer Kindesgeburt in eine Sphäre wenn du den Becher der Vergessenheit getrunken – nicht mehr mit alle dem dürfen wir ringen! Du bist Mensch und sollst Mensch bleiben, Mensch aber, der sich einst zu deinem Jetzt verhält, wie die volle Ähre zum kleinen Saatkorn. Alle deine schlafende Kräfte und frohe Gefühle sollen erwecket werden: je mehr du hier zum innern Lichtkeim sammelst, desto mehr hast du dort.

Johann Wolfgang von Goethe (1749-1832) ging von Streben und Begehren des Menschen aus, um die Unsterblichkeit zu postulieren, zu der jedoch kein Beweiswissen führe[371]:

Das Vermögen, jedes Sinnliche zu veredeln und auch den totesten Stoff durch Vermählung mit der Idee zu beleben, ist die schönste Bürgschaft unseres übersinnlichen Ursprungs, und wie sehr wir auch durch tausend und abertausend Erscheinungen dieser Erde angezogen und gefesselt werden, so zwingt uns doch eine innige Sehnsucht, den Blick immer wieder zum Himmel zu erheben, weil ein unerklärbares tiefes Gefühl uns die Überzeugung gibt, dass wir Bürger jener Welten sind, die geheimnisvoll über uns leuchten und wir einst dahin zurückkehren werden.

Ich muss gestehen, ich wüsste auch nichts mit der ewigen Seligkeit anzufangen, wenn sie mir nicht neue Aufgaben und Schwierigkeiten zu besiegen böte. Aber dafür ist wohl gesorgt, wir dürfen nur die Planeten und Sonnen anblicken, da wird es auch Nüsse genug zu knacken geben.

Die christliche Religion ist ein mächtiges Wesen für sich, woran die gesunkene und leidende Menschheit von Zeit zu Zeit sich immer wieder emporgearbeitet hat; und indem man ihr diese Wirkung zugesteht, ist sie über aller Philosophie

---

370 Aus: Wie die Alten den Tod gebildet 1774, in: Sämtl. Werke, hrsg. von B. Suphan, 1877ff., Bd. 5, 674.

371 Erster Text: Gespräch mit Fr. von Müller, 29.4.1818: Goethes Gespräche, hrsg. von F. Biedermann, Leipzig²1909, II 416. – Zweiter Text: Gespräch mit Fr. von Müller, 23.9.1827: ebd. 150. – Dritter Text: Gespräche mit Eckermann, 13.2.1829: Goethes Gespräche mit Eckermann, hrsg. von F. Deibel, Leipzig 1923, 445.

erhaben und bedarf von ihr keiner Stütze. So auch bedarf der Philosoph nicht das Ansehen der Religion, um gewisse Lehren zu beweisen, wie zum Beispiel die einer ewigen Fortdauer. Der Mensch soll an Unsterblichkeit glauben, er hat dazu ein Recht, es ist seiner Natur gemäß, und er darf auf religiöse Zusagen bauen; wenn aber der Philosoph den Beweis für die Unsterblichkeit unserer Seele aus einer Legende hernehmen will, so ist das sehr schwach und will nicht viel heißen. Die Überzeugung unserer Fortdauer entspringt mir aus dem Begriff der Tätigkeit; denn wenn ich bis an mein Ende rastlos wirke, so ist die Natur verpflichtet, mir eine andere Form des Daseins anzuweisen, wenn die jetzige meinen Geist nicht ferner auszuhalten vermag.

Wilhelm von Humboldt (1767-1835), Universalgelehrter, Diplomat, nahm „Spuren des Göttlichen" in der Schöpfung wahr:[372]

Wer nun da ganz im Irdischen befangen wäre, ohne für eine höhere Welt Sinn und Gefühl zu haben, der wäre in Wahrheit elend zu nennen. Er entbehrte der höchsten und besten inneren Genugtuung und könnte in dieser Gesinnung zu keiner Vervollkommnung und eigentlichen Veredlung seines sittlichen Wesens gelangen. Es gibt aber auch eine gewisse Verschmähung der Erde und eine irrige Beschäftigung mit einem überirdischen Dasein, die, wenn sie auch nicht zu einer Vernachlässigung der Pflichten des Lebens führt, doch das Herz nicht dazu kommen lässt, die irdischen Wohltaten der Vorsehung recht zu genießen. Die wahrhaft schöne und edle Stimmung vermeidet diese doppelte Einseitigkeit. Sie geht von den unendlichen Spuren des Göttlichen aus, von denen alles Irdische und die ganze Schöpfung so sichtbar in weiser Anordnung und liebevoller Fürsorge durchdrungen ist. Man knüpft in ihr die reinen, wirklich einer besseren Welt angehörenden Empfindungen des Herzens zunächst an die menschlichen Verhältnisse an, denen dieselben auf eine würdige und nicht entweihende Weise gewidmet werden können. Man sucht so und pflanzt das Überirdische im Irdischen, und macht sich dadurch fähig sich zu dem ersteren in seiner Reinheit zu erheben. In diesem Verstande lebt man in dieser Welt für eine andere. Denn das Irdische wird bloß zur Hülle des göttlichen Gedankens, er allein ist sein eigentlicher, und nicht tief in ihm verborgen liegender, sondern hell und sichtbar aus ihm hervorstrahlender Sinn. In dieser Ansicht trennt sich dann die Seele leicht ganz vom Irdischen, und erhebt sich über dasselbe. Unmittelbar daran knüpft sich der Glaube an Unsterblichkeit und an ein jenseits des Grabes beginnendes Dasein an. Diesen trägt ein Gemüt, das im richtigen Sinne nicht für diese Welt allein lebt, nicht bloß als Hoffnung und Sehnsucht, sondern als unmittelbar mit dem Selbstbewusstsein verbundne Gewissheit in sich. Wären wir nicht gleichsam schon ausgestattet mit dieser Gewissheit auf die Erde gesetzt, so wären wir in der Tat in ein Elend hinabgeschleudert. Es gäbe keinen Ersatz für irdisches Unglück,

---

372 W. von Humboldt, Briefe „An eine Freundin", hrsg. von A. Leitzmann, 2 Bde. Leipzig ⁵1910. 16. 5. 1834, BD. II 353f.

und was noch viel beklagenswerter wäre, die wichtigsten Rätsel blieben ungelöst, und unsrem ganzen inneren Dasein fehlte, was ihm erst eigentlich das Siegel seiner Vollendung aufdrückt.

Johann Gottlieb Fichte (1762-1814), der in Jena und Berlin Philosophie dozierte, argumentierte von der Erfahrung der Liebe aus[373]:

Das lebendige Leben ist die Liebe, und hat und besitzt, als Liebe, das Geliebte, umfasst und durchdrungen, verschmolzen und verflossen mit ihm: ewig die Eine und dieselbe Liebe. Nicht die Liebe ist es, welche dasselbe äußerlich vor sich hinstellt und es zerspaltet, sondern das tut nur die Reflexion. Inwiefern daher der Mensch die Liebe ist, – und dies ist er in der Wurzel seines Lebens immer und kann nichts anderes sein, obwohl er die Liebe Seiner selbst sein kann; und inwiefern insbesondere er die Liebe Gottes ist, bleibt er immer und ewig das Eine, Wahre, Unvergängliche, so wie Gott selbst, und bleibet Gott selbst; und es ist nicht eine kühne Metapher, sondern es ist buchstäbliche Wahrheit, was derselbe Johannes sagt: wer in der Liebe bleibet, der bleibet in Gott, und Gott in ihm. Seine Reflexion nur ist es, welche dieses sein eignes, keineswegs ein fremdes Sein ihm erst entfremdet und in der ganzen Unendlichkeit zu ergreifen sucht dasjenige, was er selbst, immer und ewig und allgegenwärtig, ist und bleibt. [...] So wird ihm die Liebe eine ewig fortrinnende Quelle von Glauben und Hoffnung; nicht an Gott oder auf Gott: denn Gott hat er allgegenwärtig in sich lebend, und er braucht nicht erst an ihn zu glauben, und Gott gibt sich ihm ewig fort ganz, so wie er ist; und er hat darum nichts von ihm zu hoffen, sondern von Glauben an Menschen und Hoffnung auf Menschen. Dieser unerschütterliche Glaube nun und diese nie ermüdende Hoffnung ist es, durch welche er sich über alle die Indignation oder den Jammer, mit denen die Betrachtung der Wirklichkeit ihn erfüllen mag, hinwegsetzen kann, sobald er will, und den sichersten Frieden und die unzerstörbarste Ruhe einladen kann in seine Brust, sobald er ihrer begehrt. Blicke er hinaus über die Gegenwart in die Zukunft! – und er hat ja für diesen Blick die ganze Unendlichkeit vor sich, und kann Jahrtausende über Jahrtausende, die ihm nichts kosten, daran setzen, so viele er will.

Endlich – und wo ist denn das Ende? – endlich muss doch alles einlaufen in den sichern Hafen der ewigen Ruhe und Seligkeit; endlich einmal muss doch heraustreten das göttliche Reich: und Seine Gewalt, und Seine Kraft, und Seine Herrlichkeit.

Und so hätten wir denn die Grundzüge zu dem Gemälde des seligen Lebens, soweit ein solches Gemälde möglich ist, in Einen Punkt vereinigt. Die Seligkeit selbst besteht in der Liebe und in der ewigen Befriedigung der Liebe, und ist der Reflexion unzugänglich: der Begriff kann dieselbe nur negativ ausdrücken, so auch unsere Beschreibung, die in Begriffen einhergeht. Wir können nur zeigen, dass der Selige des Schmerzes, der Mühe, der Entbehrung frei ist; worin seine Se-

---

373 Zehnte Vorlesung 1806: Werke, hrsg. von F. Medicus, Bd. V 255.

ligkeit selbst positiv bestehe, lässt sich nicht beschreiben, sondern nur unmittelbar fühlen.

Georg Wilhelm Friedrich Hegel (1770-1831). Von einem konsequenten Durchdenken der Negation (spätere Nachfolger: des Schmerzes in Gott) und des Todes Gottes (das Hegel von Luthers Christologie übernommen hatte: Gott selbst ist gestorben am Kreuz) kam Hegel auf den Gedanken einer „Umkehrung" des Gottesprozesses[374]:

Gott ist gestorben, Gott ist tot – dieses ist der fürchterlichste Gedanke, dass alles Ewige, alles Wahre nicht ist, die Negation selbst in Gott ist, der höchste Schmerz, das Gefühl der vollkommenen Rettungslosigkeit, das Aufgeben alles Höheren ist damit verbunden. – Der Verlauf bleibt aber nicht hier stehen, sondern es tritt nun die Umkehrung ein; Gott nämlich erhält sich in diesem Prozess und dieser ist nur der Tod des Todes. Gott steht wieder auf zum Leben: es wendet sich somit zum Gegenteil. Es ist dies die Auferstehung und die Himmelfahrt Christi. Wie alles Bisherige in der Weise der Wirklichkeit für das unmittelbare Bewußtsein zur Erscheinung gekommen, so auch diese Erhebung. „Du lässest Deinen Gerechten im Grabe nicht, Du lässest Deinen Heiligen nicht verwesen." Für die Anschauung ist eben so vorhanden dieser Tod des Todes, die Überwindung des Grabes, der Triumph über das Negative und diese Erhöhung in den Himmel. Die Überwindung des Negativen ist aber nicht ein Ausziehen der menschlichen Natur, sondern ihre höchste Bewährung selbst im Tode und in der höchsten Liebe. Der Geist ist nur Geist als dies Negative des Negativen, welches also das Negative selbst in sich enthält. Wenn daher der Menschensohn zur Rechten des Vaters sitzt, so ist in dieser Erhöhung der menschlichen Natur die Ehre derselben und ihre Identität mit der göttlichen aufs höchste vor das geistige Auge getreten.
    In dieser Bestimmung liegt der Grund, dass die Unsterblichkeit der Seele in der christlichen Religion eine bestimmte Lehre wird. Die Seele, die einzelne Subjektivität hat eine unendliche ewige Bestimmung: Bürger im Reiche Gottes zu sein. Dies ist eine Bestimmung und ein Leben, das der Zeit und Vergänglichkeit entrückt ist, und indem es dieser beschränkten Sphäre zugleich *entgegen* ist, so bestimmt sich diese ewige Bestimmung zugleich als eine Zukunft. Die unendliche Forderung, Gott zu schauen, das heißt im Geiste seiner Wahrheit als einer gegenwärtigen bewusst zu werden, ist für das Bewusstsein als das vorstellende in dieser zeitlichen Gegenwart noch nicht befriedigt.

Die Textbeispiele konnten und sollten natürlich nicht dem Bereich der ganzen Eschatologie gelten; es sind Beispiele für zwei Wege, die die Theologie beider großer Konfessionen fortan prägten (und prägen), der eine ausgehend von einer in der Geschichte ergangenen, in der Bibel festgehaltenen Offenbarung Gottes,

---

374 Aus dem eigenhändig von Hegel geschriebenen Heft v. 1821: Vortrag über die Philosophie der Religion, 3.Teil: Die absolute Religion. II. Das Reich des Sohnes. III: Das Reich des Geistes.

der andere geprägt von dem Versuch, Sicheres und Bleibendes in einer vernunft-bestimmten „natürlichen Religion" ausmachen zu können. Im Verlauf des 19. Jahrhunderts setzte sich als Erbe der Aufklärung die Aufgliederung der Theologie in Sektionen und Disziplinen immer stärker durch: kritische Bibelexegese, histo-risch arbeitende Theologie- und Dogmengeschichte, Systematik, Wissenschaften praktischer Anwendung. Gleichzeitig vergrößerte sich die Distanz zwischen Na-tur- und Geisteswissenschaften. Die theologische Systematik versuchte im allge-meinen, im Kontakt mit der zeitgenössischen Philosophie zu sein, während breite Kreise der Naturwissenschaften (und der mit der Industrialisierung zusammen-hängenden technischen Wissenschaften) an binnentheologischer Arbeit und For-schung nicht interessiert waren. Darüber hinaus darf man nicht vergessen, dass die Wissenschaften im Zeichen fortschreitender Restauration (insbesondere nach der Revolution von 1848) unter starkem Druck der politischen Autoritäten stan-den (so urteilte jahrzehntelang der König von Preußen über die Rechtgläubigkeit der Theologen an seinen Universitäten).

Die beiden folgenden Textbeispiele gelten zwei Extremen: einem Naturwissen-schaftler, der versuchte, nicht-naturwissenschaftliche Argumente für das Überle-ben des Todes zu finden, und einem Philosophen, der entschieden den Himmel auf die Erde herabholte.

Gustav Theodor Fechner (1801-1887), deutscher Physiker und Naturphilosoph. Entwickelte im Spätwerk seine Theorie von der Allbeseelung des Universums. Dieser Text spricht vom Glauben an den höheren Geist. Es gab und gibt bis zur Gegenwart Naturwissenschaftler (wenn auch nur wenige), die versuchen, die Glaubwürdigkeit christlicher Glaubensinhalte mit ihrem naturwissenschaftlichen Wortschatz aufzuzeigen. Dafür Fechners Beispiel[375]:

Ja wie leicht wäre alles für den Glauben, könnte der Mensch sich nur gewöhnen; in dem Wort, womit er seit mehr als tausend Jahren spielt, dass er in Gott lebt und webt und ist, mehr als ein Wort zu sehen. Dann ist der Glaube an Gottes und sein eigenes ewiges Leben zum ewigen Leben Gottes selbst gehörig, und in der Höhe seines künftigen über seinem jetzigen Leben nur einen höhern Aufbau über einem niedern in Gott, wie er selbst schon solchen in sich hat; er fasst am kleinen Beispiel das Höhere und im Zusammenhange beider das Ganze, wovon er nur der Teil.

Die Anschauung in dir zerrinnt, und die Erinnerung steigt daraus in dir auf; dein ganzes diesseitiges Anschauungsleben in Gott zerrinnt, und ein höheres Er-innerungsleben steigt daraus in Gott auf; und wie die Erinnerungen in deinem Haupte, verkehren die Geister des Jenseits im göttlichen Haupte. Nur eine Stufe über der Stufe derselben Treppe, die nicht zu Gott, sondern in Gott aufwärts führt, der in sich zugleich den Grund und Gipfel hat. Wie leer war Gott mit je-nem leer gedachten Worte, wie reich ist Gott mit seinem vollen Sinne.

---

375 Das Büchlein vom Leben nach dem Tode 1836, hrsg. v. W. Wundt, Stuttgart 1950, 58ff.

Weißt du denn, wie das Jenseits der Anschauungen in deinem Geiste möglich ist? Du weißt nur, dass es wirklich ist; doch nur in einem Geiste ist es möglich. Also kannst du auch leicht, unwissend wie es möglich ist, an die Wirklichkeit eines Jenseits deines ganzen Geistes in einem höhern Geiste glauben; du musst nur glauben, dass ein höherer Geist ist und dass du in ihm bist.

Und wieder: wie leicht wäre alles für den Glauben, wenn der Mensch sich gewöhnen könnte, eine Wahrheit in dem zweiten Worte zu sehen, dass Gott in allem lebt und webt und ist. Dann ist es nicht eine tote, sondern eine durch Gott lebendige Welt, aus welcher der Mensch sich seinen künftigen Leib erbaut und damit ein neues Haus in Gottes Haus hineinbaut.

Ludwig Feuerbach (1804-1872), deutscher Philosoph, Religions- und Idealismuskritiker. Hatte er mit seiner Meinung, der „Himmel" habe keine religiöse Bedeutung mehr, recht?[376]

Selbst der christliche Himmel ist seiner wahren religiösen Bedeutung nach nichts anderes, als das Nichtsein des Menschen gedacht als Sein des Christen. Der Tod ist die Verneinung, das Ende aller Sünden und Fehler, aller Leidenschaften und Beschwerden, aller Bedürfnisse und Kämpfe, aller Leiden und Schmerzen. Schon die Alten nannten deswegen den Tod einen Arzt. Von diesem Gesichtspunkte aus müsste man auch als Pädagog und Seelenarzt den Tod darstellen. Das menschliche Herz versöhnt sich mit dem Tode, wenn der Kopf den Tod ihm darstellt als die Verneinung aller der Übel und Leiden, die mit dem Leben verbunden sind, und zwar notwendig: denn wo Empfindung ist, da ist notwendig auch Schmerzempfindung, wo Bewusstsein, notwendig auch Unfriede und Zwiespalt mit sich selbst. Kurz: das Übel ist so notwendig mit dem Leben verbunden, wie der Stickstoff, in dem das Licht des Feuers und Lebens erlischt, mit dem Sauerstoff der Luft. Ununterbrochene Seligkeit ist ein Traum. Wenn ich mir daher als Lebender den Tod, als Seiender mein Nichtsein, und dieses Nichtsein als die Verneinung aller Übel, Leiden und Widerwärtigkeiten des menschlichen Lebens und Selbstbewusstseins vorstelle, so trage ich unwillkürlich die Empfindung des Seins in mein Nichtsein über; ich denke und empfinde daher mein Nichtsein als einen seligen Zustand. Und der Mensch, der wie die meisten Menschen, in der Identität von Denken und Sein aufwächst und lebt, der nicht unterscheidet zwischen Gedanke oder Vorstellung und Gegenstand, hält daher dieses im Gegensatz gegen die Leiden des wirklichen Seins als Seligkeit vorgestellte und empfundene Nichtsein für ein wirkliches Sein nach dem Tode. So ist denn auch der christliche Himmel in seiner reinen, von allen anthropopathischen Zusätzen und sinnlichen Ausschmückungen entkleideten Bedeutung nichts anderes, als der Tod, die Verneinung aller Müh- und Trübsale, Leidenschaften, Bedürfnisse, Kämpfe gedacht als Gegenstand der Empfindung, des Genusses, des Bewusstseins, folglich als ein seliger Zustand.

---

376 Die Unsterblichkeitsfrage vom Standpunkt der Anthropologie 1846: Sämtliche Werke, hrsg. v. W. Bolin – F. Jodl, Stuttgart 1960, I 144-147.

Spezieller gefasst, ist der Himmel für den Christen die Verneinung, der Tod alles Unchristlichen, alles Fleischlichen, Sinnlichen, Menschlichen; denn im Himmel hört der Christ auf, Mensch zu sein, wird er Engel. Der Engel ist ja nichts anderes, als die Personifikation des abstrakten, vom Menschen abgesonderten und eben deswegen wahren, vollendeten Christen; nichts anderes als der Christ ohne Fleisch und Blut, der Christ vorgestellt als selbständiges Wesen. Wie vom platonischen Menschen, streng genommen, nach dem Tode nichts übrigbleibt, als der Philosoph als solcher, die unsterbliche Seele nichts anderes ist, als der vergegenständlichte und personifizierte Begriff der Philosophie; so bleibt also, streng genommen, von dem christlichen Menschen nach dem Tode nichts übrig, als der Christ als solcher; so ist der christliche Himmel nichts anderes als das verwirklichte, vergegenständlichte, personifizierte Christentum.

Trotz der hier gebotenen Kurze soll ein Blick noch der Himmelsdiskussion im Gefolge der englischen Aufklärung gelten. Zu dieser Aufklärung gehörte ein entschieden „deistischer" Standpunkt, der unter anderem besagte: Himmel und Hölle als reale Orte ewigen Glücks und ewiger Verdammnis existieren nicht. Dagegen formierte sich „orthodoxer" Widerspruch, der in der zweiten Hälfte des 17. Jahrhunderts zu ausgedehnten Versuchen führte, „die potentielle topographische Lage dieser Orte mehr oder weniger ‚naturwissenschaftlich' zu fundieren. Eine ähnliche Herausforderung ging von den zahlreichen Sekten aus, die intramundane Ortsbestimmungen vorgenommen hatten"[377]. Für diese Himmelsdiskussion ergab sich zunächst innerhalb der „orthodoxen" englischen Theologie die Unterscheidung zwischen Himmel als Ort und Himmel als Zustand. „Naturgemäß sahen sich die orthodoxen Theologen dazu genötigt, gegen die verbreitete Leugnung des Himmels als eines konkreten Ortes vorzugehen. Schrift und Tradition rechtfertigten, so diese Theologen, sowohl Aussagen zur Lokalisierung des Himmels wie Aussagen über die Faktizität eines himmlischen *Zustands*. Erschwerend war hierbei jedoch, dass die Ablösung des ptolemäischen Weltbildes auch den traditionellen Ort des Himmels jenseits des Fixsterngewölbes im *coelum empyreum* in Frage gestellt hatte. Die weitgehende Erforschung des astronomischen Himmels führte zusätzlich dazu, dass eine räumliche Himmelsvorstellung als theologische Kategorie fraglich wurde. Folglich vertraten viele Theologen die Meinung, der Himmel sei ein innerer, präsentischer und intramundaner Zustand der Gottesnähe"[378]. Über die kuriose Fortsetzung dieser Auseinandersetzung berichten Bernhard Lang und Colleen McDannell ausführlich[379]. Englische und nordamerikanische Theologen erfanden eine unendliche Fortsetzung der Industriearbeit als Himmel; so glaubten sie, dem Himmel als Zustand der Ruhe und der frommen Kontemplation ein Ende machen zu können.

---

377 A. Pago, „Behold, He Comes with Clouds". Untersuchungen zur eschatologischen Dichtung in der englischen Literaturgeschichte des 17. und 18. Jahrhunderts, Frankfurt 1992, 150.
378 Ebd. 157 mit Literaturangaben.
379 Der Himmel 1990, 368ff.

12. Texte zum Thema „Himmel" aus der Theologie des 19. und 20. Jahrhunderts

Einige theologische Positionen sind bereits im Kapitel 11 zur Sprache gekommen. So weit es sich um Theologie handelte, gehörten sie zur evangelischen Theologie. Dabei war es belanglos, ob sie Lehrstühle für Theologie innehatten oder nicht. Nach allgemeiner Meinung war Wilhelm von Humboldt der letzte wirkliche Universalgelehrte. Hier sollen nun zwei weitere evangelische Theologen berücksichtigt werden – jeder von ihnen ein „Radikaler".

Friedrich Daniel Ernst Schleiermacher (1768-1834) war Theologe, Philosoph und Pädagoge. Er fühlte sich als Einzelgänger zwischen zwei Fronten, der evangelischen Schulphilosophie auf der einen Seite, die große Ähnlichkeit mit der katholischen Scholastik hatte, und der Reduktion der Theologie auf Moralphilosophie auf der anderen Seite. Dazu kam der Pietismus, der ungemindert die Aufklärung überstanden hatte. Von Schleiermacher, der sich zur romantischen Strömung von Herder, Hamann usw. hingezogen fühlte, sagte man, in ihm sei die Antithese der romantischen zur aufklärerischen Bildung zur vollen Geltung gekommen. Er setzte auf den Individualismus der Romantik, aber nicht im Sinn eines egozentrischen Heilsegoismus oder Glücksstrebens. Für ihn war Religion „Sinn und Geschmack für das Unendliche", das Gefühl schlechthinniger Abhängigkeit. Diesem zuzustimmen bedeutete für ihn, die Frage nach dem Schicksal des Individuums völlig zurückzustellen, der „Sucht nach Unsterblichkeit" abzusagen[380]:

Was aber die Unsterblichkeit betrifft, so kann ich nicht bergen, die Art, wie die meisten Menschen sie nehmen und ihre Sehnsucht darnach ist ganz irreligiös, dem Geist der Religion gerade zuwider, ihr Wunsch hat keinen andern Grund als die Abneigung gegen das, was das Ziel der Religion ist. Erinnert euch, wie in ihr alles darauf hinstrebt, dass die scharf abgeschnittnen Umrisse unsrer Persönlichkeit sich erweitern und sich allmählich verlieren sollen ins Unendliche, dass wir durch das Anschauen des Universums so viel als möglich eins werden sollen mit ihm; sie aber sträuben sich gegen das Unendliche, sie wollen nicht hinaus, sie wollen nichts sein als sie selbst und sind ängstlich besorgt um ihre Individualität. Erinnert euch, wie es das höchste Ziel der Religion war, ein Universum jenseits und über der Menschheit zu entdecken, und ihre einzige Klage, dass es damit nicht recht gelingen will auf dieser Welt. Jene aber wollen nicht einmal die einzige Gelegenheit ergreifen, die ihnen der Tod darbietet, um über die Menschheit hinauszukommen; sie sind bange, wie sie sie mitnehmen werden jenseits dieser Welt und streben höchstens nach weiteren Augen und besseren Gliedmaßen. Aber das Universum spricht zu ihnen, wie geschrieben steht: wer sein Leben ver-

---

380 Über die Religion.. Reden an die Gebildeten unter ihren Verächtern. 2. Rede (1799), Hamburg 1958, 73.

liert um meinetwillen, der wird es erhalten, und wer es erhalten will, der wird es verlieren. Das Leben, was sie erhalten wollen, ist ein erbärmliches, denn wenn es ihnen um die Ewigkeit ihrer Person zu tun ist, warum kümmern sie sich nicht ebenso ängstlich um das, was sie gewesen sind, als um das, was sie sein werden, und was hilft ihnen das vorwärts, wenn sie doch nicht rückwärts können? Über die Sucht nach Unsterblichkeit, die keine ist und über die sie nicht Herren sind, verlieren sie die, welche sie haben könnten, und das sterbliche Leben dazu mit Gedanken, die sie vergeblich ängstigen und quälen. Versucht doch aus Liebe zum Universum euer Leben aufzugeben. Strebt darnach, schon hier eure Individualität zu vernichten, und im einen und allen zu leben, strebt darnach mehr zu sein als ihr selbst, damit ihr wenig verliert, wenn ihr euch verliert; und wenn ihr so mit dem Universum, soviel ihr hier davon findet, zusammengeflossen seid, und eine größere und heiligere Sehnsucht in euch entstanden ist, dann wollen wir weiter reden über die Hoffnungen, die uns der Tod gibt, und über die Unendlichkeit, zu der wir uns durch ihn unfehlbar emporschwingen.

Der dänische Philosoph und Theologe Sören A. Kierkegaard (1813-1855) mühte sich in Wort und Schrift um ein authentisches Christentum, das er durch die kirchliche Christenheit deformiert sah. Sein Gottesdenken gehört in die Nähe der alten apophatischen (negativen) Theologie: Der menschliche Verstand kann Gott nicht erkennen. Dennoch ist der Verstand unentbehrlich als Korrektur des Glaubens und als Voraussetzung für eine gelingende Selbstreflexion. Der Gott des Christentums hat sich in Jesus Christus zu erkennen gegeben, aber dies lässt sich nicht durch eine Operation des Verstandes, sondern nur durch den „Sprung des Glaubens" erkennen. Kierkegaards Radikalität kommt in seinen Tagebüchern zum Ausdruck:

Überall fast, wo der Christ mit dem Künftigen sich beschäftigt, da ist Strafe, Verwüstung, Untergang, ewige Qual und Pein das, was ihm vorschwebt, und ebenso üppig und ausschweifend wie seine Phantasie in dieser Hinsicht ist, ebenso mager ist sie, wenn die Rede ist von der Seligkeit der Glaubenden und Auserwählten, die geschildert wird als ein seliges Hinstarren mit einem dieser matten hinstarrenden Augen, mit einer großen und fixierten Pupille oder mit einem in Feuchtigkeit schwimmenden Blick, der alles klare Sehen verhindert. Da ist keine Rede von einem geistigen kräftigen Leben; das Schauen Gottes von Angesicht zu Angesicht, das ganze Erkennen im Gegensatz zu dem Sehen hier auf Erden in einem Spiegel und einer dunkeln Rede, das hat sie nicht mehr beschäftigt. Das kommt mir so vor, wie die Liebe in einer gewissen Art von Romanen behandelt wurde. Nach einem langwierigen Kampf mit Drachen und wilden Tieren glückte es endlich dem Liebenden, in die Arme seines Mädchens zu fallen, und da fiel auch der Vorhang vor einer ebenso prosaischen Ehe wie alle anderen, anstatt dass da doch wohl nun ein Zuwachs an Liebe erwachen sollte, ein innerliches sich gegenseitig ineinander Spiegeln. Mir ist immer die Vorstellung weit wohltuender vorgekommen: versammelt zu sehen der ganzen Welt große, ausgezeichnet begabte Männer, die in das Rad der menschlichen Entwicklung eingegriffen haben; für mich ist der Gedanke begeisternd gewesen an eine solche – im tiefsten Sinne – Hochschule des Menschengeschlechts, an eine solche wissenschaftliche Republik, wo wir – unter ewigem Kampf zwischen den Gegensätzen – in jedem Augenblick an Erkenntnis wüchsen; wo der Vergangenheit oft verborgene und wenig bekannte Ursachen und Wirkungen in ihrem vollen Licht entschleiert würden[381].

Bloß weil ein Mann auf dem Land Pfarrer für einige Jahre sein soll, so erkundigt er sich im voraus, um der Gesellschaft willen, was für Familien draußen leben: sollte es nicht doch wichtiger sein, zu bedenken, mit was für Menschen man in der Ewigkeit zusammenleben werde, und dafür zu sorgen, dass man in gute Gesellschaft komme?[382]

Zu Matth 12,36. Der Mensch soll nach der Lehre des Christentums in Gott aufgehen, nicht durch ein pantheistisches Verschwinden, nicht durch ein Auslöschen aller individuellen Züge im göttlichen Ozean, sondern auch durch ein gesteigertes Bewusstsein: „Ich sage euch aber, dass die Menschen müssen Rechenschaft geben am Jüngsten Tage von einem jeglichen unnützen Wort, das sie geredet haben", und wenn auch die Gnade die Sünde abwäscht, so geht doch die Vereinigung mit Gott in der durch diesen ganzen Prozess abgeklärten Persönlichkeit vor sich[383].

Zu Lk 24,13-35: Emmaus. Die Rettung ist für den Trauernden unsichtbar immer unterwegs. Das ist im Grund allezeit der Fall. Das Höchste ist einem Menschen am allernächsten – aber seine Augen sind verschlossen. So folgt das Höchste und die Ewigkeit einem Menschen durch die verschiedenen Alter seines Lebens, er wird nicht recht aufmerksam darauf, er sieht nicht genau genug hin, sondern ist vor lauter Wünschen und Trachten so geschäftig. – So geht die Jugend und das Mannesalter dahin; aber erst wenn es Abend wird und der Tag sich neigt, kommt das Verständnis, dass das Höchste einem Menschen am allernächsten liegt, dass es an seiner Seite mit ihm durchs ganze Leben gegangen ist, während er es nie gewürdigt hat – gebe Gott, dass es jetzt „bei ihm bleibt"[384].

Du bist also unsterblich! Gib dir keine Mühe, daran zu zweifeln, mache Dir vielmehr bewusst: Du bist unsterblich. Du fährst von hinnen – und die Ewigkeit ist nicht das Land der Schatten, sondern der Klarheit und Durchsichtigkeit, wo alles offenbar und licht wird. Bedenke wohl, dass es auch bei der Beichte so ist. Du stehst allein vor Gott, und Er ist eitel Klarheit; Er wohnt in einem Licht, das

---

381 Sören Kierkegaard. Die Tagebücher 1834 – 1855. Ausgewählt und übertragen von Theodor Haecker, München 1949, 47 (Text von 1835).

382 Ebd. 231 (Text von 1847).

383 Sören Kierkegaard, Randbemerkungen zum Evangelium. Aus den nachgelassenen Schriften ausgew. und übers. von F. Hansen-Löwe, München 1956, Das Neue Testament (biblische Betrachtungen), 33 (Text von 1837).

384 Ebd. 92 (Text von 1847).

keiner durchdringt. Benutze den Augenblick, um freiwillig ganz offenbar zu werden; nachher ist es zu spät, wenn Du in Ewigkeit dazu gezwungen wirst[385].

Thema: Wenn die Welt sich einem Menschen verschließt – dann öffnet sich ihm der Himmel.

Einleitung: Das Tier sieht überhaupt den Himmel nicht. Der aufrechte Heide sah den Himmel [†]; aber den Himmel offen sieht nur der Christ, besonders der Märtyrer. Für ihn verschließt sich auch die Welt im größtmöglichen Ausmaß.

[†] Auf der anderen Seite muss gerade vom Heidentum gesagt werden, dass ihm der Himmel verschlossen ist – aber die Welt ihm um so mehr offen. Das eine entspricht dem anderen. Entweder – Oder! Wem sich die Welt öffnete, dem schließt sich der Himmel; wem sich die Welt verschließt, dem öffnet sich der Himmel. – Jetzt kannst Du wählen[386].

Christentum – Judentum:
So wird das Geschwätz der Geistlichen zunichte, dass man wirklich den Verlust des Irdischen ertragen könne, wenn man das Ewige hat. Der Geistliche (der sich, was ihn selbst betrifft, auf etwas Derartiges natürlich nicht einlässt, sonst könnte er so nicht verkehrt reden), er merkt nicht, dass es nicht so geht. Ich muss gerade verlieren und das Irdische um des Trostes der Ewigkeit willen aufgeben. Ich beginne nicht damit, den Trost der Ewigkeit zu haben, um später dann zu verzichten und das Irdische aufzugeben; nein, ich beginne mit der Entsagung, und in diesem Leiden wird das Ewige wirklich für mich. Sobald die Ewigkeit mich tröstet, habe ich das Irdische aufgegeben[387].

Unsterblichkeit:
Einer unserer Dichter (Ingemann) soll der sentimentalen Ansicht sein, auch jedes Insekt sei unsterblich.

Man könnte versucht sein zu sagen: „Der Mann hat recht; wenn nämlich die Menschen, wie sie heutzutage geboren werden, en masse unsterblich sind, dann scheint es nicht unbillig, daß auch die Insekten unsterblich seien". Das ist so richtiges Teewasser-Gerede, so herzlich und rührend; echtes Geistlichengeschwätz, das sich immer dadurch auszeichnet, auf herzliche Weise alle Begriffe so zu verwässern, daß sie zu nichts, ja fast widerlich werden. Unsterblichkeit war einmal ein hohes Ziel, zu dem die Heroen des Geschlechts aufsahen und vor dem sie demütig bekannten, dieser Lohn sei so außerordentlich, daß er in keinem Verhältnis zu ihrem angestrengtesten Streben stehe.

Und heute ist jede Laus unsterblich!

---

385 Sören Kierkegaard, Christentum und Christenheit, München 1957. Aus Kierkegaards Tagebüchern ausgewählt und übersetzt von Eva Schlechta, 291 (Text von 1851).
386 Ebd. 315 (Text von 1851).
387 Ebd. 324f. (Text von 1852).

In Wirklichkeit hätte Ingemann Geistlicher sein sollen, auf dem Rücken und auf dem Bauch in Samt eingebunden und mit einer Goldquaste auf der Schulter[388].

Das Christentum der Christenheit:
So wird ein Kind im Christentum erzogen: Gehe Du nur ganz ruhig hinaus in die Welt. Im Himmel sitzt ein allmächtiger Gott, und wie unglücklich es sich auch im Leben für Dich wendet, bete nur zu ihm, und Du wirst sehen, Er hilft Dir!
Dass das Christentum sein soll, ist eine abscheuliche Lüge. Nein, Christentum ist: Im Himmel sitzt eine allmächtige Liebe, die, selbst liebend, geliebt werden will und die zu diesem Zwecke will, dass Du sterben sollst; just Er ist Dein Todfeind; alles, was Du unmittelbar liebst, hasst Er; zu Ihm solltest Du, wenn es sich machen lässt und wenn Du klug bist, möglichst nicht von dem reden, was Du wünschst und fürchtest, denn Er will Dir nur helfen – zu sterben[389].

Kierkegaard wirkte und wirkt bis zur Gegenwart immer wieder aufrüttelnd, aber eine eigentliche Schule ist auf ihn nicht zurückzuführen. In der evangelischen Theologie des 19. Jahrhunderts entstanden mehrere „Schulen". Anhänger Hegels suchten das Endziel der Menschheit nicht im Jenseits, sondern in der Geschichte[390]. Die Eschatologie wird – versuchsweise – konsequent präsentisch verstanden. So kann man prononcierte Formulierungen treffen wie: „Die Seligkeit, die unendliche Bestimmung des Menschen, ist nichts anderes als seine Bestimmung zum Leben im Geist, im Glauben und in der Liebe, vermittelt durch den Geist Jesu Christi. Sie ist als das ewige Leben absolut gegenwärtig"[391]. Um das „Leben der Abgeschiedenen" kümmerte sich (unter Widerspruch gegen Schleiermacher) die „heilsgeschichtliche Schule". Die Fortdauer der menschlichen Personalität wird begründet durch die Gottebenbildlichkeit des Menschen und mit der Selbigkeit des Geistes in Gott und im Menschen[392]. In anderen theologischen Schulen (Liberale Theologie, religionsgeschichtliche Schule, konsequente Eschatologie) außerhalb einer pietistisch geprägten Reich-Gottes-Theologie wird die Eschatologie unausweichlich auf die „Restfrage" nach der Unsterblichkeit der Seele reduziert[393].
In der zweiten Hälfte des 19. Jahrhunderts fehlten die traditionellen Standards der Eschatologie in der evangelischen Theologie nicht, aber es ergaben sich, was das Thema „Himmel" angeht, keine neuen Gesichtspunkte. Die Spannung zwischen einer universalen und einer individuellen Eschatologie, Erbe des Neuen Testaments, kam in den Darlegungen zum Reich Gottes, zur Persönlichkeit und

---

388 Ebd. 381 (Text von 1854).
389 Ebd. 409 (Text von 1854/55).
390 Vgl. dazu I. Escribano-Alberca, Eschatologie. Von der Aufklärung bis zur Gegenwart (HDG IV 7d), Freiburg i. Br. 1987, 125ff.
391 Ebd. 127.
392 Ebd. 135.
393 Ebd. 138.

Gottebenbildlichkeit des Individuums und in Ausführungen zur ethischen Verantwortung zur Geltung, aber nähere Ausführungen dazu wurden dem Bereich der „subjektiven" Auslegung der biblischen Texte überlassen[394].

In der katholischen Theologie hatte die Aufklärung noch weit ins 19. Jahrhundert hinein ihre Nachwirkungen. Die Betonung der moralischen Bildung der Menschen wurde in den eschatologischen Gerichtsgedanken eingebracht. Man mühte sich um den Aufweis der Vernunftgemäßheit der Auferstehung der Toten, aber vor allem war man der Meinung, die „größte Wahrheit des Christentums" mit der Idee von der Unsterblichkeit der Seele in Einklang bringen zu können[395]. Die Glaubensaussagen von der Auferstehung Jesu und der Auferweckung der Toten galten als „bedeutende Zeichen", die die Lehre von der Unsterblichkeit der Menschenseele „anschaulich" machen sollten[396]. Singulär war die Verbindung der Theologie der Gnade mit der Gegenwart der Seligkeit bei Matthias Joseph Scheeben (1835-1888): „Immerhin ist es also wahr, dass wir erst im Lichte der Herrlichkeit vollkommen selig sein werden. Da aber die Gnade die Anlage zur Glorie, sozusagen deren Wurzel ist, und da wir durch das Licht des Glaubens wenigstens einen Einblick in die Geheimnisse des ewigen Lebens besitzen, so können wir schon hier trotz aller Unvollkommenheit wahrhaft selig sein"[397].

Vor allem aber stand die katholische Eschatologie zunehmend im Zeichen der auch amtlich nahegelegten Neuscholastik. Es wurden üppige „Beweise" für Einzelheiten des Lebens nach dem Tod aus Schrift, Patristik und Mittelalter angeführt, aber ohne Berücksichtigung der eigentlichen Geschichtswissenschaft und der Exegese. Die Spekulation wandte sich ausgiebig der Kosmographie zu. Der Traktat „Von den letzten Dingen" ließ kaum mehr ein Gespräch mit zeitgenössischem Denken zu. Als ein Beispiel der neuscholastischen Sicht auf dieses Stück der Glaubenslehre sei eingehend ein Text von Joseph Bautz (1843-1917) zitiert[398] (mit Zusammenfassungen vom Bearbeiter):

Das Werk ist eingeteilt in: Die natürliche und übernatürliche Ausstattung des seligen Geistes. Die Anschauung Gottes und ihre Objecte. Die ewige Seligkeit, ihre Substanz, Proprietäten und Beigaben.

Das natürliche Erkennen des Geistes. Mit dem Tod nehmen die Potenzen der Seele eine veränderte Gestalt an. Die vegetativen und sensitiven Potenzen haben im „Compositum" ihr Subject; da das Compositum aufgehört hat, hört die Tätigkeit dieser Potenzen auf, sie bleiben nur als Keime in der Seele zurück und können sich voll wieder entwickeln, wenn das Compositum wiederhergestellt wird. Da die Potenzen Intellect und Wille in der Seele allein ihr Subject haben, bleiben sie als thätige Potenzen in der *anima separata* bestehen. Somit ist die Vor-

---

394 Ebd. 141, 148.
395 Ebd. 167-183.
396 Ebd. 183.
397 M. J. Scheeben, Die Herrlichkeiten der göttlichen Gnade 1863, Freiburg i. Br. 14. Aufl. 1925, 72. I. Escribano-Alberca, a.a.O. 204f.
398 J. Bautz, Der Himmel. Speculativ dargestellt, Mainz 1881, mit kirchlicher Druckerlaubnis.

stellung eines Seelenschlafes bis zur Auferstehung schon pilosophisch „ungereimt"
(1). Die sinnliche Wahrnehmung hat aufgehört. Das Erkennen hat rein geistige
Form angenommen. Die *anima separata* erkennt sich selbst unmittelbar durch ihre geistige Substanz und alles, was in ihr erkennbar ist: Bestimmungen, Potenzen,
Thätigkeiten, sie erkennt sich comprehensiv und darum erkennt sie auch vollkommen ihr Verhältniß zu Gott (von Gott erschaffen, fortwährend im Dasein
erhalten, erkennt sich als Ebenbild seines unendlichen Wesens, daher erkennt sie
zugleich Gottes Dasein und Wesen, die übrigen Dinge der Schöpfung und die
Engelwelt) (3).

Sie erkennt auch alle andern seligen Geister. „Nun aber bilden die seligen
Himmelsbewohner eine innige und heilige Gemeinschaft; sie sind durch das
Doppelband der Natur und der Gnade auf's innigste mit einander verbunden.
Jeder einzelne hat demnach das lebhafteste Interesse, alle Glieder dieser heiligen
Gemeinschaft, alle seine Brüder und Freunde zu erkennen" (3). [Es folgt weiteres
über die Art und Weise dieser Erkenntnis.] „Wenn also das leibliche Auge sich
geschlossen, tritt die Seele nicht blind in dunkle Nacht hinaus. Durch göttliches
Zuthun öffnet sich ihr sofort ein anderes Auge und leuchtet ihr sofort ein anderes
Licht. Offenen Auges schaut sie eine neue, lichte Welt, das erhabene Reich der
Geister" (4). Die *anima separata* erkennt auch die übrigen Menschenseelen er-
schöpfend in ihrer ganzen Erkennbarkeit (die Engel aber nicht comprehensiv,
sondern nur intuitiv).

Die seligen Geister im Himmel bilden eine liebende Gemeinschaft, darum erkennen und schauen sie sich. Dazu sind Gedankenaustausch und Sprache nötig.
Mit jemand sprechen heißt nach Thomas, ihm unsere inneren Gedanken kund-
zumachen. Dagegen besteht eine doppelte Schranke: der Wille des Menschen, der
sein Inneres nicht offenbaren will, und die Leiblichkeit, die das Innere verbirgt.
Das überwindet der reine Geist durch den Willen (6). Über die nähere Erklärung
disputieren die Theologen (7).

Auch von der sichtbaren Welt hat die *anima separata* Kenntniß. „Denn was
der Mensch hier auf Erden gelernt und gewußt hat, geht ja im Tode nicht verloren" (9). „Gott flößt (der *anima separata*) diejenigen Erkenntnißbilder ein, durch
welche sie successiv, nach Maßgabe der objectiven Entwickelung, erkennt, was sie
interessirt, die Familie, die Communität, der sie angehörte oder vorstand, die einzelnen Personen, ihre Schicksale, ihre Thaten, ihre Freuden und Leiden" (10).
Aber nicht die geheimen Gedanken und Willensentschlüsse anderer Menschen-
geister! Die Dinge der Zukunft, für die er sich interessiert, und zwar sobald sie
sich verwirklichen.

Außer diesem natürlichen Erkennen eignet der Seele die übernatürliche, unmittelbare Anschauung Gottes. Dazu kommt vom Tage der Auferstehung an die
sinnliche Wahrnehmung. Mehrere Dinge können zugleich wahrgenommen werden! (12). Thomas sagt, warum diese Aktivitäten sich nicht gegenseitig behindern
(13).

Das natürliche Wollen des seligen Geistes. Der Wille des Seligen ist seiner
natürlichen Verfassung nach im Guten, in der Liebe des höchsten Gutes befestigt

(14f.). „Denn der Mensch liebt mit physischer Nothwendigkeit seine Glückselig-keit" (15). Nach der Erkenntniß des einzig wahren, höchsten Gutes ist Abfall nicht mehr möglich. Die *anima separata* liebt alles, was mit ihm in Verbindung steht, sich selbst und alles andere geschaffene Gut, sofern es an der Güte des höchsten Gutes participirt. Weil die menschliche Seele die Wesensform des Lei-bes ist, richtet sich der natürliche Trieb der Seele auf die Wiedervereinigung mit ihrem Leibe. Aber: „Die Substanz der Seligkeit besteht in der Bethätigung der höheren Vermögen, in der vollkommenen Erkenntniß und Liebe des höchsten Gutes, und dieser Seligkeit ist auch die *anima separata* fähig" (16). Der natürlich und übernatürlich vollendete Leib wird die Seligkeit nicht stören, sondern stei-gern (16).

Die *anima separata* befindet sich in einem beschränkten Raume, denn jedem beschränkten Sein entspricht auch ein beschränkter Raum. Sie kann sich localiter bewegen. Diese Bewegung von Ort zu Ort beansprucht meßbare Zeit, aber ver-schwindend kleine. Die vom Körper befreite Seele bewegt sich mit der Schnellig-keit des Blitzes, ja mit der Schnelligkeit des Gedankens von Ort zu Ort, vom Himmel zur Erde (17). Unter dem Concurse der göttlichen Macht ist die Seele im Stande, Körper zu bewegen, etwa einen Leib anzunehmen und den Menschen sichtbar zu erscheinen (17).

„Die heiligmachende Gnade geht mit in's Jenseits hinüber. Sie ist ja das hoch-zeitliche Kleid, ohne welches niemand an der himmlischen Hochzeitsfeier theil-nehmen kann" (18). Der theologische Glaube bleibt im Jenseits nicht bestehen, an seine Stelle tritt der Act des Schauens. „Mit dem theologischen Glauben nimmt auch die theologische Wissenschaft ein Ende" (19). Nur die Erinnerung an sie bleibt (19). Endliche Mysterien können erkannt werden, übernatürliche nur durch übernatürliche Einflößung, das *lumen gloriae* (20). „Auch die Hoff-nung findet ihre Endschaft"; die Bewegung wird zur Ruhe (21). „Die theologi-sche Liebe geht niemals aus" (22). „Die himmlische Liebe ist mit der seligen An-schauung verbunden; sie ist also dem Geliebten nicht mehr fern, wie in *statu viae*; sie hat ihn unmittelbar und sichtbar gegenwärtig und ist durch diese unmittelba-re, sichtbare Nähe und durch den lebendigsten Verkehr auf's engste und innigste mit ihm verbunden. ... Der Act der irdischen Liebe endlich bringt es nie zu jener Gluth des Affectes, dessen die Liebe fähig ist; die vielen Unvollkommenheiten dieses Lebens hemmen und lähmen die Liebe in ihrem Fluge, kühlen ihre Gluth und halten die auflodernden Flammen nieder. Zudem ist der Geliebte fern, er zeigt sich nicht in seiner Liebenswürdigkeit und unermeßlichen Schönheit. Aber im Himmel hat aufgehört, was unvollkommen war, und der Schleier ist gehoben, der das höchste Gut verbarg. Darum liebt die himmlische Liebe nach Maßgabe ihres ganzen Könnens, sie schwingt sich hinauf zum höchsten Fluge, sie entzün-det und unterhält ohne Unterbrechung, ohne Minderung, ewig, eine Gluth, die der ganzen Fülle ihrer Kraft entspricht" (23). Mit derselben Liebe liebt der Selige die Geschöpfe (24).

Die sieben Gaben des Heiligen Geistes, die moralischen Tugenden. Zur Weis-heit: „Mit diesem höchsten Maßstabe, mit göttlichem Maßstabe prüft und beurteilt die Seele auch das Geschaffene. Nur Gott allein will sie anhangen; alles andere hat nur dadurch Werth für sie, daß es Gott darstellt, sein Bild und seine Spur. Nichts schmeckt ihr, nichts genügt ihr, als nur Gott allein" (26). „Wie der Baum ein reiches Gezweige erspließen läßt, Laub und Blüthen; wie die Sonne nach allen Seiten hin den Flammenschmuck ihrer Strahlen entsendet, so wachsen aus der heiligmachenden Gnade die Habitus der Tugenden hervor und schmücken die Seele in allen ihren Kräften; so ergießt die Sonne der Gnade, die den himmlischen Geist verklärt, nach allen Seiten hin herrlichen Strahlenglanz, der alle Theile und Potenzen der Seele durchfluthet, damit die ganze Seele und alles in ihr ganz himmlisch und ganz göttlich sei" (30).

Das Licht der Glorie, Nothwendigkeit und Wesen. Die heilige Schrift schließt eine Anschauung Gottes mit dem körperlichen Auge und durch die natürliche Kraft des Intellects als unmöglich aus. Das Geschöpf kann Gott nur schauen, wenn es an Gottes eigenthümlicher Natur Antheil gewinnt (35).

Weil es in Gott keine Accidenzien, also auch keinen Schleier von Erscheinungen gibt, so werden wir sein Wesen nicht etwa in bloß allgemeinen Grundzügen erkennen, sondern in seiner ganzen und vollen Individualität und Eigenart, also intuitiv, klar und deutlich, und können sonach die *visio Dei* definieren als die *intuitiva et clara cognitio divinae essentiae ut est in se* (Berufung auf Ch.-R. Billuart OP, † 1757, und F. Suarez SJ, † 1617) (40). Das geht über natürliche Vermögen hinaus. Eine wesentlich höhere, übernatürliche Ausrüstung ist nötig = das Licht der Glorie. Durch es wird Gott in seiner Wesenheit dem geschaffenen Geist unmittelbar sichtbar (41). Es ist ein Dogma von Vienne. Das Lumen ist eine dispositio in Form eines Habitus (= etwas Permanentes).(44)

Zweiter Abschnitt. Die Anschauung Gottes und ihre Objecte. § 6: Realität der seligen Anschauung und der Moment ihres Eintrittes.

Mit Benedikt XII. ist mit dem Tod ein sofortiger Eintritt gegeben, kein unentschiedener Zustand (53f). Je mehr ein Object sich von der Materialität entfernt, desto erkennbarer wird es sein, und Gott, der absolute Geist, ist folglich am allermeisten erkennbar (58), und zwar nicht vermittelt durch eine geschaffene Species, sondern die göttliche Wesenheit vereinigt sich unmittelbar mit dem Erkenntnisvermögen (62), sie ist zugleich Object und Mittel. Die göttliche Wesenheit verbindet sich mit dem Intellect, und dabei ergießt sich das lumen gloriae in dem Intellect, und dadurch verbindet sich die göttliche Wesenheit mit ihm (63). Ein geistiges Sprechen ist nicht notwendig (70). – Der Zustand der Vollendung fordert, „daß alle natürlichen Potenzen des Menschen, soweit es mit dem Zustande der übernatürlichen Vollendung sich verträgt, von allen Unvollkommenheiten befreit, welche in der Sünde wurzeln, in einer ihrer Natur entsprechenden, aber durchaus vollendeten Weise thätig seien" (75).

Gott kann in erschöpfender Weise (comprehensiv) von keiner Creatur erkannt werden; er ist incomprehensibilis, lehrt die Kirche (78f). (12 Homilien von Chrysostomus über die Unbegreiflichkeit der göttlichen Natur.) Alles, was Gott möglicherweise wirkt und wirken kann, ist der Kreatur unzugänglich (81). – Alle Seligen schauen das göttliche Wesen klar und intuitiv an, „aber nach Maßgabe des

Verdienstes mit unterschiedlicher Vollkommenheit" (Florenz, Trient D 588, 870, 875; Bautz 82). Die Möglichkeit des Actes der Anschauung und der Grad seiner Vollkommenheit hängen ganz allein vom Maß des Glorienlichtes ab (85f.). Im Himmel sind zahllose Gradunterschiede in der Anschauung Gottes (87).

Das primäre Object der unmittelbaren Anschauung ist der Eine und Dreieinige Gott in der ganzen Vollkommenheit seines unendlichen Wesens (88), alle göttlichen Attribute und deren Identität mit der göttlichen Wesenheit (90f). Die geschöpflichen Dinge sind das secundäre Object der Anschauung Gottes, weil und insofern Gott die Ursache aller Dinge ist (93f). Die Seligen schauen nicht nur im allgemeinen, was Gott alles möglich ist, sondern auch im einzelnen die Welt des Möglichen, der eine freilich vollkommener als der andere (99f.). Aus der Welt des Wirklichen schaut der eine mehr, der andere weniger (103). Die Seligen erkennen im göttlichen Wesen alles, was zu wissen sie ein natürliches oder übernatürliches Interesse haben; den Menschen zuerst als Glied der übernatürlichen, dann der natürlichen Weltordnung, dann als einzelne Person (105). „Die Seligen erblicken im Spiegel des göttlichen Wesens ein Bild der gesamten Schöpfung. Sie schauen die himmlische Wohnstätte, die Gottes Hand ihnen aufgebaut; sie schauen alle diejenigen, die ihre Mitgenossen sind im Hause des Herrn, die heiligen Engel und die anderen Genossen ihrer Seligkeit; sie schauen das Firmament, das Gottes Hand ausgespannt, die Sonne, den Mond und die übrigen Himmelskörper, ihren Lauf und die geheimnisvollen Kräfte, durch welche sie bewegt werden. Sie schauen endlich ihre ehemalige Wohnstatt, die Erde, zugleich mit ihr die zahllosen Gattungen und Arten von Wesen, mit denen sie geschmückt ist, insbesondere die Menschheit in ihren mannigfachen Schicksalen, in ihrer wunderbaren Leitung durch Gottes Hand zum eigenen Heile und zum Ruhme des Allerhöchsten" (107f.). Die Anschauung Gottes, einmal angefangen, endet nie und wird nie unterbrochen (109). Jeder Fortschritt in der Erkenntnis ist ausgeschlossen (110). Letztes Ziel und vollkommene Glückseligkeit schließen jede Änderung aus (111).

Dritter Abschnitt. Die ewige Seligkeit. Ihre Substanz, Proprietäten und Beigaben. Die negative Seite der himmlischen Seligkeit: Freiheit vom Übel. Die positive Seite: Überfülle aller erdenklichen Freuden. „Ein inniges Freundschaftsband umschließt aller Herzen; süßer Himmelsfriede in jeglicher Brust; wonnevoll der Blick auf die eigene und aller anderen Seligen natürliche und übernatürliche Schönheit; entzückend schön die Betrachtung der Himmelsstadt Jerusalem in ihrer von den heiligen Büchern so anziehend geschilderten blendenden Pracht; dazu dann endlich, als vollendende Krone, die Anschauung Gottes von Angesicht zu Angesicht" (121). Die heiligmachende Gnade versetzt unsere Seele in die göttliche Sphäre; eine neue, spezielle Freundschaft Gottes, die Seele ist „gottgeartet" (124f.). „Die Seele, als himmlische Braut, schließt mit Christus, dem himmlischen Bräutigam, einen heiligen, unauflöslichen Bund. Gott der Herr aber, der Vater der Braut, stattet die Braut mit reicher und herrlicher Mitgift, mit übernatürlichen Gnaden und Gaben aus, nicht etwa zu dem Zwecke, damit die Seele fähig sei, die Bürde dieses mystischen Ehebundes zu tragen, sondern damit sie Kraft gewinne, ganz und voll und ewig die unaussprechliche Süßigkeit fassen und genießen zu können, die in reichem Strome diesem heiligen Liebesbunde entquillt" (127). Die Seligkeit besteht wesentlich in einer Tätigkeit (128). „Das Wesen der himmlischen Seligkeit setzt sich also aus zwei Constitutiven zusammen, aus der Thätigkeit des Intellectes und der des Willens" (134f.). Die himmlische Freiheit hat alles Unvollkommene abgestreift. „Sie befindet sich in der seligen Nothwendigkeit, nicht mehr sündigen zu können, Gott immer und ewig lieben zu müssen", hat aber die Freiheit zu allem Guten (143).

Der Leib ist für die Seligkeit (Anschauung Gottes = rein geistige Tätigkeit) nicht notwendig, aber die Seligkeit gewinnt durch ihn einen „accidentellen Zuwachs" (151). [Bautz vertritt nachdrücklich die „anima separata"]. „Wiedervereinigung" der Seele mit ihrem Leib. Der Leib der Seligen: „Er wird ein organischer, wahrhaft menschlicher Leib sein, ausgestattet mit allen jenen Theilen, Gliedern und Organen, die als naturgemäße Bestandtheile zu seinem Aufbaue und zur Bethätigung seines Lebens erforderlich sind" (154), in „idealer Schönheit", vollste Verwirklichung der Idee des Menschenleibes, „Wohlbefinden" (155). „Würde also der verklärte Mensch dem Feuer ausgesetzt werden, so würde er, durch höhere Kraft die kleinsten Theilchen seines Leibes und jede Bewegung in ihnen ganz und gar beherrschend, nicht den leisesten Schmerz empfinden; würde er in Wasserfluthen untertauchen oder in luftleeren Räumen sich bewegen, er würde weder ertrinken noch ersticken, da er gemäß der ganzen Verfassung seines Leibes auch der Athmung nicht bedarf; würde man mit dem Schwerte auf ihn eindringen, er würde nicht verwundet werden" (160f.). Er verfügt über progressive Bewegungsart; kann auf dem Wasser wandeln, frei im Raum schweben, in beliebiger Geschwindigkeit (161). Gegenseitiges Durchdringen der Leiber (162). Das Schönste in der sichtbaren Schöpfung ist das Licht, es ist der Schmuck des auferstandenen Leibes (163). Die Heiligen können verschiedenes Licht in den unterschiedlichsten Farben entsenden (165), besonders geschmückt ist ihr Kopf (Krone, Heiligenscheine: 166ff). Freundschaft zu Jesus Christus, Maria, dem Schutzengel (169); gegenseitige Beglückwünschung, Austausch der Freude, der Liebesaffecte, der Erkenntnisse; süße Unterhaltung über Vergangenheit, Gegenwart und Zukunft; gemeinsame Danksagung und Fürbitte (171). „Der Anblick der Verdammten in der Hölle ist nicht im Stande, die Freude der Seligen auch nur im geringsten zu trüben. Im Himmel gibt es kein falsches Mitleid mehr und keine krankhafte Sentimentalität" (172). Der Himmel ist eine „beschränkte Räumlichkeit oder Örtlichkeit", ein „körperlicher Raum" (174). „Wo der Himmel sei ist ungewiß. Im allgemeinen erscheint die Annahme wohl begründet, daß wir ihn irgendwo in der Region der Sterne zu suchen haben" (177). Weil wir Pflanzen und Tiere zum leiblichen Leben brauchen und im jenseitigen Leben keiner Speise mehr bedürfen, „so werden Pflanzen und Thiere, weil beide zwecklos, ein Ende nehmen", so Thomas [anders Bautz], Freude an der Harmonie (181). Die Schöpfung ist in ihrer Totalität zur Unvergänglichkeit berufen (183). Pflanzen und Tiere werden ohne Nahrung und ohne Fortpflanzung sein (185).

Da es am sektiererischen Rand der katholischen Kirche massive Bestrebungen gibt, den Thomismus wieder zu beleben, verdienen Bautz' Ausführungen eine gewisse Aufmerksamkeit.

Die großen Erschütterungen, ja Menschheitskatastrophen des 20. Jahrhunderts führten zu Besinnungen über die Aufgaben der Theologie und zu Versuchen, ihre Sprache zu erneuern. Dazu wurde ein verantwortungsvoller Umgang mit biblischen Texten für notwendig erachtet.

Damit verbunden waren (und sind) auch Bemühungen, die Rede vom „Himmel" zu „erden", ein Verständnis von der menschlichen Erfahrungswelt her zu ermöglichen. Als ein Beispiel einer derart erneuerten Rede vom „Himmel" seien hier Ausführungen des Schweizer katholischen Theologen Josef Staudinger aus dem Jahr 1939 zitiert[399]:

Was Menschen vom Himmel fragen[400]

Der Himmel ist überall dort, wo der Strom des göttlichen Lebens einmündet in eine begnadigte Seele. Weil die vom Körper befreite Seele aber aus sich heraus raumlos ist, so ist auch der Himmel, so gefasst, nicht Raum, sondern Zustand des unaussprechlichen Einswerdens zwischen Gott und Seele.

Aber die Beseligung des Menschen soll über seine Seele hinweg auch übergreifen auf seinen Leib.

Der Leib des Menschen ist nun aber raumgebunden, ja stellt schon für sich selbst einen Raum dar; denn Raum ist nichts anderes als Ausdehnung, beziehungsweise gegenseitiger Abstand ausgedehnter Wesen. Somit wäre durch das Zusammensein der Seligen in ihren verklärten Leibern allein schon der Himmel als Raum gegeben. Nun wird nach der Schilderung der Heiligen Schrift aber auch dieser Körper selbst wiederum in jedem seiner Sinne und Vermögen beseligt und mit Glück erfüllt. Die Sinne aber finden ihre Stillung im Körperlichen. Daher ist der Himmel auch aus diesem Grunde räumlich zu denken, als himmlisches Paradies, das an Schönheit alles übersteigt, was man sich auf Erden vorstellen mag.

Wo aber ist nun dieses himmlische Paradies?

Auf irgendeinem der Myriaden und Myriaden von Sonnen und Sternen unseres Weltraumes? Oder etwa, wie Secchi und andere Astronomen dachten, in dem sternenlosen Mittelpunkte des Weltenraumes, um den alle Sonnen und Sterne und Milchstraßensysteme und Welteninseln unaufhörlich kreisen? [...]

Dem Sinne dieser Stellen [aus dem NT: Röm 8; 2 Petr 3] gemäß wäre mit dem Menschen auch die gesamte Schöpfung vom Fluche getroffen und könnte daher nicht die Stätte der Seligen in sich schließen. Denn, wenn irgend etwas, dann müsste doch wohl der Himmel unberührt geblieben sein von dem Fluche der Sünde.

---

399 Das Jenseits. Schicksalsfrage der Menschenseele, von Dr. Josef Staudinger, Einsiedeln – Köln 1939. Lebensdaten des Autors sind nicht bekannt.

400 Ebd. 172ff.

Dann aber wäre der Himmel zu denken außerhalb unseres gesamten Weltenraumes, unabhängig von ihm, für sich allein stehend. So wenigstens bis zum Augenblicke des Weltenunterganges und der Schaffung des „neuen Himmels und
der neuen Erde".

Dies wäre dann der Augenblick, wo das himmlische Jerusalem herabsteigen
würde von Gott auf die neugeschaffene Welt. Wo also der Himmel sich erweitern
und ausdehnen würde auf die gesamte verklärte Schöpfung, so weit und so tief sie
ist, mit besonderer Berücksichtigung unserer jetzigen, fluchbedeckten, dann aber
verklärten Erde. Es würde somit das gesamte Weltall angefüllt mit dem gleichen
Glanze und derselben Schönheit, wie sie jetzt schon das himmlische Jerusalem
besitzt. Ein Gedanke, gewiss zu groß und zu kühn für unsere jetzigen Vorstellungen, aber nicht zu groß und zu kühn für den unendlichen Gott mit seiner unaussprechlichen Liebe.

So wenigstens scheint es dem Wortlaut der Heiligen Schrift am nächsten zu
kommen[401].

Demnach dürfen wir uns also auch das himmlische Paradies vorstellen als einen Garten voll der entzückendsten Schönheit, im strahlenden Sonnenglanz des
übernatürlichen Lichtes, das von Gott ausgeht und alles in unaussprechlicher
Weise durchflutet und verklärt, in ewigem Frühling und herrlichster Farbenpracht. Kein Sinn des wiedererweckten, verklärten Leibes wird unbefriedigt bleiben, so wie sie einst mitwirken durften am Werke des Heiles, wie sie um der Gebote Gottes so manche und oft so harte Opfer bringen mussten, so sollen sie jetzt
gestillt und gesättigt werden mit Glück und Wonne. Nur ist das alles nicht in der
grob-sinnlichen Bedeutung gemeint wie hier auf Erden: es sind verklärte Sinne
eines verklärten Leibes, unaussprechlich verfeinert und vergeistigt, und es ist ein
verklärtes Paradies, das sich ihnen darstellt, somit gilt auch für die sinnlichen
Freuden dortselbst das Wort des hl. Paulus: Kein Auge hat es gesehen, kein Ohr
hat es gehört, in kein Herz ist es gedrungen, was Gott denen bereitet hat, die ihn
lieben. Auch schon die sinnlichen Freuden des Paradieses sind unfassbar für irdische Sinne.

Und was vom Paradies selbst gilt, das gilt auch von der erneuerten, verklärten
Welt. Schon jetzt ist keiner der Millionen Sterne völlig gleich dem andern, sie
unterscheiden sich voneinander an Licht und Glanz und Klarheit. Wie muss das
erst im Zustande der Verklärung sein! Es ist nicht ausgeschlossen, dass jeder dieser Sterne ein Abglanz des Paradieses sein wird in völlig eigener, nur ihm allein
zukommender Schönheit, so dass Auge und Ohr und jeglicher Sinn des Menschen vor immer neuen Welten unendlicher Schönheit und Herrlichkeit stehen
und nicht fertig werden zu genießen und zu bewundern[402]. [...]

Der Auferstehungsleib ist also zunächst nicht völlig verschieden vom irdischen:
So wie das Samenkorn und die Blume, die aus ihm aufsprießt, zusammengehören
und nur ein einziger Organismus sind, so gehören auch unser jetziger irdischer

---

401 Das Folgende ebd. 176f.
402 Das Folgende ebd. 180.

und dereinst verklärter Leib zusammen, sind ein einziger Organismus. Der Leib, in dem sich hier auf Erden so viele Kämpfe abgespielt haben, in dem wir Sieger geblieben sind über all die Lockungen und Verführungen des Fleisches, der mit Anteil hatte an unserem Tugendstreben, der nach Vollendung unserer irdischen Laufbahn vom Priester gesegnet wurde als kostbares Saatgut der ewigen Auferstehung, der gleiche Leib wird auch auferweckt werden und mit Teil haben an unserer Verherrlichung. Wie die Blume aus dem Samenkorn, so wird aus ihm aufblühen der in paradiesischer Schönheit verklärte Leib der Seligen.

Wie wir uns diese Verklärung vorzustellen haben?[403] [...]

Er [der Auferstehungsleib] wird zunächst über alle irdischen Begriffe schön sein. Es wird nichts Entstelltes, nichts Verzerrtes, nichts Verkümmertes und Verkrüppeltes mehr an ihm geben. Er wird die Züge der menschlichen Natur in sich tragen in ihrer schönsten, kraftvollsten Entfaltung, also in strahlendster Jugendfrische und vollausgebildeter Kraft. Reifste, vollendetste Männlichkeit auf der einen, edelste, geläutertste Weiblichkeit auf der anderen Seite, aber das eine wie das andere ohne den leisesten sinnlichen Unterton, sondern nur Schönheit, nur Vollendung, nur reinstes gegenseitiges Sichbewundern und -lieben auslösend, gleich den Engeln des Himmels.

Zu dieser natürlichen Schönheit kommt noch die übernatürliche: der Abglanz einer Seele, die teilhaft geworden ist der Natur und Schönheit Gottes. Dadurch ist auch der Leib ein Tempel des Allerhöchsten geworden, in dem der Heilige Geist wohnt, und über den er soviel an Licht und Glanz und Schönheit ausstrahlen lässt, als er nur zu fassen imstande ist. Darum werden auch die verklärten Leiber selbst wiederum verschieden sein, nicht bloß nach den rein persönlichen Verschiedenheiten ihrer Natur, sondern auch nach dem Lichte und Glanz der göttlichen Klarheit, die aus ihnen strahlt je nach dem Grade ihres Erfülltseins vom Heiligen Geiste.

Der überirdischen Verklärung dieses Leibes entspricht nun auch sein Leben.

Zunächst sind alle grob-sinnlichen Bedürfnisse von ihm genommen. Er braucht nicht mehr zu essen und zu trinken und zu ruhen und zu schlafen. Wenn trotzdem der Himmel in der Heiligen Schrift des öfteren geschildert wird unter dem Bilde eines festlichen Gastmahls, so ist dabei mehr an das gesellige Beisammensein zu denken, das ja bei einem orientalischen Gastmahl viel wichtiger ist als das Essen und Trinken selbst, höchstens etwa noch an den Genuss von Speise und Trank als Ausdruck der Freude und Seligkeit, nicht aber als Notwendigkeit. So war es ja auch bei Christus, der in verklärtem Zustande des Trankes und der Speise nicht mehr bedurfte.

Ähnlich ist auch alles fleischliche Begehren ausgelöscht im verklärten Leib: nach der Auferstehung gibt es keine Ehe mehr, die Seligen im Himmel werden nicht heiraten und nicht verheiratet werden, sondern sein wie die Engel des Himmels.

---

403 Das Folgende 181f.

Ähnlich sind auch alle irdischen Sorgen und Leiden, Schmerz und Entbehrungen weggenommen von dem verklärten Leib: Sie werden nicht mehr hungern und dürsten. Sonnenglut und Hitze wird nicht mehr auf sie fallen. Denn das Lamm, das auf dem Throne steht, wird sie weiden und zu den Quellen des Lebens führen und jede Träne wird Gott abwischen von ihren Augen.

Dazu kommt eine weitgehende „Vergeistigung" des verklärten Leibes. Das heißt, er nimmt durch ein unerhörtes Wunder Gottes teil an den Eigenschaften geistiger Wesen. Er scheint nicht mehr in dem Maße an die Gesetze von Raum und Zeit gebunden wie der Leib hier auf Erden[404]. [...]

So werden denn vor der Sinnenwelt des verklärten Leibes auch all die Schönheiten und Unendlichkeiten des Raumes sich auftun. Das Meer liegt vor ihr offen bis auf den untersten Grund. Das entzückte Auge schaut die Wunder der Weisheit und Allmacht Gottes dort drunten wie am hellsten Tag. Und ähnlich durchstrahlt und durchflutet es die Geheimnisse und Schönheiten aller Organismen bis hinab in die feinsten Zellgewebe: der Pulsschlag des Lebens steht offen vor ihm, die Geheimnisse alles Seins drängen sich vor ihm in unübersehbarer Fülle, in unaussprechlicher Schönheit. Und es ist nicht ein totes Erfassen, sondern ein Durchdringen und Durchglühen von all dem in lebensvollstem Nahesein. Und wie die Gesetze der Raumestiefe, so fallen für den verklärten Leib auch die Schranken der Raumesweite. Mit der Schnelligkeit des Gedankens fliegt er, wohin er nur will, zu den Sternenmeeren, von denen niemals ein Lichtstrahl herübergefunden zu uns, weil er unterdessen ausgelöscht wurde durch die Unendlichkeiten des dazwischenliegenden Raumes, und weiter hinaus an die äußersten Grenzen des Weltenraumes, wo die Unendlichkeit Gottes das gesamte Universum in Händen trägt wie eine Mutter ihr Kind. Und jede dieser Riesensonnen und Sternenmeere schließt eine völlig neue Welt von Schönheit in sich, ist sozusagen das Paradies in einer anderen, neuen Form, mit neuer Schönheit, neuen Reizen, einzigartige Zurückstrahlung der unendlichen Vollkommenheit Gottes. Und so sind Auge und Ohr und jeglicher Sinn des Menschen wie trunken vor Freude, wie berauscht von überfließender Seligkeit, und diese Freude und Seligkeit erneuert sich jeden Augenblick in immer wechselvoller Fülle und nimmt doch niemals ein Ende.

Und bei all dem ist der Mensch nicht einsam, wie ein Einsiedler, verloren auf irgendeiner Insel im weiten Weltenraum. Sondern es sind all die Millionen und Millionen von Engeln und Heiligen um ihn her, mit ihm vereinigt in Liebe und Freude und Seligkeit, voll von Gott, und voll von der unaussprechlichen Schönheit, die sich da vor dem Auge ausdehnt in unendlichen Tiefen und Weiten. Und es ist ein Zusammenklingen lauter gleichgesinnter Herzen in seligster Freude und vollkommenster Eintracht und beglückendster, gegenseitiger Liebe.

---

404 Das Folgende 183f.

„Dort werden wir ruhen"[405]

Der Himmel ist der große Feierabend des Lebens. Der Strom der Zeit mit all dem Wechsel und Wandel von Mühe und Leid, von Sorgen und Kummer, ist eingemündet in den Ozean der Ewigkeit. Ein tiefer, milder, unaussprechlich süßer Friede wohnt in der Brust der seligen Himmelsbewohner, ein Friede, wie ihn die Welt nicht geben kann, wie er bloß möglich ist durch das Versinken der Seele in dem stillen tiefen Meere Gott, das nun in alle Ewigkeit sie umbranden und durchdringen wird mit den unendlichen Fluten unnahbarsten Friedens. [...]

Weit hinter ihr, wie ein wirrer, dunkler Traum, liegt das Leben mit all seinen Leiden, Sorgen und Kümmernissen. All das reicht nicht mehr herauf zu ihr, in die Unendlichkeiten ihres Friedens. Und all die Versuchungen, Kämpfe und Stürme, unter denen sie damals so bitter zu leiden hatte, es ragt in ihre Erinnerung hinein wie etwa ein kleines Pünktlein in einem unendlich weiten Meere, all das ist vergangen, es ist nicht mehr.

Und so wird der Eindruck ihres Lebens bleiben durch alle Ewigkeiten: Es war einmal, es ist nicht mehr. Übrigbleiben wird bloß die selige, süße Erinnerung überstandener Kämpfe, errungener Triumphe. Die Seele ist millionen- und millionenmal entschädigt für alles, was sie einst geopfert, entsagt, gebüßt, gelitten hat, ein einziger Augenblick ihres jetzigen Friedens wiegt dies alles zusammen auf. [...]

„Ruhen und schauen"[406]

Das Schönste und Tiefste, und doch wiederum das Geheimnisvollste und Unbegreiflichste, was man vom Himmel sagen kann, drückt die Heilige Schrift aus mit den Worten: Wir werden teilhaftig der göttlichen Natur. Sie meint damit, dem Zusammenhang der Stelle gemäß, zunächst wohl die Unvergänglichkeit und Unzerstörbarkeit des ewigen Lebens, darüber hinaus aber auch, im Sinne der kirchlichen Schriftauslegung, die Anteilnahme an Gott selbst in Erkennen und Lieben[407]. [...]

Für uns Menschen bleibt dieses Hinüberfluten des göttlichen Lebens in die menschliche Seele ein ungelöstes Geheimnis. Ein Geheimnis, so tief, so unerforschlich, wie Gott selbst ist, der sich da der Seele zu eigen gibt. Ein Geheimnis, das wir auch im Himmel nur schauen, niemals aber ergründen werden. Denn dieses Geheimnis schöpft die ganzen Tiefen der Gottheit aus, ist seine eigene, urewige, unaussprechliche, abgrundtiefe Liebe: Mit ewiger Liebe habe ich dich geliebt[408]. [...]

Da wird die Seele untertauchen, immer tiefer und tiefer hinabsinken in dem unendlichen, uferlosen Meer der göttlichen Vollkommenheit, und unfassbare Seligkeiten werden in sie einströmen, auf einen Grund aber wird sie niemals stoßen:

---

405 Das Folgende 187f.
406 Das Folgende ebd. 193.
407 Das Folgende ebd. 195.
408 Das Folgende ebd. 200.

Gott ist immer noch tiefer, unendlichmal tiefer. Und je tiefer sie hinabtaucht in dieses Meer des göttlichen Wesens, desto tiefere Abgründe werden vor ihr sich auftun, Abgründe, in die zu schauen die Engel gelüstet, voll von unaussprechlicher Schönheit und namenlosem Glück. Und so wird es fortgehen in alle Ewigkeit. Und sie wird dessen nicht müde und nicht übersättigt werden: denn das göttliche Wesen ist so unermesslich, so unaussprechlich tief, dass ja auch Gott selber sich danach verzehrt in ewig neugestillter Sehnsucht und ewig neuverzehrender Liebe. Und die Seele kann ja doch immer nur einen Teil dessen erfahren, was Gott in sich schaut von Ewigkeit zu Ewigkeit![409] [...]

Was aber schaut die Seele bei diesem Untertauchen im Meer des göttlichen Wesens?

Zunächst die Natur Gottes selbst in ihren Tiefen und Weiten und unermesslichen Abgründen. In ihrem ewigen, uferlosen Sein. In ihrer unaussprechlichen, alle geschöpflichen Begriffe übersteigenden Vollkommenheit. Wie sie dies alles in sich trägt und selbst von niemand getragen wird, wie alles geschöpfliche Sein in ihr seinen letzten Grund, seinen Bestand, sein einziges Ziel hat. Wie die göttliche Allwissenheit das gesamte Universum durchwaltet, seine höchste Allgegenwart jedes Ding und Wesen durchwebt und durchflutet, seine unendliche Heiligkeit den vollkommensten Ausgleich darstellt zwischen all den Eigenschaften, die für geschöpfliches Erkennen als Gegensatz gefasst werden, aber in Gott zusammenklingen zur wundervollsten Harmonie, ja die Unendlichkeit des göttlichen Wesens selbst sind[410]. [...]

Sodann das Geheimnis der heiligsten Dreifaltigkeit: Wie dieser unfassbare göttliche Strom sich in ungeteilter Fülle gestaltet in Vater, Sohn und Hl. Geist: Vom Vater ausgehend in ewiger Zeugung auf den Sohn und im Heiligen Geist zurückkehrend in ewiger Liebe auf Vater und Sohn zugleich. [...]

Ferner schaut die begnadigte Seele in Gott die Unermesslichkeit und unübersehbare Weite aller geschöpflichen Ordnungen, die in ihm begründet sind, mit all den Wesen, die sie in sich schließen, in überwältigendster Fülle. Wie entzückt uns Menschen doch schon hier auf Erden ein Blick in die unendlichen Weiten und Tiefen des Weltenraumes! In die großartige, bezaubernde Schönheit jedes einzelnen Wesens in unserem Weltall! Und doch ist dieses Weltall nur ein verschwindender Teil der Möglichkeiten, die sich dem schauenden Auge auftun in den Abgründen der göttlichen Unendlichkeit![411] [...]

Sind nun aber durch das unmittelbare Schauen auch der geschöpflichen Welt in Gott nicht die Sinne am verklärten Leib ausgeschaltet? Weil überflüssig geworden?

Gewiß nicht. Denn wie die Anschauung des göttlichen Wesens selbst, so ist auch das Schauen der geschöpflichen Welt in Gott für jede Seele bloß begrenzt,

---

409 Das Folgende ebd. 201.
410 Das Folgende ebd. 202.
411 Das Folgende ebd. 204.

gebunden an die Aufnahmefähigkeit dieser Seele. Sie bedarf also einer gewissen Auslösung nach dieser oder jener Seite hin für ihr Erkennen und Lieben.

Für die Anschauung der inner-göttlichen Vollkommenheiten kann die auslösende Ursache nur wiederum Gott sein: indem er die schauende Seele nach dieser oder jener Seite seines Wesens hin bewegt. Für das Gebiet des Körperlichen aber besteht noch eine andere Auslösungsmöglichkeit: die durch die Sinne. Wohin der Blick des verklärten Leibes fällt in der ihn umgebenden Welt von Schönheit, dorthin folgt ihm auch die gottgeeinte Seele. Dann würden aber über jedem Ding, das sie mit den Augen ihres Körpers schaut, vor ihrem Geiste auch die unendlich tiefen Hintergründe mitaufleuchten, die es in Gott besitzt![412] [...]

Maria wird dort erscheinen als das Weib, in die Sonne gekleidet, das heißt so durch und durch und bis in die letzte Faser ihres Seins durchstrahlt mit göttlicher Klarheit und hinreißendster Schönheit wie kein Mensch und kein Engel neben ihr. Aber sie wird uns nicht fernstehn, gleichsam wie die Sonne, zu der wir nur mit Entzücken und Bewunderung emporschauen können, sondern wird uns wie eine Schwester nahe sein durch das gleiche göttliche Wesen, das auch in uns flutet, und wie eine Mutter uns ans Herz ziehen in mitgeteilter, göttlicher Liebe.

Aber auch über Maria, unendlich hoch erhoben, steht noch ein anderes geschaffenes Wesen: die heiligste Menschheit Christi. Auch abgesehen von seiner Gottheit, ist Christus in seiner menschlichen Natur Sonne und Mittelpunkt des gesamten Universums. Alle Schönheit der Engel und Heiligen zusammengenommen reicht nicht heran an seine Herrlichkeit. Ja ihre Schönheit ist nur ein Abglanz der seinen[413]. [...]

Wohin wir also unseren Blick im Himmel wenden werden, überall werden wir auf unaussprechliche Schönheit stoßen, die uns immer wieder zieht und lockt zu bewunderndem Anschauen, von der kleinsten Blume auf den Paradieseswegen des Himmels bis hinein in die Lichtmeere göttlichen Seins.

„Schauen und lieben"[414]

Wie das mitgeteilte Schauen, so reicht auch das mitgeteilte Lieben bis hinab in die Tiefen Gottes. Beides ist ja nur die eine, gleiche, unteilbare göttliche Natur, das in Erkennen und Lieben sich entfaltende göttliche Leben[415]. [...]

In dieser Liebe ist die Seele auch Christus verbunden, Christus, ihrem Gott und Erlöser. Dem sie alles zu verdanken hat, auch das namenlose Glück, das sie jeden Augenblick durchflutet und das kein Ende mehr finden wird in Ewigkeit. Und mit göttlich-tiefer, mitgeteilter Erkenntnis schaut sie das Meer von Liebe im Herzen des Erlösers, die vor Ewigkeiten ihr entgegenschlug: Mit ewiger Liebe habe ich dich geliebt und mich für dich dahingegeben; die sich treu erwies bis zum Tode, ja bis zum Tode am Kreuze; die in alle Ewigkeiten nicht mehr erlöschen

---

412 Das Folgende ebd. 206.
413 Das Folgende ebd. 207.
414 Das Folgende 214.
415 Das Folgende 215.

wird: Vater, ich will, dass die, die du mir gegeben, bei mir seien, dort, wo ich bin, damit sie meine Herrlichkeit schauen, die mir verliehen[416]. [...]

Nächst Christus wird seine heiligste Mutter der bevorzugteste Gegenstand unserer Liebe sein von den geschöpflichen Wesen. Als Königin des Himmels und der Erde, ausgezeichnet durch ein Meer von Gnadenschönheit, als unsere Mutter in Christus, der wir den Erlöser verdanken und in ihm alle Gnaden ohne Ausnahme, bis herab zur letzten und kleinsten, von der wir, ohne es zu wissen, während unseres gesamten irdischen Lebens in Händen getragen wurden in Mutterliebe und Muttersorge, und zugleich wiederum als innigst liebende Schwester und Braut des Heiligen Geistes steht sie uns so nahe wie nach Christus kein Mensch mehr. Infolgedessen wird sich der Liebesstrom in unserer Brust auch ihr in ganz besonderer Weise zuwenden; wir werden ihr endlich die Liebe erwidern können, die sie uns gezeigt, indem wir sie mit gleich starker Liebe lieben wie sie uns selbst, durch die Anteilnahme an der gleichen göttlichen Liebeskraft, im Heiligen Geiste. Mutterliebe und Kindesliebe werden sich so begegnen und vollenden in Gott.

Und wie die Mutter Gottes, so werden wir auch alle anderen Menschen drüben liebend umfangen dürfen, die uns wie immer nahegestanden sind auf Erden oder wenigstens im Himmel nahetreten als Miterlöste[417]. [...]

Und selbst was auf Erden noch an Missverständnissen oder Abneigung zwischen Mensch und Mensch bestand und die volle Entfaltung der Liebe verhindert hatte, ist dort weggenommen von den seligen Himmelsbewohnern: das göttliche Leben umspannt sie alle in Liebe, alles Trennende hat aufgehört, ist verschlungen von dem unendlichen Ozean der göttlichen Liebe. So werden auch sie sich verstehen und lieben in Gott. Dies ist dann die restlose Erfüllung der Nächstenliebe: einander zu lieben mit der Liebe, mit der Gott jede einzelne dieser Seelen liebt.

Durch die göttliche Liebe wird auch das Verhältnis von Mann und Frau ins Unendliche überhöht gegenüber dem, was es auf Erden ist. Die Menschen werden dort droben zwar sein „wie die Engel Gottes", das heißt völlig emporgehoben über die Gesetze des Fleisches und darum auch in ihrer natürlichen Liebe verklärt und vergeistigt. Aber die Unterschiede von Mann und Frau werden auch drüben bleiben, leiblich wie geistig; sie gehören zur naturgemäßen Entfaltung des menschlichen Geschlechtes und waren im irdischen Leben der Untergrund für schwerste Kämpfe und herrlichste Siege, für die ihnen nun ewiger Lohn werden soll. Nur wird das alles zu idealster Vollendung und herrlichster Entfaltung gesteigert, verklärt und vergeistigt.

Staudingers Versuch, das Unvorstellbare in ergriffener Sprache vorzustellen, musste scheitern, auch deshalb, weil Mutmaßungen zu Hilfe genommen wurden, für die es keine Anhaltspunkte in der Offenbarung Gottes gibt.

---

416 Das Folgende ebd. 216.
417 Das Folgende ebd. 217.

Romano Guardini (1885-1968), katholischer Religionsphilosoph, Theologe und Seelsorger, wirkte durch sein vermittelndes Begreifen auch nichtchristlicher Welt-anschauungen und durch seine christlich-existentielle Interpretation von Dich-tungen weit über konfessionelle Grenzen hinaus. Seine Schrift über die „letzten Dinge" zeigt seine denkerische Kraft, mit der er Glaubenslehren dem Verstehen nahe bringen konnte, ohne in Phantasien und „Vorstellungen" abzuschweifen[418]:

Zeit und Ewigkeit[419]

Das Wort „ewig" gehört zu jenen, die der neuzeitliche Sprachgebrauch am tief-sten zerstört hat. Es bedeutet alles mögliche – bis zum einfachen Ausdruck für etwas Wichtiges oder Geheimnisvolles. Das ist schlimm, denn ein Wort ist ja nicht bloß ein Verständigungszeichen, sondern ein lebendiges, leiblich-geistiges Gebilde. Zusammen mit den anderen Worten bildet es die Sprache, und als sol-che den Raum, in welchem der Mensch lebt; die Welt der Sinngestalten, aus de-nen ihm immerfort die Wahrheit aufleuchtet. Wenn also ein Wort zerfällt, ge-schieht viel mehr, als dass nun Leute, die miteinander sprechen, im unklaren sind, was der andere meint. Dann zerfällt eine jener Gestalten, in denen der Mensch existiert. Eine Sinnweisung wird unklar, deren er bedarf, um richtig ge-hen zu können. Ein Licht verlöscht, und sein geistiger Tag wird dunkler.

Es ist daher ein Dienst am menschlichen Dasein, Worte, welche durch die Gleichgültigkeit des täglichen Gebrauchs zerstört worden sind, wieder ins Klare zu stellen... Was ist also Ewigkeit?

Dem ersten Eindruck nach, der sich auch im Sprachgebrauch spiegelt, scheint sie unaufhörliche Dauer zu bedeuten. So spricht man etwa von den „ewigen Ster-nen", oder vom „ewigen Leid der Menschen", oder von der „ewigen Wiederkehr der Dinge". Ein ähnlicher Sinn drückt sich auch in religiösen Vorstellungen, wie den Mythen vom Dasein nach dem Tode aus. So sagen etwa Hirten- und Jäger-völker, einst werde der Tote in die ewigen Jagdgründe kommen und dort das Le-ben, das er auf Erden geführt hat, in gesteigerter und wunderbarer Weise endlos weiterführen; oder andere geben dem Verstorbenen alles ins Grab mit, was ihm auf Erden wichtig war, Kostbarkeiten, Hausgeräte, Schiffe, Sklaven, in wirklicher Gestalt oder in Nachbildungen: ein Zeichen, dass die Ewigkeit als nie endende Fortführung des zeitlichen Daseins gedacht wird.

Diese angebliche Ewigkeit bedeutet aber nur „immer weitergehende Zeit". Ei-nen Un-Begriff also, den wir freilich in unserem geistigen Haushalt nicht entbeh-ren können. Wir wissen, dass alle Zeit begrenzt ist, gemessen nach Stunden, Ta-gen, Jahren. Mögen sich also die Maße auch immer weiter ins Große steigern oder ins Kleine senken, so bleibt die Zeit doch begrenzt. Trotzdem können wir uns nicht vorstellen, dass die Weltzeit einmal zu Ende gehen solle – ebensowenig,

---

418 Romano Guardini, Die letzten Dinge (1940). Die christliche Lehre vom Tode, der Läuterung nach dem Tode, Auferstehung, Gericht und Ewigkeit, 2. durchgearbeitete Auflage Würzburg 1949.
419 Ebd 78f.

wie wir uns vorstellen können, dass sie angefangen habe. Anfang wie Ende der Weltzeit sind Geheimnisse, mit denen wir von uns aus nicht fertig werden. Für unser Gefühl geht es immer weiter, rückwärts wie vorwärts; die religiösen Mythen aber übersetzen dieses Weitergehen ins Geheimnisvolle und verschleiern den Widerspruch durch das religiöse Gefühl.

Ihrem echten Sinn nach bedeutet Ewigkeit die Aufhebung der Zeit. Das ist schnell gesagt, aber nur aus dem Begriff heraus – so etwa, wie der Mathematiker aus der Konsequenz seiner Zahlen etwas behauptet, ohne dass man es deshalb auch vorstellen könnte. Ist ein zeitloses Sein vollziehbar? Ein der Zeit enthobenes Leben? Eine Wirklichkeit, die weder entsteht noch vergeht; sich nicht wandelt, sondern einfachhin ist; und doch nicht starr, sondern lebendig und fruchtbar?

Vielleicht doch. Es scheint Erfahrungen zu geben, von denen aus man das Gemeinte wenigstens ins Gefühl bekommen kann[420]. [...]

Aus solchen Erfahrungen entsteht der Begriff von dem, was Ewigkeit sein würde: die reine Gegenwärtigkeit vollkommenen Daseins. Darin gäbe es weder Werden noch Vergehen. Das Lebendige würde in einem einfachen Akt sein ganzes Wesen verwirklichen. Seine Gestalt und seine Kräfte wären ganz gültig geworden. Das Sein wäre an jeder Stelle durch Wert gerechtfertigt. Es wäre nicht nur da, sondern hätte Recht, dazusein.

Eine solche Ewigkeit kann der Mensch von ihm selbst her nicht erreichen. Durch eigenes Vermögen gelangt er nie in die ganz lebendige Gegenwärtigkeit, in welcher das Gute sich rein verwirklicht. Wenn es aber ein Wesen gäbe, dessen Sinngehalt das absolut Gute selber ausmachte, und dessen Sinngehalt ebenso mächtig wäre, wie sein Sinngehalt gültig, ein vollkommen gutes und unendlich großes Wesen – dann gäbe es in dessen Dasein weder ein Werden noch ein Sterben mehr. Sein Leben wäre einfachhin sinnerfüllt, und der Sinn seines Daseins schlechthin wirklich. Das Moment des Vorübergangs wäre verschwunden und die Gegenwart von absolutem Gewicht. Dieses Wesen gibt es: es heißt Gott. Die Weise, wie Er lebt, ist die Ewigkeit. Zeit ist nicht etwas um uns her; kein Kanal, durch den wir hindurchfahren. Wir selbst, unsere Endlichkeit ist die Zeit – die Ewigkeit aber ist die Weise, wie Gott lebt.

Aus uns haben wir keine Ewigkeit, nur Hinordnung auf sie und die Sehnsucht nach ihr. Sollen wir ihrer teilhaftig werden, dann muss es aus dem Gottesverhältnis heraus geschehen.

Die Theologie des lutherischen Theologen Dietrich Bonhoeffer (1906-1945) hat gegenüber allen anderen zeitgenössischen Theologen den großen Vorsprung, dass sie in der Bewährung des Widerstands gegen die Barbarei bis in das Martyrium hinein standgehalten hat. Der kurze Text aus seinem unvollendeten Werk zeigt,

---

420 Das Folgende ebd. 82f.

wie er Widerspruch gegen ein „weltjenseitiges", „nichtweltliches" Christentum erhob[421]:

Nun sagt man, das Entscheidende sei, dass im Christentum die Auferstehungshoffnung verkündigt würde, und dass also damit eine echte Erlösungsreligion entstanden sei. Das Schwergewicht fällt nun auf das Jenseits der Todesgrenze. Und eben hierin sehe ich den Fehler und die Gefahr. Erlösung heißt nun Erlösung aus Sorgen, Nöten, Ängsten und Sehnsüchten, aus Sünde und Tod in einem besseren Jenseits. Sollte dieses aber wirklich das Wesentliche der Christusverkündigung der Evangelien und des Paulus sein? Ich bestreite das. Die christliche Auferstehungshoffnung unterscheidet sich von der mythologischen darin, dass sie den Menschen in ganz neuer und gegenüber dem Alten Testament noch verschärfter Weise an sein Leben auf der Erde verweist.

Der Christ hat nicht wie die Gläubigen der Erlösungsmythen aus den irdischen Aufgaben und Schwierigkeiten immer noch eine letzte Ausflucht ins Ewige, sondern er muss das irdische Leben wie Christus („Mein Gott, warum hast du mich verlassen?") ganz auskosten; und nur indem er das tut, ist der Gekreuzigte und Auferstandene bei ihm und ist er mit Christus gekreuzigt und auferstanden. Das Diesseits darf nicht vorzeitig aufgehoben werden. Darin bleiben Neues und Altes Testament verbunden. Erlösungsmythen entstehen aus den menschlichen Grenzerfahrungen. Christus aber fasst den Menschen in der Mitte seines Lebens.

Der katholische Theologe und Religionsphilosoph Karl Rahner SJ (1904-1984) mühte sich sein Leben lang, als akademischer Lehrer und Vortragsredner, Grundwahrheiten des christlichen Glaubens dem Verstehen des kritisch denkenden „Menschen von heute" nahezubringen, also auch der Vernunft zu ihrem Recht zu verhelfen, ohne die Glaubensaussagen von vornherein als Mythen und Aberglauben abzutun. Der Text über die „Auferstehung des Fleisches" entstand 1953. Dabei ergaben sich auch Möglichkeiten, heute über den „Himmel" zu sprechen, ohne in eine imaginäre Vorstellungswelt abzugleiten[422]:

Auferstehung des Fleisches

Wenn wir Christen also „die Auferstehung des Fleisches" bekennen, was sagen wir dann damit eigentlich? Was mindestens?

Fleisch meint den ganzen Menschen in seiner eigenen leibhaftigen Wirklichkeit. Auferstehung also die Endgültigkeit und Vollendung des *ganzen* Menschen vor Gott, die ihm das „ewige Leben" gibt. Weil der Mensch ein plurales Wesen ist, das in und trotz seiner Einheit gewissermaßen sich durch mehrere und sehr verschiedene Dimensionen hindurch, durch Materie und Geist, Natur und Person, Aktion und Passion usw. hindurch erstreckt, so ist es nicht verwunderlich,

---

421 Berlin – Tegel 27. 6. 1944: Widerstand und Ergebung. Briefe und Aufzeichnungen aus der Haft, München 1959.

422 Zweitveröffentlichung in den „Schriften zur Theologie" II (1955) 219-228, jetzt greifbar in: Sämtliche Werke Bd. 12, bearbeitet von H. Vorgrimler, Freiburg i. Br. 2005, 511-521.

dass das Werden seiner Vollendung und ihr Eintritt nicht einfach eine in jeder Hinsicht in sich selbst einfache und identische Größe ist und dass der „Zeitpunkt" solcher mehrschichtiger Vollendung nicht einfach für jede dieser Dimensionen derselbe ist. Darum bleibt es wahr, was, belehrt von Ansätzen zu solcher Erkenntnis in der Schrift, das Glaubensbewusstsein der Kirche immer deutlicher erfasst hat: die bleibende Wirklichkeit des personalen Geistes kann schon zur unmittelbaren Gottesgemeinschaft gelangen durch den Vorgang und den Moment, den wir nach seiner innerweltlichen Seite als Tod erfahren. Insofern diese Gottesgemeinschaft das innerste Wesen der seligen Vollendung ausmacht, kann mit dem Tod schon der „Himmel" und die „ewige Seligkeit" gegeben sein (DS 1000). Trotzdem bleibt der Verstorbene mit der Wirklichkeit, dem Geschick und so der Zeit der Welt „verbunden", sowenig wir uns eine solche bleibende Weltzugehörigkeit „vorstellen" können und sowenig darüber unmittelbar greifbare Aussagen in der Schrift enthalten sind. Man muss sich nur einmal nüchtern klarmachen, dass eine geistige Gottesgemeinschaft nicht einfach als eine im umgekehrten Verhältnis zur Zugehörigkeit zur *materiellen* Welt wachsende Größe betrachtet werden kann, sondern dass dies zwei an sich völlig disparate Größen sind, so dass es zum Beispiel grundsätzlich Gottesschau vor dem Tod geben kann und „Trennung vom Leib" im Tod für die Seele noch lange nicht eo ipso eine größere Nähe zu Gott bedeuten muss. Weltferne und Gottesnähe sind nicht vertauschbare Begriffe, so gern wir in einem solchen Raumschema zu denken pflegen. Die Verstorbenen bleiben somit (trotz der Visio beatifica [seligen Schau Gottes]) dem Schicksal der Welt verbunden.

Diese Welt als Ganzes hat einen Anfang und eine Geschichte; sie geht einem Punkt entgegen, der nicht das Ende ihres Daseins, aber das Ende ihrer unabgeschlossenen, sich fortzeugenden Geschichte ist. Sowenig es uns gelingen mag, uns konkret vorzustellen, *wie* ihr Bestand an sich einerseits und ihr (für unsere Voraussicht) ins Ungewisse gehender Wechsel anderseits einmal voneinander abgehoben werden können, wie jener bleibt, dieser aufhört, sowenig wir sagen können, wie die dann bleibende Welt sein wird (alle Versuche, sich dies vorzustellen, bleiben im Bild stecken), so ist uns doch diese noch ausständige, einmal kommende Endgültigkeit der Welt als ganzer heute *denkbarer* als vielleicht früheren Geschlechtern und den Alten zumal. Denn für sie machte *diese* Welt ihrer Erfahrung den Eindruck des Ewigen; der Wechsel und die Vergänglichkeit waren nur ein Ereignis in der ganz zu unterst liegenden Schicht dieser „ewigen" Welt „ewiger" Gesetze, die umfangen war von der still ruhenden Heiterkeit himmlischer Sphären; für sie (sogar für die Christen) konnte darum Seligkeit nur das Auswandern aus der Sphäre der Vergänglichkeit in die dieser heilsgeschichtlichen „Wanderung" vorgegebenen seligen Himmelssphären sein; die Heilsgeschichte geschah in der vom „Himmel" umschlossenen Welt, war aber nicht des Himmels eigenes Werden. Wir heute werden bei aller letzten Unsicherheit der Physik der Welt und bei aller tiefsten Problematik einer immer auf Vorläufigkeit gestellten „Harmonisierung" theologischer Daten und natürlicher Welterkenntnis doch des Werdecharakters unserer Welt als ganzer deutlicher inne. Es wird uns sinnlos, ihre Existenz nach rückwärts ins Unendliche verfolgen zu wollen; sie selbst bis knapp an das Letzte ist zeitlich, und nicht nur die Umdrehungen ihrer Gestirne.

Wenn wir das Werden, die Zeit und die Geschichte wirklich zeitlich sein lassen und nicht wieder am Ende doch eine falsche Ewigkeit daraus machen, dann können wir sagen (ganz vorsichtig): es widerspricht nicht dem Wesen der Welt, dass diese offene, sich fortzeugende Geschichte einen Anfang und ein Ende hat. Wie weit dieses Ende das nach inneren Gesetzen geschehende Sich-zu-Tode-laufen des Weltlaufes selbst ist, wie weit ein Halt durch das schöpferische und in Schranken weisende Wort Gottes geschieht, wie weit beides letztlich auf dasselbe hinausläuft, wer weiß es zu sagen! Jedenfalls wissen wir aus dem Zeugnis Gottes, dass diese Geschichte der Welt ihr Ende findet und dass dieses Ende nicht ein schlechthinniges Aufhören, ein Nicht-mehr-sein der Welt selbst sein wird, sondern die Teilnahme an der Vollendung des Geistes. Dieser nämlich ist gesetzt in ein Anfangen, aber auf Gott hin. Und darum ist sein Anfang nicht der Anfang des Endes, sondern der Anfang des Werdens in Freiheit zu frei vollzogener Vollendung, die das Werden nicht ins Nichts fallen lässt, sondern es in Endgültigkeit aufhebt. Da aber die tiefste Überzeugung des Christentums und des Idealismus wahr ist, dass der personale Geist der Sinn der ganzen Weltwirklichkeit und trotz aller biologisch-physikalischen Unbedeutendheit *nicht nur* ein seltsamer Gast in der Welt ist, die ihm im letzten ungerührt und gleichgültig gegenüberstehend ihre eigene Geschichte triebe, sondern gerade als menschlicher Geist materieller, weltlicher, leibhaftiger, ja *inner*weltlicher Geist ist, so ist das Ende der Welt Partizipation der Vollendung des Geistes: sie bleibt, jenseits ihrer bisherigen Geschichte als konnaturale Umwelt des vollendeten Geistes, der seine Endgültigkeit in der Gottesgemeinschaft gefunden hat und seine und ihre Geschichte am selben Punkt vollendet. Ist dies so, dann muss aber bedacht werden, wie diese Geschichte der Geistpersonen genauerhin war und ist: sie ist eine Geschichte, die als Geschichte einer Menschheit (bewusst oder sich selbst verhüllt) mit, für und gegen die Person dessen geschah, der Gottes Leben und die Geschichte einer menschlichen Wirklichkeit in einem – durch Tod und Auferstehung hindurch – besaß: Jesus Christus, unser Herr. Das Ende der Welt ist darum die Vollendung und totale Durchsetzung der Heilsgeschichte, die in Jesus Christus und seiner Auferstehung ihren entscheidenden Durchbruch und Sieg schon errungen hat. Insofern geschieht bei dieser Vollendung sein Kommen in Macht und Herrlichkeit: das Offenbarwerden seines Sieges, das Durchbrechen und Offenbarwerden auch für die Erfahrung, dass die Welt als Ganzes in seine Auferstehung und die Verklärung seines Leibes einmündet. Sein Wiederkommen ist nicht ein Ereignis, das sich lokalisiert auf der Bühne einer *un*verwandelten Welt abspielt, das einen bestimmten Raumpunkt in dieser Welt unserer Erfahrung hätte (wie sollten ihn sonst zum Beispiel alle sehen können?); sein Wiederkommen geschieht bei der Vollendung der Welt in die Wirklichkeit hinein, die er jetzt schon besitzt, so, dass er, der Gottmensch, als das innerste Geheimnis und die Mitte aller Welt und

Geschichte für alle Wirklichkeit, und darin für jeden ihrer Teile in seiner Weise, offenkundig wird.

In diesen Zusammenhang ist das zu stellen, was wir im engeren Sinn die Auferstehung des Fleisches nennen. Die im Zusammenhang der Welt gebliebene Geschichte der ihre personale Endgültigkeit durch ihr Leben schon getätigt habenden Menschen erlangt mit der Vollendung der Welt ihre leibhafte Ganzheit und Ausdrücklichkeit. Sie werden als Ganze vollendet mit Seele und Leib, und ihre im Tod schon begonnene Vollendung wird selbst vollendet, welthaft greifbar, leiblich. Wir können uns das „Wie" dieser leibhaftigen Vollendung nicht eigentlich vorstellen. Wir können aber mit Gottes Offenbarung glaubend sagen: ich glaube, dass wir einst die Lebendigen, die Ganzen und Vollendeten sein werden in dem ganzen Umfang, in allen Dimensionen unserer Existenz; ich glaube, dass das, was wir das Materielle an uns und unserer Umwelt nennen (ohne eigentlich sagen zu können, was es im Grunde ist, was zu seinem Wesen, was nur zu seiner vorläufigen Gestalt und Erscheinung gehört), nicht einfach identisch ist mit dem Wesenlosen und Scheinhaften, dem einmal Abgetanen, demjenigen, das vor dem Endgültigen des Menschen vergeht. Wenn aber das Materielle nicht einfach die objektive Täuschung und nicht bloß das abzutuende Material ist, an dem die Geschichte der Geister sich in Freiheit einübt, bis ihre Tat getan ist, sondern ein Stück der wahren Wirklichkeit selbst, dann geht sie eben laut der Verheißung Gottes mit ein in die Vollendung, dann kann auch sie der Endgültigkeit und Vollendung teilhaft werden. Wenn wir auf den Auferstandenen blicken, indem wir die Erfahrung der Apostel mit ihm zu Rate ziehen, mag uns auch eine gewisse Vorstellung der vollendeten Leiblichkeit, in der sich der geschaffene Geist selbst vollendet, aufgehen. Nur dürfen wir dabei nicht vergessen, dass, was die Apostel als die Unvollendeten an dieser Vollendung erfahren konnten, eine gewissermaßen gebrochene, übersetzte Erfahrung ist und auch so noch dunkel bleibt, wie das Vollendete den Vollendeten erscheint. Wie werden also schließlich nur in der paradoxen Sprache Pauli sagen können: es wird ein pneumatischer Leib sein (1 Kor 15,44): wahre Leiblichkeit, die doch reiner Ausdruck des Geistes, der eins mit dem Pneuma Gottes geworden ist, und seine Leibhaftigkeit ist, ohne seine Enge und Verdemütigung und Leere zu bleiben, Leibhaftigkeit, welche die im Tod gewonnene Freiheit vom irdischen Hier und Jetzt nicht wieder aufhebt, sondern gerade zur reinen Erscheinung bringt.

Wenn und insofern wir Leibhaftigkeit und Konkretheit der auferstandenen und wirklichen Person – auch entsprechend der Erfahrung mit dem Auferstandenen – nicht anders denken können als zusammen mit einer gewissen Raum- und Orthaftigkeit, so werden wir den Himmel als Ort und nicht nur als „Zustand" zu denken haben. Insofern es jetzt schon Menschen gibt (der auferstandene Herr, Maria und wohl auch andere: vgl. Mt 27,52), die eine verklärte Leiblichkeit besitzen, existiert *dieser* „Ort" schon jetzt als Ergebnis, wenn auch nicht als Voraussetzung (wie die Alten dachten) dieser Verwandlung von menschlicher Leibhaftigkeit. Wenn wir an die innere Endlichkeit unserer eigenen physischen Räumlichkeit denken, die nicht Voraussetzung, sondern inneres Moment der unverklärten Materie und Ergebnis ihrer Geschichte ist, dann wird es uns nicht unmöglich zu denken (nicht: vorzustellen!), dass diese Räumlichkeit und jene himmlische „Raumhaftigkeit" an sich disparate und inkommensurable Größen sind. Das aber bedeutet dann, dass es einerseits a priori sinnlos ist zu fragen, wo der Himmel sei, wenn unter diesem „Wo" eine Raumstelle *unserer* physikalischen Räumlichkeit zu denken ist, und dass es anderseits doch möglich bleibt, sehr „realistisch" an der Leibhaftigkeit der Verklärten samt deren Raum- und Orthaftigkeit festzuhalten. Wir brauchen die Himmlischen nicht im physikalischen Weltsystem unserer Erfahrung unterzubringen. Weil man aber heute in der Physik mehr als je lernt, unanschaulich zu denken, wird uns das weniger als früher daran hindern, die Existenz der Himmlischen sehr unanschaulich ernst zu nehmen. Wenn einmal die Geschichte des Kosmos und der geistigen Welt zu ihrem vollen Ende gekommen sein wird, wird alles verwandelt sein. Dann kann das eine Neue ebensogut neuer Himmel wie neue Erde genannt werden.

Die totale Lösung, die alles umfasst, ist, weil sie alles versöhnen muss, immer die schwierigste, die so am schwersten in die Enge unseres Geistes eingeht, der nach kurzen und übersichtlichen Lösungen verlangt. So ist es auch mit der Frage nach dem Ende. Wer die irdische Welt abtut und den vollendeten Menschen spiritualistisch oder existentialistisch oder wie immer endgültig von dieser Erde wegweist in eine Seligkeit des (angeblich) reinen Geistes, verkürzt und verrät die wahre Wirklichkeit des Menschen, des Kindes dieser Erde. Wer den Menschen untergehen lässt, zermahlen in der grausamen Mühle der Natur, weiß nicht, was Geist und Person ist, und nicht, wieviel wirklicher trotz aller scheinbarer Ohnmacht Geist und Person ist als aller Stoff und alle Energie der Physik. Wer nicht glaubt, dass beides einmal versöhnt zur einen Vollendung kommen könne, der leugnet im letzten, dass der eine Gott Geist und Stoff in einer Tat zu einem Ziel geschaffen hat. Der Christ aber ist der Mensch der totalen Lösung. Sie ist die schwierigste, die unübersehbarste. Den Glauben zu dieser Lösung und den Mut zu solcher Lösung schöpft er allein aus dem Worte Gottes. Dieses aber bezeugt die Auferstehung des Fleisches. Denn das Wort ist selber Fleisch geworden. Es hat nicht das Wesenlose angenommen, sondern das Geschaffene. Was aber geschaffen ist von Gott, ist nie das nur Negative, nie der Schleier der Maja. Was so von Gott erschaffen, in Christus angenommen und durch seinen Tod und seine Auferstehung verklärt wurde, hat auch in uns eine Endgültigkeit und Vollendung vor sich.

Hans Urs von Balthasar (1905-1988), Schweizer katholischer Theologe, Literaturwissenschaftler und spiritueller Schriftsteller, gehörte seit dem Sammelband „Fragen der Theologie heute" (1951) zu den bedeutenden Erneuerern der Eschatologie im 20. Jahrhundert. Die Texte stammen von 1974[423]:

---

423 H. U. von Balthasar, Pneuma und Institution, Einsiedeln 1974, 444-447, 449-450. – Zu ihm in letzter Zeit: N.J. Healy, The Eschatology of Hans Urs von Balthasar, Oxford – New York 2005.

Auferstehung des Fleisches und ewiges Leben

Die Eschatologie hat ihre Mitte im Ratschluss Gottes, die geschaffene Welt mit dem Menschen als ihrer Mitte an ihrem „Ende" in sein endloses eigenes und inneres Leben einzubergen. Wie der Zustand des werdenden und vergehenden Menschen und die Beschaffenheit seiner Erkenntnis und seiner Freiheit somit eine vorläufige auf einen andern endgültigen Zustand hin ist, so auch die Geschaffenheit der gesamten materiellen zeit-räumlichen Welt, wobei uns freilich der Vorblick in die Seinsweise des „Neuen Himmels und der Neuen Erde" durch die Schranke des Todes verrammt ist, wir deshalb nur „prophetisch", in Gleichnisrede (wie Paulus:1 Kor 15) oder in der Abwehr von Analogieschlüssen (wie Jesus: Mk 12,25) sprechen können. Im Zentrum der christlichen Auferstehungsgewissheit steht aber keine Spekulation, sondern das Faktum der Auferstehung Jesu und seiner Wiederbegegnung mit seinen Jüngern, aus dem für die ganze Wende des jetzigen „Alten Äons" zum kommenden „Neuen Äon" zweierlei erhellt: die personale Identität, nicht nur des Geistes, sondern auch des Leibes, somit der ganzen dieser Person zugehörigen irdischen Geschichte – an den Wundmalen zeigt Jesus den Jüngern: „Ich bin es!" (Lk 24,39) – und trotzdem die Verwandlung in einen völlig neuen Zustand, in dem der Geist nicht mehr von der Materie abhängig, sondern umgekehrt diese jenem frei verfügbar ist.

Es ist bedeutsam, dass dieser „Beginn" der christlichen Auferstehung mitten in der ablaufenden Weltgeschichte gleichsam quer zu ihr stehend erfolgt, während die fragmentarischen Ansätze alttestamentlicher Auferstehungserwartung entweder als geschichtsimmanente messianische Endzeit oder als Ereignis am Ende der Geschichtszeit (Jes 26,19; bes. Dan 12,1ff.; 1 Makk 7) vorgestellt wurden. Dies erklärt das gänzliche Nichtverstehen der Jünger bei den Voraussagen der Auferstehung Jesu – am dritten Tag – und beim eingetroffenen Ereignis selbst: selbst wenn sie sich Gedanken über die Auferstehung machten (Mk 9,10 f., wie das in vager Weise auch Herodes und andere tun: Mk 6,14-16), ist doch die Kategorie, die erfordert sein wird, bei ihnen in keiner Weise vorhanden. Die senkrecht aus der horizontalen Geschichte sich erhebende Auferstehung Jesu, die nach Paulus und Johannes die reale Verheißung und das Angeld der Auferstehung und Verwandlung der Welt im ganzen ist (1 Kor 15,17-23), lässt uns den Anbruch der neuen Welt nicht mehr in der chronologischen Fortsetzung einer zu Ende gelaufenen Geschichtszeit erwarten, sondern in einer dieser gegenüber inkommensurablen Dimension. Und einzig das Wissen um die Solidarität aller Menschheitsschicksale nötigt uns zu den Gedanken, dass die inkommensurable Neue Welt in einer Beziehung zur gesamten Weltgeschichte (deren chronologischer Abschluss noch aussteht) stehen muss, und insofern die Vollendetheit des in den Neuen Äon hinübergegangenen Menschen (vgl. die Definition Benedikts XII. über die volle Beseligung der im Lauf der Weltgeschichte Gestorbenen und Geläuterten: DS 1000/1) vereinbar sein muss mit einem Ausstand, einer Erwartung und Hoffnung, wie sie von Origenes (Hom. in Lev. 7,1-2) bis zu Bernhard (Sermo 3 in festo omn. Sanct.) geläufigerweise angenommen wurde, umsomehr vereinbar, als ja auch Jesus selbst, der gewiss leiblich Auferstandene und die volle Seligkeit

Genießende, das Reich erst „nach" Abschluss der Weltgeschichte dem Vater zu Füßen legen kann (1 Kor 15,24), unterdessen aber als König walten muss, bis „alle Feinde unter seine Füße gelegt sind" (ebd. 25), deshalb mit blutgetränktem Gewand in die Schlacht reiten muss (Offb 19,13), gewissermaßen leidet, wenn sein mystischer Leib verfolgt wird („Saulus, warum verfolgst du mich?" Apg 9,4, und Augustins Auslegung), bis ans Ende der Welt in Agonie ist (Pascal), das Reich dem Vater erst unterwerfen kann, wenn alle seine Glieder ihm untertan sind (Ambrosius, De fide ad Gratianum).

Insofern ist die Position des auferstandenen Christus, des Urbilds seiner in den Himmel leibhaft aufgenommenen Kirche (Maria) und der „bei ihm" weilenden Heiligen (Phil 1,23) die gleiche: Einheit von Endgültigkeit und Vorläufigkeit, sofern der ganze Äon in einer Gemeinschaft innigsten Anteils und Angegangenseins bleibt. Der Vater hört nicht auf, seinen verherrlichten Sohn in Gestalt der Eucharistie für das Leben der Welt dahinzugeben, und der göttliche Geist – gleichsam die innerste Klammer zwischen den Äonen – lässt nicht ab, aus den Eingeweiden der unvollendeten, der Vergeblichkeit unterworfenen Welt „mit unaussprechlichen Seufzern" der „Erlösung von der Knechtschaft der Verderbnis" entgegenzustöhnen (Röm 8,26.21). Dieses „Mit-Leid" des gesamten Himmels, der als solcher doch Seligkeit in Gott ist, mit der Welt, dieses „In-Wehen-Liegen" der Kirche zwischen Himmel und Erde bis ans Ende der Zeit, bis die „übrigen Nachkommen" der „Frau" (Offb 12,17) zur Welt gebracht sind, ist gewiss geheimnisvoll, aber nicht geheimnisvoller als das Erbarmen im Herzen des göttlichen Vaters selbst für seine leidende Kreatur; der Vater selbst ist, nach Origenes, nicht ohne „Pathos" (Hom. in Ez 6,6).

Wir können, zur Bestätigung des Gesagten, einen Schritt zurücktun und den in allen Religionen in verschiedenen Intensitätsgraden vorhandenen Glauben an die Unsterblichkeit der Seele mit dem Gesagten zu konfrontieren suchen (außerbiblischer Auferstehungsglaube ist, wo er vorkommt, mehr das Anzeichen einer Unfähigkeit zur Abstraktion: das Gewesene soll, so wie es war, bleiben oder wiederkehren). Man kann das Verhältnis wohl am einfachsten so beschreiben, dass man sagt: Unsterblichkeit ist der Ausblick, der aus der Perspektive des Selbststandes des Menschen möglich ist, Auferstehung ist jene Erfüllung, die durch das Geschenk Gottes, die „Annahme an Kindesstatt", der menschlichen Erwartung zuteil wird.

Das Vollendende, das in der Auferstehung aus den Toten, die mit Christus begonnen hat, hinzukommt, liegt nicht sosehr in der (philosophischen) positiven Wertung der Materie oder in der Einsicht, dass die menschliche Seele der leiblichen Sinne bedarf, um sich selbst in Bewusstsein zu realisieren, indem sie zu andern Personen und Dingen in der materiellen Welt in Beziehung tritt (das alles ist wahr), als vielmehr darin, dass der Mensch nur in seinen einmaligen Entscheidungen innerhalb seines leiblich-sterblichen Lebens er selbst wird. Das irdische Leben, das ihm gegeben ist, ist nicht ein beliebiges aus einer Serie von Wiedergeburten, auch nicht ein beliebiges innerhalb eines großen biologisch-kulturellen Evolutionsprozesses, sondern sein je-einmaliges, in dem er in der Bewährung unter seinesgleichen und in der persönlichen und sozialen Aufgabe seine personale Freiheit bestätigt, innerhalb seiner endlichen Spanne seine Chance spielt: Les jeux sont faits. Diese in der Zeit fallende Entscheidung ist und bleibt die Basis seiner Ewigkeit; wie sehr auch die Gnade und Gerechtigkeit des ewigen Richters sie verwandeln mag und wie groß die Zustandsveränderung vom Äon der Sterblichkeit in den des ewigen Lebens angesetzt werden mag. Keiner schöpft die Tiefe der innerzeitlichen Situation aus, in der er sich entscheidet: in der Auferstehung von den Toten wird diese Tiefe offenbar, die im Ratschluss Gottes je schon darin impliziert war.

Dies heißt nicht, dass der Mensch in Ewigkeit gleichsam der Gefangene seiner vier Mauern zeitlichen Lebens bleibt. Ewigkeit, wie sie in der absoluten Freiheit Gottes besteht, und woran die Kreatur teilbekommen soll, ist im Gegenteil die Öffnung aller Möglichkeiten, eine unvorstellbare Fülle an Dimensionen, in die hinein freie Verwirklichung erfolgen kann. Aber die Kostbarkeit des Zeitlichen geht darin nicht verloren; dieses bleibt Wurzel und Stamm, woraus Blüte und Frucht des Ewigen sich allererst entfalten. Und gewiss gibt es dabei eine echte Vergangenheit: dessen, was die Qual der Geburtswehen war: „Jahwe Sabaot... wird den Trauerschleier wegheben, der alle Völker verhüllte, und das Leichentuch, das alle Nationen begrub; er wird für immer den Tod verschwinden lassen. Der Herr Jahwe wird die Tränen von allen Gesichtern abwischen" (Jes 25,6-8), „denn der erste Himmel und die erste Erde waren vergangen, und auch das Meer war nicht mehr" (Offb 21,1); „es wird keinen Tod mehr geben, kein Leid, keine Klage, keinen Schmerz, denn das Frühere ist vergangen. Und der auf dem Thron saß, sprach: Siehe, ich mache alles neu" (Offb 21,4-5). „Erinnert euch nicht mehr des Einstigen, denkt nicht an das Vergangene zurück: Siehe, ich werde Neues machen, das schon aufscheint: Seht ihr es nicht?" (Jes 43,18-19).

Joseph Ratzinger (geb. 1928, seit 2005 Papst Benedikt XVI.) hat in seine „Eschatologie" einen souverän sichtenden Überblick zum Thema des Himmels aufgenommen, der die seit der „kopernikanischen Wende" und der Aufklärung erhobenen Fragen und Probleme aufnimmt und sich zugleich für Bleibendes in der kirchlichen Tradition entscheidet[424]:

(190) Mit dem Bildwort Himmel, das an die natürliche Symbolkraft des „Oben", der Höhe anknüpft, benennt die christliche Überlieferung die endgültige Erfüllung der menschlichen Existenz durch die erfüllte Liebe, auf die der Glaube zugeht. Solche Erfüllung ist für den Christen nicht bloße Zukunftsmusik, sondern die reine Darstellung dessen, was in der Begegnung mit Christus geschieht und in ihr grundlegend, seinen Wesenskomponenten nach, schon gegenwärtig ist. Nach dem „Himmel" fragen, heißt daher nicht, in schwärmerische Phantasien abglei-

---

424 J. Ratzinger, Eschatologie – Tod und ewiges Leben, Regensburg 1977 und öfter, Neuauflage 2007.

ten, sondern jene verborgene Gegenwart tiefer erkennen, die uns wahrhaft leben lässt und die wir uns doch immer wieder durch das Vordergründige verdecken und entziehen lassen.

Himmel ist folglich zunächst christologisch bestimmt. Er ist nicht ein geschichtsloser Ort, „in den" man kommt; dass es „Himmel" gibt, beruht darauf, dass Jesus Christus als Gott Mensch ist, dem menschlichen Sein einen Ort im Sein Gottes selbst gegeben hat (vgl. Rahner, Schriften II 221). Der Mensch ist im Himmel dann und in dem Maß, in dem er bei Christus ist, womit er den Ort seines Seins als Mensch im Sein Gottes findet. So ist Himmel primär eine personale Wirklichkeit, die auf immer von ihrem geschichtlichen Ursprung im österlichen Geheimnis von Tod und Auferstehung geprägt bleibt. Aus dieser christologischen Mitte (191) lassen sich alle weiteren, von der Überlieferung benannten Komponenten des „Himmels" ableiten. Zunächst folgt aus der christologischen eine theo-logische Aussage: Der verklärte Christus steht in der immerwährenden Selbstübergabe an den Vater – er ist diese Selbstübergabe; das österliche Opfer ist in ihm bleibende Gegenwart. Himmel als Einswerden mit Christus hat somit den Charakter der Anbetung; in ihm ist der vordeutende Sinn jedes Kultes erfüllt: Christus ist der endzeitliche Tempel (Joh 2,19), der Himmel das neue Jerusalem, die Kultstätte Gottes. Der Bewegung der mit Christus vereinten Menschheit auf den Vater hin antwortet die Gegenbewegung der Liebe Gottes, die sich dem Menschen schenkt. So schließt der Kult in seiner himmlischen Vollendungsform die trennungslose Unmittelbarkeit von Gott und Mensch ein, die von der theologischen Überlieferung als Anschauung Gottes bezeichnet wird. Die zwischen Thomisten und Skotisten umstrittene Frage, ob dieser Grundakt besser als Anschauung Gottes oder als Liebe zu bezeichnen ist, hängt vom anthropologischen Ansatz ab; im letzten geht es immer um das eine – die reine Durchdringung des ganzen Menschen von der Fülle Gottes und seine reine Offenheit, die Gott „alles in allem" und so ihn selbst grenzenlos erfüllt sein lässt.

Die christologische Aussage schließt aber auch ein ekklesiologisches Moment ein: Wenn Himmel auf dem Insein in Christus gründet, dann schließt er das Mitsein all derer ein, die zusammen den einen Leib Christi bilden. Der Himmel kennt keine Isolierung; er ist die offene Gemeinschaft der Heiligen und so auch die Erfüllung alles menschlichen Miteinander, die nicht Konkurrenz zu, sondern Konsequenz aus dem reinen Geöffnetsein für Gottes Angesicht ist. Auf solchem Wissen beruht die christliche Heiligenverehrung, die nicht eine mythische Allwissenheit der Heiligen unterstellt, sondern einfach die trennungslose Offenheit des ganzen Leibes Christi aufeinander hin und die durch nichts begrenzte Nähe der Liebe voraussetzt, die im anderen Gott und in Gott den anderen zu erreichen sicher ist. So ergibt sich auch eine anthropologische Komponente: Die Einschmelzung des Ich in den Leib Christi, seine Brauchbarmachung für den Herrn und füreinander ist nicht eine Auflösung des Ich, sondern seine Reinigung, die zugleich seine höchsten Möglichkeiten erfüllt .Deshalb ist der Himmel nun doch auch wieder für jeden individuell – jeder sieht Gott auf seine Weise, jeder empfängt die Liebe des Ganzen in seiner unvertauschbaren Einzigkeit. „Dem Sieger werde ich von dem verborgenen Manna geben, und ich werde ihm einen weißen Stein geben, und (192) auf dem Stein ist ein neuer Name geschrieben, den nur der kennt, der ihn empfängt" (Offb 2,17b). Von da aus ist zu verstehen, dass der Himmel im Neuen Testament (wie in der ganzen Überlieferung) einerseits „Lohn" heißt – das will sagen Antwort auf *diesen* Weg, auf *dieses* Leben, auf *diesen* Menschen mit seinem Tun und seinen Erleidnissen, dass er aber zugleich doch ganz Gnade geschenkter Liebe ist. Die Scholastik hat diese Einsichten weiter systematisiert; sie spricht (in Aufnahme zum Teil sehr alter Überlieferungen) von einer besonderen „Krone" für Martyrer, Jungfrauen und Lehrer. Mit solchen Aussagen sind wir heute vorsichtiger geworden; es genügt, zu wissen, dass Gott jeden auf seine Weise und jeden ganz erfüllt. Was aus solchen Überlegungen folgen mag, kann also nicht die Privilegierung dieses oder jenes Weges sein, sondern der Auftrag, das Gefäß des eigenen Lebens zu weiten, und dies wieder nicht, um sozusagen für sich selbst einen möglichst großen Vorrat an jenseitigem Reichtum sicherzustellen, sondern um mehr austeilen zu können, denn in der Communio des Leibes Christi kann Besitz nur im Geben, Reichtum der Erfüllung nur im Weiterschenken sein.

Die kosmische Dimension der christologischen Aussage hat uns in früheren Überlegungen schon eingehend beschäftigt. Die „Erhöhung" Christi, das heißt das Hineintreten seines Menschseins in den trinitarischen Gott durch die Auferstehung, bedeutet ja nicht sein Weggehen aus der Welt, sondern eine neue Weise der Anwesenheit in ihr: Die Existenzweise des Auferstandenen ist in der Bildsprache der alten Symbole das „Sitzen zur Rechten des Vaters", das heißt die Teilhabe an der königlichen Macht Gottes über die Geschichte, die auch in der Verborgenheit wirklich ist. So ist der erhöhte Christus nicht „entweltlicht", sondern weltüberlegen und darin auf die Welt bezogen. „Himmel" bedeutet Teilhabe an dieser Existenzform Christi und so wiederum Vollendung dessen, was mit der Taufe beginnt. Der Himmel kann deshalb nicht räumlich bestimmt werden, weder außerhalb noch innerhalb unseres Raumgefüges, aber er kann auch nicht einfach als „Zustand" vom Zusammenhang des Kosmos abgelöst werden. Vielmehr bedeutet er jene Weltmächtigkeit, die dem neuen „Raum" des Leibes Christi – der Communio der Heiligen – zukommt. So ist Himmel nicht räumlich, sondern essentiell „oben". Von da aus ist Recht und Grenze der überlieferten Bildwörter zu bestimmen. Sie bleiben wahr, wenn sie die Überlegenheit, die Freiheit von den Zwängen der Welt und die weltbezogene Macht der Liebe darstellen. Sie (193) werden falsch, wenn sie den „Himmel" gänzlich aus der Welt ausgrenzen oder ihn auf irgendeine Art, als oberstes Stockwerk etwa, in sie eingrenzen. Die Schrift hat demgemäß nie eine Alleinherrschaft eines einzigen Bildes geduldet, sondern in einer Vielfalt von Bildern die Perspektive aufs Unsagbare hin offengehalten und vor allem durch die Ankündigung eines *neuen* Himmels und einer neuen *Erde* deutlich gemacht, dass die gesamte Schöpfung dazu bestimmt ist, Gefäß göttlicher Herrlichkeit zu werden. Die ganze geschaffene Wirklichkeit wird in die Seligkeit einbezogen; Gottes Geschöpf Welt ist – wie die Scholastiker sagen – ein „akzidentelles" Stück der endgültigen Freude der Geretteten.

Himmel ist als solcher „eschatologische" Wirklichkeit, das Aufgehen des Endgültigen und Ganz-anderen. Von der Endgültigkeit der unwiderruflichen und
unteilbaren Liebe Gottes rührt seine eigene Endgültigkeit her; aus der Offenheit
der sich noch erfüllenden Geschichte des Leibes Christi wie der ganzen Schöpfung kommt seine Offenheit auf das volle Eschaton hin. Der Himmel wird erst
dann ganz erfüllt sein, wenn alle Glieder des Herrenleibes versammelt sind. Dieses Vollsein des Christusleibes schließt, wie wir hörten, die „Auferstehung des
Fleisches" mit ein; es heißt „Parusie", sofern damit die bislang bloß begonnene
Anwesenheit Christi vollendet ist, alle zu Rettenden und mit ihnen das All umfasst. So kennt der Himmel zwei geschichtliche Stadien: Die Erhöhung des Herrn
gründet das neue Einssein von Gott und Mensch und damit den „Himmel"; die
Vollendung des Herrenleibes zum „Pleroma" des „ganzen Christus" vollendet ihn
zu seiner realen kosmischen Ganzheit. Das Heil des einzelnen, sagen wir es zum
Abschluss noch einmal, ist erst ganz und voll, wenn das Heil des Alls und aller
Erwählten vollzogen ist, die ja nicht einfach nebeneinander *im* Himmel, sondern
miteinander als der eine Christus *der* Himmel sind. Dann wird die ganze Schöp-
fung „Gesang" sein, selbstvergessene Gebärde der Entschränkung des Seins ins
Ganze hinein und zugleich Eintreten des Ganzen ins Eigene, Freude, in der alles
Fragen aufgelöst und erfüllt ist.

Der evangelisch-reformierte Schweizer Theologe Karl Barth (1886-1968) darf
gewiss ohne Übertreibung als der einflussreichste evangelische Theologe des 20.
Jahrhunderts bezeichnet werden. Seine „Kirchliche Dogmatik" beruht auf einem
ins einzelne gehenden, umfassenden Plan, musste aber unvollendet bleiben. So
findet sich bei ihm auch keine ausgeführte Eschatologie, aber die wesentlichen
theologischen Perspektiven dazu wurden von G. Oblau zusammengetragen[425].
Die wichtigsten von ihnen werden hier angeführt:

„Der letzte Tag wird ein Sabbattag, des Menschen letzte Zeit wird eine Zeit seiner Ruhe, und zwar seiner Ruhe in der Gemeinschaft mit der Ruhe Gottes selber,
seiner Teilnahme an der Freiheit, Feier und Freude seiner wahren Gottheit sein.
Dass er in dieser Teilnahme an diesem vollendeten Verhalten Gottes seinerseits
wahrer Mensch sein wird, das ist die Verheißung, unter der er sein Werk tun
darf"(III,1 246; Oblau 106).
„Zur Sinnerfüllung gelangt das Geschöpf darin, dass es in Entsprechung zu
dieser seiner Vollendung lebt und sich betätigt. Der Mensch hat Zeit, das heißt
Lebenszeit, von Gott *dazu* bekommen, Zeuge seines Vollendens und seiner
Ruhe, Teilnehmer an seiner Sabbatfreiheit, Sabbatfeier, Sabbatfreude zu sein –
besondere Zeit dazu, mit dem Gott zu sein, (...) der in derselben besonderen Zeit
der Gott wird, der nicht mehr ohne die Welt und insbesondere nicht mehr ohne

---

425 G. Oblau, Gotteszeit und Menschenzeit. Eschatologie in der Kirchlichen Dogmatik von Karl
   Barth, Neukirchen/Vluyn 1988.

ihn, den Menschen, sondern mit ihm sein will und wird" (III,2 549; Oblau 107f.).

„Gottes ‚Unendlichkeit' ist, wenn man denn von einer solchen reden will, gerade darin echte Unendlichkeit, dass es für sie keinen Widerspruch bedeuten könnte, zugleich und als solche auch Endlichkeit zu sein. Denn es ist nicht abzusehen, wieso Gott nicht in seinem Wesen in derselben Vollkommenheit wie unendlich so auch endlich sein sollte" (II,1 Oblau 123).

„In seiner Ewigkeit – in der ungeschaffenen, durch sich selbst seienden Zeit, die eine der Vollkommenheiten seines göttlichen Wesens ist – sind das Damals, das Jetzt und das Dereinst, das Gestern, das Heute und das Morgen ineinander, nicht nacheinander" (III,2 525; Oblau 133). Das Ende der Endzeit ist „das Ereignis einer *Gegenwart ohne Nachher*" (III,2 739; Oblau 139).

„Das ‚ewige' Leben ist kein anderes, zweites hinter unserem jetzigen Leben, sondern eben *dieses*, aber in seiner uns jetzt und hier verborgenen *Kehrseite*, so wie Gott es sieht: in seinem Verhältnis zu dem, was er in Jesus Christus für die ganze Welt und so auch für uns getan hat. Wir warten und hoffen also – auch im Blick auf unsern Tod – darauf, mit Ihm (dem von den Toten auferstandenen Jesus Christus) *offenbar* zu werden in der Herrlichkeit des Gerichtes, aber auch der Gnade Gottes. Das wird das *Neue* sein, dass die Decke, die jetzt über der ganzen Welt und so auch über unserm Leben liegt (Tränen, Tod, Leid, Geschrei, Schmerz) weggenommen sein, Gottes (in Jesus Christus schon vollzogener) Ratschluss uns vor Augen stehen, der Gegenstand unserer tiefsten Beschämung, aber auch unsres freudigen Dankes und Lobes sein wird. Ich sage es gerne in den Versen des alten guten Gellert:

> Dann wird ich das im Licht erkennen,
> Was ich auf Erden dunkel sah,
> Das wunderbare und herrlich nennen,
> Was unerforschlich hier geschah,
> Dann schaut mein Gott mit Lob und Dank
> Die Schickung im Zusammenhang!" (K. Barth, Briefe 9f. Oblau 156f.)

Der Inhalt der Hoffnung des Menschen. „ist also nicht seine Befreiung von seiner Diesseitigkeit, von seinem Enden und Sterben, sondern positiv. Die ihm von dem ewigen Gott her bevorstehende Verherrlichung gerade seines von Natur und von rechtswegen diesseitigen, endenden und sterbenden Seins. (...) Er hofft nicht auf eine Erlösung *aus* der Diesseitigkeit, Endlichkeit und Sterblichkeit seiner Existenz, sondern positiv auf die Offenbarung ihrer in Jesus Christus schon vollendeten Erlösung: der Erlösung gerade seines diesseitigen endlichen und sterblichen Wesens" (III,2 771; Oblau 158).

Dass Gott das geschöpfliche Tun ewig erhält und verwandelt, „kann im Gedanken an die Wirkungen des Geschöpfes nicht Resignation, kann nur Vertrauen, Zuversicht und Hoffnung am Platze sein. Denn dass Gott das tut, das bedeutet, dass es für jede von jedem Geschöpf hervorgebrachte Wirkung, welche diese auch sein möge, eine im letzten, höchsten Sinne des Begriffes sinnvolle, gute und gerechte Verwendung gibt, dass *keine* von ihnen *verloren* und also auch *kein* Wirken des Geschöpfes *umsonst* gewesen ist" (III,3 174; Oblau 159f.).

„Keine eschatologische Aussage auch im Neuen Testament, die einen Ausblick an dieser einen Person vorbei erlauben würde. *Sein* Tod, *seine* Auferstehung, *seine* Wiederkunft sind der Boden, auf dem schlechterdings Alles steht, was vom Menschen, von seiner Zukunft, von seinem Ende und Ziel in Gott zu sagen ist – mit dessen Hinfall aber auch das Alles hinfallen würde" (III,2 759; Oblau 206).

„Die Gemeinde des Neuen Testaments hofft durchaus nicht auf die Erlangung irgendwelcher abstrakter Güter: sie hofft also weder auf die Totenauferstehung, noch auf die Rechtfertigung im Gericht als solche, noch auf das ewige Leben in ewiger Seligkeit. Sie hofft weder auf Kronen noch auf Palmzweige noch auf weiße Kleider, noch auf den Glanz des neuen Himmels und der neuen Erde, und auch nicht auf irgendwelche geistige, moralische oder physische Zustände irgendeines kommenden Gottesreiches. Oder vielmehr: sie hofft auf das Alles ganz allein darum und damit, dass sie auf *Jesus selber* hofft. Es ist ja das Alles nur die in seiner Herrlichkeit verborgene und eingeschlossene Verherrlichung der Kreatur, anhebend offenbart in seiner Auferstehung, abschließend zu offenbaren in seiner Wiederkunft. Es sind also das Alles nur Prädikate, Annexe, Begleiterscheinungen *seiner* Erscheinung. Er ist das Reich, er war es und wird es sein und in ihm alle Herstellung, alles Heil, alle Vollkommenheit, alle Freude des Reiches. Es gibt, genau genommen, keine ‚letzten Dinge': keine abstrakten, keine selbständigen ‚letzten Dinge' außer und neben ihm, *dem* Letzten" (III,2 589; Oblau 206f.).

Barth betont, dass die Bitte um das Kommen des Reiches Gottes „streng *eschatologischen* Inhalt und Charakter hat, das heißt, dass sie auf eine Tat Gottes am *Ziel* und *Ende* aller Zeit und also aller menschlichen Geschichte – auch aller in deren Mitte sich ereignenden Glaubens- und Kirchengeschichte – blickt" (Das christliche Leben 426; Oblau 209).

„Nicht zuerst die Welt und auch nicht zuerst die Kirche, nicht zuerst irgendein unter diesem Gegensatz leidender, gegen ihn sich auflehnender oder ihn so oder so ertragender Mensch, sondern zuerst Er, der Auferstandene, ist *noch* auf dem Wege, steht *noch* im Kampfe, ist *noch* nicht an seinem Ziel, sondern geht ihm erst entgegen" (IV,3 380; Oblau 285).

Der endgültige Sieg ist noch nicht errungen: „Zuerst Er trägt die Last des noch und noch sich erhebenden Bösen, des ihm noch und noch folgenden Übels, des Alles und Alle noch und noch verfinsternden Todes, jetzt als der vom Tod Auferstandene, wie er das Alles einst in Gethsemane auf sich genommen und auf Golgatha getragen hat: in eben der ganzen Bedrängnis und Pein, die ihn dort getroffen und der er sich dort nicht verweigert hat" (IV,3 379; Oblau 286). Die Finsternis hat ihre Macht nicht schon einfach verloren (IV,3 192; Oblau 289).

Der Mitvollzug der Barthschen Dialektik, des gleichzeitigen Ja und Nein, mag schwer fallen, eines ist sicher: So wie seine ganze ausgeführte Dogmatik von einer radikalen Christozentrik geprägt ist, so steht auch das Endgeschehen, sei es des einzelnen Menschen, sei es der Menschheit, ganz und gar unter dem Zeichen Jesu Christi.

Das kann nun auch vom bisherigen Gang durch die Himmelsthematik in der Theologie des 20. Jahrhunderts gesagt werden: Ohne Ausnahme ist sie theozentrisch in sich oder theozentrisch in christologischer Vermittlung, aber nirgendwo ist sie anthropozentrisch. Wenn nach den Bedingungen der Möglichkeit gefragt wird, unter denen die Botschaft vom Endgeschehen beim erwartenden und hörenden Menschen ankommen kann, dann ist das keine Anthropozentrik.

In den Diskussionen des letzten Viertels des 20. Jahrhunderts über die Rede vom Himmel heute wurde mehrfach bemängelt, dass nach wie vor der Himmel nicht genug „geerdet" werde. Es seien nun drei Versuche zur Sprache gebracht, wie die theologische Gegenwartsanalyse und Sprache diese Mängel beheben könnte.

Das Werk „Grundriss des Glaubens"[426] aktualisiert die Thematik so:

23 Auferstehung der Toten[427]

Daß die Menschen selbst das Leben auf dieser Erde gefährden, ist eine noch junge Erkenntnis. Man braucht dabei nicht nur an einen Atomkrieg zu denken; die zunehmende Verschmutzung und Vergiftung von Wasser und Luft, die Eingriffe in das Gleichgewicht der Naturkräfte, der rücksichtslose Abbau und Verbrauch der Bodenschätze unseres Planeten – das sind Krisenpunkte. Angesichts dieser Probleme, bei denen es um das Überleben der Menschheit geht, mag der Satz „Ich glaube die Auferstehung der Toten" wie eine Ausflucht wirken. Lasst die Toten tot sein und sorgt dafür, dass das Leben noch eine Chance behält – so müssen sich die Christen von Nicht-Christen sagen lassen. Und die Christen müssen sich selber fragen, was ihnen dieser Glaube tatsächlich bedeutet. Was sagen sie, wenn sie am offenen Grab ihrer Toten gefragt werden? Leben sie aus dem Glauben? Werden sie besser mit dem fertig als Menschen, die nicht an die Auferstehung glauben? Entspricht diesem Glauben eine Wirklichkeit? Ist er mehr als ein altertümliches Bild für die unsichere Hoffnung, „irgendwie" sei mit dem Tod vielleicht doch nicht alles aus? Und was bedeutet dieser Glaube für das Leben hier und jetzt? Für das Überleben der Menschheit?

23.1 Im Zeichen der „Endlichkeit"

Der Mensch trägt die Zeichen des Endes an sich. Er muss vergehen. Krankheit und Tod sind dafür schmerzliche Zeichen. Der Mensch ist nicht sein eigener Herr. Juden und Christen sagen: Der Mensch ist ein endliches Wesen. Darum

---

426 Grundriss des Glaubens. Katholischer Katechismus zum Unterrichtswerk Zielfelder ru, hrsg. von Deutschen Katecheten-Verein, durch die Deutsche Bischofskonferenz zugelassen. Verfasser: Gottfried Bitter, Adolf Exeler, Wolfgang Hein, Günter Lange, Wolfgang Langer, Maria Lorentz, Emil Martin, Gabriele Miller, Dieter Wagner, unter Mitarbeit von Rudolf Becker, Marie-Luise Fischer, Gotthard Fuchs, München 1980.

427 Ebd. 123.

kann er sich nicht selbst genügen; er ist darauf verwiesen, sich seine Erfüllung von einem schenken zu lassen, der un-endliches Leben ist[428].

Zwar setzen die Menschen alle Kräfte ein, um ihre Lebensqualität zu erhöhen, um besser und länger zu leben; in wachsendem Maße erfahren sie aber in eben diesem Bemühen: Das Leben auf dieser Erde ist nicht *vollkommen*; es ist vielfach bedroht. Der Lebensraum ist begrenzt; die Wünsche der Menschen stehen einander im Weg. Und nicht nur das. Jeder Mensch erfährt Krankheit und zunehmende Gebrechlichkeit. Wenn er älter wird, spürt er das Nachlassen seiner Kräfte, er steht *ohnmächtig* dem Zerfall gegenüber. Das alles sind sichere Zeichen der *Endlichkeit*. Das Leben geht von Anfang an auf den Tod zu.

Mit dieser Erkenntnis hat sich die Menschheit noch nie abgefunden. Mythen und Märchen träumen von Menschen, die den Tod überlisten. Auf die verschiedenste Weise kommt in den Religionen die Vorstellung von der Fortdauer des Lebens, von neuem Leben, von *Unsterblichkeit* zum Ausdruck. Sagenhafte Gestalten suchen das Kraut, das unsterblich macht. Sind das nur fromme Wünsche?

In der Heiligen Schrift wird „*Leben*" zum faszinierenden Stichwort. Das Leben, das Gott gibt, setzt der Endlichkeit ein Ende. Gott beschenkt den vergänglichen Menschen mit *unvergänglichem* Leben. Er „brennt" geradezu darauf, dies zu tun.

23.2 Der Glaube macht Mut[429]

Die *Hoffnung* der Menschen, den Tod zu überleben, ist fast ebenso groß, wie ihre *Angst* vor dem Tod. Gehört er nicht zum Leben? Warum wehren sich die Menschen gegen den Tod? Sie empfinden ihn offenbar als etwas, das eigentlich nicht sein sollte, und sie weigern sich, ihr Leben dem Gesetz des „Stirb und Werde", das sie bei Pflanzen und Tieren so natürlich finden, einfach unterzuordnen.

Der christliche *Glaube* an die *Auferstehung* der Toten antwortet auf dieses rätselhafte Verlangen des Menschen nach nie endendem Leben. Dieser Glaube ist jedoch nicht das Ergebnis langen philosophischen Nachdenkens, sondern er wächst aus der Zuversicht: Gott lässt die Menschen nicht im Tod untergehen. Diese Hoffnung findet in einem Ereignis Bestätigung: in der *Auferstehung* Jesu. Sie ist zugleich ein Hinweis, wie man sich die Auferstehung der Toten nicht vorstellen darf.

Auferstehung bedeutet nicht Rückkehr in ein irdisches Dasein, als ob der zum Leben Erweckte „irgendwie" weiterlebt, wie er vorher lebte. Auferstehung bedeutet auch nicht die „Rückkehr der unsterblichen Seele zu Gott", vergleichbar der Welle, die ins Meer zurückfällt.

Die *Osterzeugnisse* des Neuen Testaments helfen hier weiter. Sie sprechen von Jesu Leib, der Wundmale trägt: Sie berichten von Essen und Trinken, von Kommen und Gehen des Auferstandenen. Damit wollen sie aussagen: Derselbe, der am Kreuz gestorben ist, lebt. „Leib", das meint sein ganzes Menschsein. Die

---

428 Das Folgende ebd. 124.
429 Das Folgende ebd. 125.

Bibel redet aber auch vom „verklärten", das heißt der Vergänglichkeit entzogenen Leib, in dem Gottes Leben aufleuchtet.

Obwohl unsere Worte versagen und biblische Bilder nicht „wörtlich" genommen werden dürfen, haben viele Maler ihren Glauben ins Bild gesetzt und haben dargestellt, wie am Jüngsten Tag die Toten aus ihren Gräbern steigen. Die Aussage dieser *Glaubensbilder* lautet: Unser ganzes leibhaftes, vergängliches Leben wird gerettet und geht als unvergängliches ein in Gottes „*Neue Schöpfung*".

23.3 Leben im Zeichen der Hoffnung[430]

Vielleicht gibt es Leute die denken: Wenn einer an die *Vollendung* seines Lebens in der *Auferstehung* glaubt, dann machen ihm *Leid* und Not, die er in der Welt sieht, nichts aus. Dieser Gedanke wäre nur dann richtig, wenn dieses irdische Leben mit dem „neuen Leben" nichts zu tun hätte. Aber der Glaube an Gottes neue Schöpfung, an die „Leibhaftigkeit" der Auferstehung, spricht eine große *Hoffnung* aus: Diese vergängliche Welt wird in die künftige verwandelt, sie ist jetzt dabei, Gottes neue Welt zu werden. Wenn Christen daher mit allen Menschen guten Willens für eine gerechtere Welt kämpfen, dann tun sie das nicht nur aus ethischen Gründen, die auch Christen dazu verpflichten, sondern weil sie auf die Verwandlung der Welt, die Auferstehung hoffen. Sie bemühen sich darum, diese irdische Welt wenigstens einigermaßen den Verheißungen Gottes entsprechend zu gestalten; denn sie wissen um die *Gültigkeit* dessen, was hier gelebt und gewirkt wird; denn nichts, was geschieht, ist vor Gott umsonst. Christen handeln dabei nicht wie solche, die nur auf ihre eigene Kraft setzen. Sie kennen ihre Schwäche, aber sie resignieren und verzweifeln nicht, wenn sie etwa im Kampf gegen gefährliche Krankheiten zu der Erkenntnis kommen: Mehr können wir nicht tun. Sie vermögen mit den *Grenzen* ihres irdischen Daseins zu leben und sie auszuhalten. Sie können gelassen sein und sich dennoch mit aller Kraft gegen Leid und Unsinn stemmen. Das ist etwas anderes, als die Augen vor dem Elend der Welt zu verschließen und so zu tun, als wäre es nicht da.

Der gläubige Mensch sieht die Wirklichkeit, wie sie ist. Aber er hofft, dass das, was Menschen nicht *vollenden* können, von Gott zum guten Ende gebracht wird. Sein Bemühen ist ein anschauliches und tapferes *Bekenntnis* dazu, dass Gott seine *Verheißungen* erfüllen wird.

24 Und das ewige Leben[431]

Kein Mensch kann leben, ohne an seine *Zukunft* zu denken, die nahe oder die endgültige. Freiheit, Fortschritt, *Hoffnung*, all das zielt auf Zukunft hin. Es gibt Zukunft, die der Mensch planend gestalten und vorbereiten kann; damit beschäftigen sich viele Wissenschaftler, Politiker, Dichter, Phantasten und „Wahrsager". Aber das Unheimliche daran ist: Je mehr der Mensch die Zukunft „in den Griff bekommt", um so mehr zeigen sich neue, größere Probleme. Es lässt sich

---

430 Das Folgende ebd. 126.
431 Das Folgende ebd. 127.

nicht übersehen: „Zukunft" ist immer auch das, was Menschen nicht planen und machen können: das, was auf sie zu-kommt.

Der Schluss des Glaubensbekenntnisses handelt von dieser Zukunft. Was vom *Wirken des Geistes* gesagt ist, wird mit dem kurzen Satz zusammengefasst und abgeschlossen: „Ich glaube das *ewige Leben*". Ist das die christliche Zukunftserwartung? Oder kann man sagen: Wer zur Kirche gehört, hat das ewige Leben? Oder beginnt das ewige Leben erst nach dem Tod, mit der „Auferstehung der Toten"? Ist dann dieser Satz des Glaubensbekenntnisses inhaltlich nur eine Wiederholung des vorausgehenden?

24.1 Bilder vom ewigen Leben

Altes und Neues Testament sprechen oft vom Kommen des *Reiches Gottes*, vom Leben beim Vater, vom *ewigen* Leben. Was das ist und wie es „dort" sein wird, darüber hat auch Jesus nur in Bildern gesprochen. Das muss kein Nachteil sein: Wo eine Wirklichkeit so groß ist, dass sie unser Begreifen übersteigt, kann man sie nur noch in Bildern beschreiben. Bilder sind zwar nicht die bezeichnete Wirklichkeit selbst, aber sie können Bedeutsames über die gemeinte Wirklichkeit aussagen.

24.2 Die Vollendung[432]

Immer wieder wundern sich Menschen darüber, dass nach 2000 Jahren Christentum noch so wenig von einer Veränderung der Menschen zum Besseren zu sehen ist. Deshalb sind manchmal auch Christen versucht zu sagen: Die *Vollendung* kommt erst im *Jenseits*. Wenn keiner mehr sündigt, wenn alle Grenzen und Gefahren für das Leben der Menschen überwunden sind, dann ist die Vollendung da, dann ist das *ewige Leben* angebrochen, dann ist die neue Welt erstanden. Doch Gottes Geist lässt sich von den Menschen kein Heute oder Morgen, kein Hier oder Dort aufnötigen. Immer und überall, wo Menschen sich seinem Wirken nicht widersetzen, ist Anfang der Vollendung. Was in den Augen der Menschen nur ganz langsam wächst, was immer wieder durch schwere Rückschläge beeinträchtigt wird, das ist bei Gott schon da. Worum sie sich unter Einsatz all ihrer Kräfte bemühen, das ist bei ihm schon vollendet. Deshalb heißt es auch im Evangelium: „Das *Reich Gottes* ist (schon) mitten unter euch" (Lk 17,21).

Das heißt keineswegs, dass es letztlich auf unser Tun gar nicht ankommt – im Gegenteil. Wir leben in der Zeit, und an uns liegt es, ob mitten unter uns schon etwas vom Reich Gottes sichtbar wird. Auch in seiner Vollendung dürfen wir uns dieses Reich nicht als ein Werk Gottes vorstellen, das auf uns zukommt wie ein Geschenk von einem andern Stern. Es ist jetzt schon „*mitten unter uns*", Gott wirkt es – und er will es mit uns wirken.

Wenn wir „die Auferstehung der Toten glauben", so heißt das auch, dass alles, was wir im Geist Jesu tun, als unser neuer „Leib" auferstehen und Gestalt und

---

432 Das Folgende ebd. 129f.

Dauer gewinnen wird. Anders gesagt: Christen glauben, dass alles, was hier Gutes geschieht, nicht verloren ist, sondern miteingeht in *Gottes Neuschöpfung*, wenn er kommt, die Welt zu vollenden. In der Offenbarung des Johannes heißt es: „Ihre Werke begleiten sie" (Offb 14,13). Und dennoch wird das, was Gott denen bereitet hat, die ihn lieben, jegliche Vorstellung übersteigen. Vielleicht lässt das Bild vom Hochzeitsmahl noch am ehesten die unendliche *Freude* in der *Gemeinschaft* der Heiligen erahnen (Jes 25,6-9; Offb 19,7-9).

In der zweiten Hälfte des 20. Jahrhunderts entstand an verschiedenen Orten der Welt in verschiedenen christlichen Konfessionen eine „Theologie der Befreiung". Ihre reflektierteste Gestalt nahm sie in Lateinamerika an. Wie dort über die Rede vom Himmel gedacht wurde, soll der folgende Text zeigen[433]:

a. Die Auffassung des Himmels im Volk und die Wichtigkeit des Mythos[434]

Wie die Evangelisten, um die Wahrheit über Jesus Christus auszusagen, sich mit mythologischen Ausdrücken ihrer Zeit (wie zum Beispiel „Menschensohn") behalfen, so greift auch das Volk, um so transzendente Wirklichkeiten wie den Himmel und das ewige Leben zu verstehen und davon zu sprechen, zu nichtchristlichen Kategorien und Redeweisen. Diese führen in die Mitte des Geheimnisses ein, das sich, obgleich transzendent, in der Geschichte offenbart.

Vor diesem Hintergrund ist es zu verstehen, wenn das einfache Volk den Himmel als Ort auffasst: Ort der Begegnung und des Festes, Ort des Teilens, der Sättigung und der Gemeinschaft. Da die Familie eine der stärksten und liebsten Erfahrungen im Leben des Volkes ist, wird der Himmel als eine große Versammlung der Familie gesehen und erwartet. Vollkommene Freude und Gemeinschaft wird herrschen; Mangel, Elend und Probleme werden nicht mehr sein, und alle werden geladen sein. Die Menschen des Volkes sind es ja gewohnt, in vielköpfigen Familien andauernd mit Leuten zusammen, von Menschen umlagert zu sein, das Haus fortwährend mit Nachbarn, Verwandten und verschiedenen Bekannten bevölkert zu haben. Das Volk kennt nicht den Hang auszuschließen noch das Laster der Privatheit, das die wohlhabenden Klassen pflegen. Und so hegen die Leute des Volkes nicht die geringste Befürchtung, der Himmel könne etwa überbevölkert sein. Es ist Platz genug für alle. So wie „im Herzen einer Mutter immer noch Platz ist für einen mehr", so ist auch das Haus der Armen: offen für jeden Besucher, ohne Türen, Gitter und alle die Sicherheitssysteme, die diejenigen brauchen, die viel zu verlieren oder zu verbergen haben.

Obendrein wird im Leben des Volkes, das normalerweise so hart und leidvoll ist, manchmal der Himmel vorweggenommen und erfahren. So wenn man Feste feiert; da können dann, weil jeder etwas beiträgt, alle mitfeiern, fröhlich sein und sich vergnügen. Oder wenn man nach langem, gemeinsam durchlebtem Kampf

---

433 Maria Clara Lucchetti Bingemer, Christliche Eschatologie (portugiesisches Original Petropolis 1985), Düsseldorf 1987.
434 Ebd. 255f.

einen Sieg feiern kann und man zusammen die Kraft erlebt und erinnert, die aus der Einigkeit kommt – solche Augenblicke werden mit Worten der Freude, des Glaubens und der Hoffnung besungen:

> „Unsere Freude ist zu wissen:
> Unser Volk wird sich befrein.
> Jesus Christus, Herr der Welt,
> wird Erfüllung unsrer Hoffnung sein."

In solchen Augenblicken, wenn das Volk Gott stark und tief als großzügig sich selbst Schenkenden erfährt, festigt es seine Hoffnung auf den Himmel. Er ist der Ort, wo die in manchen Augenblicken schon erlebte und gekostete Freude der Befreiung kein bloßer Traum mehr ist, für den man sich auch noch abrackern muss; dann nämlich hat die Freude endlich kein Ende mehr[435].

Gleichwohl [trotz der Säkularisierung] ist für viele Christen der großen städtischen Zentren der Himmel noch immer Gegenstand ihres Glaubens. Diese Hoffnung auf den Himmel bezieht sich, so vorhanden, auf einen Zustand nach dem Tod; sie ist „posthum". Sie macht sich jenseits der Grenzen dieses Lebens fest und ist in hohem Grade individualistisch und privatisierend. Hier hat die kapitalistische Mentalität ihre Spuren hinterlassen: Der Himmel wird als Belohnung, als Wiedergutmachung nach dem Tod betrachtet. Sie kann durch den eigenen Einsatz, durch eine Reihe kleiner „guter Taten" und bestimmter Riten erlangt werden, die ein Leben lang Tag für Tag zu vollbringen sind. Das ewige Leben wird daher nicht als reines Geschenk gesehen, das bedingungslos und ungeschuldet von Gott kommt; es gilt als etwas, das durch die Anstrengung des Menschen erworben wird. Das tägliche Leben erscheint als Prüfung, als geistlicher Kampf. Dabei sammelt der Mensch durch individuelle Askese, die oft von einer ziemlich dualistischen Menschen- und Weltsicht bestimmt ist, Verdienste, die es ihm ermöglichen, ins ewige Leben einzugehen.

Worin besteht nun der Himmel, wenn er erst einmal erreicht ist? Was beinhaltet er, was ist seine Wirklichkeit? Was lässt Menschen ihn für sich ersehen?

Für die wohlhabenden Klassen hat der Himmel einen betont statischen Charakter. Mit den klassischen theologischen Begriffen gesagt, ist der Himmel ja „beseligende Gottesschau", „endlose Kontemplation" in Gottes Gegenwart. Da viele dieser Christen beständigem Stress, Angst und nagendem Ehrgeiz ausgesetzt sind, immer mehr zu haben und zu besitzen (ein typischer Zug des modernen Lebens in den großen Städten!), besteht für sie das Eingehen in den Himmel darin, dass die Sorgen und Wünsche ein für allemal aufhören. Himmel ist hier ein Zustand bleibender Sättigung; jeder Mangel, jede Angst ist abgeschafft; die im irdischen Leben empfundene Leere wird im Himmel voll ausgefüllt. Er wird zu einer Art „ewigem Fernsehen", bei dem jede Tätigkeit und jede Bewegung ausgeschaltet

---

435 Das Folgende ebd. 257f.

sind. Der Mensch muss nur noch untätig die „Show" der Unendlichkeit kontemplieren, die ihm vorgesetzt wird. Auf diesen Preis hat er ein Anrecht. Ihn hat er sich im Leben durch Opfer und Mühen erworben. Jetzt kann er ihn für alle Ewigkeit genießen.

Doch viele christliche Kreise der wohlhabenden und gebildeten Klassen widersetzen sich dieser Auffassung des Himmels. Ein Himmel, aus dem jede Bewegung verbannt ist, stellt nicht den Höhepunkt und die Erfüllung ihrer Erwartungen dar. Wenn da keine Bewegung ist, heißt das nicht, dass da auch kein Leben ist? Ist es nicht so: Eine Beziehung, in der ich aber auch nicht im geringsten tätig werden muss, lässt mich, was meine Teilnahme anbelangt, völlig „draußen". Ein solcher Himmel kann mir äußerst langweilig vorkommen, wie eine Verheißung, die mein Verlangen, mein Herz kein bisschen erregt. Die Aussicht auf einen solchen Himmel lässt mich das Risiko vorziehen, ganz auf ihn verzichten zu müssen und mit ihm auf alles andere am Glauben.

Das Volk aber geht unbeirrt den Weg seiner Bewusstwerdung und seiner Kämpfe. Immer wieder macht es aus der Mitte der Bewegung zur Befreiung heraus seine Erfahrungen der Fülle. Sie sind ihm wie ein Wetterleuchten der Ewigkeit und sprechen ihm leise von dem wunderbaren Geheimnis: Der Himmel wird diese Erfahrungen vollenden, dieses Wetterleuchten in helles Licht verwandeln.

d. Der Himmel Jesu Christi: Gemeinschaft des Volkes Gottes im Geist[436]

Carlos, ein Priester von vierzig Jahren, wurde von vier Kugeln getroffen, überlebte jedoch wunderbarerweise, weil die für seinen Kopf gedachte Kugel an seinem stählernen Brillengestell abprallte. Zehn Tage später schreibt er:

„Kamerad Jesus ... In jenem Augenblick, als ich erwartete, bei dir zu sein, hast du mich enttäuscht ... Du wolltest nicht bei mir sein, wie ich es wünschte. Ich dachte wirklich nicht daran, ‚glücklich zu sein'. Bis vor kurzem war es mir nicht wichtig, was das ewige Leben für mich bereit hielt. Du warst es, wonach ich verlangte, das ‚Bei-dir-Sein', das Zusammenkommen mit ‚meinem Freund', an den ich geglaubt hatte und von dem ich meinen Brüdern und Schwestern gesprochen hatte ... Doch bald wurde es Tag ..., und auch bei mir dämmerte ... Und wieder konntest du mich – wie schon zuvor – bei meinen Schwestern und Brüdern finden ... Ich weiß, was ich tun werde: Ich werde dir folgen, indem ich dich suche und finde. Als wäre nichts zwischen uns beiden gewesen. Die Wahrheit ist ja: Man kann dich in so vielem finden, in diesem oder im andern Leben. Du bist immer derselbe".

Diese Zeugnisse von Christen sprechen von der letzten Hoffnung auf eine endgültige Bestimmung, von der ihr Herz ihnen singt. Es durchzieht sie ein gemeinsamer Grundton: Der Himmel ist nichts, was der Geschichte fremd wäre; man gelangt nicht hinein, indem man zwischen dem, was vor, und dem, was nach dem Tod ist, einen radikalen Schnitt macht. Im Gegenteil, der Himmel

---

436 Das Folgende ebd. 270.

hebt mitten in der Geschichte an und wird in ihrem Schoß ausgetragen: in den Erfahrungen und Kämpfen, in denen es darum geht, dass die Menschen in der Kraft des Heiligen Geistes mehr Liebe und Gerechtigkeit durchsetzen.

Eine Ausnahmeerscheinung in der christlichen Systematik ist der Berliner evangelische Theologe Friedrich-Wilhelm Marquardt (geb. 1928). Unter dem Titel „Was dürfen wir hoffen, wenn wir hoffen dürfen? Eine Eschatologie" veröffentlichte er 3 Bände: 1. Bd. Gütersloh 1993, 2. Bd. ebd. 1994, 3. Bd. ebd. 1996.

Der bestimmende Faktor seines Denkens ist Auschwitz als „Zeit-Zeichen", die Wahrnehmung der geschichtlichen wie gegenwärtigen Realität der Juden. Gegen die „intellektuelle Problematisierung der Zukunft" möchte er die biblischen Verheißungen zur Geltung bringen; gegen die hellenistisch-jenseitige Erlösungshoffnung (besonders in der verinnerlichten, individualisierten und jenseitsorientierten Eschatologie des Protestantismus) möchte er auf der jüdisch-biblischen Hoffnung auf Befreiung im Diesseits bestehen. Gegen das geläufige Schema von Verheißung (im Alten Testament) und Erfüllung (im Neuen Testament) weist Marquardt auf den verdrängten „Überschuss" der Verheißungen der Hebräischen Bibel hin, auf das biblische Beziehungsmodell in der Beziehung Israels zu den Völkern: Kommunikation, Austausch, aber bleibende Unterscheidung. Unter Hinweis auf die sieben noachidischen Gebote, die alle auch im Neuen Testament zu finden seien, weist Marquardt auf die Möglichkeit hin, dass Nichtjuden praktizierende Anhänger der Tora werden und so an den Verheißungen Gottes und den Hoffnungen Israels teilhaben können. Gegen den üblichen christlichen Antijudaismus deutet er die noachidischen Gebote „als das in Distanz und Beteiligung gegebene jüdische Ja zu Jesus" (I 236). Die biblischen Zeugnisse von Jesus dem Juden liest er als „Lebensgeschichte des neuen Lebens" (I 412). Christen können dieses neue Leben nicht ohne die Juden, sondern nur im Frieden mit ihnen haben.

Weil mit den Juden, Gottes erwähltem Volk, Gott selber ausgerottet werden sollte, nennt Marquardt Auschwitz ein „metaphysisches Projekt". Undenkbar sei eine Vermittlung von Gott und Tod. Das Bleibende ist das Gedenken: „Auschwitz nicht aus dem Gedenken Gottes, das heißt vor allem Gott nicht aus dem Gedenken an Auschwitz zu entlassen – das sehen wir als letztes Recht von Theologie nach Auschwitz" (II 71). Nur am Todesweg Jesu sieht Marquardt eine (sinnvolle) Nähe von Gott und Tod. „In Jesu Leiden und Sterben verfügt Gott über den Tod, und der Tod muss sich ihm fügen" (II 127); Gott blieb auch im Tod Jesu Gott (II 126), Ostern verstanden als Bedingung der Möglichkeit für die Erweckung von Menschen aus dem Tod.

In den Ausführungen dieser Eschatologie werden im Kontext zum Stichwort „Gericht" Israel und Kirche als Unruheherde beschrieben. Die Predigt vom Reich Gottes bringe gleichzeitig das Katastrophale und das Kritische zum Tragen; sie produziere gesellschaftliche, ökonomische und politische Unruhe; führe einen Generalangriff auf bestehende Herrschaft, ziele auf grundlegenden Herrschaftswechsel. Das Reich Gottes ist ein Reich für Israel (II 374). Marquardt meint das ganz konkret.

Das „Kommen Jesu" (Parusie) bedeutet ein „Entgegenkommen" der Toten und Lebenden. Der irdische Weg Jesu war mit „Hoffnungsinhalten" gefüllt gewesen (III 43), sein eschatologisches Kommen aus der Lebensgemeinschaft mit Gott bedeutet „für uns" Gericht. Marquardt spricht dezidiert dagegen, dass dieses Gericht in der individuellen Sterbestunde geschehe (er nennt das „existentiale Engführung"); das Gericht habe universalen und öffentlichen Charakter. Das Gericht habe eine „Beziehungswirklichkeit"; nicht der isolierte Einzelmensch, sondern alle würden in ihren Beziehungen gerufen. Das Primäre beim Gericht sei die „Erweckung des Gedenkenkönnens, die Befreiung von der Amnäsie der Toten" (III 123). Von Israel her sei die Möglichkeit gegeben, in die „intergenerationelle" wie gottmenschliche Beziehungswirklichkeit eingewiesen zu werden.

Zu den Bildern in der biblisch-apokalyptischen Rede stellt Marquardt fest, dass Sprachbilder die einzig mögliche Sprache der Zukunft seien, die Sprachkraft der Bilder entspreche allein der uns noch entzogenen, noch ausstehenden Wirklichkeit. Nur mit solchen Sprachbildern lasse sich noch die Wirklichkeit der Auferstehung der Toten kommunizieren.

Das „Jüngste Gericht" gilt für Marquardt als ein Beziehungsgeschehen nicht zum Erschrecken, sondern zur Klärung und Aufklärung; „Jüngstes Gericht" heißt „letzte Aufklärung" im Gespräch mit Gott (III 164). Es fängt beim Haus Israel an, greift auf die Kirche über und erfasst die ganze Menschheit. Der entscheidende Maßstab des Gerichtes ist das Verhältnis zu Israel. Wegen ihrer jüdischen Wurzeln haben die Christen besondere Verantwortung zu tragen, auch als Individuen: Wo ist dein Bruder Abel? (III 322). Es gibt dabei „Verdammnis" im Sinn einer Aufhebung der Nähe zu Gott und zum Volk Gottes, das heißt, als ein Beiseite-gestellt-werden, aber das schließe die bleibende Hoffnung und ein allerletztes, anders lautendes Gericht Gottes nicht aus.

Ziel des Lebens ist „Dort-Sein", von Gott gewährtes Mitleben seines freien Lebens. Ewiges Leben meint nicht Verlängerung des bekannten Lebens, sondern ein „aus Gottes Bewährung als Gott geborenes Leben" (III 411). Vorzeichen für ein erlöstes und tätiges Leben gibt es im Leben Jesu, in der Gottespraxis der Tora. „Gott ist praktisch Ort der Welt in den Menschen, die seine Arbeiten erzählen. In diesen Erzählungen löst das Utopische sich auf, lässt Gott sich orten. Diese Erzählungen sind das Dort, in dem uns das ewige Leben sich öffnet" (III 446). Die Hoffnungsperspektive geht auf ein festliches Gemeinschaftsleben in der Gemeinschaft der Heiligen, Schau der Herrlichkeit Gottes und der darin wahrzunehmenden Herrlichkeit des Menschen.

Die „Erdung" des Himmels in dieser ohne Rücksicht auf eschatologische Traditionen und auf ökumenische Diskussionen erstellten Eschatologie besteht nicht in ethischer Verantwortung im allgemeinen und Bewährung dieser oder jener Tugenden, sondern in der Praxis der Tora als Verbindung von Himmel und Erde.

Die Diskussionen zum Thema des Himmels gehen weiter, ebenso die Suche nach einer an menschliche Erfahrungen angebundenen Himmelsrede. Es sei hier auf die Anregungen im Sammelband „Himmel" 2007 aufmerksam gemacht. Dort werden weitere bedenkenswerte Überlegungen zu einer „Erdung" des Himmels aus der Sicht der praktischen Theologie vorgetragen[437]. Ralf Miggelbrink analysiert die damit zusammenhängenden Probleme aus der Sicht der theologischen Systematik[438]. In einer niveauvollen, souveränen Sicht rekonstruiert er die „Geschichte des Himmels" , bei der „Himmel" als Entgrenzungsmetapher, als Begrenzungsmetapher und Transzendenz als Inbegriff der absoluten Weltjenseitigkeit, als neuer Himmelsbegriff erscheinen (mit bemerkenswerter Umsicht im Urteil über frühere Epochen). In einem eigenen Versuch schlägt Miggelbrink als geeigneten zeitgenössischen Himmelsbegriff den Begriff „Lebensfülle" vor, dem er auch Erfahrbarkeit in der Lebenswirklichkeit zuspricht[439]. Als weiterer Beitrag zum gegenwärtigen „Himmelsgespräch" sei hingewiesen auf: Franz-Josef Nocke, Was können wir hoffen? Zukunftsperspektiven im Wandel, Würzburg 2007, mit gut dokumentierten Beobachtungen zu Wandlungen der Hoffnung.

13. Kirchenamtliche Texte zum Thema „Himmel"

In den ältesten Glaubensformeln wird der Himmel sehr zurückhaltend angesprochen. Dieses Bild ändert sich mit der Renaissance der Katechismen[440]. Reflexe über die Geschichte der Himmelsvorstellungen finden sich vor allem seit der Reformationszeit, wie die folgenden Beispiele zeigen. Fast alle von ihnen sind dem katholischen Glaubensbereich entnommen, entsprechend der Gewichtung des Lehramtes in der katholischen Kirche.

Heidelberger Katechismus[441]
56. Frag. Was glaubstu von vergebung der sünden?
Antwort. Dasz Gott vmb der gnugthuung Christi willen, aller meiner sünden, auch der sündlichen art, mit der ich mein lebenlang zu streitten habe, nimmermehr gedencken wil: sonder mir die gerechtigkeyt Christi ausz gnaden schencket, dasz ich ins gericht nimmermehr soll kommen.
57. Frag. Der 22. Sontag. Was tröst dich die aufferstehung des fleisches?
Antwort. Dasz nicht allein meine seel nach diesem leben als bald zu christo jrem haupt genommen wird: sonder auch dasz disz mein fleisch durch die krafft

---

437 O. Fuchs, Aspekte einer praktischen Theologie des Himmels, in: JBTh 20 (2007) 433-457.
438 Ebd. 325-356.
439 Ebd. 343-356.
440 Mit dieser Katechismusbewegung befasst sich eingehend die historische Einführung von H. Filser, in: Petrus Canisius. Der Große Katechismus. Ins Deutsche übertragen und kommentiert von H. Filser und St. Leimgruber, Regensburg 2003.
441 Der Heidelberger Katechismus und vier verwandte Katechismen. Mit einer historisch-theologischen Einleitung hrsg. von A. Lang (1907) Nachdruck Darmstadt 1967. Es handelt sich bei dieser Ausgabe um den Textus receptus der Pfälzer Kirchenordnung von 1563, Vorarbeiten von Z. Ursin, Calvin ist die Hauptquelle (Lang LXX). Zitierter Text 23f.

Christi aufferewecket, wider mit meiner seelen vereiniget, vnd dem herrlichen leib Christi gleichförmig werden soll.

58. Frag. Was tröst dich der Artikel vom ewigen leben?

Antwort. Dasz, nach dem ich jetzunder den anfang der ewigen freude in meinem hertzen empfinde, ich nach diesem leben volkommene seligkeyt besitzen werde, die kein aug gesehen, kein ohr gehöret, vnnd in keines menschen hertz nie kommen ist, Gott ewiglich darinn zu preisen.

Das Konzil von Trient befasste sich schon in seiner ersten Sitzungsperiode 1545 mit dem Plan, einen Katechismus „für die Pfarrer" zu erstellen. Am Ende des Konzils gab dieses die Aufgabe an den Papst zurück. In mehreren Revisionsphasen wurde der Katechismus 1564-1566 „für die Pfarrer" erstellt[442]:

Catechismus Romanus (1566)[443]
Zwölftes Kapitel[444]
Elfter Glaubensartikel
„Auferstehung des Fleisches"

(1) Die große Bedeutung, die diesem Artikel für die Wahrheit unsres Glaubens zukommt, zeigt recht klar schon der eine Umstand, dass die Hl. Schrift ihn dem Christen nicht nur einfachhin als Glaubenssatz vorlegt, sondern außerdem noch mit mannigfachen Gründen erhärtet. Ein solches Vorgehen lässt sich sonst bei den Glaubensartikeln kaum beobachten. Und so kann man daraus ersehen, dass auf diesem festen Fundament die Hoffnung unseres Heiles aufruht. So folgert nämlich schon der Apostel: „Gibt es keine Auferstehung der Toten, dann ist auch Christus nicht auferstanden; ist aber Christus nicht auferstanden, dann ist nichtig unsre Predigt, nichtig auch unser Glaube" (1 Kor15,13f).

Diesen Artikel zu erklären wird also der Seelsorger wenigstens ebensoviel Mühe und Eifer aufwenden, als so mancher Glaubensfeind es sich kosten lässt ihn zu untergraben. Es ergibt sich ja auch aus der Erkenntnis dieser Glaubenslehre für die Gläubigen solch große und schöne praktische Frucht, wie das gegen Ende gezeigt werden soll.

(2) Zunächst einmal verdient es Beachtung, dass die Auferstehung der Menschen in diesem Artikel „Auferstehung des Fleisches" genannt wird. Das hat seinen guten Grund. Die Apostel wollten nämlich damit *die Unsterblichkeit der Seele* als notwendige Voraussetzung betonen. Es wird also in unsrem Artikel nur die Auferweckung des Fleisches erwähnt, damit nicht etwa jemand auf den Gedanken komme, die Seele sterbe zusammen mit dem Leib und es würden dann beide zusammen wieder zum Leben erweckt. Dass die Seele unsterblich ist, steht ja auf Grund einer ganzen Reihe von Schriftstellen unumstößlich fest. – Der Ausdruck

---

442 G. J. Bellinger, Catechismus Romanus: LThK³ II (1994) 976-978.

443 Das Religionsbuch der Kirche (Catechismus Romanus 1566). In deutscher Übersetzung hrsg. von Michael Gatterer SJ. Erster Teil: Einführung und vom Glaubensbekenntnis. Übersetzt von Anton Koch SJ, Innsbruck – Leipzig ³1940.

444 Text 168-170.

„Fleisch" steht allerdings in der Hl. Schrift manchmal auch für den ganzen Menschen, wie etwa bei Isaias: „Alles Fleisch ist wie dürres Gras", und beim hl. Johannes: „Und das Wort ist Fleisch geworden". Aber in unserem Fall bezeichnet das Wort „Fleisch" bloß den Leib; uns zur Lehre, dass von den beiden Wesensbestandteilen des Menschen, Leib und Seele, nur der eine Teil, nämlich der Leib, verwest und wieder zu Staub wird, aus dem er gebildet ist, die Seele aber vor jedem Zerfall frei bleibt. Da aber nur das wieder zum Leben erweckt wird, was wirklich gestorben ist, so spricht man bei der Seele nicht im eigentlichen Sinn von einer Auferstehung.

Die Bezeichnung „Fleisch" wurde wohl auch aufgenommen zur Bekämpfung jener Irrlehre, die noch zu Lebzeiten des Apostels von Hymenäus und Philetus gelehrt wurde, als seien nämlich die Stellen der Hl. Schrift von der Auferstehung, nicht im Sinne der leiblichen sondern einer geistigen Auferstehung zu verstehen, die in der Auferstehung vom Tod der Sünde zu einem sündenreinen Leben bestehe. Diesen Irrtum schließt also der Wortlaut unsres Artikels aufs bestimmteste aus und lehrt ebenso bestimmt die wahre Auferstehung des Leibes.

(3) Aufgabe des Seelsorgers ist es nunmehr, diese Glaubenswahrheit durch Beispiele aus dem Alten und Neuen Testament wie aus der Kirchengeschichte zu beleuchten. Im Alten Testament geschahen Totenerweckungen durch Elias und Elisäus, im Neuen Testament – abgesehen von denen, die Christus der Herr wirkte – durch die hl. Apostel und eine Reihe andrer heiliger Personen. Diese zahlreichen Fälle von Totenerweckungen sind eine Bestätigung für das, was der vorliegende Glaubensartikel lehrt. Denn wie wir an die Erweckung einer ganzen Reihe von Menschen vom Tode glauben, so müssen wir auch glauben, dass dereinst alle Menschen wieder zum Leben erweckt werden. Das ist ja geradezu die Hauptfrucht, die wir aus diesen wunderbaren Totenerweckungen ziehen müssen – dass wir felsenfest an die Wahrheit dieses Artikels glauben.

Beweisstellen gibt es außerdem eine ganze Anzahl, die sich dem einigermaßen schriftkundigen Seelsorger leicht darbieten.

(5) Die inneren Gründe, die die kirchlichen Schriftsteller anführen, sind eine weitere brauchbare Hilfe, um die Auferstehung dem Verständnis nahezubringen. Zunächst müsste man es als nicht naturgemäß betrachten, wenn die Seelen, die doch unsterblich sind und als Wesensbestandteil des Menschen einen naturhaften Zug zum menschlichen Leibe haben, für immer vom Leib getrennt bleiben. Nun ist aber ein unnatürlicher und gezwungener Zustand nicht von langer Dauer; und so scheint es denn ganz entsprechend, dass die Seelen wiederum mit dem Leib vereinigt werden. Woraus sich die Folge ergibt, dass es eine Auferstehung des Leibes geben muss. Ein solches Beweisverfahren wandte unser Erlöser in seiner Auseinandersetzung mit den Saduzäern an, wenn Er aus der Unsterblichkeit der Seele die Auferstehung des Leibes folgerte.

Weiterhin ist vom allgerechten Gott den Bösen Strafe, den Guten aber Lohn in Aussicht gestellt. Und doch scheiden sehr viele, die schlecht gelebt haben, aus dem Leben, ehe sie die verdiente Strafe erlitten haben; und anderseits sterben viele Gute, ohne je einen Lohn für ihr tugendhaftes Leben erhalten zu haben.

Darum muss auch aus diesem Grund die Seele wiederum mit dem Leib vereinigt werden, damit der Leib, dessen sich die Menschen als Genossen der Sünde bedienen, für die bösen oder auch die guten Taten zugleich mit der Seele Strafe oder Lohn empfange[445].

Ein weiterer Grund ist dieser: solange die Seele vom Leib getrennt ist, kann der Mensch die volle, restlos befriedigte Seligkeit nicht erreichen. Denn wie der Teil, wenn er vom Ganzen getrennt ist, immer unvollkommen bleibt, so auch die Seele, wenn sie nicht mit dem Leib vereinigt ist. Woraus ebenfalls die Notwendigkeit der Auferstehung folgt, damit der Seele nichts mehr am Vollmaß der Glückseligkeit fehle. – Diese und ähnliche Gedanken mag der Seelsorger beim Unterricht der Gläubigen über diesen Glaubensartikel verwenden.

(6) Weiterhin muss man gemäß der Lehre des Apostels auch erklären, wer alles wieder zum Leben erweckt werden wird. So schreibt Paulus an die Korinther: „Wie in Adam alle sterben, so werden auch in Christus alle wieder erweckt werden." Es wird also keinerlei Unterschied gemacht zwischen Guten und Schlechten – alle werden von den Toten auferstehen, wenngleich nicht alle dasselbe Schicksal haben werden: „die Gutes taten, werden auferstehen zur Auferstehung des Lebens, die aber Böses taten, zur Auferstehung des Gerichtes".

Wenn wir sagen „alle", so meinen wir damit sowohl jene, die beim Nahen des Gerichts bereits verstorben sind, wie auch jene, die dann erst sterben werden[446].

(7) Ferner ist es von großer Bedeutung, dass wir uns ganz überzeugen, dass eben dieser unser Leib, und zwar genau derselbe Leib, wie er uns jetzt zu eigen ist, wieder zum Leben erweckt wird, mag er auch verwest und zu Staub zerfallen sein. Darum muss der Seelsorger auch diesen Punkt eingehend erklären.

Der Mensch muss also in demselben Leib auferstehen, mit dem er Gott oder dem Teufel zu Diensten war, damit er mit demselben Leib Siegeskrone und Siegespreis empfange oder Strafen empfindlichster Art verbüße.

(9) Es wird aber der Leib nicht nur einfachhin wieder erstehen, sondern es soll ihm auch all das zurückgegeben werden, was zur vollkommenen Menschennatur und zu Schmuck und Zierde des Menschen gehört. Der hl. Augustin hat dafür die schöne Stelle: „Nichts Missgestaltetes wird dann am Leib noch zu finden sein. War jemand etwa zu stark beleibt, so wird er nicht die ganze ehemalige Körperfülle wiedererhalten. Was das Ebenmaß überschreitet, wird als Übermaß in Wegfall kommen. Und umgekehrt wird durch Christus in göttlicher Kraft alles wieder ersetzt werden, was Krankheit oder zunehmendes Alter am Körper aufgezehrt haben, wie etwa bei solchen, die durch Abzehrung überschmächtig wurden. Denn Christus wird uns nicht nur einfach den Leib zurückgeben, sondern auch all das, was uns durch des Lebens Not und Leid verloren ging." Und an anderer Stelle sagt er: „Der Mensch wird nicht nur das Haupthaar wieder erhalten, wie er es [beim Tod] hatte, sondern wie es zu seinem vollen Schmuck gehört, nach dem

---

445 Text des Folgenden 173.
446 Text des Folgenden 175-177.

Wort der Schrift: ‚Alle Haare eures Hauptes sind gezählt‘ – insoweit sie nämlich nach göttlich weisem Plan [bei der Auferstehung] zurückgegeben werden sollen.“

Weil aber vor allem die verschiedenen Glieder zur richtig beschaffenen Menschennatur gehören, werden auch sie in ihrer Vollzahl wiederhergestellt werden. Wer also des Augenlichts entbehrte, sei es, dass er es von Geburt an nicht hatte oder durch einen Unglücksfall verlor, wer lahm, verkrüppelt, oder irgendwie bresthaft war, wird auferstehen mit unversehrtem, vollkommenem Leib. Sonst wäre ja auch dem Verlangen der Seele, die von Natur nach der Vereinigung mit dem Leibe strebt, nur schlecht Genüge getan, während doch gerade dieses Verlangen der Seele, wie wir fest glauben, in der Auferstehung vollkommen befriedigt werden soll.

Dreizehntes Kapitel[447]
Zwölfter Glaubensartikel
„Und ein ewiges Leben“

(1) Unsre Führer, die hl. Apostel, haben es für zweckmäßig erachtet, das Symbolum, diesen kurzgefassten Abriss unsres Glaubens, mit dem Artikel vom ewigen Leben zu beschließen. Einmal, weil den Gläubigen nach der Auferstehung des Fleisches eben nur noch das Eine zu erhoffen bleibt: der Lohn des ewigen Lebens; dann aber auch, damit uns jener Zustand ungetrübter Glückseligkeit im Vollbesitz aller Güter stets vor Augen schwebe und uns mahne, dass all unser Sinnen und Trachten auf ihn gerichtet sein soll. Daher wird der Seelsorger seinen Christen durch Hinweis auf den Lohn, der im ewigen Leben ihrer wartet, unablässig Mut machen, dass sie die Opfer, und wären es auch die schwersten die er im Namen unsrer hl. Religion von ihnen fordern muss, als leicht erschwinglich, ja als freudebringend betrachten und sich gern und rasch in Gottes Willen fügen.

(2) In den Worten, mit denen der Glaubensartikel die unser wartende Seligkeit zum Ausdruck bringt, ist eine Reihe von Geheimnissen beschlossen. Sie sollen vom Seelsorger in einer Weise entfaltet werden, dass sie von allen Gläubigen, je nach ihrer Fassungskraft, leicht verstanden werden können.

Man mache also die Christen aufmerksam, dass die Worte „Ewiges Leben“ nicht einfach die „beständige Fortdauer des Daseins“ bedeuten – dazu sind ja auch die bösen Geister und die verworfenen Menschen bestimmt – , sondern die beständige Fortdauer der Seligkeit, die alles Verlangen der Seele ersättigt.

(3) Die Bezeichnung „ewiges Leben“ erhielt jener Zustand der Glückseligkeit vor allem deshalb, um jeden Gedanken auszuschließen, dass diese Seligkeit etwa aus leiblich-irdischen Gütern bestehe, die ja nicht ewig sein können. Das Wort „Seligkeit“ allein wäre eben nicht hinreichend gewesen, deren besonderen Inhalt auszudrücken, zumal es nicht an Leuten gefehlt hat, die im Dünkel ihrer Scheinwissenschaft das höchste Gut in sinnlich wahrnehmbare Dinge verlegten. Das alles ist indes vergänglich und dem Verfall unterworfen, wahre Seligkeit aber muss zeitlich unbegrenzt sein. Ja dieser Erdentand ist eigentlich das gerade Gegenteil

---

447 Text des Folgenden 183-185.

von wahrer Seligkeit; und der entfernt sich am meisten von ihr, der sich von Liebe und Hang zur Welt in Fesseln schlagen lässt[448].

Das sind Gedanken, die der Seelsorger dem Herzen der Gläubigen tief einprägen soll, damit sie den Mut finden, das Vergängliche gering zu achten, und damit sie die Überzeugung festhalten, dass sich in diesem Leben, wo wir nun einmal nicht zu Hause, sondern nur Fremdlinge sind, eine wahre Seligkeit nicht erreichen lässt. Allerdings dürfen wir uns auch hienieden schon „selig" nennen, und zwar durch die Hoffnung.

Aus der Bezeichnung „ewiges" Leben entnehmen wir aber auch die weitere Tatsache, dass die Seligkeit, einmal glücklich erreicht, nie mehr verloren gehen kann, wie dies einige irrtümlich gemeint haben. Denn die Seligkeit ist das Vollmaß aller Güter ohne irgend welchen Beigeschmack von Übel. Und da sie des Menschen Sehnsucht restlos befriedigen soll, so muss sie in einem Leben ohne Ende bestehen. Es muss ja der Herzenswunsch des Beseligten sein, dass der Genuss der Güter, die ihm zuteil wurden, ewig währen möge. Wenn darum dieser Besitz nicht dauernd gesichert wäre, so müsste ihn ganz bestimmt quälende Besorgnis im höchsten Grad erfüllen.

(4) Wie übergroß das Glück der Seligen in der Himmelsheimat ist, und wie wahr es ist, dass diese ihre Seligkeit nur von ihnen selbst, und sonst von niemand voll erfasst werden kann, dafür ist gerade der Ausdruck „seliges Leben" ein deutlicher Beweis. Denn wenn wir etwas mit einem Wort benennen, das auf manch anderes ebenso gut passt, so zeigt das klar an, dass wir eine eigentliche Bezeichnung nicht haben, um die betreffende Sache in befriedigender Weise auszudrücken. Wenn wir also die Glückseligkeit mit Worten bezeichnen, die sich nicht nur von den Seligen, sondern geradeso von allen andern aussagen lassen, die etwa ohne Ende weiterleben, so kann uns das ein Fingerzeig sein, dass es sich hier um etwas handelt, was zu erhaben, zu herrlich ist, als dass wir seinen Inhalt mit einem Wort restlos auszudrücken vermöchten. Wohl werden dieser Himmelsseligkeit in der Hl. Schrift noch eine Reihe andrer Namen gegeben, zum Beispiel Reich Gottes, Reich Christi, Himmelreich, Paradies, heilige Stadt, Neues Jerusalem, Haus des Vaters. Doch sieht man deutlich, dass auch von diesen Bezeichnungen keine hinreicht, um diesen erhabenen Zustand genügend zu veranschaulichen.

Der Seelsorger wird daher die hier sich bietende Gelegenheit nicht unbenützt vorübergehen lassen und die Christen durch den Hinweis auf solch reichen Lohn wie ihn die Bezeichnung „ewiges Leben" andeuten soll, zu einem frommen, rechtschaffenen Leben und zur Erfüllung all der andern Christenpflichten ermuntern. Man rechnet ja das Leben auch sonst immer zu den von Natur am meisten begehrten Gütern. Nun wird aber durch die Worte „ewiges Leben" die Seligkeit mit Vorzug gerade durch dieses Gut bezeichnet. Wenn wir daher schon das Leben auf dieser Welt so lieb haben und nichts kennen, was uns kostbarer erscheinen könnte, obwohl es so kurz, so reich an Schicksalsschlägen und Armseligkeiten aller Art ist – mit welch heißem Bemühen sollten wir da nicht jenem nie

---

448 Text des Folgenden 185-187.

endenden Leben zustreben, wo alles Übel für immer sein Ende hat und nur noch der restlos vollkommene Inbegriff alles Guten sich findet[449].

(6) Die eigentliche Seligkeit, die wir mit dem gebräuchlichen Ausdruck als „wesentliche Seligkeit" bezeichnen wollen, besteht in der Anschauung Gottes und im genussvollen Auskosten der Schönheit dessen, der da ist die Quelle und der Urgrund aller Wesensgüte und Vollkommenheit.

Denn der genussvolle Besitz Gottes verleiht den Seligen – bei allem Fortbestand ihrer eigenen Natur – eine wundervolle, ja nahezu göttliche Eigenart, die sie mehr als Götter denn als Menschen erscheinen lässt[450].

(7) Soll also Gott wesenhaft von uns erkannt werden, so bleibt nur der eine Weg übrig, dass Gottes Wesen selbst sich mit uns verbindet, unsre Erkenntniskraft in geheimnisvoller Weise hoch über sich erhebt und uns so instand setzt, Ihn in seiner wesenhaften Schönheit zu schauen.

(8) Dieses nur wird uns ermöglicht durch das Licht der Glorie, dann nämlich, wenn wir, durch diese Lichtflut erleuchtet, Gott, das wahre „Licht in seinem Lichte schauen" werden; denn die Seligen „schauen Gott immerdar von Angesicht zu Angesicht". Durch diese größte und herrlichste aller Gnadengaben nehmen sie teil an Gottes Wesenheit und besitzen so gerade die eigentliche und vollkommene Seligkeit. Und diese Seligkeit ist es, die ebenso der Gegenstand unsres Glaubens wie unsrer in der unerschütterlichen Hoffnung auf Gottes Güte gegründeten Erwartung sein muss, wie dies im Glaubensbekenntnis der Väter definiert wurde mit den Worten: „Ich erwarte die Auferstehung der Toten und das ewige Leben."

(9) All das ist einfachhin übernatürlich; kein Wort reicht aus, es vollständig zu erklären, kein Gedanke, es ganz zu erfassen. Doch können wir ein schwaches Gleichnis für die Art und Weise dieser Beseligung auch in der sichtbaren Welt beobachten. Wie das Eisen, wenn man es ins Feuer legt, selbst Feuer fängt und, ohne sein Wesen zu ändern, doch eine andere Natur, nämlich Feuersnatur anzunehmen scheint, ebenso werden all jene, die in des Himmels Herrlichkeit aufgenommen werden, von Gottes Liebe entflammt bei allem Fortbestand ihres eigenen Wesens in einen Zustand versetzt werden, dass man ruhig sagen kann, sie unterscheiden sich vom Menschen auf dieser Welt weit mehr als das Eisen in seinem glühenden Zustand vom Eisen, das nichts von Feuers Kraft in sich hat. Mit einem Wort: die höchste, nicht mehr zu überbietende Seligkeit, die wir als die wesentliche bezeichnen, muss im Besitz Gottes gesehen werden. Was könnte denn auch dem am vollen Glück noch fehlen, der Gott, den Inbegriff aller Güte und Vollkommenheit, sein eigen nennt!

(10) Es gesellen sich jedoch zu dieser wesentlichen Seligkeit noch weitere herrliche Zugaben, die allen Seligen gemeinsam sind, Gaben, die auf uns gewöhnlich mehr Eindruck machen, weil sie unserem Verständnis näher liegen. Dazu gehö-

---

449 Das Folgende 188.
450 Das Folgende 190f.

ren jene Gaben, an die offenbar der Apostel in seinem Brief an die Römer denkt, wenn er schreibt: „Herrlichkeit, Ehre und Friede über jeden, der da Gutes tut!"[451].

(11) Endlos wäre die Aufzählung aller Freuden, die die Herrlichkeit der Seligen in reichstem Maß in sich schließt; wir können sie uns nicht einmal vorstellen. Das eine muss für den Christen ausgemachte Tatsache sein: was immer in diesem Leben uns Freudiges widerfahren kann, was immer wir uns wünschen können an Gütern geistiger oder leiblicher Art – an alledem ist das selige Leben der Himmelsbewohner überreich, freilich in einem viel höheren Sinn, als es je „ein Auge gesehen, ein Ohr gehört oder ein Menschenherz geahnt" hat, wie der Apostel sagt. Denn der ehedem so stofflich-grobe Körper wird im Himmel alle Sterblichkeit abtun, wird fein und vergeistigt werden und keinerlei Nahrung mehr bedürfen. Die Seele aber wird sich wonnevoll ersättigen an der ewig neuen Speise der Glorie, die der Herr jenes „großen Gastmahls die Reihen durchschreitend allen ausspenden wird" (Lk 12,37). Wer wird da noch nach köstlichen Gewändern und königlichem Schmuck verlangen, wo man all diese Dinge nicht mehr brauchen kann, wo alle mit Unsterblichkeit und hellschimmerndem Lichtglanz überkleidet die Krone der ewigen Herrlichkeit als Zierde tragen! Und wenn zu vollem menschlichem Behagen auch der Besitz eines geräumigen stattlichen Hauses gehört – wo gibt es ein Heim, das weiträumiger und herrlicher sein könnte als der Himmel, den Gottes Klarheit allüberall hell durchstrahlt! Darum singt der Prophet, da er sich die Schönheit dieser Wohnung vor Augen stellt und sein Herz in Sehnsucht nach jener seligen Stätte erglüht: „Wie lieblich sind deine Gezelte, Herr der Heerscharen! Meine Seele sehnt sich, ja sie schmachtet nach den Vorhöfen des Herrn; mein Herz und mein Leib jubeln dem lebendigen Gott entgegen" (Ps 84,2).

Dass dies die Gesinnung aller Christen, dies ihrer aller Sehnsuchtsruf werde, das muss der heiße Wunsch, aber auch das eifrige Bemühen des Seelsorgers sein. (12) Denn der Herr hat das Wort gesprochen: „In meines Vaters Haus sind viele Wohnungen"(Joh 14,2), wo einem jeden sein Lohn in größerem oder geringerem Maß gegeben wird, je nachdem er es sich verdient hat. „Wer nur kärglich sät, wird auch nur kärglich ernten; wer aber reichlich sät, wird auch reichlich ernten" (2 Kor 9,6). Deshalb wird der Seelsorger seine Christen nicht nur für jene Seligkeit begeistern, sondern er wird auch immer wieder an den einen sichern Weg erinnern, der zu ihrem Vollbesitz führt: dass sie nämlich in Glaube und Liebe fest gegründet, im Gebet und im heilspendenden Gebrauch der hl. Sakramente treu beharrend sich in jeder Art werktätiger Liebe gegen den Nächsten betätigen. So werden dereinst durch die Barmherzigkeit Gottes, der all denen, die Ihn lieben, jene selige Herrlichkeit bereithält, die Worte in Erfüllung gehen, die der Prophet gesprochen hat: „Mein Volk wird seinen Wohnsitz nehmen an einer Stätte des Friedens, in sicheren Behausungen und sorgenfreien Ruhesitzen" (Jes 32,18).

---

451 Text des Folgenden 192-194.

Katholischer Katechismus der Bistümer Deutschlands 1956
(Ausgabe für das Bistum Münster)
128. Der Himmel[452]

Als der heilige Paulus wegen der Verkündigung des Evangeliums im Gefängnis lag und den Tod vor Augen hatte, schrieb er an die Philipper: „Es zieht mich nach beiden Seiten: ich möchte aufgelöst werden und bei Christus sein – das wäre ja bei weitem das Beste -; aber noch im Fleische bleiben ist um euretwillen nötiger" (Phil 1,23 24).

Wer in der Gnade Gottes stirbt und frei von allen Sünden und Sündenstrafen ist, kommt nach dem Tode sofort in den Himmel.

Die Seligen im Himmel schauen den dreieinigen Gott in seiner Herrlichkeit von Angesicht zu Angesicht und sind mit ihm in ewiger Liebe vereint. Das ist die größte Freude des Himmels. – Die Seligen schauen Christus, den Gottmenschen, auch in seiner verklärten Menschheit. Sie leben in der Gemeinschaft der Engel und Heiligen. Sie sind frei von allem Übel und ganz glücklich. Im Himmel finden sie auch alle Verwandten und Freunde wieder, die im Herrn entschlafen sind. – Die Freuden des Himmels sind größer, als wir uns vorstellen können. Von ihnen gilt in vollkommener Weise das Wort: „Kein Auge hat es gesehen, kein Ohr hat es gehört, und in keines Menschen Herz ist es gedrungen, was Gott denen bereitet hat, die ihn lieben" (1 Kor 2,9). Die Freuden des Himmels sind nicht für alle Seligen gleich groß. „Jeder wird nach seiner besonderen Mühe auch seinen besonderen Lohn empfangen" (1 Kor 3,8). Wer auf Erden Gott mehr geliebt und ihm treuer gedient hat, wird im Himmel die Liebe Gottes in reicherem Maße empfangen. „Wer reichlich sät, wird auch reichlich ernten" (2 Kor 9,6).

Überlege: 1. Welche Freuden genießen die Seligen des Himmels? 2. Warum sind die Freuden des Himmels nicht für alle Seligen gleich groß?

239. Wer kommt sofort nach dem Tode in den Himmel?

Wer in der Gnade Gottes stirbt und von allen Sünden und Sündenstrafen frei ist, kommt sofort nach dem Tode in den Himmel.

240. Was ist die größte Freude der Seligen im Himmel?

Die Seligen im Himmel schauen Gott von Angesicht zu Angesicht und sind mit ihm in ewiger Liebe vereint.

Für mein Leben: Eins hab' ich mir vorgenommen: in den Himmel muss ich kommen!

Wort Gottes: „Jetzt sehen wir in einem Spiegel, rätselhaft, dann aber von Angesicht zu Angesicht" (1 Kor 13,12). – „Freuet euch und frohlocket; denn euer Lohn ist groß im Himmel" (Mt 5,12). – „Gebt, so wird euch gegeben werden: ein gutes, eingedrücktes, gerütteltes und übervolles Maß wird man euch in den Schoß schütten" (Lk 6,38).

---

452 Text des Folgenden 253-255.

Das Wort „Himmel" bezeichnet 1. den sichtbaren Himmel, den unser Auge über der Erde erblickt, 2. den unsichtbaren Himmel, den Zustand oder Ort, in dem die Seligen Gott schauen. Wo dieser Himmel ist, hat uns Gott nicht offenbart.

Wenn du nur ernstlich willst, so ist der Himmel dein;
wie unermesslich reich kann auch der Ärmste sein! (Angelus Silesius)

Unsere Hoffnung. Bekenntnis zum Glauben in unserer Zeit. Beschluss der Gemeinsamen Synode der westdeutschen Bistümer 1975[453]:

Ziff. I 3: Auferweckung der Toten

Jesus hat in seiner Passion den Abgrund des Leidens bis zum bitteren Ende am Kreuz erfahren. Gott aber hat diesen gekreuzigten Jesus auch durch das äußerste Leiden und die letzte Verlassenheit hindurch gehalten und ihn ein für allemal der Nacht des Todes entrissen. Dies bekennen wir mit dem Credo der frühen Christenheit: „Christus starb für unsere Sünden, wie es die Schriften gesagt haben, und wurde begraben. Er ist am dritten Tag auferweckt worden, wie es die Schriften gesagt haben, und erschien dem Kefas, dann den Zwölf" (1 Kor 15,3-5). Der Gekreuzigte ist so zum Tod des Todes und für alle zum „Anführer des Lebens" (Apg 3,15; 5,31; vgl. Hebr 2,10) geworden.

Im Blick auf diesen Jesus, den Gekreuzigten und Auferstandenen, erhoffen wir auch für uns die Auferweckung der Toten. Unserer heutigen Lebenswelt scheint dieses Geheimnis unserer Hoffnung besonders weit entrückt. Offenbar stehen wir alle zu sehr unter dem anonymen Druck eines gesellschaftlichen Bewusstseins, das uns von der Botschaft der Auferweckung der Toten immer weiter entfernt, weil es uns zuvor schon von der Sinngemeinschaft mit den Toten überhaupt getrennt hat. Gewiss, auch wir Menschen von heute werden noch heimgesucht vom Schmerz und von der Trauer, von der Melancholie und vom oft sprachlosen Leiden am ungetrösteten Leid der Vergangenheit, am Leid der Toten. Aber stärker, so scheint es, ist unsere Berührungsangst vor dem Tod überhaupt, unsere Fühllosigkeit gegenüber den Toten. Gibt es nicht zu wenige, die sich unter diesen Toten Freunde und Brüder bewahren oder gar suchen? Wer spürt etwas von ihrer Unzufriedenheit, von ihrem stummen Protest gegen unsere Gleichgültigkeit, gegen unsere allzu eilfertige Bereitschaft, über sie hinweg zur Tagesordnung überzugehen?

Wir wissen uns zumeist gegen solche und ähnliche Fragen energisch zu schützen. Wir verdrängen sie oder denunzieren sie als „unrealistisch". Doch was definiert dabei unseren „Realismus"? Etwa allein die Flüchtigkeit und Flachheit unseres unglücklichen Bewusstseins und die Banalität vieler unserer Sorgen? Ein sol-

---

453 Unsere Hoffnung. Bekenntnis zum Glauben in dieser Zeit. Beschluss der Gemeinsamen Synode der Bistümer in der BRD 1975, Text von Johann Baptist Metz, Offizielle Ausgabe Gemeinsame Synode usw, Bd. I Beschlüsse der Vollversammlung, Freiburg i. Br. 1977, 71-111. Lit.: J. Drumm, in: LThK³ Bd. 10, 2001, 429.

cher „Realismus“ aber hat offensichtlich wiederum seine eigenen Tabus, durch die Trauer in unserem gesellschaftlichen Bewusstsein verdrängt, Melancholie schlechthin verdächtigt wird und die die Frage nach dem Leben der Toten als müßig und sinnlos erscheinen lassen.

Doch diese Frage nach dem Leben der Toten zu vergessen und zu verdrängen, ist zutiefst inhuman. Denn es bedeutet, die vergangenen Leiden zu vergessen und zu verdrängen und uns der Sinnlosigkeit dieser Leiden widerspruchslos zu ergeben. Schließlich macht auch kein Glück der Enkel das Leid der Väter wieder gut, und kein sozialer Fortschritt versöhnt die Ungerechtigkeit, die den Toten widerfahren ist. Wenn wir uns zu lange der Sinnlosigkeit des Todes und der Gleichgültigkeit gegenüber den Toten unterwerfen, werden wir am Ende auch für die Lebenden nur noch banale Versprechen parat haben. Nicht nur das Wachstum unseres wirtschaftlichen Potentials ist begrenzt, wie man uns heute einschärft; auch das Potential an Sinn scheint begrenzt und es ist, als gingen die Reserven zur Neige und als bestünde die Gefahr, dass den großen Worten, unter denen wir unsere eigene Geschichte betreiben – Freiheit, Emanzipation, Gerechtigkeit, Glück – am Ende nur noch ein ausgelaugter, ausgetrockneter Sinn entspricht.

In dieser Situation bekennen wir Christen unsere Hoffnung auf die Auferwekkung der Toten. Sie ist keine schön ersonnene Utopie; sie wurzelt vielmehr im Zeugnis von Christi Auferstehung, das von Anbeginn die Mitte unserer christlichen Gemeinschaft bildet. Was die Jünger bezeugten, entsprang nicht ihren Wunschträumen, sondern einer Wirklichkeit, die sich gegen alle ihre Zweifel durchsetzte und sie bekennen ließ: „Der Herr ist wahrhaft auferstanden“ (Lk 24,34)! Das Hoffnungswort von der Auferweckung der Toten, das sich auf dieses österliche Geschehen gründet, spricht von einer Zukunft für alle, für die Lebenden und die Toten. Und gerade weil es von einer Zukunft für die Toten spricht, davon, dass sie, die längst Vergessenen, unvergesslich sind im Gedenken des lebendigen Gottes und für immer in ihm leben, spricht dieses Hoffnungswort von einer wahrhaft menschlichen Zukunft, die nicht immer wieder von den Wogen einer anonymen Evolution überrollt, von einem gleichgültigen Naturschicksal verschlungen wird. Gerade weil es von einer Zukunft für die Toten spricht, ist es ein Wort der Gerechtigkeit, ein Wort des Widerstands gegen jeden Versuch, den immer wieder ersehnten und gesuchten Sinn menschlichen Lebens einfach zu halbieren und ihn allenfalls für die jeweils Kommenden, die Durchgekommenen, gewissermaßen für die glücklichen Endsieger und Nutznießer unserer Geschichte zu reservieren.

Die Hoffnung auf die Auferweckung der Toten, der Glaube an die Durchbrechung der Schranke des Todes macht uns frei zu einem Leben gegen die reine Selbstbehauptung, deren Wahrheit der Tod ist. Diese Hoffnung stiftet uns dazu an, für andere da zu sein, das Leben anderer durch solidarisches und stellvertretendes Leiden zu verwandeln. Darin machen wir unsere Hoffnung anschaulich und lebendig, darin erfahren wir uns und teilen uns mit als österliche Menschen: „Wir wissen, dass wir vom Tod zum Leben hinübergeschritten sind, weil wir die Brüder lieben; wer nicht liebt, der bleibt im Tode“ (1 Joh 3,14).

Aus Ziff. I 6: Reich Gottes

Wir Christen hoffen auf den neuen Menschen, den neuen Himmel und die neue Erde in der Vollendung des Reiches Gottes. Wir können von diesem Reich Gottes nur in Bildern und Gleichnissen sprechen, so wie sie im Alten und Neuen Testament unserer Hoffnung, vor allem von Jesus selbst, erzählt und bezeugt sind. Diese Bilder und Gleichnisse vom großen Frieden der Menschen und der Natur im Angesichte Gottes, von der einen Mahlgemeinschaft der Liebe, von der Heimat und vom Vater, vom Reich der Freiheit, der Versöhnung und der Gerechtigkeit, von den abgewischten Tränen und vom Lachen der Kinder Gottes – sie alle sind genau und unersetzbar. Wir können sie nicht einfach „übersetzen", wir können sie eigentlich nur schützen, ihnen treu bleiben und ihrer Auflösung in die geheimnisleere Sprache unserer Begriffe und Argumentationen widerstehen, die wohl zu unseren Bedürfnissen und von unseren Plänen, nicht aber zu unserer Sehnsucht und von unseren Hoffnungen spricht.

[...]

Gewiss ist das christliche Hoffnungsbild vom neuen Menschen im Reich Gottes tief hineinverwoben in jene Zukunftsbilder, die die politischen und sozialen Freiheits- und Befreiungsgeschichten der Neuzeit bewegt haben und bewegen; es kann und darf von ihnen auch nicht beliebig abgelöst werden. Denn die Verheißungen des Reiches Gottes sind nicht gleichgültig gegen das Grauen und den Terror irdischer Ungerechtigkeit und Unfreiheit, die das Antlitz des Menschen zerstören. Die Hoffnung auf diese Verheißung weckt in uns und fordert von uns eine gesellschaftskritische Freiheit und Verantwortung, die uns vielleicht nur deswegen so blass und unverbindlich, womöglich gar so „unchristlich" vorkommt, weil wir sie in der Geschichte unseres kirchlichen und christlichen Lebens so wenig praktiziert haben. Und wo die Unterdrückung und Not sich – wie heute – ins Weltweite steigern, muss diese praktische Verantwortung unserer Hoffnung auf die Vollendung des Reiches Gottes auch ihre privaten und nachbarschaftlichen Grenzen verlassen können. Das Reich Gottes ist nicht indifferent gegenüber den Welthandelspreisen! Dennoch sind seine Verheißungen nicht etwa identisch mit dem Inhalt jener sozialen und politischen Utopien, die einen neuen Menschen und eine neue Erde, eine geglückte Vollendung der Menschheit als Resultat gesellschaftlich-geschichtlicher Kämpfe und Prozesse erwarten und anzielen. Unsere Hoffnung erwartet eine Vollendung der Menschheit aus der verwandelnden Macht Gottes, als endzeitliches Ereignis, dessen Zukunft für uns in Jesus Christus bereits unwiderruflich begonnen hat. Ihm gehören wir zu, in ihn sind wir eingepflanzt. Durch die Taufe sind wir hineingetaucht in sein neues Leben, und in der Mahlgemeinschaft mit ihm empfangen wir das „Pfand der kommenden Herrlichkeit". Indem wir uns unter das „Gesetz Christi" (Gal 6,2) stellen und in seiner Nachfolge leben, werden wir auch mitten in unserer Lebenswelt zu Zeugen dieser verwandelnden Macht Gottes: als Friedensstifter und Barmherzige, als Menschen der Lauterkeit und Armut des Herzens, als Trauernde und Streitende, im unbesieglichen Hunger und Durst nach Gerechtigkeit (vgl. Mt 5,3ff.).

Eschatologie[454]
Ein Katechismus-Entwurf USA 1975[455]

5. Kann das verheißene Gottesreich mit dem Himmel gleichgesetzt werden?

Nein. Jesus verhieß das kommende Gottesreich mit den Worten, die die Kluft zwischen Himmel und Erde überwinden. Himmel und Erde sind räumliche Kategorien. Jesus hingegen wollte lieber die verheißene Zukunft mit zeitlichen Kategorien ankündigen: er sprach von dem neuen Zeitalter. Die Schrift spricht allerdings auch vom neuen Himmel und der neuen Erde (2 Petr 3,13; Offb 21,1). Gottes Sieg über das Böse wird sich in der Geschichte vollziehen und doch die Geschichte transzendieren. Wenn man das Gottesreich auf den Himmel einschränkt, wird oft vergessen, dass die Erde und die Geschichte der Ort sind, wo Gott den Menschen begegnet und ihr persönliches und soziales Leben neu schafft. Das hat zu einer gewissen Spiritualisierung der göttlichen Verheißungen geführt.

6. Kann das verheißene Gottesreich mit dem persönlichen Heil gleichgesetzt werden?

Nein. Jesus verhieß das kommende Gottesreich mit den Worten, die die Kluft zwischen Einzelmensch und Gesellschaft überwinden. Das Heil, das in der Zukunft verheißen wird, umfasst alle Menschen mitsamt den sozialen und politischen Strukturen, die zu ihnen gehören. Gott will eine neue Welt heraufführen. Das ganze Gefüge des menschlichen Lebens soll neu geschaffen werden. Als die Christen die Botschaft vom Gottesreich auf das persönliche Heil einengten, vergaßen sie die allgemein menschliche Dimension der göttlichen Gnade und bedachten nicht mehr, dass die göttliche Verheißung Christi sich auf die Verwandlung der ganzen Menschheit erstreckt. Für Jesus war das Heil keine „Privatsache". Es war öffentlich und allgemein. Das Gottesreich mit dem persönlichen Heil gleichzusetzen hat zu einer Privatisierung der Verheißungen Gottes geführt.

7. Kann man das Gottesreich mit der Unsterblichkeit der Seele gleichsetzen?

Nein. Jesus verhieß das Gottesreich mit Worten, die den Gegensatz zwischen Leib und Seele überwinden. Das für die Zukunft verheißene Heil, das in unsere gegenwärtige Zeit hineindrängt, betrifft den ganzen Menschen, seinen Geist und seinen Leib, seine Existenz als soziales Wesen und seine irdische Heimat. Wenn das Reich Gottes mit der Unsterblichkeit der Seele gleichgesetzt wird, dann vergessen die Christen leicht, dass das neue Zeitalter, das Christus verheißen und eingeleitet hat, das ganze historische Dasein des Menschen verwandelt. Die Neigung, das zu tun, hat zu einer Spiritualisierung und Privatisierung der göttlichen Verheißungen geführt.

---

454 Text 119-121.
455 Ein katholischer Katechismus. (An American Catholic Catechism, New York 1975). Deutsche Ausgabe München 1976.

8. Wie sollen wir denn die Lehre der Kirche vom Himmel, dem persönlichen Heil und der Unsterblichkeit der Seele verstehen?

Diese Lehren müssen im Zusammenhang mit der weiseren und umfassenderen Botschaft vom Gottesreich gesehen werden. Dann können wir eine Interpretation der Verheißungen Christi, die sie ausschließlich spirituell und privat macht, überwinden. Das Gottesreich besteht in Gottes Sieg über das Böse in jeder Form und an allen Orten. Dieser Sieg schließt auch die Zukunft des Menschen nach seinem Tod ein. Aber diese Zukunft wird in einem uns unbekannten und unvorstellbaren Zusammenhang mit der Neuen Schöpfung stehen. Wir glauben, dass Gott immer Leben aus dem Tod schafft, aber wir können auf keine Weise wissen, wie dieses Leben beschaffen sein wird.

9. Warum denken die Christen so leicht zuerst an die persönliche Unsterblichkeit, wenn sie an das ewige Leben denken?

Die frühen Christen verstanden die Verheißung der ewigen Herrlichkeit als eine Rettung der Menschheit und eine Neuschaffung des Kosmos. Sie waren mit der Frage nach ihrer eigenen privaten Zukunft weniger belastet als wir. Der jahrhundertelange Individualismus der westlichen Kultur hat die Christen sich immer mehr mit ihrer persönlichen Zukunft befassen lassen. Was wird aus mir nach dem Tod? Dies wurde eine Frage von überragender Wichtigkeit. Heute sind wir dem überkommenen Individualismus gegenüber kritischer geworden. Wir möchten nicht, dass der Glaube an das persönliche Überleben nach dem Tod das Verlangen nach dem Eintritt des Gottesreiches in die Geschichte schwächt, das alle Menschen aus der Macht des Bösen erretten soll. Wir wollen uns nach dem ewigen Leben als dem nahenden Gottesreich sehnen, das sich uns jetzt schon aufdrängt, um uns vor den Feinden des Lebens zu retten. Die Botschaft vom Ewigen Leben ist deshalb für die jetzige Existenz des Menschen bedeutsam. „Dies ist das ewige Leben: dich, den einzigen und wahren Gott, zu erkennen und Jesus Christus, den du gesandt hast" (Joh 17,3). Die Botschaft vom kommenden Gottesreich ändert das irdische Leben des Menschen von Grund auf.

Katholischer Erwachsenen-Katechimus, hrsg. von der Deutschen Bischofskonferenz 1985[456]:

3. Das ewige Leben[457]
3.1 Der Himmel

In der Heiligen Schrift und in der kirchlichen Glaubensüberlieferung wird das ewige Leben in der Gemeinschaft mit Gott unter vielen Bildern beschrieben: als himmlisches Hochzeitsmahl, als Leben, Licht, Frieden. Wenn dabei vom Himmel die Rede ist, dann schwingt dabei das antike Weltbild mit, nach welchem der Himmel über der Erde und über dem Firmament ist. Doch das räumliche

---

456 Katholischer Erwachsenen Katechismus. Das Glaubensbekenntnis der Kirche. Herausgegeben von der Deutschen Bischofskonferenz. Kevelaer u. a. ³1985.

457 Das Folgende 420-422.

„Oben" ist in erster Linie als ein Bild für die Erfüllung des Menschen und für den *Zustand vollendeter Glückseligkeit* gemeint. Noch in unserer heutigen säkularisierten Sprache gebrauchen wir dieses Bild, wenn wir etwa sagen, man fühle sich wie im Himmel, man genieße eine himmlische Ruhe u. a. Dieser Zustand endgültiger und vollendeter Glückseligkeit kann nach christlichem Glauben für den Menschen nur Gott sein und die Gemeinschaft mit ihm. Denn Gott allein genügt (Theresia von Avila). *Der Himmel ist also die ewige Gemeinschaft des Menschen mit Gott.*

Das Buch der Offenbarung des Johannes beschreibt die Seligkeit des Himmels im Anschluss an Aussagen aus dem Alten Testament in unübertrefflichen Bildern:

„Deshalb stehen sie (die Heiligen) vor dem Thron Gottes und dienen ihm bei Tag und Nacht in seinem Tempel; und der, der auf dem Thron sitzt, wird sein Zelt über ihnen aufschlagen. Sie werden keinen Hunger und keinen Durst mehr leiden, und weder Sonnenglut noch irgendeine sengende Hitze wird auf ihnen lasten. Denn das Lamm in der Mitte vor dem Thron wird sie weiden und zu den Quellen führen, aus denen das Wasser des Lebens strömt, und Gott wird alle Tränen von ihren Augen abwischen" (Offb 7,15-17).

Nach anderen Aussagen der Heiligen Schrift besteht die Seligkeit des Himmels in der *Anschauung Gottes* „von Angesicht zu Angesicht" (1 Kor 13,12).

„Das ist das ewige Leben: dich, den einzigen wahren Gott, zu erkennen und Jesus Christus, den du gesandt hast" (Joh 17,3).

„Wir wissen, daß wir ihm ähnlich sein werden, wenn er offenbar wird; denn wir werden ihn sehen, wie er ist" (1 Joh 3,2).

Auch die Lehre der Kirche spricht von der Anschauung Gottes (vgl. DS 857; 1000; 1305; NR 926; 901-902; LG 49). Sie bedeutet, dass uns Gott in gnadenhafter Weise die ganze Fülle seines Lebens und seiner Liebe offenbart, dass uns die ganze Tiefe seiner Wahrheit und das unergründliche Geheimnis seiner Wirklichkeit aufgeht als Grund, Ziel und Inhalt unseres eigenen Seins und damit als unsere endgültige Sinnerfüllung, unser vollendetes Glück und unsere ewige Seligkeit. Die Anschauung Gottes darf also nicht rein intellektuell verstanden werden; sie schließt *Liebe, Friede und Freude* ein. Sie ist Teilnahme an Gottes eigener Seligkeit und die Vollendung unseres Geistes. Sie ist *vollendete Teilnahme am dreifaltigen Leben Gottes.* Doch so wie Gott dem Menschen ein unergründliches Geheimnis ist, so auch die Gemeinschaft mit ihm. Wir können uns weder eine bildliche Vorstellung machen noch begrifflich exakt fassen, „was kein Auge gesehen und kein Ohr gehört hat, was keinem Menschen in den Sinn gekommen ist: das Große, das Gott denen bereitet hat, die ihn lieben" (1 Kor 2,9).

Die endgültige Gemeinschaft mit Gott bedeutet keine Isolierung, sondern begründet auch die *vollendete „Gemeinschaft der Heiligen".* So gehört zur Seligkeit des Himmels auch die Gemeinschaft mit Jesus Christus, mit den Engeln und Heiligen, die Gemeinschaft mit Angehörigen und Freunden aus der Zeit des Erdenlebens, die Freude über die Schönheit der Werke Gottes in der Schöpfung und in der Geschichte, über den Sieg der Wahrheit und der Liebe im eigenen Leben wie im Leben der andern.

Weil der Himmel die Erfüllung und Krönung des Lebens ist, geht auch die getane und erlittene Frucht unseres irdischen Lebens in die Verklärung des ewigen Lebens ein. Die Freude des Himmels ist deshalb auch Freude über den empfangenen Lohn (vgl. Mt 5,12). Dabei krönt Gott in der Krönung unserer Verdienste das Werk seiner eigenen Gnade. Jeder wird den ihm gemäßen Lohn empfangen (vgl. Mt 16,27; 1 Kor 3,8). Aus diesem Grund kann von unterschiedlichen Graden der himmlischen Seligkeit die Rede sein. Doch so wie kleine Gefäße auf ihre Weise genau so voll sind wie größere Gefäße, obwohl diese mehr enthalten, wird im Himmel jeder auf seine Weise ganz erfüllt und ganz im Frieden sein. Die eine Liebe Gottes wird durch den einen Heiligen Geist alle im einen Leib Jesu Christi verbinden in der gemeinsamen Verherrlichung Gottes und seiner Werke.

3.4 Der neue Himmel und die neue Erde[458]

Als Christen hoffen wir auf das Reich Gottes, wie es uns Jesus Christus verkündet hat. Es hat durch Jesus Christus im Heiligen Geist bereits endgültig begonnen; in der Kirche und ihren Sakramenten reicht es *schon jetzt* in unsere Gegenwart herein. Aber es hat seine Vollendung *noch nicht* gefunden. „Wir sind gerettet, doch in der Hoffnung" (Röm 8,24; vgl. 1 Petr 1,3). So leben wir als Christen zwischen den Zeiten. Noch erwarten wir das vollendete Reich Gottes, in dem Gott „alles und in allem" sein wird (1 Kor 15,28), in dem alle Gerechtigkeit erfüllt und die Freiheit der Kinder Gottes endgültig offenbar sein wird (vgl. Röm 8,19.21), in dem auch die Kirche „ohne Flecken, Falten oder andere Fehler" heilig und makellos dastehen wird (Eph 5,27). Wir hoffen noch auf den neuen Himmel und die neue Erde (vgl. Jes 65,17; 66,22; 2 Petr 3,13; Offb 21,1). „Denn wir wissen, dass die gesamte Schöpfung bis zum heutigen Tag seufzt und in Geburtswehen liegt" (Röm 8,22).

„Das Leben der kommenden Welt" beinhaltet also nicht nur die Erfüllung der Hoffnung der einzelnen Gläubigen, sondern auch der Kirche und der Menschheit, ja der Schöpfung insgesamt. Die Vollendung des leibhaftigen Menschen wäre gar nicht möglich ohne Vollendung der Welt; umgekehrt ist die Welt auf den Menschen hin geschaffen, nur als Raum der menschlichen Geschichte und Vollendung hat sie einen Sinn. Deshalb *gehören die menschliche, die menschheitliche und die kosmische Vollendung in einem großen Gesamtgeschehen unlösbar* zusammen. Nur so kann festgehalten werden, daß Gott Herr, Licht und Leben aller Wirklichkeit ist.

Wir können von diesem vollendeten Reich Gottes nur in *Bildern und Gleichnissen* sprechen, so wie sie im Alten und Neuen Testament, vor allem von Jesus selbst erzählt und bezeugt sind. Die Propheten des Alten Testaments sprechen

---

458 Das Folgende 428-431.

vor allem vom großen Frieden (schalom) der Menschen und der Natur im Angesicht Gottes.

„Dann schmieden sie Pflugscharen aus ihren Schwertern und Winzermesser aus ihren Lanzen. Man zieht nicht mehr das Schwert, Volk gegen Volk, und übt nicht mehr für den Krieg" (Jes. 2,4).

„Dann wohnt der Wolf beim Lamm, der Panther liegt beim Böcklein... Der Säugling spielt vor dem Schlupfloch der Natter... Man tut nichts Böses mehr und begeht kein Verbrechen auf meinem ganzen heiligen Berg" (Jes 11,6.8-9; vgl. Mi 4,3)

Jesus spricht vom Reich Gottes oft im Bild des *Hochzeitsmahles* (vgl. Mt 22,1-14 u. a) und meint damit eine enge, frohe und festliche Gemeinschaft des Lebens und der Liebe. Die Offenbarung des Johannes schließlich gebraucht das grandiose Bild vom *neuen* Jerusalem:

„Ich sah die heilige Stadt, das neue Jerusalem, von Gott her aus dem Himmel herabkommen; sie war bereit wie eine Braut, die sich für ihren Mann geschmückt hat. Da hörte ich eine laute Stimme vom Thron her rufen: Seht, die Wohnung Gottes unter den Menschen! Er wird in ihrer Mitte wohnen, und sie werden sein Volk sein; und er, Gott, wird bei ihnen sein. Er wird alle Tränen von ihren Augen abwischen: Der Tod wird nicht mehr sein, keine Trauer, keine Klage, keine Mühsal. Denn was früher war, ist vergangen.
Er, der auf dem Thron saß, sprach: Seht, ich mache alles neu" (Offb 21,2-5).

Neben den Bildern, die von Frieden, Versöhnung, Heil sprechen, finden sich in der Heiligen Schrift Bilder vom Weltuntergang, die zu allen Zeiten immer wieder einen so tiefen Eindruck hinterlassen haben: Sonne und Mond werden sich verfinstern, die Sterne werden vom Himmel fallen, das Weltgebäude wird zusammenbrechen, und die Elemente werden sich auflösen (vgl. Mk 13,24-25 par.; 2 Petr 3,10). In diesen Bildern kommt im zeitbedingten Weltbild von damals etwas bleibend Gültiges zur Sprache: Der Bestand dieser Welt gibt dem Menschen keine letzte Sicherheit; diese Welt ist vielmehr vergänglich. Noch mehr: Diese Welt seufzt unter der Sklaverei und Verlorenheit aufgrund der Sünde, und sie möchte davon befreit werden (vgl. Röm 8,21). Die von der Sünde entstellte, den Menschen oft blendende und verführende Gestalt dieser Welt also vergeht (vgl. 1 Kor 7,31). Der hl. Augustinus erklärt unter Bezugnahme auf dieses Wort: „Die Gestalt vergeht, nicht die Natur". Deshalb haben in der Heiligen Schrift nicht die Angst vor dem Untergang, sondern die Hoffnung auf die *Neuschaffung der Welt* (vgl. Mt 19,28; Apg 3,21), auf den neuen Himmel und die neue Erde das letzte Wort. Die neue Schöpfung ist im Unterschied zur ersten Schöpfung keine Schöpfung aus Nichts. Sie geschieht an der ersten Schöpfung und bedeutet darum *nicht Abbruch und Ende, sondern Vollendung der Welt*. Denn Gott ist treu auch gegenüber seiner Schöpfung. Aber die Erlösung der Schöpfung ist auch nicht nur die Verlängerung, die Verbesserung, der Fortschritt oder die Evolution der bestehenden Wirklichkeit. Die Verklärung aller Wirklichkeit durch die universal offenbar werdende Herrlichkeit Gottes ist zugleich eine krisenhafte Erschütterung der Gestalt dieser Welt.

Alle diese Aussagen sagen uns nichts über das konkrete Wie der kommenden neuen Welt. Wir können diese Bilder nicht einfach „ ‚übersetzen', wir können sie eigentlich nur schützen, ihnen treu bleiben und ihrer Auflösung in die geheimnisleere Sprache unserer Begriffe und Argumentationen widerstehen, die wohl zu unseren Bedürfnissen und von unseren Plänen, nicht aber zu unserer Sehnsucht und von unserer Hoffnung spricht" (Gemeinsame Synode, Unsere Hoffnung I 6 [Text von J. B. Metz]). So dürfen wir diese Bilder weder mit unseren heutigen kosmologischen Theorien von der Zukunft des Universums auf eine Ebene stellen, noch dürfen sie verwechselt werden mit innerweltlichen Zukunftsutopien. Das Neue Testament drückt das Entscheidende, um das es dabei geht, aus mit dem Wort: Gott „alles und in allem" (1 Kor 15,28). Wenn Gottes Herrlichkeit universal offenbar sein wird, dann wird auch die tiefste Sehnsucht der Kreatur erfüllt und das Reich der Freiheit der Söhne und Töchter Gottes Wirklichkeit werden (vgl. Röm 8,22-23). Die Gerechtigkeit, das Leben, die Freiheit und der Friede Gottes, das Licht seiner Wahrheit und die Herrlichkeit seiner Liebe werden dann alles erfüllen und verklären. Gottes Herrschaft und Herrlichkeit werden die letzte, alles umfassende und beseligende Wirklichkeit sein.

Die christliche Hoffnung erwartet die Vollendung der Menschheit und der Welt „aus der verwandelnden Macht Gottes, als endzeitliches Ereignis, dessen Zukunft für uns in Jesus Christus bereits unwiderruflich begonnen hat" (Gemeinsame Synode, Unsere Hoffnung I 6). Wir können die neue Welt weder evolutionär noch revolutionär, weder konservativ noch progressiv aufbauen. Wir können sie nicht einmal vorbereiten, indem wir unter falscher Berufung auf Offb 20,4-6 ein ‚tausendjähriges Reich' errichten. Das Reich Gottes ist als Gottes Tat *keine innerweltliche Zukunftsutopie.* Hier ist der alten und stets neuen Versuchung und Illusion des Schwärmertums, das einen Gottesstaat hier auf Erden errichten will, zu widerstehen.

Dennoch ist die Hoffnung auf das Reich Gottes *geschichtlich nicht folgenlos.* Im Gegenteil, sie erschließt uns erst die volle Bedeutung der Zeit und der Geschichte. Sie richtet sich gegen die „Verheißungslosigkeit, die in einer rein technokratisch geplanten und gesteuerten Zukunft der Menschheit steckt" und eine „innere Leere, Angst und Furcht erzeugt". Die Verheißungen des Reiches Gottes sind auch „nicht gleichgültig gegen das Grauen und den Terror irdischer Ungerechtigkeit und Unfreiheit, die das Antlitz des Menschen zerstören" (Gemeinsame Synode, Unsere Hoffnung I 6). Aus der Kraft der christlichen Hoffnung und Liebe können und müssen die Christen schon in dieser Welt je nach ihren Möglichkeiten in fragmentarischer und umrisshafter Weise die Wirklichkeit des Reiches Gottes vorwegnehmen als Friedensstifter und Barmherzige, als Menschen, die keine Gewalt anwenden, sondern in Armut und Lauterkeit des Herzens hungern und dürsten nach der Gerechtigkeit und sich dafür auch verfolgen lassen (vgl. Mt 5,3-12). Ihr Werk des Friedens und der Gerechtigkeit soll *Wirkung und Vorausbild* der vollendeten Gerechtigkeit und des endgültigen Friedens im Reiche

Gottes sein (vgl. GS 78). Schließlich gehört zur christlichen Hoffnung auch die Verantwortung für die Welt als Schöpfung und als menschenwürdige Umwelt des Menschen. So muß man endgeschichtliche und innergeschichtliche Hoffnung zwar unterscheiden; aber man kann sie nicht grundsätzlich trennen. Das II. Vatikanische Konzil lehrt:

„Zwar werden wir gemahnt, daß es dem Menschen nichts nützt, wenn er die ganze Welt gewinnt, sich selbst jedoch ins Verderben bringt; dennoch darf die Erwartung der neuen Erde die Sorge für die Gestaltung dieser Erde nicht abschwächen, auf der uns der wachsende Leib der neuen Menschenfamilie eine umrisshafte Vorstellung von der künftigen Welt geben kann, sondern muss sie im Gegenteil ermutigen. Obschon der irdische Fortschritt eindeutig vom Wachstum des Reiches Christi zu unterscheiden ist, so hat er doch große Bedeutung für das Reich Gottes, insofern er zu einer besseren Ordnung der menschlichen Gesellschaft beitragen kann" (GS 39).

Keine noch so große menschliche Anstrengung kann freilich jemals die ganze Dynamik und Größe der christlichen Hoffnung erfüllen. Weil die christliche Hoffnung alle menschlichen Grenzen überschreitet, liegt es in ihrem Wesen, rein menschlich enttäuscht zu werden. Sie wird in dieser Welt immer mit Anfechtungen, Leiden, Bedrängnissen und Verfolgungen verbunden sein. Dennoch braucht der Christ, der an den Gott der Hoffnung (vgl. Röm 15,13) glaubt, in den Enttäuschungen des Lebens und den Rückschlägen und Katastrophen der Geschichte nicht zu resignieren. Seine Hoffnung ist in dem Gott, der durch Jesus Christus im Heiligen Geist seine Liebe endgültig geoffenbart und uns mitgeteilt hat, fest begründet. Deshalb kann er mit dem Schlußvers des „Te Deum" („Großer Gott, wir loben dich") (4. Jh.) sprechen:

> „Auf dich o Herr,
> habe ich meine Hoffnung gesetzt.
> In Ewigkeit werde ich nicht zuschanden."
> (Gotteslob 706,4; vgl. 257)

Dieses Vertrauen und diese Hoffnung bringt auch das „Amen" zum Ausdruck, mit dem wir das Glaubensbekenntnis der Kirche bei seinem liturgischen Gebrauch schließen. Im hebräischen Urtext geht das Wort „Amen" auf dieselbe Wurzel zurück wie das Wort „glauben". Das „Amen" am Schluss nimmt also das „Ich glaube" am Anfang des Credo wieder auf und bekräftigt nochmals: „Ja, so ist es", „dazu stehe ich", „in diesem Glauben ist meine Hoffnung fest gegründet". Nach dem Neuen Testament heißt Jesus Christus selbst „der Amen" (Offb 3,14). Er ist Grund, Inhalt und Ziel unserer Hoffnung. „Er ist das Ja zu allem, was Gott verheißen hat. Darum rufen wir durch ihn zu Gottes Lobpreis auch das Amen" (2 Kor 1,20).

„Welt-Katechismus" 1993[459]:

II. Der Himmel[460]

1023. Die in der Gnade und Freundschaft Gottes sterben und völlig geläutert sind, leben für immer mit Christus. Sie sind für immer Gott ähnlich, denn sie sehen ihn, „wie er ist" (1 Joh 3,2), von Angesicht zu Angesicht.

„Wir definieren kraft Apostolischer Autorität, dass nach allgemeiner Anordnung Gottes die Seelen aller Heiligen... und anderer Gläubigen, die nach der von ihnen empfangenen heiligen Taufe Christi verstorben sind, in denen es nichts zu reinigen gab, als sie dahinschieden,... oder wenn es in ebendiesen damals etwas zu reinigen gab oder geben wird, wenn sie nach ihrem Tod gereinigt wurden,... auch vor der Wiederannahme ihrer Leiber und dem allgemeinen Gericht nach dem Aufstieg unseres Erlösers und Herrn Jesus Christus in den Himmel, das Himmelreich und das himmlische Paradies mit Christus in der Gemeinschaft der heiligen Engel versammelt waren, sind und sein werden, und nach dem Leiden und Tod des Herrn Jesus Christus das göttliche Wesen in einer unmittelbaren Schau und auch von Angesicht zu Angesicht geschaut haben und schauen – ohne Vermittlung eines Geschöpfes" (Benedikt XII. : DS 1000).

1024. Dieses vollkommene Leben mit der allerheiligsten Dreifaltigkeit, diese Lebens- und Liebesgemeinschaft mit ihr, mit der Jungfrau Maria, den Engeln und allen Seligen wird „der Himmel" genannt. Der Himmel ist das letzte Ziel und die Erfüllung der tiefsten Sehnsüchte des Menschen, der Zustand höchsten, endgültigen Glücks.

1025. Im Himmel leben heißt „mit Christus sein". Die Auserwählten leben „in ihm", behalten oder, besser gesagt, finden dabei jedoch ihre wahre Identität, ihren eigenen Namen.

„Leben heißt mit Christus sein; wo Christus ist, da ist somit das Leben, da das Reich" (Ambrosius, Luc. 10,121).

1026. Durch seinen Tod und seine Auferstehung hat uns Jesus Christus den Himmel „geöffnet". Das Leben der Seligen besteht im Vollbesitz der Früchte der Erlösung durch Christus. Dieser lässt jene, die an ihn geglaubt haben und seinem Willen treu geblieben sind, an seiner himmlischen Verherrlichung teilhaben. Der Himmel ist die selige Gemeinschaft all derer, die völlig in ihn eingegliedert sind.

1027. Dieses Mysterium der seligen Gemeinschaft mit Gott und all denen, die in Christus sind, geht über jedes Verständnis und jede Vorstellung hinaus. Die Schrift spricht zu uns davon in Bildern, wie Leben, Licht, Frieden, festliches Hochzeitsmahl, Wein des Reiches, Haus des Vaters, himmlisches Jerusalem und

---

459 Katechismus der katholischen Kirche. München – Libreria Editrice Vaticana 1993. Der von den höchsten Leitungsorganen der römisch-katholischen Kirche autorisierte Text (auch „Weltkatechismus" genannt) wurde von einer Theologengruppe unter der Leitung des Wiener Kardinals Christoph von Schönborn verfasst.

460 Das Folgende 292-294.

Paradies: „Was kein Auge gesehen und kein Ohr gehört hat, was keinem Menschen in den Sinn gekommen ist; das Große, das Gott denen bereitet hat, die ihn lieben" (1 Kor 2,9).

1028. Da Gott unendlich erhaben ist, kann er nur dann gesehen werden, wie er ist, wenn er selbst den Menschen sein Mysterium unmittelbar schauen lässt und ihn dazu befähigt. Diese Schau Gottes in seiner himmlischen Herrlichkeit wird von der Kirche „die beseligende Schau" [visio beatifica] genannt.

„Welcher Ruhm, welche Lust wird es sein, wenn du zugelassen wirst, um Gott zu schauen, wenn du der Ehre gewürdigt wirst, mit Christus, deinem Herrn und Gott, die Freude des ewigen Heils und Lichts zu genießen ..., mit den Gerechten und Freunden Gottes im Himmelreich dich der Wonne der verliehenen Unsterblichkeit zu freuen!" (Cyprian, ep. 58, 10, 1).

1029. In der Herrlichkeit des Himmels erfüllen die Seligen weiterhin mit Freude den Willen Gottes; sie tun dies auch in bezug auf die anderen Menschen und die gesamte Schöpfung. Schon jetzt herrschen sie mit Christus und mit ihm werden sie „herrschen in alle Ewigkeit" (Offb 22,5).

VI. Die Hoffnung auf den neuen Himmel und die neue Erde[461]

1042. Am Ende der Zeiten wird das Reich Gottes vollendet sein. Nach dem allgemeinen Gericht werden die Gerechten, an Leib und Seele verherrlicht, für immer mit Christus herrschen, und selbst das Weltall wird erneuert werden.

„Die Kirche ... wird erst in der himmlischen Herrlichkeit vollendet werden ... wenn zusammen mit dem Menschengeschlecht auch die gesamte Welt, die mit dem Menschen innigst verbunden ist und durch ihn auf ihr Ziel zugeht, vollkommen in Christus erneuert werden wird" (LG 48).

1043. Die Schrift bezeichnet diese geheimnisvolle Erneuerung, die die Menschheit und die Welt umgestalten wird, als „neuen Himmel und neue Erde" (2 Petr 3,13). Der Ratschluss Gottes, „das All in Christus wieder unter ein Haupt zu fassen, alles, was im Himmel und auf Erden ist" (Eph 1,10), wird sich dann endgültig verwirklichen.

1044. Wenn Gott „alles neu" macht (Offb 21,5), im himmlischen Jerusalem, wird er seine Wohnung unter den Menschen haben. „Er wird alle Tränen von ihren Augen abwischen: Der Tod wird nicht mehr sein, keine Trauer, keine Klage, keine Mühsal. Denn was früher war, ist vergangen" (Offb 21,4).

1045. Für den Menschen wird in dieser Vollendung voll und ganz die Einheit des Menschengeschlechtes hergestellt sein, die von Gott seit der Welterschaffung gewollt wurde und deren „Sakrament" gleichsam die pilgernde Kirche war (LG 1). Die mit Christus Vereinten werden die Gemeinschaft der Erlösten bilden, „die heilige Stadt" (Offb 21,2) Gottes, „die Frau des Lammes" (Offb 21,9). Diese

---

461 Das Folgende 297-299.

wird nicht mehr unter der Sünde, den Unreinheiten, der Eigenliebe, die die irdische Gemeinschaft der Menschen zerstören oder verwunden, zu leiden haben. Die beseligende Schau, in der sich Gott den Auserwählten unerschöpflich öffnet, wird die nie versiegende Quelle von Glück, Frieden und Gemeinschaft sein.

1046. Was den Kosmos angeht, so besteht nach der Offenbarung zwischen der materiellen Welt und dem Menschen eine tiefe Schicksalsgemeinschaft:

„Die ganze Schöpfung wartet sehnsüchtig auf das Offenbarwerden der Söhne Gottes ... Zugleich gab [Gott] ihr Hoffnung: auch die Schöpfung soll von der Sklaverei und Verlorenheit befreit werden .. Denn wir wissen, dass die gesamte Schöpfung bis zum heutigen Tag seufzt und in Geburtswehen liegt. Aber auch wir, obwohl wir als Erstlingsgabe den Geist haben, seufzen in unserem Herzen und warten darauf, dass wir mit der Erlösung unseres Leibes als Söhne offenbar werden" (Röm 8,19-27).

1047. Das sichtbare Universum ist somit ebenfalls dazu bestimmt, umgewandelt zu werden, „damit die Welt, in ihren anfänglichen Zustand zurückversetzt, nunmehr unbehindert im Dienst der Gerechten stehe" (Irenäus, hær. 5,32,1) und so an deren Verherrlichung im auferstandenen Jesus Christus teilhabe.

1048. „Den Zeitpunkt der Vollendung der Erde und der Menschheit kennen wir nicht, und auch die Weise wissen wir nicht, wie das Universum umgestaltet werden soll. Es vergeht zwar die Gestalt dieser Welt, die durch die Sünde missgestaltet ist, aber wir werden belehrt, dass Gott eine neue Wohnung und eine neue Erde bereitet, auf der Gerechtigkeit wohnt und deren Seligkeit alle Friedenssehnsüchte, die in den Herzen der Menschen emporsteigen, erfüllen und übertreffen wird" (GS 39,1).

1049. „Dennoch darf die Erwartung der neuen Erde die Sorge für die Gestaltung dieser Erde nicht abschwächen, wo der Leib der neuen Menschheitsfamilie wächst, der schon eine umrisshafte Vorstellung von der neuen Welt bieten kann, sondern muss sie vielmehr ermutigen. Deshalb hat der irdische Fortschritt, obwohl er eindeutig vom Wachstum des Reiches Christi zu unterscheiden ist, dennoch große Bedeutung für das Reich Gottes, insofern er zu einer besseren Ordnung der menschlichen Gesellschaft beitragen kann" (GS 39,2)

1050. „Wenn wir nämlich die Güter der menschlichen Würde, brüderlichen Gemeinschaft und Freiheit – dies alles [sind] ja Güter der Natur und Früchte unseres Bemühens – im Geist des Herrn und gemäß seinem Gebot auf Erden gemehrt haben, werden wir sie später wiederfinden, jedoch gereinigt von jedem Makel, lichtvoll und verklärt, wenn Christus dem Vater ein ewiges und allumfassendes Reich übergeben wird" (GS 39,3). Dann, im ewigen Leben, wird „Gott alles in allen" sein (1 Kor 15,28).

„Der Vater ist seinem Wesen nach und in Wahrheit das Leben. Über alles gießt er durch seinen Sohn und im Heiligen Geist seine himmlischen Gaben aus. Das ewige Leben aber hat er in seiner Menschenfreundlichkeit uns Menschen untrüglich verheißen" (Cyrill v. Jerusalem, catech. ill. 18,29).

14. Varia

Hier sollen unsystematisch einige Impressionen festgehalten werden, wie das
Wort „Himmel" in der „Welt von heute", bei den „Menschen von heute" vorkommt. Wer sich für die Glaubensbotschaft interessiert, der kann unter Umständen daraus einige Schlüsse hinsichtlich der Adressaten ziehen.

a) Umfragen und Interviews

An erster Stelle möchte ich hier die Befragung von Kindern und Jugendlichen
nennen, die Helmut Hanisch bei über 990 jungen Menschen organisiert hat[462].
Eine zusammenfassende Feststellung lautet: „Je älter die Schülerinnen und Schüler werden, umso stärker gehen archaische und theologische Vorstellungsmuster
des Begriffs Himmel zurück, ohne dass sie gänzlich an Bedeutung verlieren würden. Ein hoher Prozentsatz selbst der ältesten Teilnehmerinnen und Teilnehmer
hält an ihnen fest. Daneben greifen die Befragten mit zunehmendem Alter ver-
stärkt auf physikalische Vorstellungen vom Himmel zurück. Parallel dazu besitzen für sie auch ‚neutrale' Vorstellungsmuster – seien sie psychologisch oder symbolisch – ein hohes Maß an Plausibilität. Hybride Vorstellungen spielen in keiner
der von uns untersuchten Altersgruppe statistisch gesehen eine erwähnenswerte
Rolle"[463]. Ich hatte bei rund 200 Jugendlichen mit den mir zur Verfügung ste-
henden Mitteln eine ganz ähnliche Befragung in Gang gebracht (danke an dieser
Stelle Frau Dr. Gunild Brunert in Lippstadt und Frau Beate Schlömer in Köln
für ihre Hilfe) und kam zu identischen Ergebnissen. Erwähnenswert an dem Beitrag von Hanisch ist noch, dass er eine Reihe einleuchtender und praktikabler re-
ligionspädagogischer Anregungen gibt.

Eine Umfrage des Franziskaners Michael Seed in England[464] „Wie stellen Sie sich
den Himmel vor?" unter Kindern und bestimmten Persönlichkeiten. Einige Antworten der Letzteren:

Premierminister Tony Blair: Der Himmel ist ein Zustand, in dem „Trost und
Frieden von den Kämpfen, Sorgen und der Tragik des weltlichen Lebens" herr-
schen, „wo das Gute und nicht das Böse" das Dasein bestimmt.
  Der Dalai Lama möchte das Bild „Himmel" nicht verwenden. Er bezeichnet
Liebe und Barmherzigkeit als „letzte Quelle aller Freude und allen Glücks".
  Der Schauspieler Paul Scofield: „Ich hoffe auf eine positive Kontinuität, für
die der Tod wie ein Komma, nicht als ein Punkt stehen muß".

---

462 H. Hanisch, Himmelsvorstellungen von Kindern und Jugendlichen: JBTh 20 (2007) 359-380.
463 Ebd. 375.
464 CiG 23 (1999) 186/188.

Kardinal Basil Hume (†): „Das menschliche Leben ist eine Schule der Liebe Gottes und unseres Nächsten. Der Tod führt den Menschen zur Sicht Gottes, wie er wirklich ist, und zur völligen Erfüllung, der liebenden Vereinigung in Gott, was ich den Augenblick der Ekstase nenne".

Yehudi Menuhin (†) erwartete sich eine symphonisch mächtige Vision der „Erleuchtung Christi, des Buddhas und des Lao-Tse, aller Propheten, Weisen und Philosophen, aller schöpferischen Künstler, selbstlosen Menschen, Heiligen und Mütter, der Männer, Frauen, Kinder aller Zeiten und Orte, deren Geist und Vorbild uns stets voraus bleiben".

Der (kath.) Romanschriftsteller Piers Paul Read: Der Himmel ist kein Zustand abstrakter Ekstase, sondern „ein endgültiger und ewig währender Augenblick, in dem es keinen Kummer mehr gibt und alle Tränen weggewischt sind".

Mutter Teresa (†): Der Himmel bedeute ihr „Freude auf das Zusammensein mit Jesus und Maria, mit allen Heiligen, Engeln und Armen, Freude auf die Heimkehr zu Gott".

Eine EMNID-Umfrage Mai 1997: Gott oder eine „göttliche Kraft"sind für 57 % der Deutschen eine Tatsache, für jeden Dritten gibt es definitiv keine „göttliche Kraft". 72 % der Katholiken über 14 Jahren glauben an Gott oder eine „göttliche Kraft", 61 % der Protestanten über 14 Jahren ebenso; 20 % der Konfessionslosen glauben an eine göttliche Kraft. Nur bei 17 % der Befragten ist Gott ein persönliches Gegenüber. 43 % nehmen ein Leben nach dem Tod weitgehend an, 56 % lehnen diese Aussicht ab. Rund 30 % der Deutschen glauben an eine „Auferstehung von den Toten", fast 70 % eher nicht oder überhaupt nicht. 45 % der Katholiken, 27 % der Protestanten, 5 % der Konfessionslosen stimmen zu.

Umfragen Januar 1998 Allensbach (epd/KNA): 2062 Testpersonen in Ost- und Westdeutschland wurden befragt: „Worin sehen Sie den Sinn Ihres Lebens?"

Für 68 % der Deutschen besteht der Sinn des Lebens darin, glücklich zu sein und möglichst viel Freude zu haben. Im Westen sprach man damals vom „Ende des religiösen Tiefs".

Und nun eine Mitteilung der Bertelsmann-Stiftung im Dezember 2007: Menschen in 21 Ländern waren über ihre Religiosität befragt worden. Rund 70 % der Deutschen bezeichneten sich als „religiös", davon nannten sich 18 % „tiefreligiös". Für noch religiöser wurden nur die US-Amerikaner befunden: 89 % hielten sich für religiös, davon 62 % für „hochreligiös". (dpa): Zur gleichen Meldung. Nur jeder Dritte der gelegentlich als „lau" gescholtenen 18- bis 20-Jährigen ist nicht religiös, fast jeder Zweite hingegen geht regelmäßig in die Kirche. 41 % aus dieser Generation glauben an Gott und an ein Weiterleben nach dem Tod – mehr als in jeder anderen Altersstufe. Denn selbst unter den über 60-Jährigen weckt die Erkenntnis, dass sie nun ihre letzte Lebensstufe erreicht haben, nur bei 37 % die Überzeugung, dass es nach dem Tod „weitergeht"[465].

---

465 BZ 19. 12. 2007.

Einige Presse-Interviews:

Peter Turrini (geb. 1944), österreichischer Schriftsteller (gesellschaftskritische, provokante Heimatstücke), Interview mit DER SPIEGEL Nr. 18 / 1995:

T.: Ich würde gerne weiterhin mit ideologischer Blindheit durch die Welt schreiten, aber das dürfen jetzt nur die Katholiken. Sie sehen alles unter dem Blickwinkel der göttlichen Erlösung. Damit ist die größte Katastrophe erträglich, weil der liebe Gott schon dafür sorgen wird, dass es einmal besser wird. Und sei es im Paradies.

Sp.: Ist der als Gotteslästerer verschmähte Peter Turrini im Grunde seines Herzens zutiefst katholisch?

T.: Zutiefst. Ich halte die Welt überhaupt nicht aus, ohne mir von ihr zwischendurch paradiesische Vorstellungen zu machen.

Sp.: Im neuen Stück tritt Gottvater persönlich auf, schweigt aber.

T.: Der liebe Gott war in meinem Leben übermächtig. Ich kenne heute noch alle Bilder, die es von ihm im Religionsbuch gab. In der ‚Schlacht um Wien' ist er für mich ein Entsprungener aus einem Debilenheim, der sich ein bisschen Watte aufgeklebt hat und als Gott durch die Gegend rennt.

Sp.: Ihr norddeutsch-protestantischer Regisseur Peymann sieht das sicher anders.

T.: Vielleicht sieht er ihn philosophischer, bedeutungsvoller, die Welt erschaffend und an ihr zerbrechend. Aber ich habe ja auch einen Gott gehabt, der immer durch die Oberlichte bei unserem alten Klo hereinschaute und mir beim Onanieren zusah.

Sp.: Fürchten Sie, dass Gott Ihnen am Ende Ihres Lebens das alles vorhalten könnte?

T.: Ich hoffe, dass ich ihn dann auslachen kann. Das wäre ein sehr gelungener Moment meines Lebens.

Interview DER SPIEGEL mit dem Jazz-Saxophonisten Klaus Doldinger (geb. 1936) Nr. 15 / 1996:

Sp.: Ihr jüngstes Album trägt den Titel „Passport to Paradise". Spielen Sie damit auf Ihr Alter an?

D.: Nein, das soll um Gottes willen kein Pass für das Jenseits sein. Ich hatte den Titel schon lange im Kopf. Und dann sah ich eines Tages ein Cartoon eines französischen Karikaturisten, das nun auch auf unserem Booklet abgebildet ist: zwei kümmerliche Palmen, ein seltsames Flugzeug, ein Pool vor einem Hotel, ein Blick auf ein ödes Meer. Dies illustriert ganz schön, wo unser Leben mehr und mehr hinsteuert. Unser tatsächliches Paradies schaffen wir uns am besten selbst, zum Beispiel über die Musik

Der Intendant des Hamburger Balletts, John Neumeier im Interview mit dem „Deutschen Allgemeinen Sonntagsblatt":

DAS: Sie sind ein gläubiger Christ. Glauben Sie an ein ewiges Leben?

N.: Ja.

DAS: Haben Sie ein Bild davon? Vielleicht das eines Tanzes?

N.: Nein. Tanz ist mein Beruf. Aber ich tanze nicht mein Leben. Ich glaube, dass das Leben nach dem Tod weitergeht. Aber wie dieses Leben nach dem Tod ist, weiß ich nicht. Ich habe auch keine Idee davon.

DAS: Keinen Traum?

N.: Nein[466].

b) Der Himmel in verschiedenen Erzählungen

Oscar Wilde, Das Gericht (eine kurze Erzählung):

Ein Mensch gesteht vor dem Gericht Gottes seine schweren Sünden, die ihm aus dem Buch des Lebens vorgehalten werden. Gott spricht das Urteil:

„Wahrlich, ich werde dich in die Hölle senden. Fürwahr, in die Hölle sende ich dich."

Und der Mensch rief: „Das kannst du nicht."

Und Gott sprach zu dem Menschen: „Warum und aus welchem Grunde kann ich dich nicht zur Hölle senden?"

„Weil ich in der Hölle immer gelebt habe", sprach der Mensch.

Und es ward Schweigen im Gericht.

Und nach einer Weile sprach Gott und verkündete dem Menschen:

„Da ich dich nicht in die Hölle senden kann, so werde ich dich wahrlich in den Himmel senden. Fürwahr, in den Himmel sende ich dich."

Und der Mensch schrie auf: „Das kannst du nicht."

Und Gott sprach zu dem Menschen: „Und warum und aus welchem Grunde kann ich dich nicht in den Himmel senden?"

„Weil ich ihn niemals und an keinem Ort mir habe vorstellen können", antwortete der Mensch.

Und es ward Schweigen im Gericht.[467]

Günter Eich, Hörspiel „Festianus, Märtyrer"[468]. Literarischer Ausdruck einer sehnsüchtigen Hoffnung nach umfassender Solidarität und Rettung (Gegenstück zu Dante). Der sehr einfache Mensch Festianus kommt nach seinem Tod in den Himmel (naiv, arglos, einer den wenigen Guten). Vermutet im Menschen das Gute; seine größte Kraft war das Mitleiden mit den Kleinen. Im Himmel lernt er die Heiligen kennen: wohlsituierte, satte Besitzer von Erlösung und Seligkeit, die fraglos ihr Paradies genießen. Festianus stellt Fragen, nach Eltern, Freunden; „es fehlen Octavia, die Kellnerin, und Salpiceus, der Wirt". Die Heiligen wollen ihn

---

466 CiG 28 /1999.
467 Himmel und Hölle (Spektrum Literatur 6), Münster 1999, 8.
468 Fünfzehn Hörspiele, Frankfurt a. M. 1966, 524-563.

zurechtweisen, er möge nicht an der Gerechtigkeit Gottes zweifeln. Er fragt hart-
näckig weiter. Petrus: „Deine Freunde, deine Eltern, deine Verwandten: das waren Sünder, sie leben jenseits dieses Tores, die breite Straße, die hinabführt". Festianus geht diesen Weg, verlässt den Himmel, geht in die Hölle, um seine
Freunde zu suchen. In der Überzeugung, dass schon ein einziger Unschuldiger,
der den Himmel verlässt, der entschlossen seine Zusammengehörigkeit mit den
Gemarterten bekundet und bei ihnen bleibt, um ihr Schicksal zu teilen, die Hölle
und ihren Teufelskreis sprengen kann. „So weit geht seine Treue zu seinen
Freunden, dass er dorthin geht, wo sich die Menschen das Leben zur Hölle machen. Er lässt Petrus ausrichten: Ich bin zu den Sündern zurückgegangen, ich
kann nicht im Paradies leben, solange es noch Menschen gibt, die leiden. – Und
im Schmerz dieses Mitleidens ruft er Belial, dem Bösen, und seiner Machtsucht
zu: ‚Du hast jetzt endgültig verspielt!'".

F. Jaeggy, Die Angst vor dem Himmel, Berlin 1997
　　Sieben Erzählungen. In allen werden Menschen zur Sprache gebracht, mit gutem Ergehen, hinter einer Fassade von Wohlstand und Anständigkeit. In dieser
„geschlossenen", „verräumlichten" Welt der Zimmer, Häuser, Kirchen, Alters-
heime usw. versucht man, alles Fremde, Ungewohnte als Störung abzuwehren,
aber gerade dadurch tritt die Störung des eigenen Wohlbefindens auf, es wird den
Betroffenen klar, ihr Leben ist ein Leben unterlassenen Lebens. Wer sich in Gedanken ein Überschreiten dieser geschlossenen Lebensräume erträumt, der gerät
„unter die Gewalt des Himmels". Von ihr her erfolgt Strafe, die Verwüstung der
geordneten Räume. „Für Gedanken gibt es keine Vergebung." Außer den Gedanken gibt es auch ein Aufbegehren des Animalischen gegen ein Leben in geschlossenen, geordneten Räumen. Die Straffolge ist immer der Tod. Der Bereich
zwischen dem ungelebten Leben und dem unweigerlich folgenden Tod ist sehr
eng. In ihm erscheint es als das Beste, keinerlei Wünsche zu haben. In dieser Enge wird auch die Frage nach dem Sinn des Lebens erstickt. Nach dem Ende der
Mythen in der Zeit der Moderne scheinen sich die Mythen klammheimlich zu
rächen. In die Räume eines Diesseits ohne Jenseits bricht das Jenseits bedrohlich
ein.

Minette Walters, Dunkle Kammern (1995), deutsch München 1998
　　263f. „Als Veronica Gordon an diesem Abend um neun Uhr ihre Runde
machte, fand sie Jinx am Fenster stehend vor, in die Betrachtung des Abend-
himmels vertieft, an dem die letzten Reste des Tages in roter Glut verbrannten.
　　‚Ist das nicht wunderbar?' sagte Jinx, die instinktiv wusste, wer hereingekom-
men war, ohne sich umzudrehen. ‚Wenn ich ewig so stehen und dieses Schauspiel
betrachten könnte, hätte ich das ewige Glück gefunden. Ob so wohl der Himmel
aussieht?'
　　‚Das kommt vermutlich darauf an, wie statisch man seinen Himmel will. Sie
haben wahrscheinlich zugesehen, wie sich diese Feuerpracht aus einem einfachen
Sonnenuntergang entwickelt hat, also, an welcher Stelle hätten Sie den Vorgang

angehalten, um Ihren Augenblick ewigen Glücks herzustellen? Ich glaube, ich würde mich dauernd fragen, ob der Moment danach nicht vielleicht schöner gewesen wäre als der, den ich gewählt habe, und damit würde der ganze schöne Moment zu einer Hölle der Frustration werden.'

Jinx lachte leise: ‚Es gibt also keinen Himmel?'

„Für mich nicht. Glück ist nur Glück, wenn man unerwartet auf es stößt. Wenn es ewig dauern würde, wäre es unerträglich."

Pernilla Stalfeld, Und was kommt dann? Frankfurt 2000

Kinderbuch vom Tod. Die Verfasserin weiß es auch nicht, Kinder würden es gern wissen (wenn der Hamster oder der Opa gestorben ist, wenn sie einen toten Marienkäfer gefunden haben). Nur die, die schon tot sind, wissen es. Die andern müssen rätseln. Wie ist das, tot sein?

Könnte ja sein, dass es einen Himmel gibt, in dem Elefanten-, Fliegen- und Menschenengel herumschweben. Andere glauben an Gespenster. Karl-Heinz ist ein Vampir geworden. Könnte aber auch sein, dass wir als etwas anderes wiedergeboren werden, als Blume oder Elch. Nur hoffentlich nicht als Bratwurst! Trauerrituale: Man kann den alten Hut des Toten aufsetzen oder sein Lieblingseis essen und an ihn denken. Oder, wie die Mexikaner, auf den Friedhof gehen und mit den Toten ein fröhliches Picknick veranstalten.

Jan Siebelink, „Im Garten des Vaters", Roman, Zürich – Hamburg 2007

Holländisch-calvinistische Frage: Woher weiß ich, was Gott mit mir vorhat? Schickt er mich in den Himmel oder in die Hölle? Der Blumengärtner Hans Sievez aus der Gegend von Arnheim ist die Hauptfigur, die Antworten im früheren Holland sucht und unter dem Druck der Prädestinationslehre zugrunde geht.

c) Vom Himmel auf dem Theater

Maurice Maeterlinck, „Der blaue Vogel", phantastisches Lehr- und Lesestück, symbolistisches Märchenspiel 1906, deutsch 1912; die Muttergottes predigt dem Märchenhelden: „Du glaubst im Himmel zu sein; aber der Himmel ist überall da, wo wir uns umarmen".

J. P. Sartre, Der Teufel und der liebe Gott (Bühnenstück)[469]

Hilda, die Geliebte des Hauptdarstellers Götz, sagt:

„Wir kommen nicht in den Himmel, Götz, und kämen wir hinein, so hätten wir keine Augen, um einander zu sehen, und keine Hände mehr, um uns zu berühren. Da oben geht alles nur um Gott." (Sie kommt und rührt ihn an:) „Du bist da: ein wenig verbrauchtes, durchfurchtes, armseliges Fleisch, ein Leben – ein

---

469 Anzeiger 8 (1995) 416.

elendes Leben. Doch dies Fleisch und dies Leben ist, was ich liebe. Man kann nur auf Erden lieben, und nur gegen Gott."

Michael Ende / Friedrich Hechelmann, Ophelias Schattentheater, Stuttgart 1988
    Die alte arbeitslose Souffleurin Ophelia nimmt aus Mitleid herrenlose Schatten auf und lässt sie tagsüber in ihrer Handtasche wohnen. Sie verliert ihre Wohnung, zieht übers Land, lässt ihre Schatten Schattentheater spielen, souffliert ihnen. Eines Tages umhüllt sie ein großer, dunkler Schatten, der Tod. Vor dem Himmelstor findet sie lichte Gestalten: die nun erlösten herrenlosen Schatten. Sie geleiten sie zu einem prächtigen Theater, auf dem „Ophelias Lichtbühne" steht. Seither spielen sie dort vor den Engeln Theater, mit Ophelia als Souffleurin.

Tony Kushner, satirische Komödie „Perestroika", AIDS ist definitiv keine Strafe Gottes, denn der ist am 18. April 1906 (großes Erdbeben von San Francisco) aus seinem Reich verschwunden und gilt seither als verschollen. – „Perestroika" ist der 2. Teil eines Monumentalstücks „Angels in America" (Dialoge von der McCarthy-Ära bis zum Ende des Kalten Krieges, 1990 uraufgeführt, preisgekrönt, deutsch in Hamburg und in Zürich). Angels 2 spielt 1985/86 von Homosexualität und AIDS im Reagan-Amerika. Umgang mit der Krankheit, Engel-Erscheinung. 2. Teil: Gott hat den Himmel verlassen, hatte nie Einfluss auf die Schöpfung: alles haben die Menschen zu verantworten. Sorge der Engel: jede Veränderung, Bewegung, Fortschritt auf Erden löst im Himmel („eine Stadt wie San Francisco") Erschütterung aus. Angst vor dem „finalen Himmelsbeben": keine Kriege – keine Beziehungskrisen mehr, so die Botschaft des Engels. Erfolglos. Der Himmel: UV-Licht, Nebelschwaden, Orgelmusik [470].

d) Einige Himmelsgedichte

P. W. Keiten SJ, Münsterlegende: Stadt Gottes. Illustrierte Zeitung für das katholische Volk, 1. Heft 1908:

> Zu Aachen im Kaisermünster
> Stand ein Liebfrauenbild,
> Das wirkt in weite Lande
> Viel Wunderwerke mild.
>
> Dahin kam schweren Herzens
> Ein Weib mit ihrem Sohn,
> Und fleht um Gnade und Wunder
> Zum Wundergnadenthron.

---

470 BZ 17. 1. 1995.

Ihr Knabe stand daneben,
Er betete kein Wort
Und aß ganz still und munter
An seiner Printe fort.

„Bet', bet'", so sprach die Mutter,
„Daß uns Maria hör',
Daß uns ihr Sohn in Gnaden
Des Herzens Wunsch gewähr'!"

Der Knabe schaut verwundert,
Wie soll er das verstehn?
Ihm schmeckt so wohl die Printe,
Was sind ihm Leid und Wehn?

Dann blickt er auf zum Kind
Und bricht ein Stück vom Brot
„Da, Jesulein! Da, iß nur,
Hast Hunger wohl und Not."

Das Gotteskind da lächelt,
Doch streckt's nach Kinderart
Sein Händlein nach der Gabe,
Die treu geboten ward.

Er sprach zum bleichen Knaben
„Du liebes Brüderlein!
Hab' Dank, und nach drei Tagen
Sollst du auch bei mir sein.

Dann will ich mit dir spielen
Auf blauer Himmelswies',
Und bei mir sollst du essen
Das Brot vom Paradies."

Und am dritten Morgen
Wie ward der Mutter bang!
Sie ging ihr Kind zu wecken,
Ihr Kind, das schlief so lang.

Im Bettlein lag die Leiche
So lilienfrisch und rein –
Die Englein aber führten
Die Seel' zum Himmel ein.

Ich weiß nicht, ob im Münster
Das Gnadenbild noch steht,
Doch in viel armen Kindern
Der Heiland hungernd geht.

Wilhelm Willms (1930-2002)
Ich glaube in den himmel eingehen
kann man nur wenn man wirklich
um seine armut weiß
wenn man naiv ist
das heißt keine hintergedanken kennt
wenn man ganz offen ist.
...
Weißt du wo
der himmel ist
außen oder innen

eine handbreit
rechts und links
du bist mitten drinnen
weißt du wo
der himmel ist
nicht so tief verborgen
einen sprung aus dir heraus
aus dem haus der sorgen
weißt du wo
der himmel ist
nicht so hoch da oben
sag doch ja zu dir und mir
du bist aufgehoben.

John Lennon
    Imagine there's no heaven. It's easy if you try. No hell below us. Above us only
sky. Imagine all the people living for today.
    Ref.: Aha you may say I'm a dreamer. But I'm not the only one. I hope some
day you'll join us. And the world will be as one.
    Imagine there's no countries, it isn't hard to do. Nothing to kill and die for,
and no religion too. Imagine all the people, living life in peace.
    Ref.
    Imagine no possessions, I wonder if you can. No need for greed or hunger a
brotherhood of man. Imagine all the people, sharing all the world.
    Ref.

Anne Tyler, Back When We Were Grownups, New York 2001
    Bestseller-Roman. Der hundertjährige Onkel Poppy trägt am 100. Geburtstag
sein Gedicht vor:

            You're given a spezial welcome
            When you get to heaven late.

The journey may be lonely,
But the end is worth the wait.
The sight of your beloved,
smiling at the gate.
Ein eigener Gruß erwartet dich,
wenn zum Himmel du kommst spät.
Einsam mag die Reise sein,
Doch lohnt sich dein Gebet.
Wenn lächelnd dein geliebter Mann
am Tor des Himmels steht.
(Deutsch von R. A. Stelzmann)

e) Der Himmel im Film

Als Erstes sei ein Beitrag des Kulturkritikers Martin Halter wiedergegeben:

M. Halter, Das Paradies ist wie die Schweiz. Wollen wir dahin? „Hinter dem Horizont" oder: Wie Hollywood sich Himmel und Hölle vorstellt[471]

Nicht einmal die Kirche wagt sich heute noch ein Bildnis von Himmel und Hölle zu machen: Das ewige Halleluja-Singen würde uns aufgeklärten Zeitgenossen langweilig, Heulen und Zähneklappern abgeschmackt erscheinen. Nicht so Hollywood: Liebe gilt hier immer noch als Himmelsmacht, der weder Tod noch Teufel etwas anhaben können.

In Woody Allens letztem Film war die Hölle noch eine Sauna für munterte Nackedeis; in Vincent Wards „Hinter dem Horizont" ist sie ganz im Ernst ein düsterer Friedhof voller Schiffswracks und Industrieruinen, in denen die Verdammten von Vogelspinnen und den Furien ihrer Erinnerung heimgesucht werden.

Dafür ist der Himmel eine Kunstlandschaft, in der penetrant lächelnde Menschen bunte Seifenblasen, viele Blüten und sich selbst im Äther wiegen. Er unterscheidet sich damit wenig von der Schweiz, wo Chris und Annie sich im Honigmond ihrer Liebe begegneten, und er gleicht aufs Haar den Ölgemälden der Hobbykünstlerin. Aber das Schreckliche sind ja auch nicht diese Kaufhausschinken nach impressionistischen Vorlagen (Himmel) respektive Hieronymus Bosch und „Paradise Lost"-Illustratoren wie Blake, Füßli oder John Martin (Hölle). Noch grauenhafter als die Kulisse ist der Plot.

Chris (Robin Williams) ist Orpheus. Als nacheinander Hund, Kinder und Gatte vom Schicksal hinweggerafft werden, bläst seine Eurydike (Annabella Sciorra) schwarze Trübsal; ihr Selbstmord, darin folgt Ward der katholischen Tradition, wirft sie hinab in die Hölle. Ihr Sturz verleidet Chris, immer noch in Regenmantel und Krawatte, das selige Wallen, Waten und Schweben in den ely-

---

471 BZ 28. 11. 1998.

sischen Feldern, deren Jenseitsmäßigkeit sich ohnehin auf Vogelgezwitscher, Blumenpracht und digitalisierte Farborgien beschränkt. Er entläßt seinen himmlischen Cicerone und nimmt sich für seinen Abstieg zur Hölle einen als Psychiater ausgebildeten Fremdenführer (Max von Sydow war bei Ingmar Bergman schon mal der schachspielende Tod). Tatsächlich erlöst Chris seinen gefallenen Engel durch Süßholzgeraspel aus Schwermut und Selbstmitleid und führt so die Familie (samt Hund) glücklich wieder zusammen. Und weil der Liebe eben nichts unmöglich ist, fangen die Eltern ihr Leben gleich noch einmal von vorne an: Die Wiedergeburt vollendet die ewige Wiederkehr der Seifenoper.

Computer-Prospekte, mythologisches Gepränge und das esoterische Raunen von Karma und Reinkarnation sind also nur Folien für schmalztriefende Trauerarbeit. Die Produzenten wollten ihre 85 Millionen Dollar im nachhinein noch retten, indem sie der Schmonzette einen vollends verkitschten Schluß anklebten. Aber „Hinter dem Horizont" ist schon im Diesseits von Anfang an verpfuscht.

Hier folgen als Beispiele einige ausgewählte Titel[472]:

„Vier himmlische Freunde" (US-Fantasy-Komödie) 1993: Nach ihrem tödlichen Unfall haben vier die Chance, die Fehler auf Erden wieder gut zu machen.

„Das süße Jenseits", Film des Kanadiers Atom Egoyan, Großer Preis von Cannes 1997. In einem tief verschneiten Dorf in British Columbia sind alle Kinder tot infolge einer Katastrophe, die Erwachsenen wie gelähmt. Ein Rechtsberater macht sich an sie heran: es ist nicht alles verloren, es gibt eine Zukunft. Diese heißt: Schadensersatz durch Geld.

„Trainspotting"- Team: Danny Boyle u. a. Neuester Film: „A Life Less Ordinary" deutsch „Lebe lieber ungewöhnlich" 1998. Beginnt im Himmel, der ist „eine arielweiße amerikanische Polizeistation, in der Chief Inspector Gabriel Ärger mit dem alleobersten Boss hat und deshalb ein Leistungssystem für Engel einführt". „Wer beim Verkuppeln junger Paare versagt, muss zur Strafe auf der verhassten Erde bleiben". „Weil also die Liebe zwischen Männern und Frauen auf Erden nicht mehr funktioniert, ist im Himmel die Hölle los"[473].

„Stadt der Engel" (TV-Drama USA) 1998. Der Engel Seth begleitet Sterbende ins Jenseits. Dabei verliebt er sich in eine hübsche Herzchirurgin.

„Unser Kind hat Leukämie" (deutscher TV-Film) 1999: Das Kind fragt: Gibt es Spielzeuge im Himmel? Und es glaubt, dass im Himmel alles ist, „was man so braucht als Kind".

Nach dem Roman von A. Garland, Der Strand (1996) entstand 2000 der Film „The Beach". Der Weg zum Strand ist der Weg zum Paradies. Das Vorparadies ist eine Marihuana-Plantage, bewacht von düsteren thailändischen Gangstern. Eine internationale Gemeinschaft aus Rucksackreisenden ist ein faschistisches Sy-

---

472 Die Auswahl stammt von mir (H. V.). Eingehende Analysen finden sich bei M. Laube (Hrsg.), Himmel – Hölle – Hollywood, Münster 2002; M. Schramm, Der unterhaltsame Gott. Theologie populärer Filme, Paderborn 2007.

473 BZ. 4 (1998) 185.

stem. Schwache und Kranke werden aussortiert, Zweifel und Widerspruch sind verboten, die Außenwelt ist der Feind, „das Paradies ist die Hölle". „Das Paradies taugt nur als Fiktion. In Wirklichkeit ist es langweilig ... Her mit dem nächsten Thrill. Zufriedenheit mit dem Hier und Jetzt ist in der Psyche eines modernen Menschen nicht vorgesehen". „Das Paradies hat keinen Ort. Das Paradies ist ein Moment, den man nicht festhalten kann, und so kurz wie ein Luftsprung. Und dann landet man wieder in der Hölle"[474].

„Talking to Heaven". Bestseller eines Mediums (USA) 2001: Ein männliches Medium hatte schon als Knabe Kontakt mit Geistwesen, später hilft es zur Aufklärung eines Mordfalls.

„Dich schickt der Himmel" (deutsche TV-Komödie) 2001. Der Engel Raphael soll Daniel und Sofie verkuppeln, doch die beiden mögen sich nicht.

„Die himmlische Joan" (deutsche Fassung einer CBS –Serie USA) 2003: Der Teenager Joan in einer amerikanischen Kleinstadt begegnet Gott, nicht in der Kirche, sondern auf der Straße, mal in Gestalt eines Schönlings, mal eines kleinen Kindes oder der Schulköchin. Er sagt Joan, was sie in ihrem Leben tun und lassen soll. Gott sagt: „Ich bin allwissend, das gehört zu meinem Job".

„Ein himmlischer Freund" (deutsch-österreichische Komödie) 2003: Ein Engel im Himmel fiel in Ungnade und muss sich durch eine gute Tat auf Erden retten.

„Ich werde immer bei euch sein" (ARD-TV-Film) 2004: Eine Tochter glaubt, ihren verstorbenen Vater tröstlich wiederzusehen. „Die kollektiven Halluzinationen und Wunschvorstellungen, in denen Gemeinschaften sich das Unerträgliche erträglich machen, sind Religionen, in denen der Glaube an die Unsterblichkeit, an ein Weiterleben und Wiedersehen nach dem Tod zentrale Botschaft ist. Ihre sanftere Form sind Märchen, die von Gestorbenen erzählen, die schützend, tröstend oder trauernd ihren Lieben erscheinen"[475].

„Jenseitsvisionen" (deutsche TV-Dokumentation) 2004: „Außerkörperliche Erfahrungen" in lebensgefährlichen Krisen.

„Mutter aus heiterem Himmel", deutsche Fernsehkomödie 2005: Eine Frau findet Gott langweilig, Petrus soll sie aus dem „Programm" nehmen, sie bekommt eine Gnadenfrist von 14 Tagen.

15. Theologische Schlussbetrachtung

Die Thematisierung des „Himmels" im interdisziplinären Gespräch der Wissenschaften ist ein Segment in den großen Disputen: Was ist Wissenschaft? Wie weisen sie sich aus? Worin fundiert Gewissheit? Dieses Gespräch hat sich in den letzten Jahren auf den Bereich der Ethik konzentriert, wo sich die Fragestellungen in entsprechend modifizierter Form wiederholen. Es scheint, als ob der Alleinvertretungsanspruch der Naturwissenschaften hinsichtlich der Wissenschaftlich-

474 DER SPIEGEL 7 (2000) 224f.
475 FAZ 29. 9. 2004.

keit und der allein legitimen Methoden verringere. Zumindest begegnen in der Öffentlichkeit immer weniger Naturwissenschaftler von streng materialistischer Prägung, die als Kriterien sicherer Erkenntnis allein die Messbarkeit ihres Testmaterials und experimentelle Wiederholbarkeit der Tests gelten lassen. Auf der anderen Seite ist eine vermehrte Aufmerksamkeit von Naturwissenschaftlern für geisteswissenschaftliche, insbesondere für philosophisch argumentierende Positionen zu registrieren. Begriffe und Redewendungen wie „unendlich", „alles" oder „nichts als" werden auf ihre Hintergründe hin befragt.

In dieser Situation haben die religiöse Rede und die Theologie ihre Chance. Naturwissenschaftlich erforschbare Ursachen, deren Existenz niemand bestreitet, werden auf ihren Grund (auf den gründenden Grund von allem) hin befragt; die Evolution, die als Phänomen im ganzen von niemand Vernünftigem bestritten wird, lässt sich auf ihr Woher und Wohin befragen. Wenn Naturwissenschaftler konstatieren, dass nichts, was vorfindlich ist, ohne Sinn existiert, dann sind sie mit „Sinn" bereits in das Gespräch über ihre Wissenschaften hinaus eingetreten.

Auf der anderen Seite stellen sich Vertreter von Religion und Theologie der Frage, wie ethisches Verhalten argumentierend kommunikabel gemacht werden kann, wenn diese oder jene Seite des Gesprächs allgemein verpflichtende „überirdische" Weisungen (der deontologischen Ethik) nicht zu erkennen vermag, und sie stellen sich darüber hinaus der Frage, ob eine Ethik, die nach den möglichen Folgen einer Verhaltensweise fragt (die teleologische Ethik), ausreiche oder ob nicht darüber hinaus über das „Wesen" des Menschen und den „Sinn" des Lebens und etwa damit gegebene Verantwortung gesprochen werden sollte.

Von da aus ist der „Weg zum Himmel" nicht weit. Die Bejahung des Himmels kann sich aus mehreren Komponenten ergeben. Da gibt es einmal die Ahnungen von Sinn, von Glück, von Erfüllung, von Vollendung. Es gibt zum andern, und das ist erheblich deutlicher als bloße Ahnungen, sowohl kollektive als auch individuelle Erfahrungen von Ereignissen, die sich als Summe nicht auf „Zufälle" zurückführen lassen. Wichtig sind die positiven Erfahrungen in einer langen kollektiven Geschichte wie auch diejenigen im Umkreis eines einzelnen Lebens. Hier stellen sich Evidenzen ein, die an Gewissheit naturwissenschaftliche Ergebnisse noch übertreffen. Von Ahnungen und Erfahrungen aus legen sich Rückschlüsse nahe, dass die „Natur" im ganzen sich nicht irrt und sich auch durch das Ereignis eines individuellen Todes nicht beirren lässt. Was in der „Verlängerung" dieser Ahnungen und Erfahrungen über den Tod hinaus erwartet wird, kann mit der religiösen Metapher „Himmel" bezeichnet werden. Der Begriff der religiösen Metapher lässt Raum für das Einbringen unterschiedlicher individueller und kollektiver Erfahrungen und für deren verbale Interpretation. Damit ist Willkür nicht Tür und Tor geöffnet. Zum einen muss dasjenige, was in die religiöse Metapher „Himmel" eingebracht wird, vor dem Forum der fragenden Vernunft bestehen können, zum andern muss es sich in die Maßstäbe einer religiösen Gemeinschaft (Geschichte und Tradition) einfügen, die ihrerseits unverzichtbare Bestandteile einer Evidenz sind.

Im Unterschied zur religiösen Metapher „Himmel" ist das Wort „Gott" keine religiöse Metapher. Zu Gott gehört in erster Linie die Selbstbekundung, die in den Bereich des von Menschen Unverfügbaren gehört. Der Selbstbekundung eignet ein Profil von Freiheit, Selbstbewusstsein, Selbstbestimmung, von dem aus Gottes Gegenwart als personale Gegenwart wahrgenommen wird. Zur Selbstbekundung Gottes gehört auch, wenn das einmal so unbeholfen ausgedrückt werden darf, dass es im christlichen Glaubenszusammenhang um eine letzte und definitive Selbstbekundung geht, dass Gott also in Vollendungsgestalt gegeben ist, mit anderen Worten: dass von ihm keine Vernichtung des Geschaffenen zu befürchten ist, dass er vielmehr das „bonum diffusivum sui" war, ist und bleibt, die Lebens- und Menschenfreundlichkeit schlechthin. Zur Evidenz der Existenz dieses Gottes gelangt ein Mensch freilich nur durch die „unio mystica".

Was ein Mensch von diesem Gott über den Tod hinaus erwartet, das ist nicht schlechterdings einheitlich, uniform; es weist je nach der Individualität des Menschen eine relative Pluriformität auf. Daraus ergibt sich, dass die theologischen Umkreisungen des „Himmels", die in den Textzeugnissen dieses Buches aufscheinen, ebenfalls kein einheitliches Bild ergeben. „Himmel" als religiöse Metapher verstanden lässt die Bevorzugung der einen oder der anderen Sicht offen.

Was hier von Gott gesagt wurde, das gilt, immer unter Berücksichtigung der notwendigen Unterscheidungen, auch von Jesus von Nazaret. Beide, Gott und Jesus, bilden die Konstanten in der Verwandlung eines menschlichen Lebens im Tod von Hier nach Dort. Insofern ist das „Jenseits" nicht schlechthin unbekannt, sondern im Gegenteil: die dieses hiesige Leben prägenden wichtigsten personalen Beziehungen sind die vertrauten. Auch von Jesus gilt, dass sich die Evidenz seiner Bedeutung erst ergibt aus einer „unio mystica". Keine mystische Vereinigung ist jemals abgeschlossen; sie entwickelt ihre eigene Dynamik und führt zu immer neuen Vertiefungen. So gesehen ist die religiöse Metapher „Himmel" freizuhalten von allen Befürchtungen langweiliger Statik, wie sie zu Unrecht manchmal der Kontemplation zugeschrieben wird.

Die Formulierung „religiöse Metapher" sollte einen Anstoß zum Denken geben: Was ist eigentlich gemeint? Es wird ja immer weniger Menschen geben, die bei dem Wort „Himmel" an den „Rand" der Fixsterne oder überhaupt an den Weltraum denken und dennoch, wenn sie an Gott denken oder beten, Blicke oder Gedanken nach „oben" richten, in jene Dimension hinein, die menschlich-irdischen Sinnesorganen verschlossen ist.

Viele Menschen möchten, dass ihre Freunde und Verwandten „im Himmel" sind. Der Gedanke, dass Gott eine Liebesgemeinschaft vollendeter Menschen um sich versammelt hat, offizielle und nicht offizielle Heilige, das heißt Gerufene, Erwählte, Geliebte, beeinträchtigt die singuläre Würde und Hoheit Gottes nicht. Die Selbstbekundungen Gottes in der Bibel sprechen viel häufiger ein „Ihr", „Wir" an, „unser Gott" „unser Vater", als das einzelne Individuum. In eben diesen Selbstbekundungen Gottes ist aber auch die Rede von „Wohnungen" bei

Gott, von einer himmlischen Stadt, von einer überirdischen Liturgie. Das sind alles Redewendungen, die anzeigen sollen, dass „dort" alle beieinander sind, die Gott je geliebt hat, die wir je geliebt haben. Gott ist nicht einsam und allein. Wo er gesucht wird, dort sind auch jene zu finden, die wir mit unserem Denken und mit unseren Herzen suchen.

Wer an einen Gott glaubt, dem jede Vernichtung fremd ist, der wird auch die nicht-menschliche Schöpfung in die Hoffnung auf ein „ewiges Leben" einbeziehen, ohne dass die Phantasie sich in einzelne Ausmalungen verirren dürfte. Was wirklich abwegig wäre, das wäre eine Banalisierung des „Himmels", die der Partnerschaft von Gott und Menschheit unwürdig wäre (die Vorstellung eines „Schlaraffenlandes" für Fresser und Säufer, aber auch die Vorstellung von Bergen von Speiseeis und Fußballfelder für Kinder, von einer himmlischen Armee für Militaristen, für „ewige Jagdgründe" für Jäger. Es gibt nichts, was nicht schon zu lesen gewesen wäre).

Jede Reise in die innerste Mitte des Menschen, dorthin, wo Gottes Heiliger Geist lebt, wird im Zentrum der mystischen Einigung mit Gott wieder in die andere Richtung gewiesen, in die „Rückreise". Die Aufgaben im Diesseits sind nicht zu Ende, und das Suchen und Finden Gottes steht nicht in Konkurrenz zur Nächstenliebe.

Viele der Fragen zum Himmel, die Menschen früherer Generationen, zum Teil seit der Antike, bewegten, haben sich als unlösbar erwiesen. Zu ihnen gehört in erster Linie das von der Bibel her thematisierte Problem, wie es zu vereinbaren sei, dass einerseits für die „Geretteten", das heißt „in den Himmel" Gekommenen, in Aussicht gestellt wird, Gott sehen zu können , „wie er ist", ihm von Angesicht zu Angesicht begegnen zu dürfen, und anderseits erfahren zu müssen, dass niemand Gott sehen kann. Frühere Auskünfte wie: Zwar nicht sein Wesen, wohl aber sein Wirken erkennen, oder: Ihn zwar erfassen, aber nicht begreifen, haben nicht weiter geführt, weil sie das genannte Problem überhaupt nicht beantworteten.

Sodann: War es sinnvoll, darüber nachzudenken beziehungsweise spekulative Thesen darüber aufzustellen, was Gott selber erkennt? Im sog. Gnadenstreit meinte man, Gott erkenne nicht nur alles Vergangene und alles Gegenwärtige, sondern auch alles Zukünftige, und zwar nicht nur das real eintretende Zukünftige, sondern auch das unter bestimmten Bedingungen eintretende Zukünftige (die „Futuribilien"), und danach entscheide es sich, ob er die notwendige wirksame Gnade oder aber nur die nicht wirksame „hinreichende" Gnade gebe, im Grunde also eine Entscheidung über eine positive oder negative Vorherbestimmung. Welchem Gott wäre das zuzudenken? Nichts ergab sich aus erschöpfenden Bemühungen dieser Art außer der bitteren Erkenntnis über die Grenzen des menschlichen Vorwitzes.

Des weiteren: War (und ist) es etwas anderes als menschliche Anmaßung, bei der Katalogisierung der „Eigenschaften" Gottes ihm vorzuschreiben, wie er sich notwendigerweise zu verhalten habe, wie er sein müsse, was er tun müsse. Menschlicher Hochmut verlangt, dass Gott im „Jenseits" ausgleichende Gerechtigkeit zu schaffen habe (andernfalls verdiene er den Namen „Gott" nicht). Wer dekretiert, dass Gottes Erbarmen mit dem Tod des einzelnen Menschen ende? Und wenn schon die Eigenschaften Barmherzigkeit und Gerechtigkeit nach menschlichen Maßstäben aufgestellt und Gott zugesprochen werden, wer verbietet Gottes Barmherzigkeit, die Freiheit eines Menschen so zu verwandeln, ohne sie zu zerstören, dass dieser Mensch auch den Anforderungen der Gerechtigkeit genügt?

Und noch etwas: Sind die Phantasien früherer frommer Leute über die unterschiedliche Ausstattung der Heiligen und Seligen mit verschiedenartigen Kronen und Heiligenscheinen etwas anderes als Ausdruck einer maßlosen Überschätzung eigener irdischer Verdienste, verlängert in die Existenzweise nach dem Tod?

Schließlich: Wer lässt sich von den Naturwissenschaften zu der Meinung verführen, mit dem Tod sei „alles" aus, weil Geist, Bewusstsein und Freiheit nur Produkte chemischer und physikalischer Hirnprozesse seien? Wer weiß Genaues über die Materie und über die Vollendbarkeit der Materie und damit über den Leib des Menschen bei der „Auferstehung des Fleisches"? Die Naturwissenschaften gewiss nicht, auch nicht jene ihrer Vertreter, die behaupten „alles ist Materie" und dabei, ohne es zu merken, mit dem Wort „alles" in den Bereich der Philosophie geraten sind.

Nachdem so viele „Lösungen" der früheren Theologie beim Thema Himmel sich als Sackgassen erwiesen haben, wenden sich neuere Theologen den Themen der Zeit und der Vollendung zu, Bemühungen, bei denen man das Rad neu erfinden will. Zur Zeit und zur Vollendung ist alles gesagt, was gesagt werden kann, und über das Unsagbare sollte man schweigen. Gerade Zeit entzieht sich dem Denken, je näher das Denken ihr kommt, warum also immer neue Worte über sie machen?

„Erfahrungen" des Himmels in der Zeit dieses irdischen Lebens sind nur in der Innerlichkeit der Mystik möglich, basierend auf einem Vorschuss des Vertrauens zum göttlichen Geheimnis, vernunftgemäß und eingedenk des kulturellen Gedächtnisses der Glaubensgemeinschaft. Alles andere, geglückte Beziehungen, ergreifende Musik, überwältigende Landschaften, ja auch erfolgreiche Reformen und Revolutionen, sind periphere Vorahnungen, der Vergänglichkeit ausgeliefert.

Sachregister[476]

---

476 Ergänzung der Kapitelüberschriften

Abkürzungsverzeichnis

A. a. O.	Am angegebenen Ort
Bächtold-Stäubli	Handwörterbuch des deutschen Aberglaubens, hrsg. von H. Bächtold-Stäubli, Neuausgabe Berlin 1987
BBB	Bonner Biblische Beträge, Bonn
Bd, Bde	Band, Bände
BZ	Badische Zeitung, Freiburg i. Br.
BZAW	Beihefte zur Zeitschrift für die alttestamentliche Wissenschaft, Berlin
CiG	Christ in der Gegenwart, Freiburg i. Br.
D, DS, DH	H. Denzinger, Enchiridion symbolorum etc., lateinisch-deutsch, DS. Bearbeiter Schönmetzer, DH: Bearbeiter Hünermann
Ebd.	ebenda (am angegebenen Ort)
FS	Festschrift
GS	Zweites Vatikanisches Konzil, „Gaudium et spes"
HDG	Handbuch der Dogmengeschichte, Freiburg i. Br.
Hrsg.	Herausgeber
HThR	The Harvard Theological Review, Cambridge
JBTh	Jahrbuch für Biblische Theologie, Neukirchen / Vluyn
LexMA	Lexikon des Mittelalters, München
LG	Zweites Vatikanisches Konzil, „Lumen Gentium"
LThK³	Lexikon für Theologie und Kirche, Freiburg i. Br. 1993ff.
MThA	Münsteraner Theologische Abhandlungen, Altenberge
NBL	Neues Bibel-Lexikon, Zürich
NR	J. Neuner – H. Roos, Der Glaube der Kirche usw., 11. Aufl. Regensburg 1983
NThSt	New Testament Studies, Cambridge
QD	Quaestiones Disputatae, Freiburg i. Br.
SBS	Stuttgarter Bibelstudien, Stuttgart
StdZ	Stimmen der Zeit, München
TRE	Theologische Realenzyklopädie, Berlin
ThRv	Theologische Revue, Münster
TThZ	Trierer Theologische Zeitschrift, Trier
WMANT	Wissenschaftliche Monographien zum Alten und Neuen Testament, Neukirchen / Vluyn
ZAW	Zeitschrift für die alttestamentliche Wissenschaft, Berlin
Z. St.	Zur Stelle

Die Abkürzungen der biblischen Bücher folgen den eingebürgerten Loccumer Richtlinien

Literaturverzeichnis

Abadie, Ph. – J. P. Lémonon (Hrsg.), Le judaisme à l'aube de l'ère chrétienne (Lectio Divina 186), Paris 2001

Auffahrt, Ch., Mittelalterliche Eschatologie, Göttingen 1998

Avemarie, F. – H. Lichtenberger (Hrsg.), Auferstehung – Resurrection. The Fourth Durham-Tübingen Research Symposium. Resurrection and Exaltation in Old Testament, Ancient Judaism an Early Christianity (Wissenschaftliche Untersuchungen zum NT 135), Tübingen 2001

Backhaus, K. (Hrsg.), Theologie als Vision. Studien zur Johannes-Offenbarung (SBS 191), Stuttgart 2001

Bellebaum, A. – P. Schallenberg (Hrsg.), Glücksverheißungen. Heilige Schriften in der Menschheitsgeschichte, Münster 2005

Berger, K. u. a., Bilder des Himmels. Die Geschichte des Jenseits von der Bibel bis zur Gegenwart, Freiburg i. Br. 2006

Bork, U., Paradies und Himmel, Stuttgart 2004

Braaten, C. E. – R. W. Jenson (Hrsg.), The Last Things: Biblical and Theological Perspectives on Eschatology, Grand Rapids MI – Cambridge 2002

Brancato, F., Verso il rinnovamento del trattato di escatologia. Studi di escatologia cattolica del preconcilio a oggi: Sacra doctrina 47 (2002) H. 2, 1-199

Breuer, D., Endzeitliche Ausblicke ins Himmlische Jerusalem bei Johann Matthäus Meyfart, Angelus Silesius und Martin von Cochem: Rottenburger Jahrb. für Kirchengeschichte 20 (2001) 175-193

Collins, J. J. u. a. (Hrsg.), The Book of Daniel. Composition and Reception (Supplements to VT 83 / 1-2), Leiden 2000

Ebertz, M. N., Die Zivilisierung Gottes. Der Wandel von Jenseitsvorstellungen in Theologie und Verkündigung, Ostfildern 2004

Fischer, A. A., Tod und Jenseits im Alten Orient und im Alten Testament, Neukirchen 2005

Flasch, K., „Eva und Adam". Wandlungen eines Mythos, München 2005

Frey, J., Die johanneische Eschatologie, 3 Bde, Tübingen 1997, 1998 und 2000

Frühwald, W., Sternenhimmel und Götterglaube oder der Glaube Friedrich Schillers: ThRv 101 (2005) 187-198

Gzella, H., Lebenszeit und Ewigkeit. Studien zur Eschatologie und Anthropologie des Septuaginta-Psalters (BBB 134), Bodenheim 2002

Herrmann, U., Zwischen Hölle und Paradies. Todes- und Jenseitsvorstellungen in den Weltreligionen, Gütersloh 2003

Hill, Ch. E., Regnum caelorum. Patterns of Millenial Thought in Early Christiantiy, Grand Rapids – Cambridge ²2001

Izquierdo, C. u. a. (Hrsg.), Escatología y vida cristiana (Simposios Internacionales de Teología 22), Pamplona 2002

Janowski, B. – B. Ego (Hrsg.), Das biblische Weltbild und seine altorientalischen Kontexte (Forschungen zum AT 32), Tübingen 2001

Janowski, B., – N. Zchomelidse (Hrsg.), Die Sichtbarkeit des Unsichtbaren. Zur Korrelation von Text und Bild im Wirkungskreis der Bibel, Stuttgart 2003

Janowski, B. – B. Ego (Hrsg.) in Zusammenarbeit mit A. Krüger, Das biblische Weltbild und seine orientalischen Kontexte, Tübingen 2004

Jörns, K.-P., Die neuen Gesichter Gottes, München 1997

Keel, O. – E. Zenger (Hrsg.), Gottesstadt und Gottesgarten. Zur Geschichte und Theologie des Jerusalemer Tempels (QD 191), Freiburg i. Br. 2002

Kessler, H. (Hrsg.), Auferstehung der Toten. Ein Hoffnungsentwurf heutiger Wissenschaft, Darmstadt 2004

Klauck, H. J., Himmlisches Haus und irdische Bleibe. Eschatologische Metaphorik in Antike und Christentum: NThSt 50 (2004) 5-35

Kraus, G. (Hrsg.), Zukunft im Dialog zwischen Theologie und Naturwissenschaft, Frankfurt 2001

Lang, B., Himmel und Hölle. Jenseitsglaube von der Antike bis heute, München 2003

Lenoir, F. – J.-Ph. de Tonnac (Hrsg.), La mort et l'immortalité. Encyclopédie des savoirs et des croyances, Paris 2004

Loh, J., Paradies im Widerspiel der Mächte. Mythenlogik – eine Herausforderung für die Theologie, Frankfurt 1998

Martin de Viviés, P. de, Apocalypses et cosmologie du salut (Lectio Divina 191), Paris 2002

McGrath, A. E., A Brief History of Heaven, Malden MA – Oxford 2002

Minois, G., Geschichte der Zukunft. Orakel, Prophezeiungen, Utopien, Prognosen (von der biblischen Zeit bis heute), Düsseldorf 2002

Müller, H. A. (Hrsg.), Kosmologie. Fragen nach Evolution und Eschatologie der Welt, Göttingen 2004

Otten, W., From Paradise to Paradigm. A Study of Twelfth Century Humanism (Brill's Studies in Intellectuel History 127), Leiden 2004

Peters, T. – R. J. Russell – M. Welker (Hrsg.), Resurrection. Theological and Scientific Assessments, Grand Rapids MI – Cambridge 2002

Postma, P. u. a. (Hrsg.), The New Things. Eschatology in Old Testament Prophecy (FS H. Leene), Maastricht 2002

Reinke, O. (Hrsg.), Ewigkeit? Klärungsversuche aus Natur- und Geisteswissenschaft, Göttingen 2004

Reiser, M., Das Jenseits im NT: TThZ 110 (2001) 115-132

Robinson, J. D., Life after Death? Christian Interpretation of Personal Eschatology, New York 1998

Rowland, Ch. – J. Barton (Hrsg.), Apocalyptic in History and Tradition (Journal for the Study of the Pseudepigrapha Supplement Series 43), Sheffield 2002

Schimanowski, G., Die himmlische Liturgie in der Apokalypse des Johannes (Wissenschaftliche Untersuchungen zum Neuen Testament 2/154), Tübingen 2002

Schreijäck, Th. (Hrsg.), Werkstatt Zukunft. Bildung und Theologie im Horizont eschatologisch bestimmter Wirklichkeit (FS H. P. Siller), Freiburg i. Br. 2004

Segal, A. F., Life after Death. A History of the Afterlife in Western Religion, New York – London 2004

Seife, Ch., Die Suche nach Anfang und Ende des Kosmos, Berlin 2004

Seybold, K. – E. Zenger (Hrsg.), Neue Wege der Psalmenforschung (FS W. Beyerlin), Freiburg i. Br. 2004

Smith, J. J. – Y. Y. Haddad, The Islamic Understanding of Death and Resurrection, Oxford – New York 2002

Sticher, C., Die Rettung der Guten durch Gott und die Selbstzerstörung der Bösen. Ein theologisches Denkmuster im Psalter (BBB 147), Bodenheim 2002